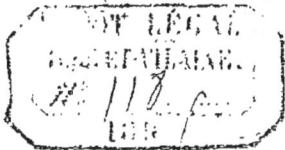

DICTIONNAIRE HÉRALDIQUE
DE BRETAGNE

Complément de tous les Nobiliaires et Armoriaux de cette Province

Pour reconnaître les Familles
par les Armoiries peintes, sculptées, émaillées ou
gravées sur les Monuments de toute nature et pour
justifier de la date de ces Monuments,

PAR POL POTIER DE COURCY

Auteur du NOBILIAIRE ET ARMORIAL DE BRETAGNE

Revu, corrigé et augmenté, suivant le désir de l'Auteur, d'un Vocabulaire
des termes du Blason. Le tout mis en rapport avec la 3ᵉ édition du
Nobiliaire et *Armorial*, par son neveu,

ÉDOUARD DE BERGEVIN

AVEC FIGURES HÉRALDIQUES

PAR A. DE LA BIGNE

RENNES
J. PLIHON & L. HERVÉ

MDCCCXCV

DICTIONNAIRE HÉRALDIQUE

DE BRETAGNE

JUSTIFICATION DU TIRAGE

Papier vélin, n°s 1 à 20

Papier ordinaire, n°s 21 à 340

Exemplaire, n^{o}

DICTIONNAIRE HÉRALDIQUE
DE BRETAGNE

Complément de tous les Nobiliaires et Armoriaux de cette Province

Pour reconnaître les Familles
par les Armoiries peintes, sculptées, émaillées ou
gravées sur les Monuments de toute nature et pour
justifier de la date de ces Monuments,

PAR POL POTIER DE COURCY

Auteur du **NOBILIAIRE ET ARMORIAL DE BRETAGNE**

Revu, corrigé et augmenté, suivant le désir de l'Auteur, d'un Vocabulaire
des termes du Blason. Le tout mis en rapport avec la 3e édition du
Nobiliaire et *Armorial,* par son neveu,

ÉDOUARD DE BERGEVIN

AVEC FIGURES HÉRALDIQUES

PAR A. DE LA BIGNE

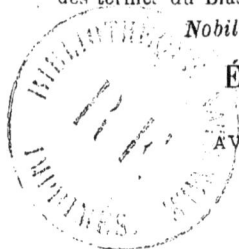

RENNES
J. PLIHON & L. HERVÉ
MDCCCXCV

INTRODUCTION

Si chez tous les peuples et dans tous les temps, il y a eu des figures peintes sur les boucliers et les drapeaux, ces figures n'étaient dans l'origine que des symboles et des emblèmes personnels adoptés arbitrairement. Il n'en est pas de même des armoiries, ainsi nommées parce qu'on les représentait généralement sur les armes. Les armoiries, composées d'émaux et de pièces déterminées, furent d'abord prises par les seigneurs et plus tard concédées ou autorisées par les Souverains pour la distinction des familles, des communautés et des corporations civiles et religieuses, avec transmission héréditaire ou perpétuelle.

L'art de décrire les armoiries s'appelle *blason ;* soit que ce mot dérive, comme le veulent certains armoristes, de l'allemand *blasen,* qui signifie *sonner de la trompe* et par extension *publier, faire connaître* ; soit plutôt du mot de basse latinité *blasus,* qui désigne une arme de guerre, d'où l'on sera venu à définir par le mot *blaso* l'ensemble des figures qu'on peignait sur les armes.

Aujourd'hui encore, nous employons dans le même sens les termes *armes et armoiries*, et nous avons nommé *écu* une monnaie sur laquelle l'écu ou bouclier du Prince était frappé avec ses armoiries. On appelle encore le blason *art héraldique* parce que l'une des fonctions des hérauts d'armes consistait à blasonner les armoiries des nobles et à en tenir registre.

Les auteurs sont fort partagés sur l'époque où les armoiries furent adoptées. Les uns fixent cette époque au temps des tournois et des croisades ; d'autres, qui ont confondu les emblèmes avec les armoiries, les font remonter même jusqu'au déluge. Nous pensons qu'il en est des tournois comme des emblèmes, et qu'on ne saurait fixer au juste le moment où les tournois se sont établis ; car. de tout temps, les peuples ont dû se livrer à des exercices, images de la guerre et des combats. Nous ne contestons pas pour cela l'influence des tournois sur le développement et l'organisation régulière de l'art héraldique ; mais nous attribuons aux croisades une bien autre importance dans la révolution qui transforma les emblèmes personnels en armoiries héréditaires.

On comprend l'utilité qu'il y avait pour les chefs de ces immenses expéditions, à porter des marques distinctives qui les fissent reconnaître, dans la marche comme dans les combats, par les hommes qui suivaient leur bannière [1].

On peut donc admettre que dès la première croisade en 1096. les seigneurs les plus éminents commencèrent à adopter sur leurs écus et pennons des figures héraldiques, lesquelles n'avaient encore rien de bien fixe. Ce ne fut toutefois qu'aux croisades suivantes que les simples gentilshommes prirent successivement des armoiries, et l'on comprend que les fils des croisés, jaloux de perpétuer

---

[1]. Conférez notre dissertation sur l'organisation militaire de la Bretagne antérieurement à son union avec la France. (*Mémoires de la Société archéologique des Côtes-du-Nord*, année 1882, page 208).

dans leurs maisons le souvenir de leur coopération aux guerres saintes, voulurent conserver pour eux et transmettre à leurs descendants ces marques de l'illustration de leurs pères. Voilà pourquoi les figures héraldiques s'étendirent bientôt des écus et bannières aux sceaux, destinés à confirmer ou ratifier les contrats et à attester la vérité des actes écrits, puis aux monuments, aux meubles et même aux vêtements. Mais l'usage des armoiries, généralement pratiqué au XIII° siècle, était inconnu avant le XII° siècle, ainsi qu'on peut s'en convaincre par l'inspection des monuments antérieurs à cette époque.

Par exemple, la fameuse tapisserie de Bayeux, attribuée à la reine Mathilde, femme de Guillaume le Conquérant, et exécutée dans la seconde moitié du XI° siècle, ne renferme aucun signe héraldique sur les vêtements ou boucliers de cette longue suite de guerriers, dont elle fait connaître si scrupulement le costume.

Un de nos plus anciens monuments héraldiques se trouve au musée du Mans : c'est le portrait sur émail de Geoffroi-le-Bel, dit Plantagenet, comte d'Anjou et du Maine et duc de Normandie, mort en 1150. Ce portrait où Geoffroi est représenté l'épée à la main, et ayant, suspendue au cou, une targe dont le *champ d'azur* est chargé de *quatre lionceaux d'or*, paraît avoir été exécuté à l'occasion de sa réception dans l'ordre de chevalerie. Aussi le moine de Marmoutiers, en décrivant les cérémonies qui accompagnèrent cette réception, n'oublie pas le bouclier chargé de lionceaux « *clypeus, leunculos aureos imaginarios habens, collo ejus suspenditur.* » Voilà bien les *lions*, ou si l'on veut les *léopards* de la Normandie et de l'Angleterre ; mais ces armoiries n'étaient pas encore bien arrêtées, et ce n'est qu'à partir de Richard-Cœur-de-Lion, en 1189 qu'on voit les léopards réduits à *trois* pour l'Angleterre et à *deux* pour la Normandie, le *champ de gueules* substitué au *champ d'azur*, et les armes primitives de Geoffroi, affectées au comté du Perche.

L'absence d'armoiries sur les sceaux et les monnaies avant le XIIe siècle, est encore une preuve de l'ignorance où l'on était plus tôt de l'art héraldique. Louis VII, dit le Jeune, qui régna de 1131 à 1180, est en effet le premier des rois de France qui choisit pour emblème les fleurs de lys, qui devinrent les seules armes de ses successeurs.

Encore ignore-t-on si ces armes primordiales représentaient de vraies fleurs, ou bien le fer de l'angon où lance à trois pointes des anciens Francs. Quelle que soit leur origine, les fleurs de lys, portées premièrement *sans nombre*, furent réduites à trois dans l'écu de France, à partir du roi Charles V. Nous n'avons pas rencontré d'armoiries souveraines pour la Bretagne avant Pierre de Dreux, et ce prince se conforma à l'usage fréquemment observé jusqu'au XIVe siècle, par les barons, de prendre les armes des héritières dont les domaines donnaient le nom à leurs branches. Ainsi, la branche de Dreux, de la maison de France, prit les armes de Baudement de Braine, c'est-à-dire un *échiqueté d'or et d'azur*, que Pierre, comme juveigneur du comte de Dreux, brisait d'*une bordure de gueules*, et il ajouta à ses armes de famille un *franc quartier d'hermines* ou de Bretagne, à partir de son mariage en 1213 avec Alix de Bretagne, héritière du duché. Ces dernières armes, avec leurs émaux, se voient encore sur un vitrail du XIIIe siècle dans le chœur de la cathédrale de Chartres.

Nous avons dit que la transmission héréditaire des mêmes armes n'était pas générale au XIIe siècle; les preuves de l'*Histoire de Bretagne* de D. MORICE, et l'*Histoire des Grands officiers de la Couronne* par le P. ANSELME, font voir que les changements d'armoiries étaient encore fréquents aux XIIIe et XIVe siècles dans les mêmes familles, sans en excepter les plus illustres, et nous allons citer quelques exemples de ces changements, à commencer par la maison de Bretagne.

Jean II, petit-fils du duc Pierre de Dreux, qui régna de 1286 à 1305, quitta parfois les armes de Dreux pour prendre les hermines *pleines*. Cependant l'*échiqueté* de Dreux reparut sous Arthur II mort en 1312, et ne fut définitivement abandonné que sous son successeur Jean III, qui le conserva néanmoins sur les monnaies limousines qu'il frappait comme vicomte de Limoges.

Alain, vicomte de Rohan, dit Alain-le-Jeune confirme en 1194 la fondation de l'abbaye de Bonrepos; la charte de confirmation est scellée d'une *bande*. Le même Alain, en 1204, du consentement de Josselin son frère, fait une nouvelle donation à Bonrepos. Cette fois, le sceau d'Alain, est un *poisson* et et le contre-sceau un *lion à la bordure nébulée*, tandis que Josselin a pour sceau et pour contre-sceau *un écu plein, au chef flanqué et chargé d'un autre écu brisé d'un franc canton*. Geoffroi, fils aîné d'Alain qui précède, sur une charte de 1216 toujours en faveur de Bonrepos, scelle et contre-scelle comme son père d'un écu chargé d'*un lion à la bordure nébulée*, et sur un autre acte de 1222 de 7 *macles*. Alain, juveigneur de Rohan, brise les 7 macles d'*une bande* sur un sceau de 1298 et les 9 macles de Rohan ne sont définitivement adoptées que postérieurement [1]).

Damete Goyon, fille de Robert, porte *un lion* sur un sceau de 1219, tandis que Ruellend, son frère, porte *fascé de 8 pièces et un lambel en chef* sur un sceau de 1218, et qu'Alain Goyon, leur arrière petit-neveu, scelle un acte de 1289 des armes de Matignon, savoir: *deux fasces nouées, accompagnées de 9 merlettes*. Le *lion* de Goyon ne reparaît plus qu'au xv° siècle, et encore est-il écartelé de Matignon, et le *lion* seul ne se retrouve pas avant 1486.

La maison de Châteaubriand, qui porte, soit des *plumes de paon*, soit *des pommes de pin* en 1199, les change en

---

(1) Le *Dictionnaire héraldique* ne renferme pas toutes les variantes des sceaux qui n'ont été que temporaires ou de fantaisie.

fleurs de lys, par concession de Saint Louis, depuis la croisade de 1248.

La maison Du Guesclin portait au XIIIe siècle *palé de 6 pièces, chargé de 16 losanges rangés en 3 fasces*, ou mieux, *chargé de 3 fasces fuselées*, qui rappellent la maison de Dinan, dont les Du Guesclin étaient issus en bâtardise.

La branche aînée des Du Guesclin porta ensuite une *aigle éployée* que la branche du connétable brisait *d'une cotice*.

Guillaume Budes, sieur du Plessix-Budes et d'Uzel, aïeul du maréchal de Guébriand, porte *un pin arraché*, en 1340 ; Sylvestre, son fils, gonfalonnier de l'Eglise romaine, scellait des armes d'Uzel, c'est-à-dire *une bande chargée de 3 besants*. Puis, le *pin* de Guillaume Budes reparaît accosté de *deux fleurs de lys*, par concession du roi Charles V, et est ensuite *sommé d'un épervier* dans plusieurs branches collatérales de la même famille.

Nous pourrions multiplier nos preuves à l'infini ; mais nous croyons en avoir assez dit pour montrer combien étaient communes les substitutions d'armes, provenant ordinairement d'alliances, de prétentions ou de concessions, et plus rarement de causes arbitraires Une autre modification apportée aux armes était la *brisure*, c'est-à-dire une pièce ou meuble que les aînés d'une maison obligeaient leurs cadets à ajouter anx armes pleines de leur auteur commun, pour distinguer les divers rameaux sortis d'une même souche.

L'histoire des sceaux se trouve étroitement liée au blason, aussi devons-nous nous y arrêter. L'usage des sceaux est bien antérieur à celui des armoiries, puisque tous les Empereurs romains avaient des sceaux, et, qu'à leur imitation, les Mérovingiens, puis les Carlovingiens, qui régnèrent sur les Gaules, eurent aussi des sceaux.

C'est ce que nous apprennent les *Traités de Diplomatique* de D. MABILLON et de D. de VAINES. Il est donc probable que les premiers Rois bretons eurent des sceaux aussi

bien que les Rois Francs. Cependant, dans une lettre du
Pape Adrien à Salomon III, ce Pape se plaint de ce que
Salomon n'avait point scellé les lettres qu'il lui avait
adressées. D'ou il faut conclure que, si l'usage des sceaux
subsistait en Bretagne au ixe siècle, il n'était point général; on n'y connaît aucun sceau de cette époque. Le plus
ancien qui nous ait été conservé est de Quiriac, évêque de
Nantes en 1064 et oncle d'Alain Fergent; mais ce sceau,
avec les bustes de S. Pierre et S. Paul rangés face à face,
n'est que l'imitation des bulles du Pape, dès lors en usage.

Le mot *bulle* formé du latin *bulla*, ornement rond que
les patriciens suspendaient au cou de leurs enfants, ne
s'entendait d'abord et avec raison que du sceau attaché à
des lettres; cependant certaines épîtres pontificales ont
tiré et conservé leur dénomination de la bulle de plomb
qui y est pendante. Le sceau (*sigillum, annullus, bulla*)
était souvent accompagné du contre-sceau *(contra-signe-
tum)* ou petit cachet qui servait seul dans les affaires
courantes, mais qu'on appliquait en outre au bas du sceau
pendu aux chartes importantes.

On a aussi un sceau d'Alain Fergent, qui commença à
régner en 1084. Il y est représenté à cheval, drapé dans
un manteau à la romaine, la tête nue et l'épée à la main,
et a pour légende : † ALANVS BRITANNORVM DVX. Les
sceaux de ses successeurs sont comme le sien empreints
d'une figure équestre; mais avec cette différence que le
cavalier, armé de toutes pièces, *a le pot en tête* et porte au
bras gauche un écu ou bouclier de bois, garni de *rais
d'escarboucle,* qui représentent les bandes de fer dont l'écu
était soutenu et fortifié. Jusqu'à la fin du xiie siècle, tous
ces écus sont uniformes; mais à dater de l'invention des
armoiries et de leur transmission héréditaire, le bouclier
de la figure équestre, marquée sur les sceaux reçut
l'empreinte des pièces héraldiques adoptées par les
Princes et les seigneurs.

Toutefois, ces derniers ne commencèrent pas aussitôt

que les Princes à avoir des sceaux différents des anneaux ;
mais bientôt les comtes, vicomtes, barons et chevaliers
bannerets prirent les uns et les autres des sceaux
équestres. A partir du XVe siècle, les sceaux des Ducs de
Bretagne les représentent aussi debout sous un dais ou
pavillon ou bien assis sur un trône. Les chevaliers
bannerets, dont une marque distinctive à la guerre était
la bannière carrée, portèrent souvent pour cette raison leur
écu en *bannière*, c'est-à-dire carré. Mais le plus généralement les écus étaient représentés *couchés*, et tenus ou
supportés par des sauvages ou des animaux. Ils étaient
en outre timbrés d'un heaume orné de *lambrequins* ou
de *volets* pendants et sommé d'un cimier.

L'usage de mettre des couronnes au-dessus des armoiries n'a été introduit par les Rois qu'à la fin du XIVe siècle ;
les grands seigneurs titrés ont rarement pris cet ornement avant le XVIe siècle, et l'abus des couronnes ne s'est
glissé parmi les simples gentils-hommes qui n'ont aucun
droit à en timbrer leurs armes, que depuis le XVIIe siècle.

Les villes surmontèrent leurs sceaux et armoiries de
couronnes *murales*. Les dames ne portèrent d'abord que
les armes de leur mari, ensuite elles y ajoutèrent les leurs,
dans des écus *mi-parti* ou *écartelé*, que les veuves entou-
raient d'une *cordelière*.

Les sceaux des juridictions ducales étaient semés d'hermines ; ceux des communautés civiles ou religieuses ont
beaucoup varié. Pour les premières, ce sont ou des figures
qui font allusion à l'étymologie du nom de la ville, ou à sa
situation politique et commerciale (comme le *navire* des
villes maritimes, les *tours* des villes fortes, etc.,) ou bien
encore les armes des Princes auxquelles elles obéissaient.

Les abbayes et chapîtres adoptèrent généralement
l'image de leurs saints patrons. Les évêques et abbés
mirent alternativement sur leurs sceaux l'image des
patrons de leurs églises, leur propre image ou leurs
armoiries de famille. Enfin, ces derniers sceaux et ceux

des dames étaient le plus souvent ovales ou en losanges.

En même temps que les armoiries et les sceaux héraldiques se développaient, les noms de famille héréditaires,
qui avait commencé à être adoptés dès le XIᵉ siècle, se
généralisèrent en Bretagne (¹). Mais l'hérédité dans les
noms ne fut point encore absolue ; et, de même que beaucoup de familles changèrent d'armes sans changer de nom,
d'autres substituèrent à leur nom patronymique des noms
des seigneureries en conservant leurs premières armes,
ou en les modifiant légèrement par l'adjonction d'une brisure ou l'alternation des émaux (²).

Le *Dictionnaire Héraldique de Bretagne*, où les figures
du même genre sont classées séparément, permet de
rattacher fréquemment, à l'aide de la similitude d'armes,
des familles de nom différent, à des maisons illustres,
dont ces familles sont issues en *ramage ou juveignerie.*

Mais le but principal que nous nous sommes proposé
dans notre travail, est de servir d'appendice essentiel,
au point de vue nobiliaire, à tous les nobiliaires et
armoriaux de la province. En effet, ces derniers ouvrages
disposés par ordre alphabétique des noms de famille, sont
fort faciles à consulter *au point de vue,* puisque la famille
étant donnée, il ne s'agit que de trouver ses armes et ses
illustrations. Mais pour les études archéologiques, le
problème est renversé : les armes étant données, il s'agit,
au contraire, de retrouver la famille à laquelles elles ont
appartenu. Or, quand on étudie les monuments qui couvrent
notre sol, quand on visite les châteaux, les églises ou les
musées de la Bretagne, on rencontre à chaque pas sur les
tours, sur les portes, sur les clefs de voûtes, sur les

---

(1) Conférez notre dissertation sur l'origine et la formation des noms de
famille en Bretagne. (*Bulletin archéologique de l'Association bre-
tonne,* t. III, p. 115).

(2) Remarquons en passant que le XIIᵉ siècle, déjà célèbre à plus d'un titre,
fut aussi témoin d'une révolution dans l'architecture ; nous voulons parler de
la substitution graduelle de l'arc ogival au plein cintre.

crédences, sur les consoles, sur les vitraux, sur les tombes,
sur les calvaires, sur les meubles, sur les tableaux, sur
les manuscrits enluminés, sur les sceaux ou cachets,
sur les reliquaires, sur les vases sacrés, sur les armes,
bijoux et ustensiles de tout genre, des pièces ou figures
héraldiques. Il n'est alors indifférent pour aucun érudit,
ni même pour un simple curieux, de connaître, si c'est
un monument religieux qu'il visite, quels ont été ses fondateurs ou bienfaiteurs; si c'est un château, quels ont été
ses possesseurs successifs; si c'est un musée, dans quelles
mains ont passé les objets d'art qu'il a sous les yeux, et
de quelles familles ou communautés ils sont la dépouille.

Comment arriver à cette connaissance? Par l'attribution
à chaque famille des armoiries sculptées, peintes, émaillées ou gravées qu'on a devant soi. Mais, en ouvrant un
nobiliaire, rien ne pourra servir de guide dans cette
laborieuse investigation et on pourrait lire un volume
tout entier, sans trouver souvent la solution désirée·

Dans le *Dictionnaire héraldique*, où les armoiries
sont groupées par genre de figures, l'espace où les recherches auront à s'exercer se restreint à quelques feuillets,
et il ne s'agira plus que de recourir à la partie de l'ouvrage
renfermant les figures analogues à celles dont on veut
retrouver l'attribution. Quant à l'ordre à adopter dans la dis-
position des articles, nous avons pensé qu'à un ordre général
alphabétique entre des figures qui n'offrent souvent entre
elles aucune liaison, il valait mieux, avec le P. Ménestrier,
dans sa *Méthode du Blason*, diviser notre Dictionnaire en
cinq chapitres :

Le Ier, consacré aux émaux ou champs.

Le IIe, aux partitions de l'écu.

Le IIIe, aux figures héraldiques ou pièces honorables.

Le IVe, aux figures naturelles, subdivisées en : § Ier, figures humaines : § 2, animaux ; § 3, plantes ; § 4, astres ;
§ 5, éléments.

Le Ve, aux figures artificielles, subdivisées en : § 1er.

instruments de cérémonies sacrées ou profanes ; § 2, vêtements et ustensiles ; § 3, armes, engins et instruments de
guerre, de chasse et de navigation ; § 4, ouvrages d'architecture ; § 5, instruments d'arts et métiers.

Nous avons alors établi l'ordre alphabétique dans ces divisions et subdivisions, et aussi, pour chacune d'elles, l'ordre
alphabétique dans les noms de famille ; et à la suite de
chaque genre de figures distinguées par leurs émaux
respectifs, nous avons blasonné, non seulement les autres
armoiries relevées sur les sceaux, mais celles relevées
sur des monuments de tout genre où les émaux n'étaient
point indiqués.

Si l'on nous objectait que plusieurs familles d'origine
différentes ont, par exception des armes identiques, et
qu'ainsi l'attribution à l'une d'elles, en particulier d'un
écu blasonné, peut être litigieuse entre plusieurs autres,
nous répondrions qu'en cherchant l'article de ces mêmes
familles dans le *Nobiliaire de Bretagne*, qui donne à la
fois les noms patronymiques et les noms de seigneuries,
de paroisses et d'évêchés, on arrivera presque toujours à
éviter la confusion, même lorsque les émaux ne sont point
énoncés, attendu que les monuments blasonnés aux armes
d'une famille se rencontrent généralement près de son
berceau, dont elle s'écartait peu, et que les alliances de
voisinage étaient les plus habituelles.

On doit conclure de ce qui précède que le *Dictionnaire
Héraldique* et le *Nobiliaire de Bretagne* se complètent
l'un par l'autre ; et nous croyons avoir suffisamment prouvé
que le blason, pour être aujourd'hui une langue morte,
n'a rien perdu de son intérêt historique. L'attribution des
armoiries vient aussi servir de contrôle à l'appréciation
de la date d'un monument du moyen âge, lorsque cette
date n'est établie qu'à l'aide des principes architectoniques,
puisque les armoiries font connaître les fondateurs, ou
possesseurs des divers édifices, meubles ou objets d'art
que nous a légués le passé, et qu'elles remettent en lu-

mière, non seulement les noms des plus célèbres person-
nages, mais ceux de cette multitude d'archers, d'arbalé-
triers ou de simples vougiers appelés comme possesseurs
de fiefs, chacun *selon sa puissance*, au service du ban et
arrière-ban. Ce sont ces braves gentilshommes, toujours
jaloux d'acquitter l'impôt du sang, qui ont élevé dans nos
campagnes, au retour de leurs expéditions, tant de manoirs, de chapelles et de calvaires, où leur écu blasonné a
souvent survécu aux guerres et aux révolutions qui ont
moissonné leurs derniers descendants ou les ont fait tomber obscurément dans la classe des cultivateurs. Il n'y a
pas jusqu'à la forme des écussons qui ne vienne au secours
de la critique archéologique, puisque, comme les autres
arts, cette forme et les ornements extérieurs usités au blason ont varié à chaque siécle, ainsi que nous l'avons fait
voir en traitant des sceaux.

Les plus anciens écussons sont triangulaires et très
allongés ; puis les deux côtés égaux du triangle se cour-
bent en arc original, remplacé en dernier lieu par l'arc en
talon ou en accolade que les écussons modernes ont conservé. Au xv° siècle et surtout au xvi° siècle, les écus
échancrés et leurs ornements, comme ceux de l'architecture, comme les lettres ornées des manuscrits, les cercles
polylobés et les croix florencées des monnaies, sont remplis de ces motifs contournés dit *flamboyants,* que n'offrent
pas les périodes antérieures.

Les couronnes ne sont point en usage avant le xvi° siècle,
excepté dans les armes royales ou princières ou comme
cimiers aux casques de quelques bannerets.

Les armoiries des évêques et celles des abbés, timbrées
de la crosse et de la mitre, se distinguaient en ce que pour
les uns, la volute de la crosse était tournée en dehors,
pour montrer leur domination extérieure sur tout le dio-
cèse ; et pour les autres, tournée en dedans, pour signi-
fier que leur gouvernement était intérieur et ne s'étendait
uresuqle couvent. Les hachures, destinées à faire con-

naître par la gravure les émaux que la peinture indiquait seule jusqu'alors, apparaissent pour la première fois au commencement du xviie siècle, et sont dues à l'invention du P. Pedra Santa. A la même époque, se généralise la mode de composer des pennons généalogiques, comprenant les armoiries des alliances paternelles et maternelles d'une maison ou famille noble. Les armes particulières de la famille qui produisait ces panonceaux se plaçaient ordinairement au premier quartier et se répétaient sur un écusson *en abyme* ou *brochant sur le tout*. Enfin les cartouches *enroulés*, qui avaient fini avec la renaissance et les Valois, reprennent au xviiie siècle dans un autre style dit *Pompadour* et *rocaille*. Toutes ces modes, diverses dans la forme et l'ornementation des armoiries, nous ont déterminé à présenter chronologiquement une série d'écussons authentiques, relevés sur des sceaux, des châteaux, des églises, des vitraux, des bijoux, des tombeaux, etc., depuis l'invention du blason au xiie siècle jusqu'au xviiie siècle inclusivement.

Nous aurions pu joindre ici, pour l'intelligence du *Dictionnaire,* un vocabulaire des termes du blason ; mais nous avons pensé que c'était grossir inutilement notre volume, attendu que les traités sur cette matière sont communs dans toutes les bibliothèques. Nous rappellerons seulement que, pour blasonner avec méthode et en suivant les règles de l'art, on doit nommer d'abord l'émail du champ de l'écu, ensuite la pièce ou le meuble qui se trouve au centre et qui est la figure principale. Cette figure peut être *accompagnée, cantonnée, chargée, surmontée* ou *soutenue* de figures accessoires, ce qui doit s'exprimer ; et dans ce cas, ces mêmes figures accessoires sont dites *accompagnant, cantonnant, chargeant* ou *brochant, surmontant* ou *soutenant* la figure principale. Si nous sommes parvenu à faciliter et à accélérer les recherches de nos confrères dans l'attribution des armoiries, nous ne regretterons pas la longueur du travail aride que nous avons entrepris. Ce travail, d'ailleurs, nous a été facilité par la collaboration intelligente de M. Louis de Coatgoureden, auquel nous nous faisons un devoir de témoigner publiquement ici notre gratitude.

EXPLICATION DES FIGURES

N° 1. — Sceau de Robert de Vitré. (D. Morice, charte de 1172 et sceau n° 41.)

2. — Sceau de Pierre de Dreux. (D. Morice, charte de 1213 et sceau n° 70.)

3. — Sceau de Prigent, vicomte de Coëtmen en 1298. (D. Morice, sceau n° 121.)

4. — 5. — 6. — Écus de Raoul, sire de Montfort, mort en 1314, du sire de S. Brieuc-de-Mauron, et de Thomas de Québriac. (Pierres tombales, provenant de l'Église de l'abbaye de S. Jacques de Montfort.)

7. — Sceau de Hervé de Saint-Gouëznou, en 1362 (D. Morice, sceau n° 246.)

8. — Monnaie du Duc Jean IV de 1345 à 1399.

9. — Écusson écartelé d'Évreux et de Navarre, appartenant à Jeanne de Navarre, mariée en 1386 au Duc Jean IV, et en 1403 à Henri IV, roi d'Angleterre. (Clef de voûte du collatéral sud, dans l'église collégiale du Folgoat.)

10. — Sceau de Guyomarc'h, sieur de Lesguen, en Plouguin (aveu de 1395.)

11. — Sceau de Prigent Derrien, juveigneur de Kermenguy en Cléder (aveu de 1428.)

12. — Sceau du xv° siècle, de Jean de Hilion. (Trouvé à Trégneux.)

13. — Armes de Bertrand de Rosmadec, évêque de Cornouaille, mort en 1445. (Porte du Sacrarium de Saint-Corentin à Quimper.)

14. — Écu de Jean de Kerouzéré, échanson du Duc Jean V, mort vers 1460. (Relevé sur son tombeau, dans l'église de Sibiril, avec les volets étoilés.)

15. — Écu d'Olivier Le Felle, époux, en 1466, de la dame de Guébriant. (Pignon de la chapelle du Guébriant, en Pluduno.)

16. — Écusson parti au 1 : coupé de *Couvran* et du *Bois glé;* parti au 2 : coupé de *Malestroit* et de *Keraër,* appartenant à Aliette de Malestroit, morte en 1479 ; femme de Geoffroi de Couvran, sieur de la Morandaye, fils de Charles et de Françoise du Boisglé (statue tumulaire provenant de l'église de N. D. de la Fontaine de S. Brieuc.)

17. — Écu de Jean, sieur de Botigneau, en Clohars-Fouesnaut, homme d'armes dans une montre de 1483. (Portail latéral sud de S. Corentin.)

18. — Écu de Pierre Huon, sieur de Kermadec, marié, en 1495, à Catherine de Gouzabatz, archer en brigandine dans une montre de 1503. (Portail du manoir de Kermadec, en Pencran.)

19. — Sceau du couvent de l'abbaye de Daoulas, vers 1500. (Tiré de l'histoire de cette abbaye, par Fr.-Louis Pinsson, chanoine-profès.)

20. — Armes de Pierre Callouët et de Catherine Talec, sa femme, sieur et dame de Kerangouarec, en Taulé, morts de 1530 à 1540. (Pierres tombales dans l'église de Saint-François de Cuburien).

21. — Écu de Troïlus de Montdragon, seigneur du Hallot, gentilhomme espagnol, colonel de quatre mille hommes de pied, époux de la Palue, mort depuis 1543. (Relevé sur son tombeau, dans l'église de Beuzit-Conogan.)

On doit remarquer la forme de cet écu arrondi par le bas, à la mode espagnole : et les lambrequins terminés par des glands et ornés des armes de *Bretagne,* de *Léon,* de *Kerret,* du *Lec'h,* de *Lansulien* et de la *Petite-Palue* (Guiomar), maisons alliées à celles de la Dame de Montdragon.

22. — Écu de François Quintin, sieur de Coatamour, en

Plouigneau, I™ moitié du xvi° siècle. (Pierre tombale dans l'église de Saint-Melaine de Morlaix.)

23. — Armes de Guillaume Potier, sieur de Courcy, époux en 1515 de Radegonde Le Court. (Arcade dans la chapelle nord de l'Eglise de Courcy en Cotentin.)

24. — Monnaie de Pierre Bérard, sieur de la Facaudière, comte de Déciane en Piémont de 1515 à 1529, fils d'Alain, sénéchal de Lamballe, et de Marguerite du Boisfarouge.

Cette curieuse pièce d'or, émise par un capitaine d'aventuriers dans les guerres d'Italie, porte au revers : Ecartelé aux 1 et 4 : du *Boisfarouge,* aux 2 et 3 : de *Bérard,* et sur le tout, de *Cadoré.*

25. — Armes de Hamon Barbier, chanoine de Léon, archidiacre de Quéménétiliy, et abbé de S. Mathieu, de 1533 à 1543. (Provenant du transept sud de la cathédrale de Léon.)

26. — Écu de Maurice de Carman, sieur de Seiz Plouë et de Jeanne de Goulaine, sa femme : parti au 1 : coupé de *Lesquélen* et de *Carman*; parti au 2 : de Goulaine. (Château de Maillé en Plounévez-Lochrist, construit vers 1550.)

27. — Armes de Louis Barbier, sieur de Kerjean et de Jeanne de Gouzillon, Dame de Kerno, sa femme, mariés vers 1560. (Cour d'honneur du château de Kerjean en S. Vougay.)

28. — Pennon de Charles de Kernezne, vicomte du Curru, marquis de la Roche, salade dans la compagnie du (seigneur de Sourdéac, en 1595, et chevalier de l'ordre du Roi, fils de Marie Jouan, Dame de Penanec'h, époux en 1606, d'Anne de Coëtanezre. Écartelé au 1 : *de la Roche;* au 4 : de *Keruzas;* au 2 : de *Jouan*; au 3 : de *Kergoët*; et sur le tout mi-parti de *Kernezne* et de *Coëtanezre.* (Portail du château du Curru en Milizac.)

29. — Pennon de Sébastien, marquis de Rosmadec, gouverneur de Quimper, époux de Renée de Kerhoënt,

dame de Kergournadec'h et de Botigneau. Parti au 1 :
écartelé au 1 : de *Rosmadec* ; au 4 : de *Pontcroix ;* au 2 :
de *la Chapelle* ; au 3 : *de Molac*, et sur le tout de *Tivarlen ;* parti au 2 : écartelé de Kergournadec'h et de
Botigneau. (Provenant de la chapelle du Rosaire, à
Cléder, construite en 1643.)

30 — Cachet de Jacques Le Gualès, sieur de Lanzéon,
époux en 1700 de Renée de Toulgoët.

31. — Jeton des Échevins de Rennes, au xviiie siècle.

32. — Frontispice des mémoires pour servir de preuves à
l'histoire de Bretagne, publiés par D. Morice en 1742.

33. — Armes du vicomte Bernard de Marigny, chef de di-
vision des armées navales en 1786, et de dame Renée de
Coëtnempren de Kersaint, sa femme, mariés en 1782
(Porte du manoir de Lesquivit, en Dirinon.)

NOUVELLE INTRODUCTION

A l'époque où fut publiée la première édition du Dictionnaire héraldique de Bretagne, c'est-à-dire en 1855, parut aussi une excellente étude sur ce livre de M. P. de la Bigne de Villeneuve.

Après avoir donné à M. de Courcy tous les éloges que méritait son livre, M. de la Bigne de Villeneuve concluait ainsi : « Nous ne partageons pas tout-à-fait l'avis de « M. de Courcy au sujet de l'inutilité d'un petit vocabu- « laire des termes du blason. Nous croyons qu'il eût été « au moins agréable et souvent consulté avec fruit pour « soulager la mémoire, et nous pensons que, réduit aux « notions les plus usuelles et les plus indispensables, il « n'eût pas grossi le volume d'une manière gênante. »

Frappé de cette critique de son œuvre, M. de Courcy en avait reconnu la justesse et lorsqu'il se décida à publier la 3e édition si complète de son Nobiliaire de Bretagne, il s'était bien promis, s'il refaisait le Dictionnaire héraldique ou plutôt s'il le mettait en rapport avec son nobiliaire, de le compléter par un petit vocabulaire des termes du blason.

Malheureusement ce travail lui paraissait bien aride et il ne pouvait se résoudre à l'entreprendre. Outre qu'il lui fallait corriger son premier ouvrage, il lui fallait non-seulement revoir 4000 noms et armoiries plus ou moins compliquées, mais y ajouter encore 4000 autres noms, ce qui lui paraissait impossible à réaliser, vu son grand âge et les fatigues nécessitées par les deux travaux qu'il venait de terminer : le Nobiliaire de Bretagne et la continuation du grand ouvrage du P. Anselme sur les grands officiers de la Couronne.

C'est alors que nous lui proposâmes de le remplacer et d'essayer avec ses conseils de compléter son premier ouvrage et de le mettre tout à fait en rapport avec la nouvelle édition de son Nobiliaire.

Nous fûmes assez heureux pour achever ce travail, si aride qu'il fût, deux mois avant la mort de notre excellent parent et nous sommes encore sous le charme de sa reconnaissance, lorsqu'il vit que nous avions pu mener à bonne fin cet ouvrage qu'il avait tant à cœur de voir terminer.

Suivant le désir de M. de Courcy, nous avons fait suivre chaque chapitre d'un vocabulaire des termes du blason contenus dans ce chapitre, accompagné de figures qui rendent l'explication de ces termes encore plus claire.

Nous nous sommes seulement renfermé à quelques exceptions près dans le cadre restreint des termes employés dans les armoiries de Bretagne, sans pourtant reproduire des armoiries complètes de quelques familles. Nous avons mieux aimé ne reproduire sur chaque écu qu'une seule figure représentant le meuble où la pièce dont nous donnions l'explication, pensant être mieux compris du lecteur, sans nous occuper si nos figures et émaux représentaient les armoiries d'une famille quelconque.

C'est ce travail que nous présentons aujourd'hui au lecteur et nous ferons notre possible pour qu'il soit publié comme le demandait M. de la Bigne de Villeneuve sous un format très-portatif, afin qu'il puisse être le vade-mecum du voyageur ami des arts et de l'archéologie nationale.

Nous n'avons du reste entrepris cette œuvre que parce que nous sentions nous-même la curiosité que chacun éprouve de trouver les noms des familles à qui appartiennent les armoiries qu'on trouve à chaque pas dans notre pays si fécond en églises, calvaires et manoirs d'un autre siècle, où se trouvent inscrits tant de noms qu'il est bien difficile de connaître sans notre petit ouvrage, à moins d'un travail bien long et bien fastidieux.

Nous terminons en disant, comme notre oncle si bon et si savant, que nous ne regretterons pas la longueur du travail aride que nous avons entrepris, si nous avons pu faciliter et accélérer les recherches de chacun dans la lecture et l'attribution de ces armoiries.

Nous avons aussi le devoir de mentionner les noms des ouvrages et des Auteurs où nous avons puisé nos renseignements. Ce sont : *la nouvelle méthode raisonnée du Blason ou de l'Art héraldique,* par le P. Ménestrier, Lyon 1770. — *La Science héroïque,* par Marc de Vulson sieur de la Colombière, Paris 1644. — *La vraie et parfaite science des Armoiries ou l'indice armorial* de feu maistre Louvan Geliot, avocat au parlement de Bourgogne, par Pierre Paillot, Dijon 1661 — *L'armorial général* de J. B. Rietstap, Gouda 1861, et enfin tout particulièrement le *Dictonnaire héraldique* de M. Charles Grandmaison publié par M. l'abbé Migne, Paris 1852, qui nous a paru être l'ouvrage où les définitions des termes étaient données avec le plus de clarté.

Kerven, le 24 mars 1893

ED. DE BERGEVIN.

DICTIONNAIRE HÉRALDIQUE DE BRETAGNE

ÉMAUX

Champs d'or

Aage.

Adam.

Agay.

Albert.

Allain.

Anast.

Andrieux,

Angebault.

Antigny.

Aragon.

Arbaleste.

Argenton.

Argy.

Arzon.

Aubert.

Audebert.

Audic.

Audren.

Autret.

Avaleuc.

Baillif.

Baptiste.

Barac'h.

Barbu.

Bardoul.

Barillière.

Barrault.

Bascher.

Bastelart.

Baston.

Baudouin.

Baveux.

Beaudiez.

Béart.

Beaurepaire.

Beauvis.

Bédel.

Bel.

Bellabre.

Bellière.

Bérard.

Bernard.

Bertaud.

Bertrand.

Berthou.

Besançon.

Besnard.

Bessac.

Besso.

Bigarré.

Bihan.

Billouart.

Billy.

Binolais.

Bintin.

Birague.

Bléhéban.

Blois.

Blond.

Blondeau.

Bocou.
Bohier.
Bois.
Bois-Baudry.
Bois Béranger.
Boju.
Bolande.
Bonnécuelle.
Bosquien.
Botilly.
Boudoul.
Bouère.
Bouëxière.
Bougrenet.
Bouloing.
Bourouguel.
Boux.
Brambert.
Brégel.
Bréhet.
Bret.
Bretton.
Bricquir.
Brin.
Buchet.
Buhigné.
Bussy.
Butet.
Butler.
Buzic.

Cadet.
Cadoret.
Caillard.
Caillebot.

Cajetan.
Callac.
Calloët.
Callouël.
Calvez.
Campion.
Campir.
Canloup.
Caquerai.
Carhaix.
Carion.
Carluer.
Carn.
Carné.
Carrer.
Cavan.
Cazalès.
Chabot.
Chambellé.
Champeaux.
Chanteloup.
Chaourcin.
Chapel.
Chardel.
Charlet.
Charon.
Charonnière.
Chasteigneraye.
Chasteignier.
Chastelet.
Chastellier.
Chateaugiron.
Chaumart ou Chomart.
Chaussière.
Chauvière.

Chemillé.
Chesnay.
Chevalier.
Chever.
Cheville.
Chevrel.
Choart ou Chouart.
Chossec.
Chotard.
Cibon.
Clairefontaine.
Clarke.
Clerc.
Cleuz.
Cloarec.
Coësmes.
Coëtaudon.
Coëtcongar.
Coëtdoun.
Coëteven.
Coëtgourhant
Coëtnévénoy.
Coëtriou.
Coëttrez.
Coëtudavel.
Cohon.
Coing.
Collet.
Colombier.
Com.
Corbon.
Cornet.
Corre.
Cossin.
Coudray.

Couësby.
Couësme.
Courhin.
Couriolle.
Courson.
Courtois.
Coussy.
Coustard.
Couvran.
Crec'hmorvan.
Cref.
Créquy.
Crosnier.
Cyre.

Dachon.
Dampierre.
Davaux.
Dein.
Denais.
Dencuff.
Denis.
Deno.
Desbly.
Dimanac'h.
Dissez.
Dol.
Dot.
Doublard.
Drac.
Duigou.

Emery.
Ernoul.
Esclabissac.

Esperonnière.
Espine.
Estival.
Éveillard.
Éven.

Farcy.
Fauvel.
Favigot.
Febvre.
Feillée.
Ferté.
Feudé.
Fily.
Flustres.
Foix.
Fontaine.
Fontenay.
Forest.
Forges.
Forget.
Fosse.
Fougères.
Fradin.
Fresnais.
Fresne.
Frollo.

Gac.
Gaillard.
Gallou.
Garic.
Garo.
Garspern.
Gascoing.

Gasté.
Gaudin.
Gaudrion.
Gaurays.
Gauthier.
Gauvain.
Gazeau.
Geffroy.
Gentil.
Gérard.
Gervais.
Geslin.
Gestin.
Giffart.
Gigon.
Gillot.
Gladonnet.
Glazren.
Glé.
Goaësbe.
Goagueller.
Goarant.
Godelin.
Gomer.
Gondy.
Goret.
Goué.
Gouëon.
Gouffier.
Goulhezre.
Goullet.
Gourlay.
Gourreau.
Gouyon.
Gouzillon.

Gril.
Grimaudet.
Gris.
Grivel.
Grossolles.
Gué.
Guéguen.
Guéhenneuc.
Guennec.
Guérapin.
Guernisac.
Guezle.
Guignemer.
Guillard.
Guillay.
Guillemot.
Guillier.
Guillo.
Guillon.
Guilloré.
Guimarc'ho.
Guiomar.
Guitton.
Guyto.

Habasque.
Hallouin.
Harel.
Harmoye.
Harouys.
Harsculf.
Hautbois.
Héder.
Héliand.
Hélidic.

Héliguen.
Hélory.
Hémery.
Hénault.
Henry.
Hersart.
Hévé.
Hidriou.
Hirgarz.
Houël.
Hulot.
Huon.
Hurault.

Isnard.

Jaille.
Jamin.
Jaminaye.
Jay ou Geai.
Jean.
Jestin.
Jeune.
Jocet.
Jogues.
Jouannin.
Jouhan.
Jourdain.
Judes.

Keralio.
Keramanach.
Keranflec'h.
Kerangréon.
Keranguen.

Kerantour.
Keraudy.
Kerbescat.
Kerbriec.
Kerdalaëz.
Kerdégasse
Kerespertz.
Kerglan.
Kergoat.
Kergoët.
Kergrist.
Kerguézangor.
Kerguizien.
Kerhalz.
Kerhuélic.
Keridiern.
Kerinizan.
Kerjar.
Kerjosse.
Kerleguer.
Kermabon.
Kermagoer.
Kermavan.
Kermellec.
Kermenguy.
Kermcrhou.
Kermorvan.
Kernuz.
Keroual.
Kerouzlac.
Kerouzy.
Kerpoisson.
Kerrosven.
Kersulguen.
Keruzel.

Kervéatoux.	Lubin.	Mescouez.
Kerveniou.	Lucas.	Mesnard.
Kervérien.	Luhandre.	Mignard.
Knolles.	Luzoum.	Minot.
	Lyon.	Moine.
Lambert.		Mondevis.
Lande.	Madic.	Monneraye.
Landes.	Maillé.	Montalais.
Landeboc'her.	Mainc.	Montalembert.
Langeac.	Maingard.	Montbourcher.
Lanrivinen.	Malbec.	Montenay.
Lanros.	Malmains.	Montgéroult.
Lansaniel.	Malnoë.	Montjean.
Largouët.	Mans.	Montmorency.
Lascazes.	Marbodin.	Montrelais.
Lattre.	Marc'hallac'h.	Morais.
Launay.	Marck.	Moreau.
Laurens	Mareschal.	Morillou.
Laurent.	Martel.	Morin.
Laurentz.	Martin.	Morinais.
Laval.	Masne.	Motte.
Lec'h.	Masson.	Moulinblot.
Leisségues.	Matignon.	Moussaye.
Léon.	Maucazre.	
Lesguen.	Mauduit.	
Lesguern.	Mauvoisin.	Nail.
Lesneven.	Mauvy.	Nepveu.
Lidic.	Mazéas.	Nétum.
Lieur.	Meastrius.	Névet.
Lieuzel.	Mélesse.	Nicolas.
Limon.	Mello	Nicollon.
Limur.	Meneust.	Nicou.
Long.	Merdrignac.	Noblet.
Louët.	Mérien.	Noir.
Louvart.	Merlet.	Normant.

Nos.

Nourquer.

Noury.

Nuz.

Ny.

Orcises.

Orly.

Page.

Palierne.

Palue.

Palys.

Parisy.

Pasquier.

Pastour.

Paynel.

Péan.

Penguern.

Penhoët.

Penmarc'h.

Pentrez.

Percevas.

Perreau.

Perrier.

Persais.

Petipont.

Pichot.

Picot.

Piedelou.

Pierre.

Pierres.

Pilguen.

Pinaeye.

Piveron.

Planteix ou Plantys.

Plédran.

Plessis.

Plestin.

Ploërgat.

Pontblanc.

Pontcallec.

Pont l'abbé.

Ponthou.

Porc.

Porcon.

Poullou.

Pourcelet.

Pracontal.

Pré.

Preuilly.

Prévost.

Prigent.

Privast.

Pugneiz

Puy.

Quengo.

Queux.

Raimbaud.

Retz.

Richard.

Richer.

Rivière.

Robillart.

Roc'hcongar.

Roche.

Roche-Bernard.

Rochefort.

Roi.

Rolland.

Roncerais.

Roque.

Rosmadec.

Rosnyvinen.

Rossal.

Rossi.

Rosvern.

Rouazle.

Rouge.

Rousselet.

Rouxel.

Royer.

Rozé.

Ruel.

Ruellan.

Run.

Saige.

Saint.

Saint-Germain.

Saint-Laurens.

Saint-Mesmin.

Saint-Père.

Saint-Pol de Léon.

Saladin.

Salmon.

Saluden.

Sanglier.

Sansay.

Satin.

Sceaux.

Scott.

Scozou.

Seillons.
Sérent.
Serpaudaye.
Sohier.
Sourdeau.
Sourdeval.
Stéphanou.

Talhouët.
Tanguy.
Tanion.
Testard.
Testu.
Thévart.
Thévin.
Thiard.
Thibaut.
Thomas.
Thouars.
Tiercent.
Tillet.
Tinténiac.
Touche.
Toulbodou.

Toulgouët.
Toullec.
Tourneux.
Toustain.
Trancher.
Treffgarn.
Treffily.
Trégain.
Trégastel.
Tréhuélin.
Trémaugon.
Trémoille.
Trésiguidy.
Tréveznou.
Trévien.
Tripier.
Trotereau.
Tullaye.
Turin.

Uzel.

Valleaux.
Valleton.

Valory.
Vassault.
Vasseur.
Vauferrier.
Vaugour.
Vaux.
Vayer.
Védier.
Vellure.
Verdier.
Verger.
Vêtus.
Viart.
Viel.
Vignerot.
Vilazel.
Villiers.
Vivien.

Ynizan.

Zouche.

Champs d'argent

Abraham.
Abyven.
Achard.
Ages.

Allanic.
Alleno.
Allenou.
Allérac.

Amat.
Amys.
Andigné.
André.

Angevin.

Ansquer.

Antenaise.

Anteville.

Appigné.

Apremont.

Apuril.

Arcembury.

Ardaine.

Argentaye.

Argentré.

Aribart.

Armynot.

Arnous.

Arquistade.

Ars.

Aubaud.

Aubier.

Aubin.

Aubrée.

Aubry.

Andren.

Aumones.

Aumont.

Avaugour.

Avril.

Aymer.

Aymeret.

Bachelier.

Badam.

Baellec.

Bagatz.

Bahezre.

Baillet.

Bailleul.

Baillif.

Balavenne.

Ballineuc.

Barac'h.

Barbier.

Bardoul.

Bariller.

Bariolle.

Barizi.

Barnabé.

Baron.

Baronnière.

Barre.

Barrieu.

Bartaige.

Bascher.

Bastard.

Bastarel ou Batarel.

Baud.

Baude.

Baudré.

Baudry.

Bavallan.

Beaucé.

Beauharnais.

Beaulac.

Beaumont.

Beauvais.

Beauvau.

Bec.

Becmeur.

Bècre.

Bédée.

Bégaignon.

Bégasson.

Bégaud.

Bel.

Bélinaye.

Bellay.

Bellier.

Bellingant.

Belloneau.

Bellot.

Belon.

Benazé.

Benerven.

Benoist.

Bérard.

Bergez.

Bergoet.

Bérien.

Béringhen.

Béritault.

Bernard.

Bernardais.

Bernier.

Berrouette.

Berry.

Berthelot.

Berthois.

Bertrand.

Beschais.

Besné.

Bessart.

Béthune.

Bezay.

Bezit.

Biard.
Bidard.
Bidé.
Bidégan.
Bidon.
Biet.
Biffart.
Bigot.
Billarts.
Billes.
Bino.
Bintinaye.
Bizaie.
Bizeul.
Blanchard.
Blanchet.
Blandin.
Blavon.
Blocquel.
Blois.
Blondeau.
Blousart.
Blouin.
Boberil.
Bobillé.
Bocénic.
Bocher ou Boschier.
Bochetel.
Bocou.
Bodéan.
Bodénan.
Bœuvres ou Beuves.
Bogier.
Bois.
Boisarmé.

Bois-Éon.
Bois-Gardon.
Bois-Guéhéneuc.
Bois-Hamon.
Bois-Jagu.
Bois-le-Houx.
Boislève.
Bois-Péan.
Bois-Riou.
Bois-Toneau.
Bois-Travers.
Bollan.
Bonardière.
Bonenfant.
Bongars.
Bonnier.
Bonsens.
Bonvoisin.
Borgne.
Borye.
Bosc.
Bossant.
Bossart.
Bot.
Botcrat.
Botglazec.
Botherel.
Bothonn.
Botillio.
Botlavan.
Botquenal.
Bouan.
Bouays.
Boucault.
Bouchart.

Bouchaud.
Boucher.
Bouchet.
Bouczo.
Boudan.
Bouëdrier.
Bouëssel.
Bouëtoux.
Bouëxic,
Bouëxière.
Bougeant.
Bouillant.
Bouillic.
Boullay.
Boulomer·
Boullonnois.
Boulonneau.
Bourayne.
Bourdieu.
Bourdin.
Bourgeois.
Bourgneuf.
Bourné.
Bourseul.
Bouteiller.
Bouteillerie.
Bouteveillaye.
Bouteville.
Boutouillic.
Bouvet.
Boyer.
Bozec.
Braillon.
Brandin.
Brays.

Bréal.
Brécel.
Brécheu.
Bréfeillac.
Brégel.
Bréhier.
Bréhounière.
Breil.
Brénéen ou Brénéan.
Brénezay.
Brénugat.
Breslay.
Bretagne.
Bretineau.
Breton.
Breuil.
Briant.
Brie.
Brieux.
Brillaud.
Brillet.
Brindejonc.
Brizart.
Brochart.
Brochereul.
Browne.
Bruc.
Brun.
Bruneau.
Bruneleau.
Bruslon.
Buat.
Budes
Buglet.
Buinart.

Buisson.
Buor.
Buret.
Burot.
Busnel.
Busquet.
Bussière.
Busson.
Butault.

Cabon.
Cacé.
Cadé.
Cadoudal.
Cajetan.
Callec.
Callo.
Calon.
Cam.
Campion.
Camprond.
Camus.
Canaber.
ancoët
Cantisac.
Caourcin.
Caradeuc.
Cardé.
Cardin.
Cardinal.
Cargouët.
Carheil .
Caris.
Carlier.

Carpont.
Carquet.
Carrage.
Carré.
Cartes.
Cassart.
Castagny.
Castellan.
Cat.
Caze.
Cazin.
Cercleux.
Cerizay.
Cézé.
Chalopin.
Chalot.
Champalaune.
Champlais.
Champs.
Chandos.
Chapelain.
Chapelle.
Chaperon.
Chappedelaine,
Chardel.
Charet.
Charette.
Charil.
Charles.
Charmoy.
Charnières.
Charpentier.
Charpin.
Chastellier.
Chateautro.

Chatton.
Chauff.
Chaumont.
Chauvel.
Chauvin.
Chavres.
Chefdemaille.
Cheminart.
Cheminée.
Cherdel.
Chéreau.
Chertier.
Chesnaye.
Chesne.
Chesnel.
Chevalier
Chevaye.
Chevière.
Chevré.
Chevronnière.
Chierdel.
Chiron.
Chohant.
Choïsne.
Cholet.
Chouan.
Choüe.
Choumin.
Chupeau.
Clairembault.
Clays.
Cléauroux.
Clément.
Clec'h.
Cléhunault.

Clerc.
Cleuz.
Clévéder.
Clos.
Coail.
Coat.
Coatarel.
Coëtandoc'h.
Coëtanlem.
Coëtanscours.
Coëtcriziou.
Coëtgouzan.
Coëtilez.
Coëtinizan.
Coëtléan.
Coëtlestrémeur.
Coëtleven.
Coëtmeur
Coëtmohan.
Coëtnempren.
Coëtnours.
Coëtquelven.
Coëtquis.
Coëtredrez.
Coëtrouzault.
Coëtsaouf.
Cœur.
Cœuret.
Coglez.
Cohue.
Coignard.
Coing.
Cojalu.
Collas.
Collasseau.

Collin.
Collombel
Commacre.
Compadre.
Concer.
Coniac.
Conigan.
Constantin.
Coquillonnais.
Corbel.
Corbière.
Corbin.
Corbinaye.
Corbinière.
Corfineau.
Cornillé.
Corpel.
Corre.
Corret.
Corsin.
Cortois.
Coscoat.
Cosnier.
Cosnoual.
Cosquer.
Cosquerguen.
Costard.
Cotereau.
Cottes.
Couaisnon.
Couaridouc
Couart.
Coudé.
Coudray.
Coudraye.

Coüé.

Couëdic.

Couësplan.

Couessurel.

Couëtus.

Couldebouc.

Coullon.

Couppé.

Couppu.

Courcoué.

Couriault.

Court.

Courtais.

Courtœuvre.

Courtois.

Cousturier.

Couvran

Couyer.

Coz.

Cozic.

Cozou.

Crec'hquérault.

Créménec.

Crénan.

Crocelay.

Crocq.

Croisic.

Crouëzé.

Cruguil.

Cupif.

Cuzillac.

Cybouault.

Daen.

Dall.

Damours.

Danguy.

Danizi.

Danjou.

Dantec.

Danyou.

Darispé.

Darquistade ou Arquistade

Daumesnil.

Davay

David.

Davy.

Déan.

Deffortebie.

Delbiest.

Denée.

Denis.

Dérian.

Derrien.

Despinoze ou Espinoze.

Dibart.

Dieuzie.

Digarc'her.

Digouëdec.

Divézat.

Doisseau.

Dollier.

Dolou.

Domaigné.

Dombideau.

Dos.

Douart.

Doudart.

Doulec.

Dourduff.

Dremiet.

Dresnay.

Drézic.

Droniou.

Drouallen.

Drouin.

Duault.

Duchais.

Duff.

Durand.

Dusson.

Écluse.

Enfant.

Éon.

Éonet.

Épert.

Erbrée.

Ernault.

Ertault.

Escuyer.

Esparbez.

Espinay.

Espinoze ou Despinoze.

Estienne.

Estimbrieuc.

Estoré.

Estourbillon.

Estrées.

Estuer.

Eudo.

Eudoux.

Faisant.

Falloux.

Faramus.
Fauchet.
Faux.
Fay.
Faye.
Febvre.
Fellonneau.
Ferré.
Ferrière.
Fescan.
Fessart.
Filhol.
Filleul.
Fillochais.
Fite.
Flambart.
Flèche.
Fleschard.
Fleuriot.
Flo.
Floyd.
Folliot.
Folnays.
Fontaine.
Fontenailles.
Fontenay.
Fontlebon.
Forest.
Forestier.
Fortin.
Fossé.
Fouay.
Fouays.
Foucault.
Fouchart.

Foullé.
Fouquet.
Fournas.
Fournel.
Fournet.
Fournier.
Francbois.
France.
Francheville.
Frédot.
Fresche.
Freslon.
Fresnaye.
Fresne.
Fresneau.
Frey.
Froment.
Fromentières.
Frost.
Frotet.
Frotter.
Froulay.
Fruglais.
Fruglaye.
Frusneau.
Fur.

Gabillard.
Gaësdon.
Gagende.
Gal.
Gall.
Gallardière.
Galléer.
Gallery.

Gallivier.
Gallope.
Gamepin.
Ganay.
Garangier.
Garennes.
Gares.
Garic.
Garjan.
Garnier.
Garo.
Garrouaye.
Gaucher.
Gaudé.
Gaudiger.
Gauthier.
Gauvain.
Gauzerand.
Gay.
Gazet.
Gédouin.
Geffroy.
Gendrot.
Gentien.
Gentil.
Gérot.
Gesril.
Gibonnays.
Gibot.
Gicqueau.
Gicquel.
Giffart.
Gillet.
Gillouart.
Ginguéné.

Girard.

Giraud.

Girault.

Gladonnet.

Glaz.

Glé.

Gleincuff.

Glénay.

Glet.

Gluydic.

Goaffuec.

Goasmeret.

Goasmoal.

Goazre

Goddes.

Godet.

Goff.

Golen.

Gomeril.

Gonidec.

Gouandour.

Gouayré.

Gouëre.

Gouëzel.

Gouëzou.

Gougeon.

Gouicquet.

Gouin.

Gourel.

Goures.

Gouvello.

Gouyon.

Gouzien.

Grall.

Grand.

Granier.

Gras ou Gratz.

Graslin.

Grasmenil.

Grassineau.

Gratmé.

Gravail.

Grée.

Gretz.

Grézille.

Grignon.

Gris.

Grisonys.

Grivart.

Groing.

Gruel.

Gubaër.

Gué.

Guéguen.

Guého.

Gueniveau.

Guénour.

Gueriff.

Guernarpin.

Guernc'hoz.

Guerrande.

Guersans.

Guesclin.

Guesdon.

Gueurie.

Guézennec.

Guézille.

Guibé.

Guicaznou.

Guichet.

Guichoux ou Guéhoux.

Guignace.

Guihou.

Guilbaud.

Guillard.

Guillemin.

Guillermo.

Guillet.

Guilloré.

Guillou.

Guimar.

Guingamp.

Guiny.

Guy.

Guyardet.

Guynan.

Guyot.

Habel.

Haicault.

Hainart.

Hallay.

Halna.

Hamarts.

Hamon.

Hamonou.

Han.

Hangest.

Hardouin.

Hardouineau.

Hardy.

Haréa.

Harembert.

Harlay.

Harpin.

Harquin.
Harscouët.
Haste.
Hastelou.
Haugoumar.
Havart.
Haveloose.
Hay.
Haydurand.
Haye.
Hélias.
Hellandière.
Hello.
Helloc'h.
Henry.
Hérault.
Herbais.
Hérée.
Hérissé.
Hérisson.
Hérstfelt.
Hervé.
Hérvo.
Heuc.
Heureau.
Heuzey.
Hézou.
Hindreuf.
Hingant.
Hircé.
Hirel.
Hommet
Hopital.
Hoquerel.
Hosman.

Houet.
Houlle.
Houmeaux.
Houssay.
Houx.
Huart.
Hubert.
Huo.
Huon.
Hus.
Huslin.

Iffer.
Irland.
Isle.
Isles.

Jacobin.
Jaille.
Jaillier.
Jallet.
James.
Jamet.
Janson.
Jaouen ou Jouhan.
Jar.
Jarnigan.
Jarnouan.
Jarret.
Jarriel.
Jauréguy.
Jean.
Jégou.
Jéguic.
Jéhan.

Jéhannin.
Jéhannot.
Jeune.
Jocet.
Jolif.
Jolivet.
Josse.
Josselin.
Jouannic.
Jouault.
Jouhan.
Jouin.
Jouino.
Jourdan.
Jousseaume.
Jousselinaye.
Julienne.
Jumelays.

Karuel.
Keradreuz.
Keraliou.
Keramanac'h.
Keraminou.
Keranflec'h.
Kerangal.
Keranglaz.
Keranguen.
Keranmear.
Keranmoal.
Kerasquer.
Keraudy.
Keravis.
Kerazgan.
Kerbihan.

16

Kerbiquet.
Kerblois.
Kerbouric.
Kerboutier.
Kercabus.
Kerdaniel.
Kerdouar.
Kerdreffec.
Kerdreis.
Kerémar.
Kerfaven.
Kerfaréguen.
Kerfors.
Kergadalan.
Kergadaran.
Kergadéau.
Kergadiou.
Kergariou.
Kergoët.
Kergoff.
Kergos.
Kergoulouarn.
Kergroas.
Kergu.
Kerguélen.
Kerguéris.
Kerguern.
Kerguiniou.
Kergus.
Kerhallic.
Keribert.
Kerimel.
Kerincuff.
Kerjean.
Kergeffroy.

Kerjurelay.
Kerleguer.
Kerleuguy.
Kerliviou.
Kerloaguen.
Kerloarnec.
Kerlouët.
Kermartin.
Kermeidic.
Kermenguy.
Kermeno.
Kermerc'hou.
Kerminily.
Kermorvan.
Kernazret.
Kernec'h.
Kernéguez.
Kerneur.
Keronartz.
Keroudault.
Kerougant.
Kerouillé.
Kerpaën.
Kerpezdron.
Krraoul.
Kerrivoal.
Kerrom.
Kerrouaud.
Kerroz.
Kersal.
Kerscau.
Kerscouac'h.
Kervastard.
Kerveno.
Kervenozaël.

Kervilliau.
Kervilly.

Labbaye.
Labbé.
Lagadec.
Laigle.
Laillé.
Laisné.
Lallouette.
Lambert.
Lambezre.
Lambray.
Lamoureux.
Lancelin.
Landais.
Lande.
Landelle.
Landes.
Landry.
Langlais.
Langle.
Langlois.
Lanjamet.
Lanmeur.
Lannion.
Lannuzel.
Lanzullien.
Lantillac.
Lanuzouarn.
Lanvaux.
Larchiver.
Largez.
Larlan.

Laudin.

Launay.

Laurencie.

Laurens.

Lauvergnac.

Lavau.

Lay.

Léac.

Lée.

Léon.

Leschevin.

Lescobic.

Lescoudu.

Lescoët.

Lescondam.

Lescorre.

Léséleuc.

Lesgasquénet.

Leslay.

Lesmabon.

Lesmais.

Lesneven.

Lesplouénan.

Lesquélen.

Lesquiffiou.

Lessart.

Lestel.

Lestévennec.

Lestic.

Lestobec.

Lestourdu.

Lestrelin.

Levier.

Lezardrieux.

Lezéret.

Léziart.

Lezivy.

Lezot.

Lhommeau.

Libault.

Limoges.

Limonier.

Lindreuc.

Lingier.

Liniers.

Lionnais.

Liorzou.

Liron.

Liscoët.

Listré.

Livec.

Lizé.

Loaisel.

Loc'hodan.

Locquet.

Lohéac.

Lohennec.

Logan.

Loger.

Long.

Longle.

Longuespée.

Lonlay.

Loret.

Lorveloux.

Lostanvern.

Lou.

Louis.

Lourme.

Louvel.

Louvetel.

Lucas.

Luzec.

Macé.

Macé le Lièvre.

Machecoul.

Maczon.

Macdeléneau.

Mafay.

Mahault.

Mahé.

Mahyeuc.

Maignane.

Maillechat.

Maire.

Maistre.

Malfilastre.

Mallier.

Manoury.

Maout.

Marbodin.

Marbré.

Marcadé.

Marchand.

Marc'hec.

Marcille.

Maréchal.

Marée.

Margat.

Marie.

Marillac.

Marion.

Marque.

Marquis.

Martigné.

Martin.

Martineau.

Marzein.

Mascarène.

Masson.

Mathézou.

Mathieu.

Matz.

Mauclerc.

Mauger.

Maugoret.

Mauny.

May.

Mayer.

Mazoyer.

Meaux.

Mée.

Méhaignerie.

Méhérenc.

Meilleur.

Mélient.

Mellet.

Ménage.

Ménager.

Menguen.

Menguy.

Menier.

Menou.

Mérer.

Mériadec.

Mériaye.

Merliers.

Mésanger.

Mésanhay.

Mescanton.

Mesle.

Mesnard.

Métaër.

Métayer.

Meur.

Mézec.

Michau.

Michel.

Michiel.

Mignot.

Milieau.

Milon.

Minault.

Minihy.

Mivier.

Moine.

Mol.

Mollen.

Monestay.

Monligné.

Montagu.

Montaigu.

Montalembert.

Montdoulcet.

Montdragon.

Montellière.

Monteville.

Montfort la Canne.

Montfromery.

Montigny.

Montoire.

Mordant.

Mordelles.

Moreau.

Morel.

Moricaud.

Morice.

Moriceau.

Morin.

Morinière.

Morizur.

Mosnier.

Mottay.

Motte.

Moucheron.

Mouësson.

Mouestault.

Moulin.

Moulinet.

Mouraud.

Mouton.

Murault.

Musse.

Mustel.

Nas.

Nays.

Néhou.

Nepveu.

Neuville.

Névez.

Nicolas.

Nicolazo.

Nielly.

Noan.

Nobletz.

Noë.

Noël.

Noir.

Normand.	Parthenay.	Phélippes.
North.	Pas.	Picart.
Nos.	Pasquer.	Picaud.
Noue.	Patard.	Pichon.
Nouvel.	Patin.	Pidoux.
Noyal.	Pays.	Piedevache.
Nuz.	Pays-Mellier.	Piel.
	Pavec.	Pigeaud.
Ogeron.	Peillac.	Piguelais.
Ogier.	Pelaud.	Pincé.
Olimant.	Pellem.	Pinçon.
Olivier.	Pellerin.	Pinczon.
O'Neil.	Pellonie.	Pineau.
Onfroy.	Pellouézel.	Pinot.
Orfèvre.	Penancoat.	Pioger.
Orion.	Penandreff.	Piron.
Orléans.	Penbroc.	Plancher.
Orthiou.	Penicaud.	Plancoët.
O'schiel.	Penlaëz.	Plesguen.
Oulf.	Penmorvan.	Plessis.
Oury.	Pennou.	Ploësquellec.
Ozanneau.	Penpoullou.	Plougras.
	Pensornou.	Plumaugat.
Page.	Pépin.	Pohon.
Pageot.	Perdriel.	Poitevin.
Palasne.	Pérennez	Polard.
Palierne.	Perret.	Pommeret.
Palud.	Perrien.	Pont.
Palue.	Perrin.	Pontavice.
Pantin.	Perron.	Pontbriand.
Pappe.	Perrot.	Pontglo.
Parc.	Perrotin.	Pontplancoët.
Parcevaux.	Pescherel.	Pontzal.
Parigné.	Petiteau.	Porte.
Paris.	Pezron.	Portes.

Portzpozen.	Quilinadec.	Remungol.
Porzal.	Quilligonan.	Rest.
Poëze	Quilliguiziau.	Retalles.
Pouez	Quilliou.	Revol.
Poulain	Quiniou.	Ribault.
Poulehey.	Quintin.	Richard.
Poulguiziau.	Quirizec.	Richardeau.
Poulpry.	Quityer.	Richardière.
Pratanroux.		Richemont.
Préchatel.	Rabasté.	Richer.
Prévost.	Rabuan.	Rieux.
Prez.	Racine.	Rigaud.
Prigent.	Racinoux.	Rigolel.
Pringuel.	Radoceaux.	Rimaison.
Prioul.	Raffeteau.	Rio.
Provosté.	Ragaud.	Riou.
Pucci.	Raguideau.	Rivault.
Puy Ferré.	Raguier.	Rivière.
	Raisin.	Rivoalen.
	Raison.	Robecq.
Quedillac.	Ralet.	Robelot.
Queffarazre.	Rallier.	Robert.
Queffurus.	Ramaceul.	Robichon.
Quéjau.	Rannou.	Robiou.
Quélen.	Rarécourt.	Roc'h.
Quélenec.	Ravenel.	Roc'haëzre
Quémar.	Ravilly.	Rochard.
Quéméneur.	Ray.	Rochay.
Quéméreuc.	Réal.	Roche.
Quemper.	Réchou.	Rocher.
Quénonas.	Refuge.	Rocquand.
Quérou.	Regnard.	Rodellec.
Quesne.	Regnaud.	Roë.
Quétil.	Regnault.	Roger.
Quettier.	Regnouard.	Rogier.
Quilfistre.		

Rogues.

Roi.

Rolland.

Romelin.

Ropartz.

Roquel.

Rorthais.

Roscoat.

Roselle.

Rosilly

Roslogot.

Rosmorduc.

Rossignolière.

Rosty.

Rouaud.

Rouault.

Rouge.

Rougeart.

Roujoux.

Roulleau.

Rousseau.

Rousselaye.

Rouvre.

Roux.

Rouxel.

Rouxelot.

Rouzault.

Rozy.

Ruée.

Ruellan.

Ruffault.

Rufflay.

Rullaud.

Run.

Saffray.

Sage.

Saint.

S. Aubin.

S. Didier.

S. Esne.

S. Georges.

S. Germain.

S. Hugeon.

S. Jean.

S. Malo.

S. Malon.

S. Méen.

S. Nouay.

S. Pair.

Salaün.

Saliou.

Salle.

Salles.

Salomon.

Salou.

Salviati.

Samson.

Sarant.

Sariac.

Sauldraye.

Saullaye.

Saulnier.

Sauvageau.

Savary.

Savinghac.

Scaff.

Scelles.

Schomberg.

Sécardais.

Ségrétien.

Séjourné.

Sénéchal.

Serpaudaye.

Sevedavy.

Silguy.

Simon.

Solminihac.

Songeux.

Soraye.

Sorel.

Sorin.

Soulard.

Stangier.

Stapleton.

Suasse.

Sueur.

Sugarde.

Surcouf.

Sylvestre.

Taillandier.

Talhouët.

Tardivel.

Tays.

Téhel.

Téno.

Terrien.

Tertre.

Testard.

Tétou.

Texier.

Téxue.

Thébault.

Thémoy.

Thérisse.

Théronneau

Thévenard.

Thieuville.

Thiroux.

Thomasset.

Thomé.

Thou.

Tillon.

Tircoq.

Tizé.

Tizon.

Touche.

Toulmen.

Tour.

Tournemouche.

Tourneuve.

Toutblanc.

Toutenoutre.

Tranchant.

Traonfez.

Tréanna.

Trébiquet.

Treff.

Treffilis.

Trégoazec.

Trégoazel.

Trélan.

Tréléon.

Trémébrit.

Tréménec.

Trémic.

Trémigon.

Trémouart.

Tréouret.

Trépezec.

Tressay.

Treut.

Trévecar.

Trévégat.

Trévou.

Trimoelerie.

Trogoff.

Tromelin.

Tronson.

Trotereau.

Trouillat.

Trouin.

Truchot.

Tudual.

Tuffin

Tugdual.

Turnegouet.

Turquand.

Uguet.

Urvoy.

Ust.

Uzille.

Vaillant.

Validire.

Val.

Vallette.

Vars.

Vasseur.

Vauclerc.

Vaunoise.

Vauvért.

Vavasseur.

Vayer.

Veller.

Veneur.

Verdeuc.

Verger.

Vergne.

Vessel.

Viau.

Vic.

Videl.

Viette.

Vieuxville.

Vieuxpont.

Vigne.

Vigré.

Vilaines.

Villarmois.

Ville.

Villecanio.

Villegontier.

Villeguérin.

Villejuhel.

Villeneuve.

Villéon.

Vincent.

Virel.

Visdelou.

Vittu.

Vivien.

Voisin.

Volance.

Yaçennou.

Ylio.

Yrodouer. Walsh.
Yvignac. Whitte.

Champs de Gueules.

Agard.
Alègre.
Allemand.
Aloigny.
Ancenis.
André.
Annebaud.
Angleberme.
Anjou.
Annor.
Aoustin.
Appelvoisin.
Apremont.
Artault.
Artur.
Aubé.
Aubert.
Aubigné.
Audren.
Aumer.
Auray.
Avenel.
Avignon ou Davaignon.
Avoine.
Avoir.

Badereau.
Bahaly.

Baillehache.
Balam.
Baouec.
Barac'h.
Barazer.
Bardon.
Barillon.
Barral.
Barre.
Bascle.
Basset.
Baudouin.
Baye.
Bé.
Beaubois.
Beauchesne.
Beauclerc.
Beaufort.
Beaugeard.
Beaumez.
Beaumont.
Beaune.
Beaupoil.
Bécheu.
Bédel.
Bellangier.
Belle-Isle.
Belloteau.

Béraud.
Bergevin.
Berguière.
Béritault.
Bernard.
Bervet.
Berziau.
Bézit.
Bihannic.
Bilzic.
Binet,
Blain.
Blanc.
Blanchard.
Blanchardaye.
Blouet.
Bobet.
Bodégat.
Bodin.
Bœuf.
Boguais.
Bois.
Bois-Adam.
Bois-Billy.
Bois-Glé.
Boishardy.
Bois-Jean.
Bois-le-Bon.

Boismellet.
Boisvin.
Bonfils.
Borel.
Borgne.
Boscal.
Botherel.
Botloré.
Botteuc.
Bouays.
Bouchart.
Boucher.
Boudart.
Bouesselaye.
Bouexière.
Boulaye
Boullays.
Bourblanc.
Bourdonnaye.
Bourgeois.
Bourgoin.
Bourgon.
Bourgonnière.
Bourgues.
Boutelaye.
Bouvens.
Bouverel.
Bouvier.
Bragelongne.
Brandon.
Brango.
Brécaud.
Brécey.
Bréhant.
Bréhault.

Breil.
Bréolière.
Breton.
Brézal.
Briand.
Brichet.
Brindejonc.
Briot.
Broël.
Broustal.
Brunel.
Buet.
Buharay.
Burnet.
Buys.
Buzic.

Cabellic.
Cabon.
Cabournais.
Cadier.
Cadoret.
Cadre.
Cahideuc.
Caignart.
Cailleteau.
Camarec.
Cambout.
Cardinal.
Cardonne.
Carion.
Carméné.
Cartier.
Cassin.
Casso.

Catus.
Caze.
Cellier.
Chabannes.
Chalet.
Chalonge.
Chalons.
Champs.
Chancerelle.
Chantegrue.
Chapelle.
Chaperon.
Chardonnay.
Charnacé.
Charronnière.
Charuel.
Chasant.
Chassé.
Chastel.
Chastellier.
Chateaubriant.
Chateaugal.
Chateauneuf.
Chatillon.
Chauvin.
Chazé.
Chedanne.
Chefdubois.
Chevalerie.
Chevalier.
Chevigné.
Cheverue.
Chevoir
Chiron.
Chouart.

Chouet.
Cibot.
Cicé.
Cillart.
Clavier.
Clec'h.
Cléguennec.
Clément.
Clerc.
Clermont.
Clisson.
Clos.
Coasquin.
Coatanezre.
Cochart.
Cochon.
Coësmes.
Coëtelez.
Coëtgonien.
Coëtgourden.
Coëtlogon.
Coëtmen.
Coëtregal.
Coëtuhan.
Coëvoult.
Coligny.
Collin.
Combout.
Comper.
Concoret.
Condest.
Coq.
Coquebert.
Cordonnier.
Corlay.

Cormier.
Cornillière.
Coudrais.
Coudray.
Couëdor.
Couësmes.
Couperie.
Cour.
Courmeau.
Coussaye.
Coutelier.
Coz.
Cozic.
Cramezel.
Crane.
Crespel.
Creux.
Crozat.
Cucé.
Cygny.

Dachon.
Dagorne.
Damesme.
Daniel.
Dauphin.
Davaignon.
Déauguer.
Demours.
Deniau.
Denmat.
Dérian.
Derrien.
Devin.
Dieu.

Digouris.
Dinan.
Dodier.
Dol.
Dolo.
Douart.
Dourguy.
Drézeuc.
Droniou.
Drouet.
Duc.
Durand.

Éder.
Édern.
Élève.
Ermar.
Esmez.
Estang.
Estang-Hingant.
Estrade.

Fablet.
Fau.
Fay.
Faye.
Fayette.
Febvre.
Ferré.
Feu.
Fleury.
Flo.
Fontenelles.
Forestier.
Forge.

Forges.
Forget.
Fort.
Fougasse.
Fouquet.
Fournier.
Fradin.
Franquetot.
Fraval.
Fretays.
Frogeray.

Gabard.
Gadagne.
Gallais.
Gallic.
Garin.
Garmeaux.
Gatechair.
Gaudin.
Gayon.
Gellée.
Gennes.
Georgelin.
Gérard.
Gérut.
Gézizac.
Gibon.
Gicquel.
Gilart.
Goaradur.
Goheau.
Gorsse.
Goublaye.
Goueznou.

Gouray.
Gourdel.
Gouret.
Gouro.
Goussault.
Goyon ou Gouyon.
Granges
Grenguen.
Grenier.
Grenieux.
Grézille.
Grézy.
Grigneaux.
Grimaud.
Grisonys.
Grivel.
Gros.
Gualès.
Guehenneuc.
Guélen.
Guénégaud.
Guérande.
Guerche.
Guérin.
Guérinaye.
Guermeur.
Guernalec.
Guervazic.
Guihart.
Guiho.
Guilguiffin.
Guillard.
Guillaume.
Guillemet.
Guillerm.

Guillier.
Guillocheau.
Guimar.
Guinot.
Guiomar.

Haffont.
Hallenaut.
Harcourt.
Hardas.
Harel.
Harman.
Hatais.
Haugoumar.
Haye.
Hayes.
Hayeux.
Helleau.
Hénaud.
Henry.
Hervouët.
Hiaulu.
Hillerin.
Hingant.
Hopital.
Houdet.
Houx.
Hullin.
Huon.

Imbault.
Isle.
Isle-en-Gal.
Izarn.

Jacob.
Jahou.
Jando.
Jaouen.
Jarnage.
Jégado.
Jégou.
Jennière.
Jeune.
Jollän.
Jouan.
Jouière.
Jouneaux.
Jourdain.
Jousseaume.
Joyault.
Jubin.
Juhel.
Jumeau.
Juzel.

Kaerbout ou Carbout.
Keraër.
Keralain.
Keraldanet.
Keramborgne.
Kerasçouët.
Kerautem.
Kerbervet.
Kerboulart.
Kerbrat.
Kercabin.
Kerc'hac.
Kerduel.
Kerérel.

Kerédy.
Kerfloux.
Kerglezrec.
Kergoët.
Kergozou.
Kergré.
Kerguézangor.
Kerhamon.
Kerharo.
Kerinizan.
Kerlaouénan.
Kerloscant.
Kermabo.
Kermagoer.
Kermarec.
Kermel.
Kerméno.
Kermodiern.
Kermoysan.
Kernicol.
Kerraoul.
Kerriou.
Kersauson.
Keruzas.
Kervéguen.
Kervénel.
Kerverder.

Labbé.
Laigue.
Lambart.
Landais.
Lande.
Landes.
Lannoster.

Lantivy.
Larcher.
Larchiver.
Lard.
Lasneur.
Latimier.
Launay.
Laval.
Lay.
Léger ou Liger.
Leizour
Lemperière.
Lescuz.
Lesméleuc.
Lesménez.
Lesquen.
Lesversault.
Lezergué.
Lezirivy.
Lièvre.
Liger ou Ligier.
Limon.
Linnes.
Lionne.
Livinot.
Livrée.
Lobineau.
Lochrist.
Lombart.
Longuejoue.
Lorgeril.
Lou.
Louays.
Loz.
Lubersac.

Luette.

Lys.

Macé.

Madic.

Madio.

Magnelais.

Maignan.

Maigné.

Maillard.

Mainfeny.

Maire.

Malestroit.

Malterre.

Marcé.

Marche.

Marchecourt.

Marconnay.

Marquerais.

Marraud.

Marre.

Martin.

Martret.

Masle.

Mathefelon.

Maufras.

Mauléon.

Maure.

Mayenne.

Méhault.

Méné.

Ménez.

Menou.

Mesanrun.

Mescam.

Mesnard.

Meur.

Mezle.

Milon.

Miniac.

Mintier.

Miron.

Moal.

Moënne.

Moine.

Molac.

Molard.

Moncontour.

Monniès.

Montarby.

Montauban.

Montescot.

Montfort-l'Amaury.

Montgogué.

Monthulé.

Montmorou.

Montsorel.

Mordelles.

Moreau.

Morel.

Morice.

Motte.

Mouline.

Moulins.

Mouton.

Moy.

Munehorre.

Mur.

Musse.

Muzillac.

Nantes.

Nepveu.

Nerzic.

Neuilly.

Neuville.

Niçollas.

Noan.

Nouail.

Nozay.

Orient.

Osmont.

Paigné.

Papin.

Parga.

Pas.

Pascal.

Patenostre.

Paucigot.

Pauvre.

Pé.

Pélissier.

Penampont.

Pennec.

Perche.

Périchou.

Perrault

Perret.

Perrien.

Perrier.

Perrot.

Peschart.

Pezron.

Phélippot.

Philippes.

Picart.

Pichot.

Pillet.

Pinot.

Pitot.

Pitouays.

Planche

Plessis.

Plouër.

Poher.

Poillevé.

Poisson.

Pomereul.

Pommeraye.

Pompery.

Ponceau.

Poncelin.

Pontevès.

Pontplancoët.

Porcaro.

Porcher.

Porée

Porhoët

Porte.

Portebise.

Portzmoguer.

Porzou.

Potier.

Pouënces.

Pouillé.

Poulard.

Praud.

Prédour.

Prestre.

Prévost.

Prince.

Priour.

Privé.

Puy.

Quédillac.

Queingoff.

Quélennec.

Quemper.

Quillidien.

Quillien.

Quimper-Corentin.

Quistinic.

Rabaud

Rahier.

Ranconnet.

Raoul.

Ravenel.

Razeau.

Razilly.

Rechignevoisin.

Regnault.

Reliquet.

Renault.

Rhuys.

Riant.

Ribou.

Riche.

Ripault.

Rive.

Rivière.

Robert.

Robin.

Robineau.

Robiou.

Roche.

Roche-Jagu.

Roc'hello.

Rocher.

Rocherousse.

Rogave.

Rohan.

Rollée.

Rollon.

Roquefeuil.

Ros.

Roscerf.

Rosel.

Rossignol.

Rouge.

Rougé.

Rougeron.

Rouillé.

Rouillon.

Rousseau ou Rouxeau.

Roux.

Roye.

Royère

Roz.

Rue.

Ruellan.

Rueneuve

Rufelet.

Rufflay.

Russy.

Ruzé.

Saget.

S. Aignan.

S. Amadour
S. Aubin.
S. Dénoual.
S. Germain.
S. Gondrand.
S. Goueznou.
S. Malo.
S. Marc.
S. Meleuc.
S. Meloir.
S. Paul.
Salarin.
Salic.
Salles.
Sarazin ou Sérazin.
Sauldraye.
Saulnier.
Sauvage.
Sauvaget.
Savonnières.
Scaff.
Scliçzon.
Séré.
Sesmaisons.
Séverac.
Sigay.
Simon.
Sioc'han.
Sorel.
Soussay.
Sparler.
Surgères.
Suzlé

Taillefer.
Taillepied.
Talbot.
Téhillac.
Terrien.
Tertre.
Teste.
Téxier.
Thépault.
Thierry.
Thomas.
Thomé.
Thoreau.
Thurin.
Tilly.
Timadeuc.
Tirefort.
Tirot.
Tourneraye.
Touronce.
Tourtereau.
Touzé.
Traonevez.
Tréal.
Trécesson.
Trégoët.
Tréguéné.
Trémaudan.
Tremblay.
Trémen.
Trémillec.
Trinité.
Trochart.
Trogoff.
Troguindy

Troussart.
Tudual.
Turgan.

Vache.
Vacher.
Val.
Vallée.
Vandeur.
Vannes.
Varice.
Varin.
Vavasseur.
Vay.
Vayer.
Vendel.
Verge.
Verger.
Vergier.
Vieuxchatel.
Vilaines.
Villeaubois.
Villeblanche.
Villegal.
Villegast.
Villeneuve.
Villeorion.
Visé.
Vitré.
Vivier.
Vollaige.

Willaumez.
Wolbock.

Champs d'Azur

Abelin.
Abillan.
Adam.
Advocat.
Alesmes.
Allain.
Allaire.
Allaneau.
Alleaume.
Allemand.
Allixant.
Ambroise.
Amelot.
Andrault.
Anges.
Angleberme
Anjourant.
Anneix.
Ansquer.
Anzeray
Aoustin.
Armaillé.
Arnault.
Arnous.
Arot.
Artur.
Arzon.
Aubert.
Aubin.
Aubigné.
Aubry.

Audibert.
Audouyn.
Audren.
Auffret.
Aulnières.
Aulnette.
Ausprac.
Aussonvilliers.
Autier.
Avaleuc.
Avice.
Ayrault.

Babin.
Bagatz.
Baglion.
Bagot.
Bahulost.
Baillardel.
Baillet.
Baillif.
Baillon.
Bain.
Barbais.
Barbay.
Barberie.
Barbier.
Barbot.
Barchou.
Barillier.

Barjot.
Baron.
Barre à *enquerre.*
Barrère.
Barrin.
Bartz.
Bart.
Barzic.
Bascher.
Basoges.
Basouges.
Basserode.
Baud.
Baudran.
Baurin.
Bausset.
Bazin.
Beau.
Beauchamps.
Beaucorps.
Beaulieu.
Beaumanoir.
Beaumont.
Bécart.
Béchameil.
Bedeau.
Bédoyère.
Bégassoux.
Bel.
Bellangier.
Belon.

Belordeau.

Bérard.

Béraudière.

Berclé.

Bérezay.

Berland.

Bernard.

Berruyer.

Bertaud.

Berthelot.

Bertier.

Bertrand.

Beschard ou Béchard.

Beschu.

Bescont.

Besnard.

Bigottière.

Billeheust.

Billon.

Biré.

Bizieu.

Bizeul.

Blais.

Blanc.

Blanchard.

Blévin.

Bley.

Blot.

Bloy.

Bocan.

Bodéru.

Bodin.

Bogar.

Bogat.

Bois.

Boiséon.

Boislève.

Boismoron.

Boistréal.

Beju.

Bojust.

Bonacursi.

Bonafous.

Bonamy.

Bonin.

Bonnefoy.

Bonnet.

Bonnetier.

Borgne.

Boscal.

Boscher.

Boschet.

Boschier.

Bosquais.

Bossineau.

Bot.

Boterff.

Botherel.

Botigneau.

Botmiliau.

Boucault.

Boucherat.

Boucheraye.

Boucherie.

Bouczo.

Bouëdec.

Bouëtiez.

Bouhier.

Bouilly.

Bouin.

Boulanger.

Boulaye.

Boullays.

Boulleuc.

Boulliau.

Bouquais.

Bourasseau.

Bourdais.

Bourdeaux.

Bourg.

Bourgneuf.

Boussineau.

Boutilier.

Boutin, *à enquerre*

Bouvier.

Bozec.

Brachet.

Brancas.

Bréart.

Brégel.

Breil.

Brémond.

Brémoy.

Bretesche.

Breton.

Breuil.

Bréxin.

Briand.

Brichet.

Briçonnet.

Brieux.

Brigant.

Brignon.

Brilhac.

Bris.

Brissac.

Broc.

Brochereul.

Broons.

Brossais.

Brossart.

Brossaud.

Brosse.

Broutay.

Brun.

Bruneau.

Brunet.

Brunnes.

Bruslé.

Budan.

Bueil.

Buet.

Bullion

Burdelot.

Bureau.

Burin.

Buschou.

Butin.

Cadaran.

Cadélac.

Cadier.

Cady.

Cado, *à enquerre.*

Cadoré.

Cadoret.

Cadoudal.

Cailland.

Cailleau.

Caillole.

Calvé.

Cambray.

Cambronne.

Camus.

Cariou.

Carpeau.

Carpentier.

Carpont.

Carre.

Carron.

Castel.

Castellou

Castras.

Cathelineau.

Cavelier.

Caze.

Cazeaux

Cazet.

Cervon.

Chaillou.

Chalus.

Chamillart.

Chambre.

Champion.

Champsneufs.

Chanoine.

Chansay.

Chantemerle.

Chanu.

Chapelain.

Chapelier.

Chapelle.

Chapon.

Charbonneau.

Charmoy.

Charnacé.

Charon.

Charrier.

Chartres.

Chasné.

Chasteigneraye.

Chastelais.

Chastellier.

Chat.

Chateaufur.

Chateaulin.

Chateaumen.

Chauchart.

Chauf.

Chaurand.

Chauveau.

Chauvy.

Chemin.

Chemins.

Chéreil.

Cherouvrier.

Chertemps.

Chevalerie.

Chevalier.

Chevrie.

Cheylus.

Chiron.

Choiseul.

Chupin.

Cicoteau.

Ciet.

Cilleur.

Clairefontaine.

Clausse.

Cleuzyat ou Cluziat.

Coadallan.
Coat.
Coatarel.
Cobaz.
Cocenneuc.
Cocquart.
Coëtarmoal.
Coëtgonvaz.
Coëtivy.
Coëtlagat.
Coëtquéau.
Coëtquénau.
Coëtrieux.
Coëtromarc'h.
Cohier.
Cohon.
Coignet.
Coigneux.
Collardin.
Collin.
Colliou.
Collot.
Colombier.
Comaille.
Comte
Constantin.
Coq.
Corbière.
Corbon.
Cordier.
Corgne.
Cornet.
Cornouailles.
Cornu.
Cornulier.

Corre.
Corvaisier.
Cosson.
Cotignon.
Cottel.
Cottin.
Coual.
Couëspelle.
Couëssin.
Couillibœuf.
Couldre.
Coulombe.
Coullon.
Couperie.
Couppé.
Cour.
Couradin.
Court.
Courte.
Courtel.
Courtepie.
Courtois.
Cousin.
Cousinot.
Cousturié.
Coutance.
Coutel.
Couvey.
Cramezel.
Crec'hgrizien.
Crespin.
Creux.
Croc.
Croisier.
Couëzé.

Crugot.
Cumont ou Escumont.
Cupif.

Daillon.
Dalesso.
Dall.
Damar.
Danglade.
Danican.
Daniel.
Darcy.
David.
Davoust.
Delrato.
Dénoual.
Déquesne.
Derval.
Deschiens.
Desjars.
Deslin.
Dessefort.
Desson.
Deurbroucq.
Dieuleveult.
Digaultray.
Dodieu.
Dodun.
Dondel.
Donneau.
Doré.
Doriveau.
Dorlodot.
Dossat ou Ossat.
Douarain.

Doubiérer.
Douget,
Drénec.
Dreux.
Drouault.
Drouges.
Drouillard.
Druais.
Du.
Dubreton.
Duc.
Duperré.
Durand.
Dureau.

Eberard.
Edevin.
Édy.
Elbène.
Élie.
Elvart.
Enfant.
Épervier.
Erm.
Errault.
Escoufflart.
Escrivain.
Escrots.
Escu.
Escumont ou Cumont
Esdrieux.
Espine.
Espitalié.
Espivent.
Estaing.

Estang.
Estienne.
Estoile.
Éveillard.
Évcillon.
Éven.
Évesque.
Éxpilly.

Fabre.
Fabri.
Fabroni.
Fagon.
Faou.
Fare.
Faucher.
Faucheux.
Faverolles.
Favois.
Febvre.
Felle.
Ferigat.
Ferrand.
Ferret.
Ferron.
Feu.
Feydeau.
Filhol.
Fillouse.
Flécelles ou Flessèles.
Fléger.
Fleury.
Fliminc.
Floc'h.
Flotte.

Follenay.
Fond.
Fontaine.
Fonteneau.
Fontenelles.
Forest.
Forsanz.
Fortia.
Fortin.
Fou.
Fouasse.
Foucaud.
Fouché.
Fougeray.
Fouquer.
Fouré.
Fournier.
Fournoir.
Foussier.
Frain.
Franchet.
Franquet.
Frémont.
Frère.
Frétat.
Fréval.
Frion.
Frogier.
Frollo.
Fromont.
Frottin.
Frotté.
Fumée.
Furic.
Fyot.

Gabriaud.
Gac.
Gaillard.
Gailleule.
Gain.
Gaincru.
Gal.
Galbaud.
Gallicher.
Gallichon ou Gallisson.
Galloudec.
Garde.
Gardin.
Garlouët.
Garnier.
Garrault.
Garreau.
Garrouët.
Gastinaire.
Gastineau.
Gaulay.
Gault.
Gaultier.
Gauteron ou Gautron.
Gauvain.
Gazailhant.
Gefflot.
Geffroy.
Gellée.
Gendre.
Gendron.
Gennes.
Gentil.
Gérard.
Gerbier.

Geslin.
Gestas.
Gicquel.
Gigeou.
Gilbert.
Gillart.
Gillot.
Girard.
Giraud.
Giroust.
Glaz.
Gobbé.
Gobelin.
Godart.
Godec.
Godet.
Goësbriand.
Gogal.
Goguet.
Goislard.
Goudelin.
Gouëzec.
Gouëzlin.
Gouiequet.
Goujon.
Goulard.
Goullec.
Gourcuff.
Gourcun.
Gourdan.
Gourmelon.
Gouverneur.
Grand.
Grandière.
Grandin.

Grange.
Grangier.
Gras ou Gratz.
Grasnelaye.
Gratien.
Gravé.
Gravelle.
Grées.
Greffier.
Grignon.
Gril.
Grillon.
Gris.
Gros.
Grue.
Gruyer.
Guéguen.
Guéhenneuc.
Guel.
Guengat.
Guennec.
Guer.
Guérault.
Guérin.
Guerry.
Guesnet.
Guette.
Guidot.
Guignart.
Guignen.
Guillard.
Guillaudeuc.
Guillaumeau.
Guillemot.
Guillemoys.

Guillet.
Guillo.
Guillot.
Guillotou.
Guillouet.
Guillouzou.
Guinée.
Guinier.
Guiny.
Guirieuc.
Guiton.
Guitté.
Guitteau.
Guittonnière.
Guyet.
Guyot.
Guyto.

Halegoët.
Hamel.
Hamon.
Hardy.
Harscouët.
Hattes.
Haudeneau.
Hautbois.
Hay.
Haye.
Hayers.
Hédelin.
Héliès.
Hennebont.
Henry.
Hercé.
Hermine.

Hernothon.
Hervé.
Hervieux.
Heurtault.
Hévin.
Hindray.
Hindret.
Hirlaye.
Hochedé.
Hostellier.
Houlle.
Hubaudière.
Hubert.
Huby.
Hue.
Huet.
Huguet.
Huldrière·
Hullin.
Huteau.

Ingrande.
Invrande.
Ivette.
Izarn.

Jacquelot.
Jacquemet.
Jagu.
Jaillard.
James.
Jamois.
Jan.
Jar.
Jarnigan.

Jaudonnet.
Jaunay.
Jégou.
Jéhan.
Jenville.
Jocet.
Joly.
Jonchée.
Joson.
Josse.
Josselin.
Josso.
Jouan.
Jouin.
Jourand.
Jourdain.
Jousselin.
Juch.
Juchault.
Julliot.

Keralbaud.
Keraly.
Keratry.
Keraudren.
Kerboudel.
Kerbusso.
Kercadoret.
Kerénec.
Kerengarz.
Kerérault.
Kerfraval.
Kergoët.
Kergongar.
Kergoual.

Kergrac'h.
Kergroas.
Kerguern.
Kerguien.
Kerguiffinan.
Kerguiziau.
Kerguvelin.
Kerguz.
Kerhoas.
Kerigny.
Kerizit.
Kerjosse.
Kerlazret.
Kerléau.
Kerlec'h.
Kerliver.
Kermadec.
Kermadio.
Kermarquer.
Kermasson.
Kermorial.
Kernaíflen.
Kernicher.
Kerouallan.
Kerourfil.
Kerourguy.
Kerpérénez.
Kerprigent.
Kerraoul.
Kerriec.
Kerroignant.
Kersalaün.
Kersalou.
Kersaudy.
Kersulgar.

Kerven.
Kervéno.
Kerver.
Kervern.
Keryven

Labat.
Labbé.
Lacrosse.
Lair.
Laisné.
Lamarche.
Lambert.
Lambilly.
Lambour.
Lamour.
Lamprat.
Lamy.
Lan.
Landais.
Landanet.
Lande.
Landerneau.
Landes.
Landiffern.
Landujan.
Langevinière.
Langle.
Langourla.
Languet.
Lanilis.
Lanloup.
Lannion.
Lannorgant.
Lantivy.

Lanvallay.
Lardic.
Lasne.
Lasnier.
Launay.
Laurencie.
Laurencin.
Lauzanne
Lauzon.
Lavanant.
Léau.
Lémot.
Lenfant Dieu.
Léonard.
Lescorce.
Leshernant.
Lesnérac.
Lesquélen.
Lesrat.
Lestobec.
Lezec.
Lezildry.
Lezongar.
Lharidon.
Liepvre.
Limoges.
Limon.
Lirot ou Lyrot.
Lisac.
Livec.
Loc'han.
Locquet.
Loges.
Lohan.
Lohou.

Lombart.

Longaulnay.

Longueil.

Lorido.

Loriot.

Lort.

Lou.

Louënan.

Louer.

Louis.

Loumenven.

Louvel.

Lubois.

Luce.

Luette.

Luhandre.

Luily.

Luzeau.

Lyais.

Mabille.

Macé.

Macnémara.

Madec.

Magon.

Mahé.

Maignan.

Maigre.

Maillard.

Maine.

Maistre.

Maître.

Malbec.

Mallard.

Malon.

Mancel.

Mancelière

Mandart.

Maniou.

Marant.

Marbœuf.

Marbré.

Marchand.

Marche.

Marc'hec.

Mareschal.

Marest.

Maretz.

Margadel.

Margaro.

Marguerie.

Marias.

Marié.

Marin.

Marion.

Marnières.

Marot.

Marque.

Marquer.

Marrecambleiz.

Martial.

Martin.

Martinière.

Marzelle.

Maublanc.

Maufuric.

Maugouër.

Maumillon.

Maupetit.

Maupillé.

Mauroy.

Maussier.

Maussion.

Mauvillain.

Maye.

Mazarin.

Mazures.

Mazurié.

Méan.

Mée.

Méléen.

Mellier.

Mellon.

Ménage.

Ménant.

Ménardeau.

Ménez.

Menguy.

Menou.

Menouvrier.

Mérault.

Mercier.

Mérer.

Mérot.

Mes.

Mésange.

Mesanven.

Mescam.

Mescaradec.

Meschinot.

Meslé.

Mesmin.

Mesnard.

Mesnault.

Mesnoalet.

Mestivier.

Métayer.

Meudec.

Meusnier.

Micault.

Michel.

Micolon.

Mignot.

Milbéau.

Milloc'h.

Milon.

Milsent.

Mienven.

Miollis

Miorcec.

Mirléau.

Moal.

Moëlien.

Moine.

Moïsan.

Monceaux.

Monnier.

Monod.

Montaigu.

Montaudouin.

Montdoré.

Monti.

Montlouis.

Montmartinays.

Montsorbier.

Morac.

Morant.

Mordret.

Morel.

Moricaud.

Morin.

Morinière

Morlaix.

Mosnier.

Mourain.

Moussy.

Moustérou.

Mur.

Muret.

Muydebled.

Nantrieul.

Nau.

Néret.

Neufville.

Nicolaï.

Ninon.

Noë

Noir.

Nompère.

Normand.

North.

Nouail.

Noue.

Novion.

Nuz.

Odet.

Ogier.

Olivier.

Orain.

Orfèvre.

Origny.

Oriot.

Oritel.

Ossat ou Dossat.

Ouvrier.

Paimbœuf.

Pain.

Painparay

Palasne.

Palierne.

Pallier.

Parc.

Parent

Parga.

Paris.

Partevaux.

Pas.

Patras.

Paul.

Pavic.

Pégasse.

Pélissier.

Pellan.

Pelletier.

Pellineuc.

Pen.

Penanros.

Penanru.

Penaot.

Penguern.

Penguilly.

Penhoët.

Penlan.

Pentreff.

Pépin.

Percevaux.

Perdrix.

Perennez.

Perenno.

Périssel.

Péro.

Perrée.

Perrier.

Perrot ou Perrault.

Persein ou Percin.

Petit.

Pitau.

Phélippot.

Phélypeaux.

Phélippes.

Picart.

Pichard.

Picon.

Piédefer.

Piedevache.

Pigeault.

Pigeon.

Pin.

Pinçon.

Pinel.

Pinou.

Pinot.

Pinsonneau.

Piquet.

Piron.

Pissonnet.

Plesse.

Plessis.

Plorec.

Plouays.

Plounévez.

Plumar.

Plumaugat.

Poilpré.

Poirrier.

Poix.

Poly.

Pommereu.

Pontbriand.

Pontcroix.

Ponthou.

Pontivy.

Pontméniac.

Pontpéan.

Pontrouault.

Porée.

Portais.

Porte.

Portes.

Portier.

Portlouis.

Porzou.

Potier.

Potiron.

Pouldouran.

Poulhazre.

Poulpiquet.

Poultier.

Pourceau.

Poussemothe.

Poussepin.

Pré.

Préaudeau.

Prévost.

Prézéau.

Prigent.

Prince.

Princey.

Proust.

Quatrevaux.

Québriac.

Quéhéon.

Quélin·

Quélo.

Quentric.

Quérard.

Quimper-Corentin

Quistinic.

Rado.

Ragaud.

Raimbaud.

Raimbaudière.

Rallier.

Ramereu.

Raquet.

Ravard.

Raveuel.

Ray.

Redon.

Regnier.

Regnon.

Rehault.

Rémond.

Renardière.

Renaud.

Renault.

Reverdy.

Rhuys.

Ribé.

Richard.

Richebois.

Richomme.

Ricouart.

Rieux.

Riou.

Rioust.

Riqueti.

Rivérieulx.

Rivière.

Robert.

Robien.

Robin.

Robineau.

Robinet.

Rocas.

Roche.

Rochéon.

Roche Huon.

Rocher.

Rochereul.

Roches.

Roc'hmélen.

Rochon.

Rodais.

Rodalvez.

Roger.

Rogier.

Rogon.

Roi.

Roignant.

Rollan.

Rollée.

Romilley.

Rondeau.

Rondel.

Rondiers.

Roquancourt.

Roque.

Roquefeuil.

Roscerf.

Roscoff.

Rosmar.

Rospiec.

Rosselin.

Rostaing

Rouaud.

Roucheran.

Roue.

Rougeul.

Rousseau ou Rouxeau.

Rouvray.

Roux

Rouxel.

Royer.

Ruffier

Rusquec.

Saffré.

S. Alouarn.

S. André.

S. Brieuc.

S. Denis.

S. Genis.

S. Gilles.

S. Gondran à *enquerre*.

S. Jean.

S. Martin.

S. Mesmin.

S. Offange.

S. Ours.

S. Rern.

S. Thomas.

Saliou.

Salle.

Salles.

Salmon.

Saludou.

Sanguin.

Sante.

Santo Dominguo.

Saout.

Sarrebourse.

Sassier.

Saulnier.

Saulx.

Sauvage

Saxe.

Scanf.

Scelles.

Scliçzon.

Sculpteur

Sécillon.

Ségaller

Sénéchal.

Sénecterre.

Sergent.

Serré.

Sévin.

Simon.

Sol.

Sonis.

Sorel.

Soulles.

Sourdille.

Sparfel.

Splan.
Suau.
Suffren.

Tac.
Taffart.
Taillepied.
Talec.
Talon.
Talour.
Tanguy.
Tanouarn.
Tard.
Tayart.
Tellier.
Temple.
Termelier.
Tertrée.
Téven.
Téxier.
Thépault.
Thérault.
Thérézien.
Thibaudeau.
Thiercelin.
Thierry.
Thirat.
Thoinnet.
Thomas.
Thominec.
Thorel.
Tillet.
Tillon.
Tirefort.
Tituau.

Tivarlen.
Tixier.
Tollenare.
Tonnelier.
Touche.
Toulalan.
Toullier.
Tour.
Touraine.
Tour d'Auvergne.
Tour du Pin.
Touzelin.
Traondoun.
Trébéheuc.
Trébuchet.
Trégarantec.
Trégaray.
Tréguier.
Trémarec.
Tréodal.
Tréséol.
Treusvern
Trévélec.
Trezle.
Triac.
Tribouille.
Trimollerie.
Trobodec.
Troërin.
Tronchay.
Tronchaye.
Troys.
Trublet.
Tuault.
Tuollays.

Turmel.

Ugues.
Uguet.
Urgoët.
Urvoit.
Uzel.

Vahais.
Vaillant.
Val.
Valleilles.
Vallot.
Valois.
Varennes.
Vasseur.
Vauborel.
Vaucouleurs.
Vaufleury.
Vaux.
Vayer, Veyer ou Voyer.
Véer.
Venier.
Véron.
Viart.
Viau.
Vicomte.
Viel.
Viesques.
Vieux-Chatel.
Villelouays.
Villemarie.
Villemaudy.
Villeneuve.
Villeoutreys.

Villesolon.

Villette.

Viste.

Vivien.

Vivier.

Voland.

Vossey.

Voyer.

Voyneau.

Vuillefroy.

Yver.

Champs de Sinople

Amproux.

Angoulvent.

Baud.

Beaujouan.

Bergues.

Biaille.

Bodet.

Boscher.

Bouvet.

Branbuan.

Brandonnier.

Breton.

Buhigné.

Bureau.

Caillon.

Campion.

Chaffault.

Chassin.

Chousant

Chrétien.

Coq.

Corperet.

Cumont ou Escumont.

Digaultray.

Docos.

Doussault.

Drouet.

Escures.

Espinay.

Fallégan.

Foucault.

Fourcade.

Fresne.

Gouault.

Goubin.

Graveran.

Hamel.

Jeune.

Kerbouriou.

Kermatheman.

Kerraoul.

Lardeux.

Levrault

Louvart.

Luker.

Mérer.

Merlaud.

Monistral.

Paignon.

Pontual.

Portais.

Prathir.

Pré.

Prépetit.

Quen.

Raoul.

Robert.

Thouvenin.

Tobin.

Touzé.

Vergier.

Champs de pourpre

Billette.

Bobony.

Bourgues.

Kerangomar.

Kerouzéré.

Puillon.

Tromanoir.

Champs de Sable

Aiguillon.

Amphernet.

Angennes.

Anger.

Angevin.

Aradon.

Arsac

Artois.

Auvergne.

Bahuno.

Balathier.

Ballan.

Ballet.

Baloré.

Barberé, *à enquerre.*

Baruau.

Bastard.

Bazillays

Becdelièvre

Béchenec.

Béjarry

Bellouan.

Bernard.

Bigot.

Bihan.

Billette.

Bintin.

Bitault.

Blanchecoste.

Blanchet.

Bléruais.

Bœuf.

Bohal.

Bois.

Boisdulié.

Bois-Halbran.

Bois-Orhant.

Bonnemetz.

Bonnin.

Boschat.

Botcudon.

Bottey.

Bouays.

Bouchet.

Boudin.

Bouëstel.

Bouëxière.

Boulaye.

Bourdin.

Bourdon.

Bourg.

Bouschet.

Bozec.

Brangáys.

Brémeur.

Brenzent.

Bret.

Brossart.

Browne.

Brunel.

Brunelaye.

Cacé.

Campion.

Carlier.

Caroff.

Carpont.

Carran.

Carron.

Cassé.

Cavardin.

Celle.

Cervelle.

Chamballan.

Chambre.

Chaponnier.

Chappedelaine.

Charpentier.

Chat.

Chéreil.

Chesnel.

Cheux.

Chevalier.

Chevigné.

Chilleau.

Clécunan.

Coëtangarz.

Coëtguiziou.

Coëtlosquet.

Coëtquelven.

Cognets.

Cogniec.

Collardin.

Collet.

Comenan.

Coran.

Coroller.

Corre.

Coste.

Couffon.

Cossé.

Crémeur.

Cuisine.

Damet.

Danet.

Danvel.

Déan.

Déserts.

Devaulx.

Didelot.

Disambert.

Dornec.

Dorveaux ou Orveaux.

Doulxamy.

Dreizec.

Dréneuc.

Dréorz.

Du.

Ellen.

Elvart.

Espinay.

Evesque.

Février.

Finamour.

Forest.

Forestier.

Forgeais.

Foucher.

Fouësnant.

Fourché.

Foureau.

Fournier.

Furet.

Gallais.

Gallois.

Garec.

Garennes.

Georget.

Gervier.

Ginguéné.

Girault.

Glévinec.

Godet.

Gourvaou.

Granec.

Grignart.

Guémadeuc.

Guermeur.

Guerry.

Guillo.

Guiomar.

Guitton.

Guynement.

Haloret.

Hamon.

Hamonou.

Harrington.

Hay.

Hengoat.

Henry.

Hilary.

Hingant.

Hourmelin.

Houssaye.

Hudelor.

Imbert.

Jagu.

Jan.

Jardin.

Jazier.

Jeune.

Jou.

Jouhan.

Jouin.

Jourdren.

Jubier.

Kerambelec.

Kerazmant.

Kerbiriou.

Kerboudel.

Kerbuzic.

Kerdégasse.

Kergravan.

Kerguern.

Kerjagu.

Kerjean.

Kerleynou.

Kerlosquet.

Kermarquer.

Kerourlay.

Kerpérénez.

Kerrivoal.

Kersabiec.

Kersaintgilly.

Keruzec.

Kerviliau.

Lair.

Lande.

Lanezart.

Langan.

Lanvilliau.

Launay.

Laurens.

Lémo

Lescaroux.

Lescoët.

Lescouble.

Lespervez.

Lesquen.

Levroux.

Lezivy.

Lezonnet.

Lièvre.

Lignières.

Lochet.

Lonquer.

Lopriac.

Louyat.

Machefer.

Maire.

Marc.

Marion.

Ménager.

Mercerel.

Michel.

Moine.

Monterfil.

Montespedon.

Morandais.

Moreau.

Moricet.

Morisson.

Motte.

Motte-Fouqué.

Mouaire.

Mué.

Nepvouet

Nicol.

Niel.

Noël.

Oussé.

Pars.

Parscau.

Partevaux.

Pascault.

Paulus.

Péan.

Penhoadic.

Pénicaud.

Pennec'h.

Périou.

Perrault.

Perrot.

Petit.

Pilguen.

Pinardière.

Planche.

Plessis.

Plouëzoc'h.

Pluvié.

Poilly.

Poisson.

Ponceau.

Ponteven.

Porée.

Porter.

Portzamparc..

Pou.

Poulain.

Poupart.

Pradouas.

Pratbihan.

Préauvé.

Prévost.

Proisy.

Quatrebarbes.

Quéhou.

Quénec'hquivilly.

Quénouas.

Quenquizou.

Quettier.

Quilliou.

Quisidic.

Rabel.

Rabinart.

Racappé.

Ragot.

Randrécar.

Ranzé.

Raoul.

Régal.

Regnault.

Reste.

Riaud.

Riou.

Rivière.

Robert.

Robinault.

Roche.

Rochère.

Rouxel.

Rubin.

S. Denis.

S. Guédas.

S. Méen.

S. Péran.

Sané.

Saulnières.

Sault.

Scomberg.

Sénéchal.

Servaude.

Simon.

Talensac.

Tavignon.

Teillage.

Ténours.

Ternant.

Thébault.

Thomas.

Torcol.

Trédazo.

Trépompé.

Tribara.

Tucé.

Val.

Vallée.

Vaux.

Veneur.

Verdier.

Vestle.

Villegillouart.

Voue.

Champs d'Hermines

Acigné.

Bécel.

Benoist.

Bihan.

Bois-Bouëssel.

Boissais.

Bouché.

Boutier.

Bréquart.

Bretagne.

Broërec.

Chambellé.

Champagné.

Champeaux.

Chat.

Chauvigné.

Chenu.

Cillart.

Cleuziou.

Cluziat.

Concarneau.

Cordon.

Courceriers.
Defermon.
Duvoisin.

Esperonnière.
Étampes.

Fouquer.

Gaignon.
Garenne.
Géraldin.
Grillaud.
Groësquer.
Guénour.
Guérande.
Guischard.

Houitte.

Jandière.

Kerdrein.
Kerguézay.

Kerimerc'h.
Kervasdoué.

Lagadec.
Lamballe.
Larmor.
Law.
Limoges.
Lory.

Malescot.
Malherbe.
Mallet.
Marchaix.
Michel.
Millé.
Montfourcher.

Pellan.
Penthièvre.
Plessis.
Ploërmel.
Plœuc.

Pontantoul.
Pontbellanger.
Quélénec.
Quimperlé.

Raison.
Rays.
Rostrenen.

S. Hylaire.
S. Pol-de-Léon.
Ségalo.
Soraye.
Sorin.
Souvaing.

Taillart.
Talvern.
Tertre.
Tinténiac.
Troussier.

Vayer.
Veneur.

Champs de Vair, Vairé, Contrevairé

§ 1er. — VAIR

Anger. . . . chargé.	**Fonchays** . . chargé (sceau)
Baulon . . . chargé.	**Fresnay**. . . chargé, *alias* plein.
Blain. . . . chargé	
Blossao . . . chargé.	**Grésillonnaye**. chargé.
Boulansac. . chargé (sceau).	
	Keroullay . . chargé.
Chateaugiron. chargé.	**Kerviohe**. . . chargé.

Lohéac . . . plein.

Malestroit . . Écart. aux 1 et
               4, chargé.

Motte. . . . chargé.

Panou. . . . chargé.

Penmeur. . . chargé.

Poileux . . . plein.

Pontchâteau . chargé.

Roche-Bernard . parti au 1 :
                   plein.

Urfé . . . . chargé.

§ 2. — Vairé, Contrevairé

Adam . . . . . d'argent et de gueules, chargé.

Antenaise. . . . écartelé vairé d'or et de gueules.

Besné . . . . . contrevairé d'or et de gueules.

Bois de la Salle. . contrevairé d'or et d'azur, chargé.

Clarté . . . . d'or et de sinople.

Coëtléguer. . . . écart. aux 2 et 3 : d'argent et de gueules, à l'écu
                   chargé brochant.

Coëtquévéran . . d'or et de gueules chargé.

Couëdro. . . . . d'or et d'azur chargé.

Filz-Hux . . . . d'or et de gueules.

Garolles. . . . . d'or et de gueules.

Ghaisne. . . . . écart. aux 1 et 4 : d'or et d'azur, chargé.

Goasvennou. . . d'argent et de sable.

Gourvineo. . . . d'or et de sable.

Hennequin. . . . d'or et d'azur, chargé.

Keranraiz. . . . d'argent et de gueules, chargé.

Kergorlay. . . . d'or et de gueules.

Kerguizeo. . . . écart. aux 1 et 4 : d'or et d'azur.

Kermelleo. . . . d'argent et de gueules, chargé.

Kernévénoy . . . d'or et de gueules, chargé.

Kerviche . . . . de gueules et d'argent, chargé.

Malor . . . . . écart. aux 1 et 4 : d'or et d'azur.

Mauvinet . . . . vairé, chargé, (sceau)

Pestivien . . . . d'argent et de sable, *alias* chargé.

Plœuc	écart. aux 2 et 3 : d'or et de gueules.
Rivière.	écart. au 4 : d'or et de gueules.
Rochefort. . . .	d'or et d'azur.
Roux.	d'argent et de gueules.
Scépeaux	d'argent et de gueules.
Thomas.	de gueules et d'argent, chargé.
Toupin.	d'argent et de sable.

EXPLICATION DES TERMES & DESSINS DES ÉCUS

Ecu vient de *Scutum* ou de *Scutos, cuir*, parce que les premiers boucliers
dont on a fait l'écu étaient de cuir.

Champ, surface de l'écu, sur laquelle sont représentés les différents *émaux*
et *meubles* qui constituent une armoirie. Les *émaux* sont les diverses couleurs employées en armoiries, ils sont de deux sortes : *métaux* et *couleurs*. Les *meubles* sont les noms héraldiques des objets
de toute sorte qui se trouvent dans les armoiries et qui sont aussi,
soit *métaux*, soit *couleurs*. Les écus sont de bien des formes différentes et trop connus en général pour que nous en fassions la description ; nous dirons seulement quels en sont les points principaux.

A, centre ou abîme. — B, point du chef. — C, pointe. —
D, canton dextre du chef. — E, canton senestre du chef. —
F, point d'honneur. — G, nombril. — H, Canton dextre de
la pointe. — I, canton senestre de la pointe. — K, flanc
dextre. — L, flanc senestre.

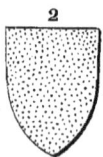

Le champ d'*or* est jaune et se représente par des points
en nombre indéfini c'est un métal.

Le champ d'*argent* est blanc ; c'est aussi un *métal* et se
représente par un fond uni ; L'or et l'argent sont les deux
seuls métaux des armoiries.

Le champ de *gueules* est rouge, il se représente par des
traits verticaux très rapprochés ; c'est une *couleur*.

Le champ d'*azur*, qui est bleu, est représenté par des
traits horizontaux aussi très rapprochés ; c'est aussi une
couleur.

Le champ de *sinople* est vert, on l'indique par des traits en travers de droite à gauche, ou plutôt de dextre à senestre, c'est encore une couleur.

Le champ de *pourpre* a les traits de senestre à dextre. Il est violet ; c'est une *couleur* qui se met indifféremment sur métal ou sur couleur.

Le champ de *sable* a les traits croisés horizontalement et verticalement. Il est noir et est une *couleur*.

Dans les armoiries, on trouve aussi, outre les métaux et les couleurs, des *fourrures* qui se composent d'*hermines*, de *contre-hermines*, de *Vair* et de *contre-vair*.

Le champ d'*hermines* a le fond d'*argent* avec un semis de *mouchetures noires* ou de *sable*, c'est une fourrure. — Dans la *contre-hermines*, le champ est de *sable* et les queues d'*argent*.

Le champ de *Vair* est composé de quatre rangs de clochettes alternativement d'*argent* et d'*azur*. C'est aussi une *fourrure*. Le *menu vair* a six tires ou rangées.

Lorsque le *vair* est composé d'autres émaux que l'argent et l'azur, on dit alors : *vairé d'or et de gueules* ou d'*argent et de sable*, ou d'*argent et de gueules*, etc.

Le *contre-vair* est un champ dans lequel les clochettes d'azur se joignent par les bases.

Lorsque le contre-vair est composé d'autres émaux que l'argent et l'azur, on dit alors : *contre-vairé d'or et de gueules* ou, etc.

Enquerre. — Terme dont on se sert quand les armes sont dites *fausses ou à enquérir*, ou autrement quand le métal est sur métal ou couleur sur couleur, parce que l'on est porté à se demander pourquoi elles sont ainsi.

CHAPITRE II

PARTITIONS DE L'ÉCU

Parti ou Mi-Parti

Basserdel. . . .	d'or et d'azur.
Bastard	au 1 d'or chargé, au 2 d'azur chargé.
Bécheneo. . . .	au 1 de sable chargé, au 2 d'or chargé.
Berthélot. . . .	d'hermines et d'azur, chargés de l'un en l'autre.
Blondeau. . . .	au 1 d'or chargé, au 2 de sable chargé.
Bois.	au 1 de sable chargé, au 2 d'azur chargé.
Brest	au 1 d'azur chargé, au 2 d'hermines plein.
Breton.	d'or et de gueules chargés de l'un en l'autre.
Briand.	d'argent et de gueules chargés.
Burgault. . . .	au 1 de gueules chargé, au 2 d'argent chargé, coupé d'azur chargé.
Caffarelli. . . .	au 1 d'argent chargé; au 2 : coupé au 1 taillé d'argent et de gueules, coupé au 2 tranché d'argent et de gueules, le tout surmonté.
Cambray. . . .	d'or et d'azur.
Carlier	au 1 d'argent chargé, au 2 de sable chargé.
Chasné	d'azur et d'or, chargés de l'un en l'autre, *Alias :* coupé.
Cleuz.	parti émanché d'or et de gueules.
Cochon	de gueules et d'azur chargés.
Collin.	au 1 de gueules chargé, au 2 d'or chargé
Compludo . . .	au 1 d'azur chargé, au 2 de gueules chargé.
Coq.	au 1 de gueules chargé, au 2 d'azur chargé, le tout surchargé.
Costardaye . .	d'argent et de gueules, chargés de l'un en l'autre.

Coz. . . . . coupé au 1 : parti d'azur chargé, au 2 d'argent chargé.

Durand. . . . d'or et de gueules, chargés de l'un en l'autre.
Dureau. . . . au 1 d'argent chargé, au 2 d'azur chargé.
Duvelaër . . . parti émanché d'or et de gueules.

Escoubleau . . d'azur et de gueules chargés.
Espine . . . . au 1 d'azur chargé, au 2 : coupé au 1 d'azur chargé au 2 fascé d'argent et d'azur.

Fourohé . . . de sable et d'azur chargés.

Gardin. . . . au 1 d'argent chargé, au 2 de gueules chargé ; *alias* : au 1 d'azur chargé, au 2 d'argent chargé.

Garnier . . . au 1 d'or chargé, au 2 d'azur chargé, le tout sur-chargé ; *alias* : au 1 d'azur chargé, au 2 : burelé d'or et de gueules.
Gascher . . . au 1 d'argent, au 2 d'azur, chargés de l'un en l'autre.
Gibanel . . . au 1 d'azur chargé, au 2 de gueules chargé.
Goulaines . . au 1 de gueules chargé, au 2 d'azur chargé.
Goury. . . . d'or et de sable chargés de l'un en l'autre, accompagnés.
Guignart. . . au 1 d'argent chargé, au 2 d'or chargé.

Harsoulphe. . parti émanché d'or et de gueules.
Henry. . . . au 1 d'argent, au 2 de gueules, chargés de l'un en l'autre.

Jamois . . . au 1 d'azur, au 2 d'argent, chargés de l'un en l'autre.
Josselin . . . au 1 de gueules chargé, au 2 de gueules chargé.

Keranguen. . au 1 un lion, au 2 un sautoir (*sceau*).
Kerguelenen . au 1 un lion chargé, au 2 : sautoir accompagné, *alias* 1 chevron accompagné.

Laistre . . . au 1 d'argent chargé, au 2 d'or chargé.
Lansaniel . . parti émanché d'or et de gueules.
Legge. . . . au 1 d'azur, au 2 d'argent, chargé de l'un en l'autre.
Lemot . . . au 1 d'azur chargé, au 2 d'or chargé.
Liégeard . . au 1 d'argent chargé, au 2 d'azur chargé.

Mignot . . . au 1 d'azur chargé, au 2 d'or chargé.
Moine. . . . au 1 d'azur chargé, au 2 d'azur chargé.
Monouit. . . au 1 de gueules chargés, au 2 d'argent chargé.
Montault. . . Éc. aux 2 et 4 : parti au 1 chargé, au 2 de gueules chargé.

Montluc . . . . . au 1 de sable chargé, au 2 d'azur chargé.
Mourain . . . . au 1 d'azur chargé, au 2 d'or chargé.

Noël. . . . . . au 1 d'argent chargé, au 2 d'or chargé.
Nogaret . . . . au 1 d'argent chargé, au 2 de gueules chargé.

Orain . . . . . d'or et de gueules chargés de l'un en l'autre.
Orenges . . . . d'argent et de gueules chargés de l'un en l'autre.
Ozanne. . . . . au 1 de sable chargé, au 2 de sinople chargé.

Pan . . . . . . au 1 d'argent, au 2 de gueules, chargés de l'un
en l'autre.
Parga . . . . . au 1 un lion, au 2 deux flèches en sautoir (*sceau*).
Pellerin . . . . au 1 d'or chargé, au 2 d'azur chargé.
Perrault . . . . au 1 d'azur chargé, au 2 d'azur chargé.
Plouzin . . . . au 1 de gueules chargé, au 2 d'azur chargé.
Poilley. . . . . au 1 d'argent, au 2 d'azur, chargés sur le tout.
Poilvilain. . . . d'or et d'azur.
Prestre . . . . au 1 de gueules, au 2 d'azur, chargés sur le tout.

Raguénel. . . . au 1 écartelé d'argent et de gueules chargé, au 2
d'argent chargé.
Rapatel . . . . au 1 d'azur chargé, au 2 d'or chargé.
Riou . . . . . au 1 d'or chargé, au 2 d'azur chargé.
Rochebernard. . au 1 de vair plein, au 2 d'or chargé.
Roux . . . . . au 1 d'argent, au 2 de gueules, chargés de l'un en
l'autre.
Rouxel . . . . au 1 d'argent chargé, au 2 d'argent chargé.

S. Tureau . . . au 1 d'argent chargé, au 2 d'argent chargé.
Salle . . . . . au 1 de gueules chargé, au 2 d'azur chargé.
Sarsfield. . . . au 1 de gueules chargé, au 2 d'argent chargés.
Sourdre . . . . au 1 d'azur, au 2 de gueules chargés sur le tout.

Trégaret. . . . au 1 d'or, au 2 d'azur, chargés de l'un en l'autre.

Vars . . . . . au 1 d'or, au 2 d'azur, chargés sur le tout.
Verger . . . . au 1 d'argent chargé, au 2 d'azur chargé.

Tiercé

Cassia. . . . . en pal, aux 1 et 2 palé d'azur et d'argent chargés,
au 3 d'or chargé.
Charault. . . . en pal d'azur, d'or et d'argent.

Faucheur	en fasce, au 1 de sinople, au 2 d'or, au 3 d'azur; chaque tiercé chargé.
Mesnoalet. . . .	en fasce, chargé sur le tout d'une bande (*Sceau*).
Place	en fasce, au 1 parti d'azur et de gueules chargé, au 2 d'hermines plein, au 3 d'or chargé.
Prévost	en pal, *alias* en fasce, au 1 d'azur, au 2 d'or, au 3 de sable; chaque tiercé chargé.

Coupé

Aux.	au 1 d'azur chargé, au 2 d'argent chargé.
Aymonet	au 1 de gueules chargé, au 2 d'azur chargé.
Barde.	au 1 d'or chargé, au 2 d'azur chargé.
Baston.	au 1 de gueules chargé, au 2 d'or chargé.
Bernard	au 1 d'or chargé, au 2 d'azur chargé, surchargé sur le tout.
Blanc.	au 1 de gueules, au 2 d'or, chargés sur le tout.
Bourgogne . . .	au 1 d'or, au 2 d'argent, chargés sur le tout.
Bourke	au 1 d'or plein, au 2 d'hermines chargés.
Cacault	au 1 d'argent chargé, au 2 d'azur chargé.
Caffarelli. . . .	parti au 2 : coupé au 1 taillé d'argent et de gueules; coupé au 2 tranché d'argent et de gueules, le tout surmonté.
Cardinal	écart. aux 1 et 4, coupé au 1 d'argent, au 2 de gueules, chargés de l'un en l'autre.
Castel	au 1 d'hermines, au 2 de gueules chargés de l'un en l'aure.
Chasné	au 1 d'argent, au 2 d'or, chargés de l'un en l'autre.
Conan.	au 1 d'argent, au 2 de gueules, chargés de l'un en l'autre.
Conen	au 1 d'or, au 2 d'argent, chargés de l'un en l'autre.
Coz.	au 1 parti au 1 d'azur chargé, au 2 de gueules chargé; au 2 d'argent chargé.
Daimé	au 1 d'argent chargé, au 2 de gueules chargé.
Delpeuoh . . .	au 1 de gueules, au 2 d'azur, chargés sur le tout.
Derval.	écart. aux 1 et 4, coupé au 1 d'hermines plein, au 2 échiqueté d'or et d'azur chargé.

Dordelin.	au 1 de sable chargé, au 2 de gueules chargé.
Doria	au 1 d'or, au 2 d'argent, chargés sur le tout.
Esnoul	au 1 d'azur chargé, au 2 de gueules chargé.
Forge.	au 1 de gueules chargé, au 2 d'azur chargé.
Galbois	au 1 d'or chargé, au 2 d'argent chargé.
Gaudemont. . .	au 1 d'argent chargé, au 2 de gueules chargé.
Caultier	au 1 de sinople, au 2 d'or, chargés sur le tout.
Glédel	au 1 d'argent, au 2 de pourpre, chargés de l'un en l'autre.
Gobien	au 1 d'argent chargé, au 2 d'argent chargé.
Guéhenneuc . .	au 1 de sinople chargé, au 2 d'azur chargé.
Guilhermy. . .	au 1 de gueules, au 2 d'azur chargé surchargé sur le tout.
Janzé	au 1 d'or chargé, au 2 d'azur chargé.
Kerguéhéneuc .	au 1 d'argent, au 2 de gueules, chargés de l'un en l'autre.
Kerjagu . . .	au 1 d'azur, au 2 d'argent, chargés de l'un en l'autre.
Laënnec . . .	au 1 d'argent chargé, au 2 de sable chargé.
Lande	au 1 d'or chargé, au 2 d'argent chargé.
Larchiver . .	au 1 d'argent chargé, au 2 d'or chargé.
Lars	au 1 d'azur chargé, au 2 fascé ondé d'azur et d'argent.
Lotodé	au 1 d'argent chargé, au 2 d'or chargé.
Loynes. . . .	au 1 de gueules chargé, au 2 d'azur chargé.
Marcel	au 1 d'or chargé, au 2 d'argent chargé.
Marquès . . .	au 1 d'azur chargé, au 2 d'argent chargé.
Massart . . .	au 1 d'argent chargé, au 2 de sable chargé.
Matharel . . .	au 1 d'azur, au 2 de gueules, chargés sur le tout.
Painteur . . .	au 1 de gueules chargé, au 2 d'or plein.
Pastol	au 1 taillé d'argent et d'azur chargé, au 2 de sinople chargé.
Pérouse . . .	au 1 d'azur chargé, au 2 d'argent chargé.
Raby	au 1 d'argent chargé, au 2 d'azur chargé.
Réau	au 1 d'argent chargé, au 2 de gueules chargé.
Riario	au 1 d'azur chargé, au 2 d'or plein.
Tizé.	au 1 d'argent, au 2 de sable, chargés de l'un en l'autre.
Tranchemer. .	au 1 de gueules, au 2 une mer d'argent ondoyée d'azur chargée.

Vaux . . .   au 1 de sable, au 2 d'argent, chargés de l'un en l'autre.
Vendomois .   au 1 d'or chargé, au 2 d'hermines plein.

Yvelin . . .   au 1 d'or chargé, au 2 de gueules chargé.

tranché

Bernard . .   tranché endenté de gueules et d'or, chargé.
Bridon . . .   d'or et de gueules, *alias* d'argent et de sinople, chargés de l'un en l'autre.

Caffarelli . .   parti au 2, coupé au 2 : tranché d'argent et de gueules,
surmonté.

Dubreuil . .   d'azur et d'or, chargés.

Jochaud . .   d'argent et de sinople, chargés de l'un en l'autre.

Madaillan . .   écart. aux 1 et 4, tranché d'or et de gueules.

Sauveur . .   de gueules et d'azur, chargés sur le tout.
Shée. . . .   d'or et d'azur chargés de l'un en l'autre.

Taillé

Caffarelli . .   parti au 2, coupé au 1 : taillé d'argent et de gueules
surmonté.

Pastol . . .   coupé au 1 : taillé d'argent et d'azur, chargés de l'un
en l'autre.

Ecartelé, Contrécartelé, Ecartelé en sautoir

Albert . . .   aux 1 et 4 d'or chargé, aux 2 et 3 de gueules chargé.
Anjou. . . .   aux 1 et 4 de gueules chargé, aux 2 et 3 d'or chargé.
Anodé . . .   aux 1 et 4 de gueules chargé, aux 2 et 3 d'or plein.
Arel . . . .   aux 1 et 4 d'argent, aux 2 et 3 d'azur plein.
Argouges . .   d'or et d'azur, chargé sur le tout.
Aubépine . .   aux 1 et 4 : contrécartelé aux 1 et 4 d'azur chargé, aux
2 et 3 de gueules chargé; aux 2 et 3 des écarte-
lures de gueules chargé.

Baillif . . .   d'or et de gueules.

Bareau . . .   au 1 d'argent chargé, au 4 d'azur chargé, au 2 d'argent chargé, au 3 de gueules chargé, à l'écu d'or chargé brochant.

Barillon. . .   aux 1 et 4 d'azur chargé ; aux 2 et 3 de gueules chargé.

Basserdel . .   d'azur et d'or.

Baudin . . .   au 1 d'azur plein, au 4 d'or chargé, aux 2 et 3 de gueules chargé.

Baudot . . .   aux 1 et 4 d'or chargé, aux 2 et 3 d'azur chargé.

Béard . . .   d'azur et de sable chargé.

Bégouin. . .   aux 1 et 4 d'argent chargé, aux 2 et 3 d'argent chargé.

Bègue . . .   aux 1 et 4 d'azur chargé, aux 2 et 3 d'azur chargé, à l'écu d'argent chargé brochant sur le tout.

Bérard . . .   aux 1 et 4 lozangé d'argent et de sable, aux 2 et 3 d'argent chargé, à l'écu d'azur chargé brochant sur le tout.

Béraudière .   d'azur et d'or chargé.

Bertin . . .   au 1 d'azur chargé, au 4 d'azur chargé, aux 2 et 3 d'or chargé.

Bertrand . .   au 1 d'or chargé, au 4 de sable chargé, aux 2 et 3 d'azur chargé.

Biard . . .   d'azur et de sable chargé.

Bigarré. . .   au 1 de sinople chargé, au 4 d'azur chargé, aux 2 et 3 d'or chargé.

Bigot . . .   aux 1 et 4 d'argent chargé, aux 2 et 3 de gueules chargé.

Bizien . . .   aux 1 et 4 d'argent chargé, aux 2 et 3 contrécartelé, aux 1 et 4 de gueules plein, aux 2 et 3 de sable chargé.

Bois. . . .   d'argent et d'azur, chargé sur le tout.

Boisberthelot. d'or et de gueules.

Boisgelin . .   aux 1 et 4 de gueules chargé, aux 2 et 3 d'azur plein.

Boispéan . .   aux 1 et 4 d'argent chargé, aux 2 et 3 d'argent chargé.

Bonnescuelle. d'or et d'argent, chargé sur le tout.

Bonor . . .   aux 1 et 4 d'azur chargé, aux 2 et 3 de gueules chargé.

Bonté . . .   au 1 d'azur chargé, au 4 d'azur chargé, aux 2 et 3 de sable chargé.

Bot . . . .   aux 1 et 4 d'argent chargé, aux 2 et 3 d'argent chargé.

Botloy . . .   d'or et d'azur.

Botmeur . .   aux 1 et 4 d'or chargé, aux 2 et 3 d'argent chargé.

Bouchet . .   aux 1 et 4 d'argent chargé, aux 2 et 3 d'azur chargé.

Bouëxel . .   aux 1 et 4 de sable chargé, aux 2 et 3 de gueules plein.

Bouëxière. .   aux 1 et 4 de gueules chargé, aux 2 et 3 de gueules chargé.

Boulain. . . . . aux 1 et 4 d'argent chargé, aux 2 et 3 d'azur chargé.

Boullé . . . . . au 1 d'or chargé, au 4 d'hermines plein, aux 2 et 3 de pourpre chargé.

Bouteiller. . . . aux 1 et 4 d'azur chargé, aux 2 et 3 d'argent chargé; *aliàs* aux 1 et 4 plein, aux 2 et 3 plein (*sceau*).

Brech . . . . . d'or et de gueules, à la bordure engreslée.

Briand . . . . . aux 1 et 4 d'argent chargé, aux 2 et 3 d'azur chargé.

Briffe . . . . . au 1 d'argent chargé, au 4 d'argent chargé, au 2 d'argent chargé et au 3 d'argent chargé.

Brignac . . . . aux 1 et 4 d'argent chargé, aux 2 et 3 d'azur plein.

Brilhac. . . . . aux 1 et 4 d'azur chargé, aux 2 et 3 d'azur chargé.

Brosse . . . . . aux 1 et 4 de gueules chargé, aux 2 et 3 fascé d'argent et de sinople.

Brosse . . . . . aux 1 et 4 d'azur chargé, aux 2 et 3 d'hermines plein.

Bueil. . . . . . aux 1 et 4 d'azur chargé, aux 2 et 3 de gueules chargé; *alias* sur le tout contrécartelé de *Dauphiné* et de *Champagne*.

Bullion . . . . . aux 1 et 4 d'azur chargé, aux 2 et 3 d'argent chargé.

Burot . . . . . aux 1 et 4 d'argent chargé, aux 2 et 3 d'azur chargé.

Butler . . . . . aux 1 et 4 d'or chargé, aux 2 et 3 de gueules chargé.

Buzic . . . . . aux 1 et 4 d'or chargé, aux 2 et 3 de gueules chargé.

Cameru. . . . . aux 1 et 4 d'azur chargé, aux 2 et 3 d'argent chargé.

Cardinal. . . . . aux 1 et 4 coupé d'argent et de gueules chargés l'un en l'autre aux 2 et 3 d'argent chargé.

Castelnau. . . . aux 1 et 4 d'azur chargé, aux 2 et 3 d'or chargé, à l'écu d'or chargé brochant sur le tout.

Caze . . . . . . aux 1 et 4 d'argent chargé, aux 2 et 3 d'argent chargé.

Cazlen . . . . . aux 1 et 4 d'argent chargé, aux 2 et 3 d'argent chargé.

Cérizay. . . . . *voyez* Sérizay.

Chabre. . . . . aux 1 et 4 d'azur chargé, aux 2 et 3 d'azur chargé.

Chainillac. . . . aux 1 et 4 d'azur chargé, aux 2 et 3 d'or chargé.

Chapelle . . . . aux 1 et 4 de gueules chargé, aux 2 et 3 d'or chargé.

Chasseraux . . . au 1 d'azur chargé, au 4 d'azur chargé, aux 2 et 3 de gueules chargé.

Chateaumeur . . aux 1 et 4 de gueules chargé, aux 2 et 3 d'hermines chargé.

Chefdubois . . .	aux 1 et 4 d'argent chargé, aux 2 et 3 d'azur chargé.
Claples.	aux 1 et 4 losangé d'or et de gueules, aux 2 et 3 d'argent chargé.
Clerigo.	aux 1 et 4 de sable chargé, aux 2 et 3 d'argent chargé, à l'écu d'hermines chargé brochant sur le tout.
Coëtivy	aux 1 et 4 fascé d'or et de sable, aux 2 et 3 d'or chargé.
Coëtleguer . . .	ᵃux 1 et 4 : contrécartelé aux 1 et 4 d'or, aux 2 et 3 d'azur, chargés de l'un en l'autre, aux 2 et 3 des écartelures vairé d'argent et de gueules, à l'écu fascé ondé d'or et d'azur, brochant sur le tout.
Coënempren. . .	aux 1 et 4 d'ragent chargé, aux 2 et 3 de sable chargé ; *aliàs* aux 1 et 4 d'argent chargé, aux 2 et 3 d'or chargé.
Coëtrédrez . . .	aux 1 et 4 d'argent chargé, aux 2 et 3 de gueules chargé.
Coëtréven. . . .	d'or et d'azur, chargé sur le tout.
Coëtrieux. . . .	aux 1 et 4 d'argent chargé, aux 2 et 3 d'argent chargé.
Cohon	aux 1 et 4 d'or chargé, aux 2 et 3 d'argent chargé.
Collet	aux 1 et 4 d'argent chargé, aux 2 et 3 de gueules chargé.
Combles	au 1 d'or, au 4 d'argent, au 2 de gueules chargé, au 3 d'azur, chargé sur le tout.
Combourg . . .	d'argent et de gueules.
Comte	d'or et d'azur en sautoir, chargés de l'un en l'autre.
Conigan	aux 1 et 4 d'argent chargé, aux 2 et 3 d'azur chargé.
Cornouailles. . .	aux 1 et 4 d'azur chargé, aux 2 et 3 d'argent chargé, à l'écu d'argent chargé brochant sur le tout.
Corret	aux 1 et 4 d'argent chargé, aux 2 et 3 d'azur chargé, surchargé sur le tout.
Cosmao	au 1 d'azur chargé, au 4 d'azur chargé, au 2 et 3 de gueules plein, le tout surchargé.
Cospéau	aux 1 et 4 d'azur chargé, aux 2 et 3 d'or chargé.
Cosquer	aux 1 et 4 d'or chargé, aux 2 et 3 : contrécartelé aux 1 et 4 d'or, aux 2 et 3 d'azur plein.
Couaisnon . . .	aux 1 et 4 d'azur (*aliàs* de sable) chargé, aux 2 et 3 de sable (*aliàs* d'azur), chargé.

Courcoué . . . . d'azur et de gueules chargé.
Creo'hriou . . . *voyez* Kernec'hriou.

Darricau . . . . aux 1 et 4 d'azur chargé, aux 2 et 3 de gueules chargé.
Derval . . . . . aux 1 et 4 : coupé au 1 d'hermines, au 2 échiqueté d'or et d'azur à la bordure de gueules ; aux 2 et 3 d'argent chargé.
Déry . . . . . . aux 1 et 4 de gueules chargé, aux 2 et 3 d'or chargé.
Desmier . . . . d'argent et d'azur chargés de l'un en l'autre.
Disquay . . . . aux 1 et 4 de gueules plein, aux 2 et 3 de sable chargé.
Dol . . . . . . d'argent et de gueules.
Dulong . . . . au 1 d'or chargé, au 4 d'argent chargé, au 2 de sinople chargé, au 3 de pourpre chargé.
Dupleix . . . . au 1 et 4 d'azur chargé, aux 2 et 3 d'azur chargé.
Durand . . . . aux 1 et 4 d'argent chargé, aux 2 et 3 d'un sautoir au chef chargé d'une croix (*sceau*).
Durfort . . . . aux 1 et 4 d'argent chargé, aux 2 et 3 de gueules chargé.
Dusson . . . . aux 1 et 4 d'argent chargé, aux 2 et 3 d'argent chargé.

Émériau . . . . aux 1 et 4 d'azur chargé, au 2 de gueules chargé, au 3 de gueules chargé.
Espine . . . . aux 1 et 4 d'azur chargé, aux 2 et 3 d'azur chargé.
Estang . . . . aux 1 et 4 d'azur chargé, aux 2 et 3 d'argent chargé.
Estang . . . . aux 1 et 4 d'or chargé, aux 2 et 3 losangé d'argent et de sable.
Este . . . . . aux 1 et 4 d'azur chargé, aux 2 et 3 d'azur chargé.
Euzénou . . . . aux 1 et 4 d'azur plein, aux 2 et 3 d'argent chargé.
Évesque . . . . d'azur et de sable, chargés sur le tout.
Évesque . . . . au 1 de sinople chargé, au 4 de sinople chargé, aux 2 et 3 de gueules chargé.

Fail . . . . . d'argent et de sable.
Faucon . . . . aux 1 et 4 de gueules chargé, aux 2 et 3 d'argent chargé.
Férey . . . . au 1 d'or chargé, aux 4 d'or chargé, aux 2 et et 3 d'azur chargé.
Foix . . . . . aux 1 et 4 d'or chargé, aux 2 et 3 d'or chargé, *alias* à l'écu d'or chargé brochant sur le tout.

Forestier	aux 1 et 4 d'azur chargé, aux 2 et 3 d'argent chargé, à l'écu de gueules chargé brochant sur le tout.
Forget.	aux 1 et 4 une main dextre apaumée; aux 2 et 3 un fer de pique en pal (sceau).
Forsanz	aux 1 et 4 d'argent chargé, aux 2 et 3 de gueules chargé.
Foucault	aux 1 et 4 d'azur chargé, aux 2 et 3 d'or chargé.
Fouray.	aux 1 et 4 de gueules chargé, aux 2 et 3 de gueules chargé.
Garde	aux 1 et 4 de gueules chargé, aux 2 et 3 d'or chargé.
Gassion.	aux 1 et 4 d'azur chargé, aux 2 et 3 d'argent chargé.
Gaubert	aux 1 et 4 d'azur chargé, aux 2 et 3 d'argent chargé.
Gaudin.	aux 1 et 4 de gueules chargé, aux 2 et 3 d'azur chargé.
Gaultier	d'or et de pourpre, chargés de l'un en l'autre.
Gautier.	au 1 d'azur chargé, au 4 d'azur chargé, aux 2 et 3 de gueules chargé.
Ghaisne	aux 1 et 4 de vair chargé, aux 2 et 3 fascé de vair et de gueules.
Girard	aux 1 et 4 d'argent chargé, aux 2 et 3 émanché d'or et de gueules, à l'écu losangé d'argent et de gueules brochant sur le tout.
Girard	aux 1 et 4 de gueules chargé, aux 2 et 3 d'azur chargé.
Goubin	aux 1 et 4 d'argent chargé, aux 2 et 3 d'argent chargé.
Goudelin	aux 1 et 4 d'azur chargé, aux 2 et 3 d'argent chargé.
Gourio, ...	aux 1 et 4 de gueules chargé, aux 2 et 3 d'argent chargé.
Gouzabatz . . .	au 1 d'argent chargé, au 4 d'argent plein, au 2 et 3 d'azur plein.
Grobon.	au 1 d'azur chargé, au 4 d'azur chargé, aux 2 et 3 de gueules chargé.
Grout	aux 1 et 4 de sable chargé, aux 2 et 3 d'argent chargé.
Guéguen	aux 1 et 4 d'argent chargé, aux 2 et 3 d'argent chargé.
Guillemin. . . .	aux 1 et 4 d'argent chargé, aux 2 et 3 de gueules chargé.
Guillou.	aux 1 et 4 plein, aux 2 et 3 chargé d'un trèfle (sceau)
Guingamp . . .	aux 1 et 4 d'hermines chargé, aux 2 et 3 d'azur chargé.

Hamelin . . . . . aux 1 et 4 d'argent chargé, aux 2 et 3 d'azur chargé.

Hamon. . . . . . aux 1 et 4 trois haches d'armes chargeant, aux 2 et 3 trois huchets chargeant, *alias* à l'écu d'argent chargé brochant sur le tout.

Hector . . . . . aux 1 et 4 d'azur chargé, aux 2 et 3 d'argent chargé.

Heusaff. . . . . aux 1 et 4 d'or chargé, aux 2 et 3 de gueules plein.

Hingant . . . . aux 1 et 4 de sable chargé, aux 2 et 3 de gueules chargé.

Huchet. . . . . aux 1 et 4 d'argent chargé, aux 2 et 3 d'azur chargé.

Jambu . . . . . aux 1 et 4 d'argent chargé, aux 2 et 3 d'argent chargé.

Jégo. . . . . . aux 1 et 4 d'argent chargé, aux 2 et 3 d'argent chargé.

Jobert . . . . . aux 1 et 4 d'argent chargé, aux 2 et 3 d'azur chargé.

Joubin . . . . . aux 1 et 4 d'argent chargé, aux 2 et 3 d'argent chargé.

Jumelière. . . . aux 1 et 4 d'argent chargé, aux 2 et 3 de gueules chargé.

Keraot . . . . . aux 1 et 4 de sable chargé, aux 2 et 3 d'argent chargé.

Keravis . . . . au 1 une croix trèflée, au 4 d'hermines au chef chargé de 3 fleurs de lys, au 2 six aunelets, au 3 fretté ; sur le tout un lion (*sceau*)

Kerbréder . . . aux 1 et 4 d'azur chargé, aux 2 et 3 d'argent chargé.

Kero'hoent. . . . aux 1 et 4 échiqueté d'or et de gueules, aux 2 et 3 d'azur chargé, *alias* à l'écu lozangé d'argent et de sable brochant.

Kerdérien. . . . aux 1 et 4 d'azur (*aliàs* d'or) chargé, aux 2 et 3 d'or chargé.

Kerdreffec. . . . d'or et d'azur.

Kerénor . . . . aux 1 et 4 d'argent (*aliàs* d'or) chargé, aux 2 et 3 d'argent chargé.

Kerescoant . . . d'argent et de sable.

Kerguélen . . . aux 1 et 4 d'or chargé, aux 2 et 3 échiqueté d'argent et de gueules.

Kerguézec . . . aux 1 et 4 d'argent chargé aux 2 et 3 d'azur plein.

Kerguizec. . . . aux 1 et 4 vairé d'or et d'azur, aux 2 et 3 de gueules plein.

Kerliviry . . . aux 1 et 4 d'or chargé, aux 2 et 3 d'azur chargé.

Kerlouan . . . . aux 1 et 4 d'argent chargé, aux 2 et 3 d'argent chargé.

Kermabon . . .	aux 1 et 4 d'or chargé, *alias* d'or plein ; aux 2 et 3 d'or chargé.
Kermavan. . . .	aux 1 et 4 d'azur chargé, aux 2 et 3 d'or chargé.
Kermen.	aux 1 et 4 une molette, aux 2 et 3 un croissant (*sceau*).
Kerméno	aux 1 et 4 de gueules chargé, aux 2 et 3 d'argent chargé.
Kernec'hriou. . .	d'argent et de sable, *alias*, chargé.
Kernezne. . . .	aux 1 et 4 d'azur chargé, aux 2 et 3 d'azur chargé à l'écu d'or brochant sur le tout.
Kernezne	au 1 d'azur chargé, au 4 de gueules chargé, au 2 fascé d'or et de gueules, au 3 de gueules chargé, à l'écu mi-parti d'or et d'azur chargés brochant sur le tout.
Keronvel	aux 1 et 4 d'argent chargé, aux 2 et 3 d'argent chargé.
Kerroudault . . .	aux 1 et 4 d'argent chargé, aux 2 et 3 d'or chargé.
Kerret	aux 1 et 4 d'or chargé, aux 2 et 3 d'argent chargé.
Kersulguen . . .	aux 1 et 4 pallé d'or et d'azur, aux 2 et 3 d'azur chargé.
Kervézélou . . .	aux 1 et 4 d'argent chargé, aux 2 et 3 d'argent chargé.
Lamballe	aux 1 et 4 d'hermines chargé, aux 2 et 3 d'azur chargé.
Landais.	aux 1 et 4 d'azur chargé, aux 2 et 3 d'azur chargé.
Landerneau . . .	aux 1 et 4 d'or chargé, aux 2 et 3 de gueules chargé.
Lanjuinais. . . .	aux 1 et 4 d'azur chargé, au 2 d'argent chargé, au 3 d'argent chargé.
Lanrivinen . . .	aux 1 et 4 d'or chargé, aux 2 et 3 d'azur chargé.
Lary.	*Voyez* Rye.
Launay.	d'or et d'azur chargé.
Launay.	aux 1 et 4 d'argent (*aliàs* de gueules) chargé, aux 2 et 3 d'argent chargé.
Lauzières. . . .	au 1 d'argent chargé, au 4 d'or chargé ; aux 2 et 3 de gueules chargé.
Laventure. . . .	aux 1 et 4 lozangé d'or et de gueules, aux 2 et 3 d'argent chargé.
Lesneven	aux 1 et 4 d'azur chargé, aux 2 et 3 d'hermines plein.
Lézard	aux 1 et 4 de gueules plein, aux 2 et 3 de sable chargé.
Léziart ou Liziart.	aux 1 et 4 d'or chargé, aux 2 et 3 d'azur chargé.

Lorraine-Mercœur. . .   aux 1 et 4 d'or chargé, aux 2 et 3 de gueules chargé.

Louail . . . . .   aux 1 et 4 d'azur chargé, aux 2 et 3 d'argent chargé·

Loyon . . . . .   aux 1 et 4 d'argent chargé, aux 2 et 3 de gueules chargé.

Lucinge. . . . .   aux 1 et 4 bandé d'argent et de gueules, aux 2 et 3 d'argent chargé, (*aliàs* aux 2 et 3 palé d'or et de gueules).

Luxembourg. . .   aux 1 et 4 d'argent chargé, au 2 de gueules chargé, au 3 d'hermines plein.

Médaillan. . . .   aux 1 et 4 tranché d'or et de gueules, aux 2 et 3 d'azur chargé.

Malestroit. . . .   aux 1 et 4 de vair chargé, aux 2 et 3 de gueules chargé.

Malor . . . . .   aux 1 et 4 vairé d'or et d'azur, aux 2 et 3 de gueules plein.

Marche. . . . .   aux 1 et 4 croix périe chargeant, aux 2 et 3 croix pattée chargeant (*sceau*).

Marigo. . . . .   aux 1 et 4 de gueules chargé, aux 2 et 3 d'or chargé·

Marion. . . . .   aux 1 et 4 d'argent chargé, aux 2 et 3 d'argent chargé.

Marquer . . . .   aux 1 et 4 d'azur chargé, aux 2 et 3 de gueules chargé.

Martin . . . . .   aux 1 et 4 d'argent chargé, aux 2 et 3 d'azur chargé.

Marzelière . . .   au 1 de sable chargé, au 4 d'argent chargé, au 2 d'or chargé, au 3 palé d'or et de gueules.

Mauny . . . . .   aux 1 et 4 d'argent chargé, aux 2 et 3 une lozange, chargé sur le tout.

Magneaud. . . .   aux 1 et 4 d'argent chargé, aux 2 et 3 d'azur chargé.

Méchaignerie. . .   aux 1 et 4 d'argent chargé, aux 2 et 3 de gueules chargé.

Mélorel. . . . .   aux 1 et 4 de gueules chargé, aux 2 et 3 d'azur chargé.

Merdy . . . . .   d'argent et de gueules, chargés de l'un en l'autre.

Mescouez. . . .   aux 1 et 4 d'azur chargé, aux 2 et 3 d'azur chargé, à l'écu d'or chargé brochant.

Mesgral . . . .   aux 1 et 4 d'azur chargé, aux 2 et 3 d'argent chargé.

Meslou. . . . .   aux 1 et 4 d'argent chargé, aux 2 et 3 d'or chargé.

Mespérénez . . .   aux 1 et 4 d'or chargé, aux 2 et 3 d'azur chargé.

Michaël. . . . .   aux 1 et 4 de sable chargé, aux 2 et 3 d'or chargé.

Michel . . . . .   aux 1 et 4 de sable chargé (*alias* aux 1 et 4 lozangé d'argent et de sable), aux 2 et 3 d'or chargé.

Montauban . . .   aux 1 et 4 de gueules chargé, aux 2 et 3 d'argent chargé.

Montault	au 1 et 4 parti aux 1 d'azur chargé, au 2 de gueules chargé; aux 2 et 3 d'azur chargé.
Montbron. . . .	aux 1 et 4 fascé d'argent et d'azur, aux 2 et 3 de gueules plein.
Montfort	aux 1 et 4 d'azur chargé, aux 2 et 3 de gueules chargé, sur le tout surchargé.
Moreau ou Moro .	aux 1 et 4 d'or chargé, aux 2 et 3 de gueules chargé.
Moricquin. . . .	aux 1 et 4 d'argent chargé, aux 2 et 3 fascé d'argent et de gueules.
Mothe	aux 1 et 4 d'azur chargé, aux 2 et 3 d'argent chargé, les 1er et 2e quartiers surchargés.
Neboux	aux 1 et 4 de gueules chargé, aux 2 et 3 d'azur chargé.
Neuville	aux 1 et 4 trois haches chargeant, aux 2 et 3 trois bandes chargeant (sceau).
Normand	au 1 d'azur chargé, au 2 de gueules chargé, au 3 d'argent chargé, au 4 de sable chargé, sur le tout surchargé.
Ny.	aux 1 et 4 d'argent chargé, aux 2 et 3 de gueules chargé.
O'Brien.	aux 1 et 4 de gueules chargé, aux 2 et 3 d'argent chargé ; alias, le 4e quartier d'or chargé.
Olivier.	aux 1 et 4 de sinople chargé, aux 2 et 3 de sable chargé.
O'Murphy. . . .	aux 1 et 4 d'argent chargé, aux 2 et 3 de gueules chargé, sur le tout surchargé.
O'Riordan. . . .	aux 1 et 4 de gueules chargé, aux 2 et 3 d'argent chargé.
Parisy	aux 1 et 4 d'argent chargé, aux 2 et 3 d'azur chargé.
Péan.	aux 1 et 4 de gueules chargé, aux 2 et 3 de gueules chargé.
Penmarc'h . . .	aux 1 et 4 de gueules chargé, aux 2 et 3 d'or chargé.
Pétau	aux 1 et 4 d'azur chargé, aux 2 et 3 d'argent chargé.
Pic	aux 1 et 4 d'or chargé, aux 2 et 3 échiqueté d'argent et d'azur.
Picot	aux 1 et 4 d'azur chargé, aux 2 et 3 d'argent chargé.
Pinot.	aux 1 et 4 d'argent chargé, aux 2 et 3 d'argent chargé.
Plessier.	aux 1 et 4 d'argent chargé, aux 2 et 3 d'or chargé.
Plessis-Richelieu .	aux 1 et 4 d'argent chargé, aux 2 et 3 d'or chargé.

Ploeuc. . . . . . aux 1 et 4 d'hermines chargé, **aux 2 et 3 vairé** d'or et de gueules.

Poillevé . . . . aux 1 et 4 de gueules chargé, aux 2 et 3 d'argent chargé.

Poix. . . . . . . aux 1 et 4 d'or chargé, aux 2 et 3 de gueules chargé.

Pouteven . . . . aux 1 et 4 de sable chargé, aux 2 et 3 d'argent chargé.

Pont-Labbé . . . aux 1 et 4 d'or chargé, aux 2 et 3 d'hermines chargé.

Porc. . . . . . . aux 1 et 4 d'or chargé, au 2 et 3 de gueules chargé.

Poulard. . . . . . aux 1 et 4 de gueules chargé, aux 2 et 3 de sinople plein.

Poyet . . . . . . aux 1 et 4 d'azur chargé, aux 2 et 3 de gueules chargé.

Prestre. . . . . . aux 1 et 4 d'argent chargé, aux 2 et 3 de sable chargé.

Proffict. . . . . aux 1 et 4 d'azur chargé, aux 2 et 3 écart. d'argent et de gueules chargés de l'un en l'autre.

Puy . . . . aux 1 et 4 d'or chargé. aux 2 et 3 de gueules chargé.

Quillien. . . . . . aux 1 et 4 de gueules chargé, aux 2 et 3 d'azur chargé.

Rabel . . . . . . d'or et d'azur.

Raguénel. . . . aux 1 et 4 d'argent, aux 2 et 3 de sable, chargés de l'un en l'autre, *aliàs* aux 1 et 4 : contré-cartelé aux 1 et 4 d'argent, aux 2 et 3 de sable, chargés de l'un en l'autre ; aux 2 et 3 des écartelures d'or chargé.

Raguénel. . . . parti au 1 écartelé d'argent et de gueules, char-gés de l'un en l'autre.

Rebours . . . . aux 1 et 4 d'argent chargé, aux 2 et 3 fascé d'ar-gent et de gueules.

Redon . . . . . . aux 1 et 4 échiqueté d'or et d'azur, au 2 d'argent chargé, au 3 d'argent chargé. *alias* au 1 échiqueté d'or et d'azur, au 2 d'argent chargé, au 3 de sable chargé, au 4 d'azur chargé.

Rison . . . . . . aux 1 et 4 d'argent chargé, aux 2 et 3 d'argent chargé.

Rivière. . . . . . au 1 d'hermines chargé, au 4 vairé d'or et de gueules, au 2 de gueules chargé, au 3 d'azur chargé.

Roche . . . . . . aux 1 et 4 d'argent chargé, aux 2 et 3 de gueules chargé.

Rochédec. . . . . aux 1 et 4 d'argent chargé, aux 2 et 3 d'or chargés

Rolland. . . . . . aux 1 et 4 d'argent chargé, aux 2 et 3 de gueules chargé.

Rolland. . . . . aux 1 et 4 d'or chargé, aux 2 et 3 de gueules chargé.

Roquetti . . . . aux 1 et 4 d'azur chargé, aux 2 et 3 d'or chargé.

Rosmadec. . . . aux 1 et 4 palé d'argent et d'azur, aux 2 et 3 d'azur chargé, à l'écu d'azur chargé brochant sur le tout; *aliàs* au 1 palé d'argent et d'azur, au 4 d'azur chargé au 2 de gueules chargé, au 3 de gueules chargé, à l'écu d'azur chargé brochant.

Rosset. . . . . . aux 1 et 4 d'argent chargé, aux 2 et 3 d'azur chargé.

Rouge . . . . . . aux 1 et 4 d'argent chargé, ax 2 et 3 burelé de gueules et d'argent.

Rougé . . . . . . aux 1 et 4 de gueules chargé, aux 2 et 3 d'argent chargé.

Rougemont . . . aux 1 et 4 d'azur chargé, aux 2 et 3 d'argent chargé.

Roux . . . . . . d'argent et de gueules.

Rye ou Larye . . d'argent et d'azur, en sautoir.

Saguier. . . . . aux 1 et 4 d'argent chargé, aux 2 et 3 d'argent chargé.

S. Marzault . . . aux 1 et 4 d'azur chargé, aux 2 et 3 de gueules chargé.

Saisy. . . . . . . aux 1 et 4 de gueules chargé, aux 2 et 3 de gueules chargés.

Schonendal . . . aux 1 et 4 d'azur chargé, aux 2 et 3 d'azur chargé.

Sec . . . . aux 1 et 4 d'or chargé, aux 2 et 3 de gueules chargé, en sautoir.

Sérizay. . . . . aux 1 et 4 d'azur chargé, aux 2 et 3 d'argent chargé.

Sévigné . . . . . de sable et d'argent.

Soligné. . . . . d'argent et de gueules plein, *aliàs* à la bordure chargé.

Stapleton. . . . aux 1 et 4 contrécartelé, aux 1 et 4 d'argent chargé, aux 2 et 3 de sable chargé; aux 2 et 3 des écartelures échiqueté d'or et d'azur à la bordure de gueules, au franc quartier d'hermines

Taisne. . . . . . aux 1 et 4 de sinople (*aliàs* d'azur) chargé, aux 2 et 3 d'or chargé.

Téno. . . . . . . aux 1 et 4 de sable plein, aux 2 et 3 d'azur chargé.

Thézan. . . . . . d'or et de gueules.

Thomelin . . . . aux 1 et 4 d'azur chargé, aux 2 et 3 de gueules plein.

Tillet. . . . . . . aux 1 et 4 d'azur chargé, aux 2 et 3 d'or chargé, à l'écu d'or chargé brochant sur le tout.

Tissart. . . . . aux 1 et 4 d'argent chargé, aux 2 et 3 d'argent chargé.

Tour du Pin . . . aux 1 et 4 d'azur chargé, aux 2 et 3 de gueules chargé; *alias* aux 2 et 3 du Dauphiné.

Tournemine . . . d'or et d'azur.

Tréganvez . . . aux 1 et 4 d'azur chargé, aux 2 et 3 de gueules chargé.

Trémel. . . . . aux 1 et 4 d'azur chargé, aux 2 et 3 d'or chargé.

Tréméreuc . . . aux 1 et 4 échiqueté d'or et de sable, aux 2 et 3 contrécartelé aux 1 et 4 d'or, aux 2 et 3 d'azur.

Trévégat . . . . aux 1 et 4 d'argent chargé, aux 2 et 3 d'argent chargé.

Trolong. . . . . aux 1 et 4 d'argent chargé, aux 2 et 3 d'azur chargé.

Tuoé . . . . . . aux 1 et 4 de sable chargé, aux 2 et 3 un lozangé chargé d'une barre (*sceau*).

Verdier. . . . . aux 1 et 4 d'azur chargé, aux 2 et 3 de gueules chargé, à l'écu d'or chargé brochant sur le tout.

Verger. . . . . aux 1 et 4 d'argent chargé, aux 2 et 3 échiqueté d'argent et de gueules.

Verrier . . . . aux 1 et 4 de gueules chargé, aux 2 et 3 échiqueté d'argent et de gueules chargé.

Vieuville . . . . aux 1 et 4 fascé d'or et d'azur, chargé, aux 2 et 3 d'hermines chargé, à l'écu d'argent chargé brochant sur le tout.

Vieuxchatel . . . aux 1 et 4 d'argent chargé, aux 2 et 3 d'argent chargé.

Vignerot . . . . aux 1 et 4 d'or chargé, aux 2 et 3 d'argent chargé.

Villethébaud. . . aux 1 et 4 d'argent chargé, aux 2 et 3 d'argent chargé.

Vincettre. . . . . aux 1 et 4 d'or chargé, aux 2 et 3 de gueules chargé.

Vivet. . . . . . au 1 d'azur chargé, au 4 d'argent chargé, au 2 d'azur chargé, au 3 d'azur chargé, à l'écu d'argent chargé brochant sur le tout.

Voyer . . . . . aux 1 et 4 d'azur chargé, aux 2 et 3 d'argent chargé.

EXPLICATION DES TERMES & DESSINS DES ÉCUS

DU CHAPITRE II

L'écu étant autrefois un bouclier dont on se servait comme arme défensive recevait les coups destinés à celui qu'il protégeait, aussi portait-il de glorieuses marques que l'on tint à l'honneur de faire figurer dans les armoiries. De là vint le

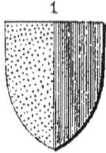

Parti ou mi-parti, figurant un coup de sabre donné verticalement de haut en bas et partageant l'écu en 2 parties égales.

La figure 1 représente un parti *d'or et de gueules.*

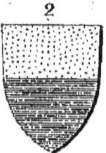

Coupé se dit lorsque l'écu est divisé en deux parties égales par un trait horizontal.

La figure 2 représente un *coupé au 1 d'or, au 2 d'azur.*

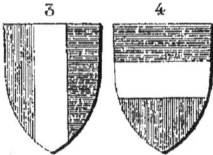

Tiercé est quand l'écu est divisé en 3 parties égales de toute manière, ainsi verticalement c'est *tiercé en pal,* horizontalement *tiercé en fasce;* 3 écussons l'un dans l'autre se disent *tiercé en écusson;* il y a aussi le tiercé en *bande,* en *chevron,* etc., *voir ces articles* fig. 3, *tiercé en pal, de gueules, d'argent et d'azur;* fig. 4, *tiercé en fasce d'azur, d'argent et de gueules.*

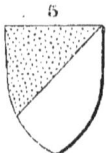

Taillé se dit lorsque l'écu est partagé au moyen d'une ligne diagonale de senestre à destre, fig. 5, *taillé d'or et d'argent.*

Tranché est lorsque l'écu est divisé de dextre à senestre, fig. 6, *tranché d'argent et de gueules.*

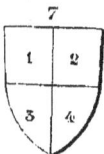

Écartelé est l'écu divisé en quatre espaces égaux par une ligne verticale et une ligne horizontale. Les quatre espaces sont nommés quartiers. Le 1er est à dextre, le 2e à senestre, le 3e en pointe à dextre et le 4e en pointe à senestre.

Écartelures, nom des divisions d'un écu écartelé.

La plupart des écartelés viennent de l'extinction de telle famille dans telle autre, de concessions ou de conventions. Alors les armes primitives sont toujours aux premier et quatrième quartiers. Si les quatre quartiers sont remplis par des armes de concession ou d'alliance, celles de la maison se mettent *sur le tout*.

Contrécartelé se dit lorsque les quartiers sont de nouveau écartelé.

La figure 8 représente un écartelé, contrécartelé aux 1 et 4.

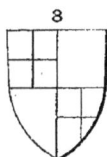

Écartelé en sautoir se dit lorsque l'écartelé est fait par deux lignes diagonales. Ainsi on dira écartelé en *sautoir d'argent et de gueules*.

Chaque parti, coupé, taillé, tranché, écartelé, etc., peut être chargé, c'est-à-dire que sur le champ se trouve une ou plusieurs pièces; lorsqu'il n'en existe pas on se sert alors du terme *plein*. Ainsi : *or plein, hermines plein*, ce qui veut dire *champ d'or plein, champ d'hermines plein*. *Chargé de l'un en l'autre* signifie que lorsque une pièce couvre un parti, un coupé, etc., elle prend la couleur opposée de la partie du champ où elle se trouve. Ainsi : *parti d'or et de gueules chargé d'un lion de l'un en l'autre* signifie que la moitié du lion qui se trouve sur le *champ d'or* est de *gueules* et celle qui se trouve sur *le champ de gueules est d'or*. (fig.10).

Parmi les autres termes voyez aux autres chapitres ou aux articles *émanché, fascé, palé, burelé*, etc.

Péri se dit de pièces raccourcies; on dit un *bâton péri en bande, en barre, en croix*, etc., lorsque ce bâton est en *bande ou en barre, en croix*, etc., *voir ces termes*.

CHAPITRE III

FIGURES HÉRALDIQUES OU PIÈCES HONORABLES

CHEFS

Chefs d'or

Amboise, palé d'or et de gueules, le premier pal chargé, accompagnant.
Autier, endenché et chargé.

Banohereau, chargé.
Barbier, chargé et accompt.
Bareau, écartelé au 4 endenché et accompagnant, à l'écu d'or chargé brochant.
Barrère, échiqueté d'or et de gueules accompagnant.
Béoart, chargé et accompagnant.
Binet, chargé.
Bosoher, accompagnant.
Beuohaud, chargé et accompt.
Bourayne, chargé et accompt.
Bourgeois, chargé et accompt.
Brenzent, chargé et accompt.

Caoé, chargé et accompagnant.
Caffarelli, brochant sur un écartelé.
Carme, accompagnant.
Chamillart, chargé et accompt.

Champs, chargé et accompt.
Chatillon, accompagnant.
Chedanne, chargé et accompt.
Chenu, lozangé d'or et de gueules.
Cibo, chargé et accompagnant.
Clairefontaine, accompagnant.
Cleuzmeur, chargé et accompt.
Cortois, chargé et accompt.
Cottes, chargé et accompagnant.
Coudrais, chargé et accompt.

Dnizy, chargé et accompt.
Drouet, chargé et accompt.
Dubreton, chargé et accompt.
Estaing, accompagnant.
Estienne, chargé et accompt.
Estrées, chargé et accompt.
Expilly, chargé et acompt.

Fellonneau, chargé et accompt.
Fléoelles, chargé et accompt.
Frère, chargé et accompt.
Fresne, endenté et chargé.

Garmeaux, accompagnant.
Garsenlan, chargé et accompt.
Georgelin, chargé.
Gourio, écart. aux 1 et 4, accompt
Granges, chargé et accompt.
Grenier, chargé et accompt.
Guibé, accompagnant.
Guinot, accompagnant.

Harel, chargé et accompt.

James, chargé.
Joly, chargé et accompt.
Josse, échiqueté d'or et de gueules, accompt.

Keraldanet, endenché.
Kerduel, chargé et accompt.
Kerviche, plein.

Landais, écart. aux 2 et 3 accompt
Lannoster, accompagnant.
Longueil, chargé et accompt.

Mahyeuc, chargé et accompt.
Marconnay, accompagnant.
Matz, échiqueté d'or et de gueules, accompagnant.
Mesnard, chargé et accompt.
Métaër, accompagnant.
Montgogué, accompagnant.

Normant, chargé et accompt.

Pas, chargé et accompt.

Pétau, écart. aux 1 et 4, chargé et accompagnant.
Pinçon, chargé et accompt.
Poix, chargé et accompt.

Rochédec, accompagnant.
Rouillé, chargé et accompt.
Roux, chargé et accompt.
Rusqueo, chargé.

Saffré, accompagnant.
S. Paul, endenché.
Seillons, accompagnant.
Sol, chargé et accompt.
Suau, chargé et accompt.

Taillepied, chargé et accompt.
Thiercelin, chargé et accompt.
Touronce, endenché et chargé.
Tuollays, chargé et accompt.

Vaux, chargé.
Veneur, chargé.

Chefs d'Argent

Albert, écart. aux 2 et 3, échiqueté d'argent et d'azur, accompt
Alixant, chargé et accompt.
Artur, accompagnant.

Barberie, chargé et accompt.
Bérard, chargé et accompt.
Bertrand, accompagnant.

Bodin, chargé et accompt.
Bois, chargé et accompt.
Bois-du-Lié, chargé, soutenu et endenché de gueules.
Boulliau, chargé et accompt.
Bréxin, chargé et accompt.
Brindejono, chargé et accompt.
Burnet, accompagnant.

Cady, chargé et accompagnant.

Cajetan, parti d'argent et de sable accompagnant.

Campion, accompagnant.

Camuzat, chargé et accompt.

Caze, chargé et accompt.

Chapelier, chargé et accompt.

Chauveau, chargé et accompt.

Chiron, chargé et accompt.

Cibo, chargé, accompt et soutenu.

Coëtrégal, denché et accompt.

Collot, chargé.

Corvaisier, chargé et accompt.

Couldre, chargé et accompt.

Couperie, chargé.

Coussaye, chargé et accompt.

Coutel, palé d'argent et de gueules, accompt.

Deralz, chargé et accompt.

Déserts, endenché et chargé.

Diouguel, chargé et accompt.

Dréneo, accompagnant.

Duc, accompagnant.

Elvart, plein.

Évesque, chargé.

Faucher, chargé et accompt.

Faye, bretessé et accompt.

Fougasse, chargé.

Fouquet, accompt.

Fournier, chargé et accompt.

Gazailhan, chargé et accompt.

Ghaisne, écart. aux 1 et 4, chargeant un franc-canton.

Gillart, chargé et accompt.

Godet, bandé d'argent et de sable, accompt.

Grangier, vairé d'argent et de gueules, accompagnant.

Grivel, chargé et accompt.

Guennec, endenché.

Guerry, accompt, aliàs chargé et accompagnant.

Guiho, chargé.

Hevieux, chargé,

Hindret, échiqueté d'argent et de sinople, accompt.

Hochedé, chargé.

Jenville, chargé et accompt.

Jouneaux, accompagnant.

Juvénal, soutenu d'or, chargé et accompagnant.

Kermareo, chargé et accompt.

Kerraoul, endenché.

Laënneo, cousu de sable, chargé.

Lair, chargé et accompt.

Lamprat, chargé et accompt.

Laurens, accompagnant.

Lesrat, accompagnant.

Levroux, chargé et accompt.

Lopriac, chargé.

Marche, plein.

Marin, chargé et accompt.

Micault, chargé et accompt.

Miorceo, chargé et accompt.

Nepveu, chargé et accompt.

Noury, chargé et accompt.

Olivier, chargé et accompt.

Perrot, chargé et accompt.

Phélippot, endenté et accompt.

Porte, chargé.

Quillien, plein; aliàs endenché et chargé, aliàs écart. aux 1 et 4.

Quirizeo, chargé et accompt.

Rallier, chargé et accompt.
Rennes, chargé et accompt.
Riant, chargé et accompt.
Ricouart, chargé et accompt.
Robineau, chargé et accompt.
Rougeron, fretté de gueules, accompagnant.

Saget, chargé et accompt.
S. Denis, chargé et accompt.
Sauvage, chargé et accompt.
Solminihao, chargé et accompt.

Teillaye, accompagnant.

Villiers, chargé.

Chefs de Gueules

Alesmes, chargé et accompt.
Allénou, endenché.
Amboise, palé d'or et de gueules, le premier pal chargé, accompagnant.
Arnous, chargé et accompt.
Avaugour, plein, *aliàs* chargé.

Barral, chargé et accompt.
Barrère, échiqueté d'or et de gueules, accompagnant.
Boohier ou **Bosohier,** accompt.
Bohal, chargé et accompt.
Bohier, accompagnant.
Bois, chargé et accompt.
Bois-Bouëssel, chargé.
Bois-de-la-Salle, chargé.
Boiséon, endenché.
Borgne, endenché.
Brandigné, plein.
Breton, chargé et accompt.

Canaber, chargé et accompt.
Cardinal, endenché, *aliàs* écart. aux 2 et 3 endenché.
Cartier, soutenu d'une divise d'or, chargé et accompt.
Chambellé, chargé.
Champagné, plein, *aliàs* chargé
Chauvy, chargé et accompt.
Cheminée, chargé et accompt.

Chenu, lozangé d'or et de gueules
Chevalier, chargé et accompt.
Coëtanscours, endenché.
Corre, chargé et accompt.
Cosson, chargé et accompt.
Couëdro, chargé.
Coutel, palé d'argent et de gueules, accompt.

Dampierre, chargé, accompt et accompagné.
Deffoterbie, chargé et accompt.
Denis, chargé et accompt.
Desohiens, chargé et accompt.
Doublard, chargé et accompt.
Drouin, chargé et accompt.

Erm, chargé et accompt.
Esouyer, chargé et accompt.

Faroy, accompagnant.
Febvre, chargé et accompt.
Ferron, chargé et accompt.
Flotte, chargé et accompt.
Fouquer, endenché et accompt.
Frémont, chargé et accompt.
Fromont, chargé et accompt.
Garenne, chargé et accompt.
Girard, chargé et accompt.
Girault, chargé et accompt.

Goubin, écart. aux 1 et 4, chargé et accompagnant.
Gouzien, endenté et chargé.
Grangier, vairé d'argent et de gueules, accompt.
Guillou, chargé.
Guiton, chargé et accompt.

Hennequin, chargé.
Heuse, chargé.

Jolivet, chargé et accompt.
Josse, échiqueté d'or et de gueules accompagnant.
Jouault, soutenu, chargé et accompagnant.
Jourand, chargé et accompt.
Keroullay, chargé.

Laisné, chargé et accompt.
Lande, endenché.
Landes, denché et chargé.
Languéouez, plein.
Lannion, chargé et accompt.
Largez, accompagnant.
Lhommeau, chargé et accompt.
Libault, chargé et accompt.
Lisooët, chargé.

Martineau, chargé et accompt.
Matz, échiqueté d'or et de gueules, accompagnant.
Mignot, accompagnant.
Moine, chargé et accompt.
Montoire, chargé.
Morandais, cousu, accompt et accompagné.
Morioaud, chargé et accompt.

Niel, accompagnant.
Nobletz, chargé, soutenu et accompagnant.

Normand, chargé, soutenu et accompagnant.
Noue, chargé et accompt.

Peroevaux, chargé et accompt.
Picault, chargé et accompt.
Picon, chargé et accompt.
Picot, accompagnant.
Pinart, chargé.
Poilpré, chargé et accompt.
Porzou, chargé et accompt.
Pouëz, chargé et accompt.
Poulain, chargé et accompt.
Prioul, chargé et accompt.

Quéléneo, chargé.
Quilimadeo, endenché.
Quintin, chargé.

Richard, chargé et accompt.
Roselle, chargé, soutenu et endenché de sable, accompt.
Rossignolière, accompt.
Rouxel, chargé et accompt.

S. Pair, chargé et accompt.
Salle, chargé et accompt.
Salles, chargé et accompt.
Simon, accompagnant.

Tanguy, accompagnant.
Tellier, chargé et accompt.
Thérisse, chargé et accompt.
Tour du Pin, chargé et accompagnant, *aliàs*, écart. aux 1 et 4.

Urfé, plein.

Validire, chargé.
Valois, chargé et accompt.
Valory, accompagnant.
Vayer, chargé.

Vergne, chargé.
Viau, chargé et accompt.
Vieuville, écart. aux 2 et 3 endenté, à l'écu d'argent chargé, brochant.

Vivet, écart. au 1 : chargé et accompt à l'écu d'argent chargé, brochant.

Chefs d'Azur

Agard, chargé et accompt.
Agay, accompagnant.
Albert, écart. aux 2 et 3 échiqueté d'argent et d'azur, accompt
Ameline, chargé et accompt.
André, chargé et accompt.
Aubert, plein.
Audebert, chargé et accompt.
Avril, chargé et accompt.

Balam, chargé et accompt.
Bariolle, chargé et accompt.
Beauclero, chargé et accompt.
Bellier, accompagnant.
Beringhen, chargé et accompt.
Berthois, chargé et accompt.
Bertin, écart. aux 2 et 3, chargé et accompagnant.
Bezit, chargé et accompt.
Biet, chargé et accompt.
Billette, chargé et accompt
Boislève, chargé (aliàs et cousu d'or), accompt.
Bonvoisin, chargé et accompt.
Boucault, chargé et accompt.
Bouchet, chargé et accompt.
Bourné, chargé.
Bouvet, chargé et accompt.
Brégel, chargé, soutenu de sable, et accompagnant.
Butler, écart. aux 1 et 4, émanché.

Caris, accompagnant.
Chalet, chargé et accompt.
Charil, chargé et accompt.
Chateaugiron, plein.
Chupeau, parti au 2 : chargé et accompagnant.
Clairefontaine, chargé.
Clos, chargé et accompt.
Coëtmohan, chargé.

Dein, chargé et accompt.
Digouris, chargé et accompt.
Dol, chargé et accompt.
Dombideau, chargé et accompt.

Esou, chargé et accompt.

Fablet, chargé et accompt.
Fèbvre, chargé et accompt.
Forest, chargé et accompt.

Glaz, chargé et accompt.
Gorsse, chargé et accompt.
Grivat, chargé et accompt.
Grossolles, chargé et accompt.
Gué, chargé et accompt.

Hallouin, chargé et accompt.
Heuo, chargé et accompt.
Houitte, chargé, endenché.

Izarn, chargé et accompt.

Jean, chargé et accompt.
Jousselinaye, chargé et accompt

Kerduel, chargé et accompt.
Kergadalan, accompagnant.
Kerraoul, endenché.

Laigue, cousu, accompt.
Larchiver, chargé et accompt,
    aliàs coupé au 1.
Lionne, cousu, chargé et accompt.
Locquet, chargé et accompt.

Maoé, chagé et accompt.
Maine, chargé et accompt.
Marraud, chargé et accompt.
Méhéreno, accompagnant.
Mésnard, chargé et accompt.
Moine, chargé et accompt.
Monistrol, chargé et accompt.
Monniès chargé et accompt.
Monti, chargé et accompt.
Moriceau, chargé et accompt.
Mosnier, chargé.

Olivier, écart. aux 2 et 3, chargé.
Orient, chargé et acccompt.

Palierne, chargé et accompt.
Pascal, chargé et accompt.
Patard, chargé et accompt.
Porzal, chargé et accompt.
Pracontal, chargé.

Quimper-Corentin, chargé et
    accompagnant.

Ramaceul, chargé et accompt.
Regnault, chargé et accompt.
Robert, chargé et accompt.
Rochefort, chargé, endenché.

Sohier, chargé et accompt.

Thomasset, chargé, soutenu de
    sable et accompagnant.
Thomé, chargé et accompt.
Toulmen, chargé.
Touzé, chargé et accompt.
Trémaugon, plein.
Trippier, chargé et accompt.
Trouin, chargé et accompt.

Vêtus, chargé et accompt.
Viart, chargé et accompt.
Viau, chargé et accompt.
Vilazel, chargé et accompt.
Villegontier, chargé et accompt.
Villiers, chargé.

Chefs de Sinople

Chevalier, chargé et accompt.
Devaulx, chargé et accompt.
Graslin, chargé et accompt.
Hindret, échiqueté d'argent et
    de sinople accompt.

Texier, chargé et accompt.
Téxue, plein.

Chefs de Sable

Beauvais, accompagnant.
Bellière, endenché.
Bernard, chargé et accompt.
Boisgardon, chargé et accompt.
Bois-le-Bon, chargé et accompt.
Brunet, chargé et accompt.

Cajetan, parti d'argent et de sable, accompagnant,
Charil, accompagnant.
Chastellier, chargé.
Cohon, chargé et accompagnant; *aliàs*, écart. aux 1 et 4.

Forest, plein.
Forestier. écart. aux 2 et 3 accompagnant, à l'écu de gueules chargé brochant sur le tout.

Garnier, chargé et accompt.
Godet bandé d'argent et de sable, accompagnant.

Kéraliou, endenché, accompt.
Kerdrein, endenché.
Kernéguez, accompagnant.

Manoel, chargé et accompt.

Mollen, plein.
Motte, chargé.

Nicolas, accompagnant.

Olimant, accompagnant.

Poulehey, fretté d'or.

Quilliou, plein.

Raguénel, écart. aux 2 et 3, endenté.
Rogier chargé et accompt.
Roulleaux, chargé et accompt.
Rouxel, chargé.
Russel, chargé et accompt.

Sarant, chargé et accompt.
Sauldraye, chargé.
Surcouf, chargé et accompt.

Talhoët, plein.

Vauferrier, plein, *aliàs* chargé.
Verrier, écart. aux 2 et 3 chargé.
Villéon, fretté d'or, accompt.

Chefs d'Hermines

Barchou, accompagnant.
Besnard, accompagnant.

Camareo, accompagnant.
Carion, accompagnant.
Chauvin, accompagnant.
Coq, accompagnant.
Court, accompagnant

Dinan, accompagnant.

Fouré, accompagnant.

Gabillard, accompagnant.
Guesnet, accompagnant.

Hardy, accompagnant.

Kermarec, accompagnant.

Lamaroche, accompagnant.
Lauzières, écart. au 4, accompt.
Lézirivy, plein, *aliàs* accompt.

Marée, accompagnant.
Moncontour, accompagnant.
Moreau, accompagnant.

Nantes, accompagnant.

Quimper, accompagnant.

Redon, accompagnant.
Renault, accompagnant.
Rocher, accompagnant.
Roscoff, accompagnant.

Sécardais, accompagnant.

Sceaux

Buisson, accompagnant.

Coënte, engreslé, accompt.
Cordemine, chargé d'un lambel,
accompagnant.

Durand, écart. aux 2 et 3, chargé
d'une croix.

Fosse, chargé de trois besants.

Géebert, chargé d'un lion, accᵗ.

Hillion, chargé de trois mâcles,
accompagnant.

Jégou, plein, accompagnant une
rose ou une quintefeuille.

Keravis écart. au 4 chargé de
3 fleurs de lys, chargé sur le tout.

Langevin, chargé de 3 annelets,
accompagnant.

Québriac, bastillé, accompt.

S. Hilaire, émanché.
S. Riou, échiqueté de deux tires.

EXPLICATION DES TERMES & DESSINS DES ÉCUS
RELATIFS AUX CHEFS

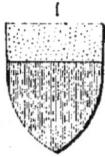

Le Chef est une pièce héraldique qui occupe ordinairement le tiers le plus haut de l'écu. Ainsi on dit : *de gueules au chef d'or* (fig. 1).

En chef se dit d'objets posés sur la ligne du chef

Le chef est *abaissé* lorsqu'il est séparé du bord supérieur de l'écu par une certaine distance, mais de la même couleur que celle du champ (fig. 2) *d'or au chef abaissé d'azur*.

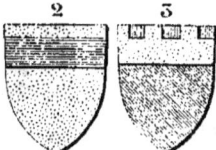

Le chef est *ajouré* lorsqu'il est crénelé à sa partie supérieure et que les créneaux sont remplis d'une autre couleur que le champ (fig. 3) *de sinople au chef crénelé de deux pièces et demie à dextre d'or, ajouré de gueules*.

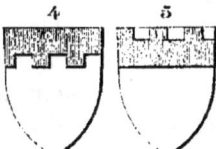

Le chef est *bastillé* lorsque le bord inférieur est muni de créneaux renversés qui regardent la pointe de l'écu (fig. 4). Si les créneaux sont au bord supérieur, il est *crénelé* (fig. 5).

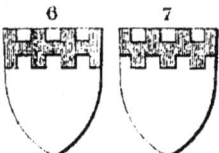

Le chef est *bretessé* lorsqu'il est crénelé et bastillé en même temps ; mais aussi lorsque les créneaux sont vis-à-vis les uns des autres (fig. 6). Dans le cas contraire, il est *bretessé-contrebretessé* (fig. 7).

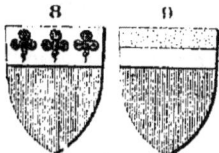

Le chef est *chargé* quand on y voit d'autres pièces (fig. 8) *de gueules au chef d'argent chargé de 3 trèfles de sable*.

Le chef *coupé* est celui qui est divisé en deux émaux alternés par une ligne horizontale (fig. 9).

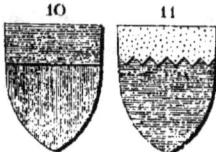

Le chef est *cousu* lorsqu'il est de métal sur un champ de métal ou de couleur sur un champ de couleur (fig. 10) *de gueules au chef cousu d'azur*.

Le chef *denché* est celui dont le bord inférieur se termine en pointes aigues comme des dents (fig. 11). Il est *dentelé* ou *endenté* quand les dents sont plus petites (fig. 12).

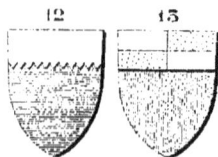

Le chef est *écartelé* quand il est divisé en quatre espaces égaux par deux lignes perpendiculaires l'une à l'autre ou diagonalement en croix de S. André (fig. 13) *de gueules au chef écartelé d'argent et d'or.*

Le chef *échiqueté* se compose de pièces carrées alternées comme celles d'un échiquier.

Toutes les pièces héraldiques doivent être échiquetées de deux ou plusieurs *tires* ou rangées, si non elles sont componées (fig. 14). Lorsqu'il y a plus de deux *tires*, on l'indique.

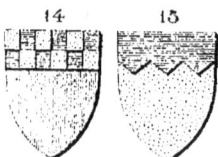

Le chef *émanché* a sa partie inférieure terminée en plusieurs pointes triangulaires, ou bien il est divisé par émanches de deux émaux alternés. On dit aussi *parti émanché, coupé, émanché,* ou *taillé émanché* (fig. 15) *d'or émanché de 3 pièces d'azur.* Le chef peut être *fretté, gironné, fuselé lozangé,* etc. (*voir ces mots*).

Le *chef-pal* est lorsqu'au bas du chef il y a un pal attenant sans aucune ligne, filet, ni aucune séparation (fig. 16) *d'argent au chef pal de sable.*

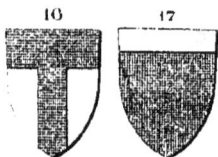

Le chef est *retrait* quand il n'a que les deux tiers du chef (fig. 17) *de sable au chef retrait d'argent.* Le chef est *soutenu* lorsque les deux tiers qui sont au plus haut du chef sont d'un émail et l'autre tiers plus bas d'un autre émail. On dit alors soutenu d'une *divise* qui n'est autre chose qu'une fasce rétrécie. La *divise*, quand elle soutient un chef, rend inutile le mot *cousu*, quoique ce chef soit de métal sur métal ou de couleur sur couleur (fig. 18) *de gueules au chef d'azur soutenu d'une divise d'or,* ou encore : *de gueules au chef d'azur soutenu d'or.*

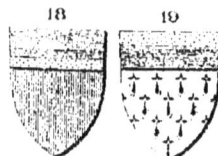

Quelquefois le chef est *surmonté,* c'est-à-dire que la partie qui le sépare du bord supérieur de l'écu est d'un autre émail que le chef et même que le champ de l'écu. C'est ce qui le distingue du chef *abaissé* où la partie supérieure est toujours de l'émail du champ (fig. 19) *d'hermines au chef d'azur surmonté d'or.*

FASCES & FASCÉ

§ 1er. — FASCES

Fasces d'Or

André, accompagnée.
Aubin, accompagnée.

Balathier, pleine.
Bareau. écart. au 4 accompagnée,
  à l'écu d'or chargé brochant.
Beauoorps, 2 fasces.
Bernard, 3 ondées.
Besnard, 2 ondées.
Bézit, contrevairée d'or et d'azur,
  accompagnée.
Blano, accsmpagnée.
Bonamy, accompagnée.
Bonin, accompagnée
Bonnemetz, 3 ondées.
Borgne, accompagnée.
Boulanger. accompagnée.
Bouquais, accompagnée.
Burdelot, accompagnée.

Carron, crénelée.
Chambre, frettée de gueules,
  aliàs accompagnée.
Chapelain, accompagnée.
Chertemps, accompagnée.
Chrétien, accompagnée.
Coohart, 3 fasces.
Cohier, haussée, chargé et ac-
  compagnée.
Cohon, accompagnée.
Collardin, accompagnée, *aliàs*
  chargée et accompagnée.

Collet, chargée et accompagnée.
Cossé, 3 denchées par le bas.
Courooué, brochant sur un écar-
  telé, accompagnée.
Court, chargeant ou brochant.
Courte, accompagnée.
Créux, 3 chargées.

Dodun, chargé et accompagnée.
Durand, accompagnée.

Esdrieux, accompagnée
Évesque, accompagnée.

Ferrand, chargeant ou brochant.
Fontaine, nouée et accompa-
gnée.
Foucault, accompagnée.
Franquetot, chargée et accom-
  pagnée.
Fumée, 2 accompagnées.

Gall, 2 brochant ou chargeant.
Gallioher, accompagnée.
Gallichon, accompagnée.
Giraud, accompagnée.
Giroust, pleine, *aliàs* 3 fasces.
Goësbriand, pleine, *aliàs* ac-
  compagnée.
Goubin, haussée, chargée et
  accompagnant.

Goueznou, accompagnée.
Gouret, pleine.
Grobon, écartelé au 1, 3 fasces.
Guette, accompagnée.
Guirieuo, accompagnée.

Harcourt, 2 fasces.
Helléau, ondée et accompagnée.
Henry, brochant.
Hingant, accompagnée.

Jagu, 3 fasces.
Joly, accompagnée.
Juchault, accompagnée.

Kergoual, surmontée.
Kerguiffinan, 2 fasces.
Kerizit, surmontée.
Kermarquer, chargée.
Kermasson, accompagnée.

Laënnec, coupé au 2, 3 fasces.
Landais, écart. aux 1 et 4, échancrée et accompagnée.
Langle, accompagnée.
Lardic, 2 accompagnées.
Lescaroux, 3 chargées.
Limon, chargée et accompagnée.
Loynes, coupé au 1 : gironnée d'or et d'azur, accompagnée.

Maignan, accompagnée.
Malbec, chargée.
Mallard, chargé et accompagnée.
Marbodin, échiquetée d'or et d'azur, accompagnée.
Marquer, accompagnée, aliàs écartelé aux 1 et 4 : accompagnée.
Marzelle, chargée et accompagnée.
Mes, accompagnée.
Meudec, 2 ondées et accompagnées

Miohel, chargée et accompagnée.
Miron, accompagnée.
Moine, 4 fasces.
Moine, parti au 1 : accompagnée.
Motte-Fouqué, pleine.

Ogeron, chargée et brochant.

Pallier, chargée et accompagnée.
Pas, chargée et accompagnée.
Pastol coupé au 2 : ondée et accompagnée.
Pauvre, 3 accompagnées.
Péan, 2 accompagnées.
Pen, chargée.
Perennez, accompagnée.
Périou, surmontée.
Pichard, 2 ondées et chargées.
Piron, accompagnée.
Poisson, accompagnée.
Poly, chargée.
Pontplancoët, 3 ondées.
Portais, vivrée, brochant.
Portzmoguer, chargée et accompagnée.
Poulhazre, accompagnée.
Prigent, accompagnée.
Puy, écart. aux 2 et 3, chargée et accompagnée.

Quisidic, 1 alias, 2 surmontées.

Ramereu, accompagnée.
Réau, coupé au 2 : pleine.
Rivière, accompagnée.
Robiou, accompagnée.
Rodalvez, chargée.
Roi, surmontée.
Rollon, 3 chargées.
Rostaing, 1 en divise, accompt.
Rouoheran, accompagnée.

Rousseau, accompagnée.

S. Goueznou, accompagnée.
Salic, accompagnée.
Sauldraye, 3 chargées.

Téven, accompagnée.
Tirefort, 2 ondées.
Touzé, accompagnée.
Trébéheuo, engreslée.
Trébuohet, chargée et accompagnée.
Trimollerie, chargée.

Vasseur, 2 chargées.
Vavasseur, accompagnée.
Vieuxohatel, abaissée et surmontée.
Villeneuve, accompagnée.
Vivien, 2 accompagnées.

Wolbook, pleine.

Yver, accompagnée.

Fasces d'Argent

Aubert, chargée.

Ballan, chargée.
Barre, 3 fasces.
Basset, 3 vivrées et chargées.
Baud, 3 fasces.
Beaumont, chargée.
Bécheu, accompagnée.
Béjarry, 3 fasces.
Bernard, 2 ondées et accompagnées.
Billette, 3 fasces.
Blanchard, accompagnée.
Blonsart, échiquetée d'argent et de sable chargée.
Blouet chargée et accompagnée.
Borgne, accompagnée.
Bouays, bordée de gueules.
Bouëtiez, 2 accompagnées.
Bragelongne, chargée et accompagnée.
Breton, 3 ondées et accompagnées
Brieux, 3 ondées et chargées.

Bullion, écart. aux 1 et 4 ondées et surmontées.

Caoé, accompagnée.
Cadier, nouée et chargée, *alias* chargée et soutenue.
Caillard, échiquetée d'argent et d'azur.
Cailleau, chargée et accompagnée.
Cailleteau, chargée et accompagnée.
Cambout, 3 échiquetées d'argent et d'azur.
Carpeau, 2 ondées et accompagnées.
Cassé, 3 accompagnées.
Champs, accompagnée.
Charuel, pleine.
Chastellier, accompagnée.
Clairefontaine, chargée et accompagnée.

Coatarel, 3 fasces.
Cochart, 3 fasces.
Coëtengarz, vivrée et accompagnée.
Coëtrédrez, écart. aux 2 et 3, 1 fasce pleine.
Conooret, pleine.
Corperet, ondée et accompagnée.
Coste, chargée et accompagnée.
Couëdor, chargée et accompagnée.
Coullon, ondée, surmontée et accompagnée,
Couperie, chargée et accompagnée.
Cour, chargée et accompagnée.
Coutances, 2 accompagnées.

Devin, accompagnée.
Digaultray, arquée et accompagnée.
Du, accompagnée.
Durand, chargée et accompagnée.

Eder, accompagnée.
Elvart, chargée.
Espine écart. aux 2 et 3, chargée.

Fau, 3 fasces.
Fauoheux, chargé et accompagnée.
Forge, coupé au 2, 3 fasces accompagnées.
Frogeray, chargé et accompagnée.

Gailleule, accompagnée.
Gaulay, chargée.
Gayon, accompagnée.
Gellée, chargée et accompagnée.

Goislard, chargée et accompagnée.
Grenguen, fuselée.
Gruyer, 2 chargées.
Guillard, 3 fasces.
Guyet, chargée et accompagnée.

Hayes. 3 treillisées de sinople et accompagnées.
Henry, accompagnée.
Hiaulu, surmontée.

Jahou. accompagnée.
Jolivet, bretessée. chargeant un chef.
Jubin, accompagnée.

Kerautem, 3 fasces, alias surmontées.
Kergravan. accompagnée.
Kerguiffinan, 2 fasces.
Kermareo, pleine.
Kermel, accompagnée.
Kermoysan, 2 accompagnées.
Kerourfil, accompagnée.
Kerpérénez, vivrée et accompagnée

Lande, contrebretessée.
Lesooët, chargée.
Lesversault, fuselée et accompagnée.
Levroux, chargée et accompagnée.
Liveo, chargée et accompagnée.
Livinot. accompagnée.
Lohan, 3 chargées.
Loriot, chargée et accompagnée.
Lou, 2 chargées.
Lou, chargée.
Louënan, accompagnée,
Lys, chargée et surmontée.

Marok, échiquetée d'argent et de gueules, accompagnée.
Marias, accompagnée.
Marquerais, accompagnée.
Mellier, accompagnée.
Mélorel, écart. aux 1 et 4, chargée.
Méné, surmontée.
Meschinot, 2 accompagnées.
Monceaux, accompagnée.
Montluc, parti au 2 ondée.
Morinière, bretessée, chargeant un franc canton.
Motte, chargée et brochant.

Nicolas, chargée et accompagnée

Palasne, chargée et accompagné.
Pas, accompagnée.
Patenostre, accompagnée.
Perrault chargée et accompagnée
Petit, chargée et accompagnée.
Philippes, accompagnée.
Poillevé, accompagnée; *aliàs* écart. aux 1 et 4 accompagnée.
Poncelin, 3 fasces.
Porée, 2 ondées.
Portes, accompagnée.
Portzamparc, accompagnée.
Potier, accompagnée, *aliàs* chargée et accompagnée.
Poulard, accompagnée.

Poussepin, accompagnée.
Priour, accompagnée.

Quilidien, accompagnée.

Ranconnet, surmontée.
Ravenel, chargée et accompagnée
Regnault, accompagnée.
Robillart, 2 échiquetées d'argent et de sable brochantes.
Roche, accompagnée.
Rochéon, accompagnée.
Ruellan, accompagnée.

Sonis, haussée, surmontée et accompagnant.

Terrien, chargée et accompagnée.
Tillou, accompagnée.
Tixier, ondée.
Tollenare, chargée.
Traondoun, accompagnée.
Troërin, ondée (*aliàs* vivrée) et accompagnée.

Vacher, 4 fasces.
Vayer, chargée.
Villeblanche, accompagnée.

Fasces de Gueules

Achard, 2 fasces.
Aoigné, alésée et chargée.
Auffroy, brochant sur un lozangé.
Aumosnes, 2 surmontées.
Aymer, componnée de 4 pièces de sable et de gueules.

Barberé chargée et accompagnée.
Bareau, écart. au 1 : 1 fasce pleine, à l'écu d'or chargé brochant.
Bascher, accompagnée.

Bastard, 3 fasces, la première surmontée.

Belloneau, pleine.

Bérard, accompagnée.

Bernier, accompagnée.

Bessart, 2 accompagnées.

Béthune, pleine.

Bigot, 2 accompagnées.

Bintinaye, brochant.

Birague, 3 bretessées et contre-bretessées de 4 pièces chargées.

Blais, accompagnée.

Blois, 2 chargées.

Blossac, pleine.

Booénio, 2 fasces.

Boissais, 2 chargeant un écu en abyme.

Bolande, ondée et accompagnée.

Bonardière, accompagnée.

Bonsens, chargée et accompagnée

Bot, pleine, aliàs 2 fasces.

Bouché, 3 fasces chargées.

Bouëxière, accompagnée.

Bouëxière, 2 nouées, aliàs sur_montées.

Boulonnais, accompagnée.

Bourseul, accompagnée.

Brégel, chargée et accompagnée.

Brénéan, 3 fasces.

Brénezay, accompagnée.

Briffe, écart. au 3, chargée et accompagnée.

Brochereul, accompagnée.

Buisson, chargée, aliàs accompagnée.

Busquet, accompagnée.

Bussy, chargée.

Butault, accompagnée.

Cado, chargée et accompagnée.

Cadoret, accompagnée.

Callao, 2 fasces.

Caradeuc, chargée et accompagnée.

Carné, 2 fasces.

Champalaune, 3 chargées.

Champlais, 3 surmontées.

Chaourcin, fleurdelysée et contrefleurdelysée.

Chapel, crénelée.

Chauvigné, 2 surmontées.

Cheville, accompagnée.

Clérigo, écart. aux 2 et 3 : accompagnée.

Coëtgourhant, en divise, brochant.

Coëtnempren, en divise, chargée et brochant sur un lozangé.

Coëtrieux, écart. aux 1 et 4 : 3 fasces.

Coëtudavel, surmontée.

Coignard, accompagnée.

Collin, 3 chargées sur le tout.

Cordon, 2 fasces.

Couësby, 2 accompagnées.

Crocq, pleine.

Cyre, accompagnée.

Dall, chargée et accompagnée.

Dérian ou Derrien, accompagnée.

Derval, écart. aux 2 et 3 : 2 fasces.

Dissez, chargée et brochant.

Douart, accompagnée.

Drémiet, 3 fasces, aliàs surmontées.

Ernault, chargée, aliàs surmontée et accompagnée.

Esparbez, accompagnée.

Estienne, 3 accompagnées.

Fauchet, accompagnée.

Faye, chargée et accompagnée.
Fily, accompagnée.
Forges, 2 fasces.
Fouays, 2 fasces.
Foucault, chargée et accompagnée.
Foullé, chargée et accompagnée.
Freslon, accompagnée.
Fromentières, 2 fasces.

Galbois, 1 crénelée brochant sur un coupé et accompt.
Galloppe, chargée et accompagnée.
Gamepin, 2 nouées et accompagnées.
Ganay, chargée et accompagnée.
Garangier, 2 accompagnées.
Gardin, parti au 1 : 1 fasce pleine.
Garic, accompagnée.
Gaultier, chargée et accompagnée.
Gauvin, chargée.
Gentien, 3 vivrées et accompagnées.
Gentil, accompagnée.
Gioquel, accompagnée.
Girard, écart. aux 1 et 4 : chargée et accompagnée à l'écu losangé d'argent et de gueules, brochant.
Giraud, accompagnée.
Gleinouff, chargée et chargeant un losangé.
Glénay, 3 chargées sur le tout.
Glet, accompagnée.
Goddes, accompagnée.
Gouyon ou **Gouëon**, 2 nouées et accompagnées.
Gris, pleine.
Grisonis, pleine.
Guernisao, chargée.

Guézenneo, 3 fasces, *aliàs* accompagnée.
Guillemin, accompagnée.

Hamonou, 3 accompagnées.
Haye, accompagnée, *aliàs* chargée e' accompagnée.
Hubert, chargée et brochant.
Hulot, crénelée et accompagnée.
Huon, en divise, chargeant.

Irland, 2 accompagnées.

Joubin, écart. aux 2 et 3 : 2 fasces.
Jourdan, accompagnée.
Julienne, chargée et accompagnée.

Kerangréon, 2 nouées et accompagnées.
Kerazgan, chargée.
Kerdreffeo, 3 fasces.
Kerdreis, 2 fasces.
Kerfaven, pleine.
Kergadiou, 2 fasces.
Kergoff, accompagnée.
Kerguélen, 3 accompagnées.
Kerguézangor, 2 fasces.
Kerguézay, chargée.
Kerinouff, 2 surmontées.
Kerjurelay, surmontée.
Kermartin, 2 brochant.
Kermelleo, accompagnée.
Kermenguy, accompagnée, *aliàs* chargée et brochant sur un losangé.
Kernazret, 3 chargées, *aliàs* accompagnées.
Kerneguez, 2 accompagnées.
Keronvel, écart. aux 2 et 3 : 3 fasces.
Knolles, chargée.

Labbé, accompagnée.

Lallouette, chargée et accompagnée.

Lanmeur, accompagnée.

Lannuzel, accompagnée.

Lanvaux, 3 fasces.

Larohiver, coupé au 2 : 2 fasces.

Largouët, 2 fasces.

Larmor, accompagnée.

Launay, écart. aux 2 et 3, chargée et accompagnée.

Léao, 3 ondées et accompagnées.

Leissègues, 3 ondées, *aliàs* chargées.

Léon, vivrée.

Lidio, chargée et accompagnée.

Lingier, fuselée et accompagnée.

Liniers, accompagnée.

Lou, 2 chargées.

Luzoum, chargée.

Maillé, 3 nébulées.

Maingard, chargée.

Maistre, 2 accompagnées.

Mallet, 3 fasces.

Mans, chargée accompagnée.

Marchaix, pleine.

Marok, échiquetée d'argent et de gueules, accompagnée.

Matignon, 2 nouées et accompanées.

Mauvoisin, 2 fasces, *aliàs* accompagnées.

Mazarin, chargée et brochant.

Mello, 2 accompagnées.

Meneust, chargée et accompagnée.

Merdrignao, 2 nouées et accompagnées.

Meslou, 2 fasces, *aliàs* écart. aux 1 et 4 : 2 fasces.

Meur, accompagnée.

Minihy, 2 chargées.

Montdouloet, 3 accompagnées.

Morice, 3 chargées.

Morinière, chargée et accompagnée.

Mote ou **Motte**, fleurdelysée et contrefleurdelysée, chargeant un écu brochant.

Olimant, 2 accompagnées.

Ollivier, grillée d'or et accompagnée.

Paro, chargeant et accompagnée.

Penhoët, pleine.

Pezron, accompagnée.

Phélippes, crénelée et accompagnée.

Pierre, 2 fasces.

Pineau, 3 accompagnées.

Piron, 3 accompagnées.

Plessier, écart. aux 1 et 4, chargée.

Plessis, 3 accompagnées.

Plumard, 2 ondées chargeant et accompagnant.

Pont-Labbé, écart. aux 2 et 3 : 3 fasces.

Pontzal, chargée et accompagnée.

Poro, écart. au 2 : crénelée.

Portes, accompagnée.

Quédillao, 3 fasces.

Quéméneur, accompagnée.

Quétil, accompagnée.

Réchou, 3 accompagnées.

Refuge, 2 chargées.

Remungol, chargée.

Rigolet, accompagnée.

Riou, surmontée.

Rivière, écart. au 1 : 3 fasces.

Rochard, 2 chargées et accompagnées.

Roche, chargeant.

Rocher, accompagnée.

Roquette, écart. aux 2 et 3 : 2 fasces.

Rostrenen, 3 fasces.

Rougé, écart. aux 2 et 3 : 2 fasces.

Rousseau, 3 fasces.

Roux, chargée et brochant sur un lozangé.

Rouxel, parti au 2 : 3 fasces accompagnées.

Rusunan, en divise, chargée et brochant sur un losangé.

Saffray, 3 ondées.

S. Gondran, *à enquerre*, accompagnée.

Ségalo, chargée.

Sorin, accompagnée.

Suéur, 3 fasces.

Suyrot, 3 fasces, brochant sur un gironné.

Théronneau, accompagnée.

Traonfez, 2 fasces.

Tressay, nouée et chargée.

Trévégat, écart. aux 1 et 4 : ondée et accompagnée.

Trogoff, 3 fasces.

Uzille, chargée et accompagnée.

Vaillant, chargeant.

Vendomois, coupé au 1 : 3 fasces

Venier, accompagnée.

Vieuxchatel, écart. aux 2 et 3 : 2 fasces surmontées.

Voisin, accompagnée.

Yacenou, 2 nouées et accompagnées.

Ynisan, accompagnée.

Fasces d'Azur

Allixant, vivrée.

Ameline, chargée et brochant.

Audren, crénelée.

Bardoul, accompagnée.

Bascher, chargée.

Baudry, 3 fasces.

Baveux, crénelée et accompagnée

Beaudiez, 3 ondées et accompagnée.

Bezit, contrevairée d'or et d'azur, accompagnée.

Bois, 2 ondées et surmontées.

Bollan, 3 fasces.

Bot, écart. aux 2 et 3 : 3 ondées.

Breil, 3 ondées, la 1re surmontée.

Breuil, accompagnée.

Buinart, accompagnée.

Caillard, échiquetée d'argent et d'azur.

Callouët, surmontée.

Cambout, 3 échiquetées d'argent et d'azur.

Carpont, chargée.
Carré, chargée et accompagnée.
Cazalis, 3 fasces,
Cazin, pleine.
Chambellé, chargeant.
Coattarel, 3 fasces.
Cosnier, chargée et accompagnée.
Cosnoal, 2 fasces.
Cosquerguen, surmontée.
Coussy, chargée et accompagnée.
Couvran, accompagnée.

Denis, 3 ondées et chargées.
Divezat, 2 accompagnées.

Esouyer, chargée et accompagnée.

Faux, ondée et accompagnée.
Favigot, chargée et accompagnée.
Ferré, accompagnée.
Fontenay, accompagnée.
Fournas, 3 chargées.
Frusneau, 2 accompagnées.

Geffroy, accompagnée.
Gentil, accompagnée.
Gobien, coupé au 2 : 3 fasces ondées.
Gouzillon, accompagnée.
Gubaër, chargée et accompagnée.
Guillo, chargée.

Hamon, accompagnée.
Hullin, chargée et accompagnée.
Huon, brochant.
Huon, 2 fasces.

Jeandière, accompagnée.
Jéhan, accompagnée.
Jouhan, 3 ondées.
Judes, 4 dont 2 d'azur et 2 de contre-hermines entremélées.
Jumelières, écart. aux 1 et 4 : 3 chargées.

Keraminou, surmontée.
Keranfleo'h, 3 surmontées.
Keranglas, 3 fasces.
Kerbrieo, 3 fasces.
Kerdalaëz, 2 fasces.
Kergos, surmontée.
Kerhallio, surmontée.
Kermabon, écart. aux 1 et 4 : 3 fasces ; alias chargées.
Kermorvan, accompagnée, alias 3 chargées.
Kerros, accompagnée.
Kervéatoux, 2 ondées et surmontées.
Kervézélou, écart. aux 2 et 3 3 fasces ondées.

Lannosnou, chargée et brochant sur un échiquetée.
Lauvergnao, chargée et accompagnée.
Lay, accompagnée.
Lesmais, 3 accompagnées.
Lestel, accompagnée.
Lestrelin, nouée et accompagnée.
Levier, accompagnée.
Loynes, coupé au 1 : gironnée d'or et d'azur, accompagnée.

Mallier, accompagnée.
Marbodin, echiquetée d'azur et d'or, accompagnée.

Martin, 3 ondées.
May, 2 accompagnées.
Meur, surmontée.
Montenay, 2 accompagnées.
Montgermont, frettée d'argent, brochant sur un lozangé.
Montrelais, brochant sur un chevronné.
Mottay, 2 fasces.

Nehou, accompagnée.
Nicolas, accompagnée.
North, chargée et accompagnée.

Palud, 2 ondées et accompagnées.
Paynel, 2 accompagnées.
Penmaro'h, accompagnée.
Pennou, 2 accompagnées.
Pontbriand, crénelée.
Porzal, 3 ondées et accompagnées.

Quifistre, 3 fasces.
Quinicu, 3 ondées.

Rannou, vivrée.
Rieux, 3 ondées.
Rivault, surmontée.
Robiou, 3 fasces.
Roohe, pleine.

S. Jean, vivrée et accompagnée.
Suzlé, en divise, chargée et accompagnée.

Tays, 3 fasces.
Thirioux, chargée et accompagnée.
Tissart, écart. aux 2 et 3 : pleine.
Tizon, brochant.
Tourneuve, 2 accompagnées.
Tranchant, 3 brochant.
Trévien, chargée et accompagnée

Viel, surmontée.
Vieuville, pleine, *alias* 3 fasces.

Fasces de Sinople.

Andrieux, chargée et accompagnée.

Baron, accompagnée.
Binolais, ondée, chargée et accompagnée.
Bocou, parti au 2 : surmontée.
Bois, 4 ondées.

Courooué, accompagnée.
Fresne, accompagnée.

Haugoumar, 3 fasces.

Lande, coupé au 2 : 3 fasces chargées.
Luoinge, écart. aux 2 et 3 : 3 fasces.

Terrien, 3 fasces.
Trotereau, écotée et surmontée.

Fasces de Sable

Anteville, 3 chargées.
Aymer, componnée de 4 pièces de sable et de gueules.

Barao'h, 2 nouées, *aliàs* accompagnées.
Barbier, 2 fasces.
Barre, 3 *à enquerre* chargées.
Bavallan, 3 fasces.
Beauharnais, surmontée.
Bizeul, pleine.
Bizien, écart. aux 1 et 4, accompagnée.
Blonsart, échiqueté d'argent et de sable, chargée.
Boisbaudry, 2 chargées.
Boisriou, 3 accompagnées.
Bongars, chargée.
Bot, écart. aux 1 et 4, accompagnée.
Bouchet, écart. aux 1 et 4 : 2 fasces.
Brambert, 3 fasces.
Brie, 3 crénelées ; *aliàs* chargées

Callao, 2 nouées et accompagnées.
Campir, 3 chargées.
Caze, écart. aux 1 et 4, crénelée.
Cerizaie, 1 fasce.
Chappedelaine, chargée et accompagnée.
Coëtandoo'h, 3 chargées.
Coëttrez, 2 fasces.
Cohon, écart. aux 2 et 3 : 3 fasces crénelées.
Costard, vivrée.
Coué, accompagnée.
Crouézé chargée et accompagnée.

Droniou, accompagnée.

Estienne, 3 chargeant.

Garo, 2 fasces.
Garrouaye, accompagnée.
Gaudin, en divise, brochant.
Gérot, accompagnée.
Goarant, accompagnée
Golen, 2 accompagnées.
Goudelin, écart. aux 2 et 3 : 3 surmontées.
Groësquer, 3 fasces.
Gruel, 3 fasces.
Gueniveau, 3 chargées.
Guillemin, chargée.

Hélidic, pleine.
Heussaff, écart. aux 2 et 3 : pleine
Hirel, fuselée et accompagnée.

Janson, 2 accompagnées.
Jégo, écart. aux 2 et 3 : 2 fasces accompagnées.
Keraudy, 2 fasces.
Kerimel, 3 fasces, *aliàs* chargées
Kerméno, écart. aux 2 et 3 : 2 fasces.
Kerrivoal, 2 fasces.

Lantillac, frettée d'or et accompagnée.
Lauzières, écart. au 4 : 3 accompagnées.
Lée, accompagnée.
Lescorre, 2 frettées d'or.
Lizé, 3 ondées.

Maro'heo, chargée et brochant.
Mesanhay, accompagnée.
Mézeo, chargée et brochant.
Moine, 3 fasces.
Mustel, accompagnée.

Nicolas, 3 accompagnées.
Noblet, engreslée.
Nobletz, 2 accompagnées.
Noir, chargée.
Noyal, 3 fasces.

O'Murphy, chargée et brochant
sur un écartelé.

Paro, accompagnée.
Pensornou, surmontée.
Peroevas, pleine.
Pineau, chargée et accompagnée.
Pont, arquée, chargée et accompagnée.
Pontglo, 3 accompagnées

Ray, chargée et accompagnée.
Rest, 3 chargées et accompagnées
Rio, 3 chargées
Robillart, 2 échiquetées d'argent et de sable, brochant.
Roohe, 2 fasces ; *aliàs* : accompagnées.

Téxier, chargée et accompagnée.
Trébiquet, 2 fasces.
Trémouart, 2 accompagnées.
Tromelin, 2 fasces.

Val, 2 fasces accompagnées.
Vincent, 2 fasces.
Voyer, écart. aux 2 et 3 : pleine.

Yvignao, 2 fasces.

Fasces d'Hermines

Angoulvent, pleine, *aliàs* : accompagnée.
Audio, haussée de contre-hermines, accompagnée.
Avaleuo, pleine.

Bodin, 2 fasces.
Bois, accompagnée.
Brossaud, brochant.

Chapelle, pleine ; *aliàs* : écart. aux 1 et 4 : 1 surmontée.
Craffort, accompagnée.

Forges, accompagnée.

Grées, accompagnée.
Guesolin, 3 fuselées, brochant.

Hervé, accompagnée.

Judes, 4 dont 2 d'azur et 2 de contre-hermines entremêlées.

Kerliviry, écart. aux 2 et 3 : accompagnée.

Marzelière, écart. au 2 : accompagnée.
Mélorel, écart. aux 2 et 3 : accompagnée.

Poroher, 2 fasces.
Porcon, accompagnée.

Rosmadeo, écart. au 2 : 1 fasce. à l'écu d'azur chargé, brochant.
Rufflay, pleine.

Fasces de Vair

Cellier, accompagnée.
Coëtvoult, 3 fasces.

Launay, 1 fasce..

Lorraine-Mercœur, écart. aux
1 et 3 : 3 fasces de vair.
Motte, 2 fasces.

Royère, 3 fasces.

Sceaux

Barao'h, 2 accompagnées de 2
fleurs de lys.
Barre, chargée de 3 étoiles et
accompagnée de 3 croissants
Basset, 3 vivrées, chargées cha-
cune de 5 tourteaux.
Boulansac, 1 fasce.
Boulomer, 1 fasce chargée.
Bras, 1 fasce treillissée, accom-
pagnée de 3 quintefeuilles.

Chat, 2 accompagnées de 3 mer-
lettes.
Chateaufremont, pleine.
Clerbault, 2 accompagnées de
3 besants.
Coësmes, 3 chargées d'une co-
tice.
Coëthual, 3 fasces à la bordure
besantée.
Coq, 2 fasces.
Courbe, endentée et accompa-
gnée de 3 croissants renversés.
Croisille, surmontée de 3 co-
quilles.

David, accompagnée de 3 roses.
Derrien, 1 haussée, accompagnée d'une fleur de lys.

Faou, accompagnée de 3 macles.
Fontenay, 2 fasces, surmontée
d'un lambel.

Gao, chargée de 3 fers à cheval
et 1 cotice brochante.
Giffart, surmontée de 2 étoiles.
Gillerout, 3 chargées de macles
au franc-quartier chargé d'une
aigle.
Gombert, chargée d'un croissant, accompagnée de 3 merlettes et de 3 mouchetures.
Gontier, écart. aux 1 et 4 :
1 fasce.
Gournay. 1 fasce chargée de
3 étoiles, accompagnée de 3
annelets.

Hidoux, chargée de 3 coquilles.

Kerennou, vivrée, *aliàs* bretessée.
Kergoët, 2 nouées et accompagnées.
Kerroseo, chargée de 3 quintefeuilles.

Léon, accompagnée de 6 billettes.

Loquet, chargée de 3 merlettes et accompagnée de 3 croisettes.

Melburne, chargée de 3 molettes ou étoiles.

Montfermel, chargeant 1 chevron surmonté d'un lambel.

Motte, accompagnée de 6 billettes ; *alias* de 3 coquilles.

Pérenno, ondée.

Pulunian, accompagnée de 3 étoiles.

Québriao, 2 surmontées d'un chef bastillé et chargées d'une bande.

Raoappé, accompagnée de 3 hermines.

Rochefort, 3 bretessées par le bas.

S. Potan, accompagnée de 3 fleurs de lys.

Veau, accompagnée de 3 têtes de veau.

Vieuxchatel, 3 accompagnées de 10 he·· ·nes.

§ 2. — FASCÉ

Auffray, d'argent et de sable chargé.

Bodoyer, d'argent et de gueules.

Bohio, ondé d'or et d'azur.

Brosse, écart. aux 2 et 3 : d'argent et de sinople.

Brousse, d'argent et de sable chargé.

Chastel, d'or et de gueules.

Chaumont, d'argent et de gueules

Coëtnéloury, d'argent fretté de gueules et de sable plein.

Coëtivy, d'or et de sable ; *alias* écart. aux 1 et 4.

Coëtléguer, ondé d'or et d'azur, chargeant un écartelé.

Coëtméneo'h, de vair et de gueules.

Coussy, de vair et de gueules.

Cresolles, denché d'or et de gueules.

Dréneo, d'argent et d'azur accompagné.

Drillet, d'argent et de sable, chargé.

Espine, parti au 2 : coupé au 2 : fascé d'argent et d'azur.

Gall, ondé d'azur et d'argent.

Garsenlan, de gueules et d'argent de 8 pièces, accompagné.

Ghaisne, écart. aux 2 et 3 : de vair et de gueules.

Gouyon, de 8 pièces, surmontées d'un lambel (*sceau*).

Gouz, d'or et de sable, chargé.

Grou, d'argent et d'azur, chargé.

Guermeur, d'or et de gueules, chargé.

Guingamp, d'argent et d'azur de 4 pièces.

Kerambart, de 6 pièces, *(sceau)*.

Keramoroc'h, d'or et de gueules, chargé.

Kergadiou, ondé d'argent et d'azur, chargé.

Kergouniou, d'or et de sable, chargé.

Kergroadez, d'argent et de sable

Kerlavan, d'or et de gueules, chargé.

Kerléan, ondé d'or et d'azur.

Kerlec'h, d'or et de gueules, chargé

Kermeidic, d'argent et d'azur, chargé.

Kermenguy, d'hermines et de gueules, chargé.

Kerménou, ondé d'or et d'azur.

Kernezne, écart. au 2 : d'or et de gueules.

Keroneuf, d'argent et de gueules, chargé.

Keroullas, d'argent et d'azur.

Kersaliou, d'argent et de gueules, chargé.

Landivy, d'or et de gueules de 8 pièces.

Laënnec, d'or et de sable, chargé.

Languéouez, ondé d'or et d'azur, accompagné.

Lanvaon, d'argent et d'azur.

Lars, coupé au 2 : ondé d'azur et d'argent.

Lescarval, d'or et de gueules, chargé.

Lesguern, de vair et de gueules.

Lezardrieux, chargé en chef de 3 molettes *(sceau)*.

Liniao, d'argent et de gueules de 6 pièces.

Loorenan, d'argent et d'azur.

Lohennec, d'or et de sable, chargé.

Louët, de vair et de gueules.

Mangin, d'argent et de gueules, chargé.

Ménager, fascé, contrefascé d'or et d'azur de 3 pièces, chargé.

Moine, d'or et de sable de 8 pièces.

Montbron, écart. aux 1 et 4 : d'argent et d'azur.

Morioquin, écart. aux 2 et 3 : d'argent et de gueules.

Normant, ondé d'azur et d'argent, accompagné.

Outremer, enté, ondé d'argent et d'azur.

Palatin, d'or et d'azur, chargé.

Panetier, d'argent et de sable, accompagné.

Penancoët, d'argent et d'azur; *aliàs* chargé.

Pinart, ondé d'or et d'azur, accompagné.

Polignac, d'argent et de gueules.

Prud'homme, d'azur et d'argent de 8 pièces, chargé.

Rebours, écart. aux 2 et 3 : d'argent et de gueules.

Rochechouart, nébulé d'argent et de gueules.

Roc'huel, d'argent et de gueules.

Rosmareo, ondé d'argent et de gueules.
Roulx, d'argent et de sinople.
Rousseau, d'or et de sinople, chargé.

S. Eve, d'argent et de gueules.
Soueff, d'azur et d'or, chargé.

Talec, ondé d'or et d'azur.
Traonrivilly, d'argent et d'azur, chargé.

Vieuville, écart. aux 1 et 4 : d'or et d'azur de 8 pièces chargé, à l'écu d'argent chargé, brochant.

EXPLICATION DES TERMES & DESSINS DES ÉCUS
RELATIFS AUX FASCES & AUX FASCÉS

La Fasce est une pièce honorable posée horizontalement et qui, lorsqu'elle est seule, doit avoir deux parties de hauteur sur les sept de la largeur de l'écu (fig. 1) *d'azur à la fasce d'or.*

En fasce se dit de pièces posées dans le sens d'une ou plusieurs fasces.

Une fasce *brochant* se dit de celle qui est placée sur une autre pièce.

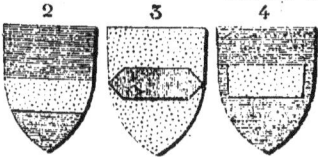

Une fasce *abaissée* (fig. 2) est celle qui est placée plus bas que le tiers du milieu de l'écu ; en général, toute pièce posée au-dessous de la place qui lui est propre dans l'écu.

Une fasce *aiguisée* a les bouts terminés en pointe (fig. 3) *d'or à la fasce aiguisée de gueules.*

Une fasce *alésée* (fig. 4) est celle qui est raccourcie de manière à ce qu'elle ne touche plus les bords de l'écu. Cette expression s'emploie pour toutes les pièces posées de cette manière.

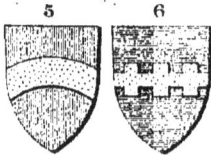

La fasce *arquée* (fig. 5) est celle qui affecte la forme d'un arc.

La fasce *bordée* est celle dont les bords sont d'un autre métal que le reste.

La fasce *bretessée* (fig. 6) est celle dont les bords sont crénelés ; si les créneaux sont opposés, on dit alors bretessé, contrebretessé (fig. 7).

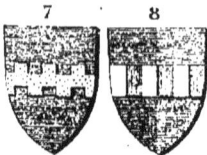

La fasce *crénelée* a les créneaux tournés vers le haut de l'écu, *bastillée*, vers le bas.

La fasce *componée* (fig. 8) est composée de pièces carrées ou compons d'émaux alternés comme une tire d'échiquier.

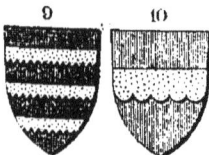

La fasce *denchée* est celle qui a un de ses bords en dents de scie (fig. 9) *de sable à 3 fasces denchées par le bas d'or.*

La fasce en *divise* n'a que la moitié de sa largeur, elle est posée en chef de l'écu (voir chef)

La fasce *échancrée* (fig. 10) est une fasce engrelée à dents qui vont en s'arrondissant, mais de plus grandes dimensions.

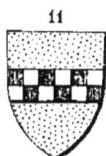

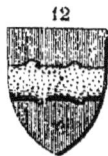

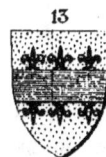

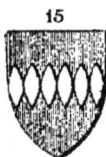

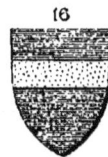

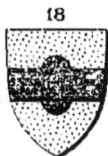

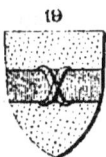

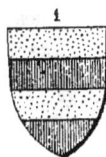

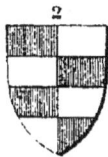

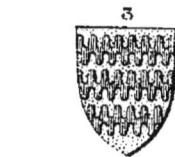

La fasce *échiquetée* (fig. 11) est celle qui est composée de pièces carrées alternées en échiquier.

La fasce *écotée* a l'apparence d'un tronc d'arbre dont les branches sont coupées (fig. 12).

La fasce *fleurdelysée* ou *contrefleurdelysée* est celle dont les deux bords sont supportés par des fleurs de lys (fig. 13).

La fasce est *frettée* lorsqu'elle est chargée de 6 cotices ou bandes minces entrelacées en diagonales trois en bandes et trois en barres. Lorsqu'il y a plus ou moins de six cotices, on l'indique ; quand il y en a dix, on dit alors fasce *treillisée* (fig. 14) *d'argent à une fasce de sable frettée d'or.*

La fasce *fuselée* (fig. 15) est celle qui est composée de fusées ou losanges allongés.

La fasce *haussée* est située plus haut que sa position ordinaire. (fig. 16).

La fasce *nébulée* est en forme de nuée (fig. 17).

La fasce *nouée* est celle qui s'élargit dans le milieu (fig. 18 et 19), soit par un nœud d'étoffe, soit par un nœud de bois.

La fasce *ondée* (fig. 20) est un peu tortillée à ondes.

La fasce *vivrée* (fig. 21) est formée de pièces ou lignes à angles rentrants et saillants.

Fascé se dit de l'écu couvert de fasces également de métal et de couleur, au nombre de 4, 6 ou 8 (fig. 1), *fascé d'or et de gueules de 4 pièces.*

Fascé contrefascé (fig. 2) est lorsque l'écu semble avoir été divisé par un parti où les émaux sont alternés, *fascé contrefascé de gueules et d'argent de 4 pièces.*

Le *fascé enté* est celui où les fasces entrent les unes dans les autres à ondes (fig. 3) *fascé enté, ondé d'or et de gueules* (Maillé-Brézé).

Pour les fascés denchés, nébulés, etc, voir ce qui est dit pour les fasces.

La fasce *surmontée* est une fasce qui a une pièce au-dessus d'elle et la fasce *soutenue* est celle qui en a une autre au-dessous.

Accompagnant se dit de toute pièce honorable qui en a d'autres près d'elle.

BURELLES, TRANGLES, BURELÉ

§ 1er. — BURELLES OU TRANGLES

La *Burèle* est une fasce diminuée de la moitié de son épaisseur. On pose les burèles en nombre pair, ordinairement six (fig. 1) *d'azur à six burèles d'or*. Lorsqu'ils sont nombre impair dans l'écu, elles prennent le nom de *trangles*.

Argy, 5 d'azur en barres.
Autret, 5 ondées d'azur.

Bardoul, 2 accompagnant (*sceau*)
Boutier, 4 de gueules.
Bureau, 3 d'argent.

Fèvre, 5 d'argent.

Héliguen, 4 de gueules, chargées
Huguet, 4 d'or, accompagnées.

Laigue, 3 ondées d'argent, accompagnées.
Landais, 5 d'argent.

Oury, 5 de gueules.

Pinel, 4 chargées d'une bande (*sceau*).
Planche, 5 ondées d'azur, *aliàs* ondées d'argent.

Rézé, 5 d'azur chargeant un lozangé.
Rimaison, 5 de gueules.
Rison, écart. aux 2 et 4 : 4 burelles de gueules.
Roche-Andry, 10 d'azur, chargeant un lozangé.

§ 2. — BURELÉ

Le *Burelé* est un fascé composé de 10 pièces au moins.

Brousse, d'argent et de sable chargé.

Chouroes, d'argent et de gueules, *aliàs* chargé.
Coëtmelleo, d'argent et de sable.
Crespy, d'or et d'azur.

Garnier, parti au 2 : burelé d'or et de gueules.
Gouray, d'or et de gueules.

Keraëret, d'argent et de gueules, chargé.

Parthenay, d'argent et d'azur, chargé.

Penfeunteniou, de gueules et d'argent.

Quélen, d'argent et de gueules.
Quelleo, d'argent et de gueules.

Rochefoucault, d'argent et d'azur chargé.

Rouge, écart. aux 2 et 3 : de gueules et d'argent.
Ruffelet, d'or et de gueules.

Saro, d'argent et de gueules de 12 pièces.

Vonier, d'argent et de gueules.
Volvire, d'or et de gueules, *aliàs* chargé.

Jumelles

La *Jumelle* est une fasce formée de deux burelles, qui occupe dans l'écu une espace égale à la fasce. Cette espace se divise en 3 parties égales horizontalement, le milieu est vide. Les jumelles se forment aussi en bandes, barres ou sautoir, dans ces cas on l'indique (fig. 1) *d'argent à 5 jumelles de gueules.*

Or

Boistréal, 3 jumelles.

Lespervez, 3 jumelles.

Argent

Browne, 2 en bande, accompagnant.

Garde, 2 chargées.

Houssaye, 3 jumelles.

Tuoé, 3 jumelles, *aliàs* écart. aux 1 et 4 : 3 jumelles.

Gueules

Antenaise, 8 en bandes.

Bérien, 3 chargées.
Blois, brochant en pal.
Boudoul, 2 accompagnées.

Coëtéven, 3 jumelles.

Fontenaille, 1 fleurdelysée et contrefleurdelysée de 6 pièces.
Fontenay, 3 en bandes.

Guibé, 3 accompagnées.

Hubert, 3 jumelles.

Keramanac'h, 3 accompagnées.
Kernus, 1 surmontant.
Kersal, 3 chargées.

Page, brochant.
Paro, 3 jumelles, *aliàs* accompagnées.

Roquel, 3 accompagnées.
Rosmadeo, 3 jumelles, *aliàs* chargées.

Virel, 8 jumelles.

Azur

Cajetan, 1 ondée en bande.
Champeaux, 1 en barre surmontée.

Kermeidic, 1 surmontant.
Montrelais, 3 en bandes.
Tinténiao, 2 chargées.

Sable

Abraham, 3 accompagnées.

Blanchet, 1 surmontant.

Courtois, 2 accompagnées.

Gouffler, 3 jumelles.

Jeune, 2 accompagnées.

Liorsou, 3 surmontées.

Nus, 3 accompagnées.

Sceaux

Sylvestre, 3 jumelles chargées d'une bande.

Champagne

La *champagne* est une pièce qui occupe au bas de l'écu deux parties de sa hauteur; tandis que la *plaine* n'en occupe qu'une. Ces deux pièces ont le bord supérieur uni et diffèrent en cela de la *terrasse* et de la *rivière* (fig. 1) *de gueules au lion naissant d'or mouvant d'une champagne de même.*

Breton, de sinople accompagnant, accompagnée.

Galbois, de gueules accompagnant.

Mérer, d'hermines accompt.

Plumard, d'argent chargé, accompagnant.

Raoul, d'argent.

PAL, PALÉ, VERGETÉ

§ 1er. — PALS

Aragon, 4 pals de gueules.

Barac'h, 2 pals dentelés, accompagnant et accompagnées, (*sceau*). .

Bascher, 3 pals alésés au pied fiché de sable, chargés.

Belloteau, 2 pals retraits d'or, accompagnés.

Beringhen, 3 de gueules, accompagnés.

Blond, 2 pals de sable.

Brancas, d'argent chargé et accompagné.

Brégel, 3 au pied fiché d'azur, chargés.

Buhigné, 3 de sable.

Cajetan, croisetté de gueules, accompagné.

Cartier, 5 d'or, accompagnés.

Chandos, de gueules.

Chapelier, 3 d'azur, chargeant un chef.

Charet, 3 de gueules.

Chatillon, 3 de vair, accompagnés

Clos, lozangé d'or et de sable brochant.

Croisic, fleurdelysé, accompagné de 2 croissants adossés (*sceau*).

Denée, 3 d'azur.
Dissez, 3 d'azur, accompagnés.
Douarain, d'argent chargé.
Dusson, écart. au 4 : 3 de gueules.

Estang, 2 de vair.

Foix, écart. aux 1 et 4 : 3 de gueules, à l'écu d'or chargé, brochant.
Foullé, 3 d'azur chargeant et accompagnés.

Girard, de gueules brochant.
Guillouet, 3 d'argent.
Harlay, 2 de sable.

Jando, d'or chargé.

Keratry, d'argent, surmontant
Kerénor, écart. aux 1 et 4 : 1 de sable.

Labbé, d'or chargé et accompagné
Landes, 3 d'azur.
Langeao, 3 de vair.
Lessart, 3 d'azur.
Loquet, 3 d'or, accompagnés.

Maroonnay, 3 de vair, chargés.

Mélient, de gueules, chargeant et surchargé.
Meusnier, d'argent chargé.
Montsorbier, 3 d'or.

Pageot, 2 de gueules.
Palierne, 3 d'azur.
Pas, 3 d'azur, accompagnés.
Porée, d'or, chargé.
Portais, 3 d'argent, chargés.

Ramaceul, 3 de gueules, accompagnés.
Roohédec, écart. aux 2 et 3 : 2 de gueules. *alias* chargés.
Roulleaux, 3 de gueules accompagnés.
Royer, d'or.

Solminihac, 4 d'azur, accompagnés.
S. Tureau, parti au 2 : 3 pals d'azur.

Trégaranteo, 3 d'argent.

Verge, 3 verges d'argent.
Vétus, 3 chargeant, accompagnant.
Vivet, écart. au 4 : 3 de gueules, à l'écu d'argent chargé, brochant.

§ 2. — PALE, VERGETÉ

Amboise, d'or et de gueules.
Aubert, d'argent et de gueules, chargé.

Boisyvon, d'argent et d'azur, *alias* chargé.

Cassia, tiercé en pal aux 1 et 2 : palé d'azur et d'argent de 4 pièces, chargé.
Chastellier, d'or et de sinople
Deralz, d'or et d'azur, chargé.

Dot, 2 vergettes vivrées de gueules, accompagnant.

Guéguen, d'azur et d'argent chargé.

Guesolin, palé de 6 pièces : les 1 et 6 chargés de 2 losanges et les autres de 3 losanges (*sceau*)

Henoouët, d'argent et de sable, chargé.

Heuse, d'or et d'azur, chargé.

Kerlozreo, d'or et d'azur.

Kersulguen, écart. aux 1 et 4 : d'or et d'azur.

Kersy, endenché d'argent et de sable.

Luoinge, écart. aux 2 et 3 d'or et de gueules.

Maigre, d'or et de gueules.

Marzelière, écart. au 3 : d'or et de gueules.

Moissan, d'or et d'azur chargé.

Orenges, d'argent et de gueules, chargé.

Péan, vergeté d'argent et de gueules.

Rennes, d'argent et de sable, chargé.

Rible, d'argent et d'azur, chargé.

Rosmadeo, d'argent et d'azur; *aliàs* : écart. au 1, *aliàs* : écart. aux 1 et 4 ; à l'écu d'azur chargé, brochant.

S. Brice, d'or et de gueules.

Pairles

Gonigan, écart. aux 1 et 4. 1 de sable.

Fouroade, d'argent.

Guern, 1 pairle (*sceau*).

Lesoorce, 1 pairle (*sceau*).

Thouvenin, d'argent chargé et accompagné.

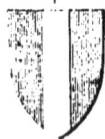

Le *pal* est une pièce honorable posée verticalement qui occupe 2 parties de la largeur de l'écu (fig. 1) *de gueules au pal d'argent*.

Il peut être *alésé, dentelé*, etc., voir ces mots à *fasce*, page 103.

Il est en *retrait* (fig. 2), comme la fasce, bande, etc., quand il ne touche l'écu que d'un côté.

Le pied est *fiché* (fig. 3) quand le pied est *aiguisé* ou terminé en pointe.

En pal se dit quand une pièce est verticale dans le sens du pal.

Palé se dit de l'écu chargé de pals en nombre pair, ordinairement 6 (fig. 4), *palé d'argent et d'azur*.

Dans le *contrepalé*, comme *contrefascé*, chaque pal ou chaque fasce est composé pour la moitié de métal et pour la moitié de couleur.

La *vergette* est le pal réduit à la moitié de son épaisseur, et *vergeté* est un champ couvert de 10 pals au moins.

Le *pairle* est une pièce honorable en forme d'Y composée d'un pal abaissé et d'un chevron renversé réunis au centre de l'écu (fig. 1) *de gueules au pairle d'argent.*

En pairle se dit des pièces rangées dans le sens du pairle.

BANDES, BANDÉ

§ 1er. — BANDES

Bandes d'Or

Allixant, accompagnée.
Arnault, chargée et accompagnée.

Bain, chargée et accompagnée.
Barao'h, 3 bandes.
Baudran, accompagnée.
Béritault, 3 bandes.
Bernard, chargée.
Blain, 3, celle du milieu chargée.
Blano, 3 bandes.
Bourdais, accompagnée.
Braillon, chargeant.
Briçonnet, componée d'or et de gueules, chargée.
Bris, accompagnée.

Cadélao, chargée.
Cavardin, accompagnée.
Chalons, 1 bande.
Chesnel, fuselée.
Cilleur, accompagnée.
Cousturier endenché.

Delpeuch, brochant sur un coupé.

Edy, 1 bande.
Escoubleau, brochant.
Esorots, chargée et accompagnée.

Fabri, chargée et accompagnée.
Fabrony, chargée et accompagnée.
Faucher, 3 accompagnées
Fayette, accompagnée.
Febvre, 3 bandes.
Ferré, accompagnée.
Fort, accompagnée.
Fournier, dentelée et accompagnée.

Gérard, 2, *alids* : 3, accompagnées

Huldrière, 3 bandes.

Jonchée, chargée et accompagnée

Kerlaouénan, fuselée.
Kervéguen, fuselée.
Kerviche, brochant.

Langourla, 3 bandes.
Léger engreslée et accompagnée.
Lombart, accompagnée.

Maguelais, 1 bande.
Menou, 1 bande.
Mesanrun, accompagnée.
Monniès, 3 accompagnées.

Monod, chargée.
Monti, accompagnée, *alias* chargée et accompagnée.

Néret, 3 bandes.
Novion, accompagnée.

Ozanne, parti au 2 : 3 bandes.

Pélissier, brochant.
Perrault, parti au 2 : 3 bandes.
Peschart, chargée et accompagnée.

Riquetti, accompagnée.
Rochon, chargée et accompagnée
Rouillon, accompagnée.

Salles, 3 chargeant.
Sauveur, brochant.
Sto Domingo, engoulée.
S. Marzault, écart, aux 1 et 4 : 1 bande.
Sourdre, brochant sur un parti.

Tard, chargée.
Thiroux, 3 chargeant et accompagnées.
Thomas, ondée et accompagnée.
Toustain, échiquetée d'or et d'azur.
Tremblay, accompagnée.

Vayer, accompagnée.
Vollaige, chargée, surchargeant et accompagnée.

Bandes d'Argent

Abelin, chargée et surmontée.
Advocat, dentelée et accompagnée
Allaneau, 2 bandes.
Angevin, chargée.
Aumer, 3, la première chargée.

Baillet, accompagnée.
Barral, 3 accompagnées.
Baudran, accompagnée.
Bobet, 3 bandes.
Booan, chargée et accompagnée.
Boishardy, brochant.
Bouilly, accompagnée
Breil chargée.
Breton, 3 chargées.
Brignon, chargée.
Burin, accompagnée.

Cadoret, chargée.
Chansay, chargée.
Chantemerle, chargee.
Chateauneuf, chargée.

Chauvy, chargée et accompagnée.
Chemin, chargée.
Chouart, chargée et accompagnée
Cibo, échiquetée d'argent et d'azur, accompagnée.
Couëssin, 2 bandes.

Daniel, chargée et accompagnée.
Dodieu, accompagnée.
Dorveaux ou Orveaux, accompagnée.

Edern, accompagnée.
Enfant, accompagnée.
Espitalié, chargée et accompagnée.
Evesque, écotée, chargée.

Ferron, chargée et brochant.
Fléger, chargée.
Fontenelles, chargée.

Forestier, fuselée, *aliàs* 3 fuselées.

Foucaud, accompagnée.

Graneo, engreslée.
Grenguen, fuselée.
Grivel, échiquetée d'argent et de sable.
Guillo, chargée et accompagnée.
Guitton, chargée.

Haye, 3 bandes.
Hindret, 3 chargées.
Hullin, 1 bande, *aliàs* : 2, accompagnées.

Jourdren, ondée, accompagnée.

Kermoysan, brochant.
Keroulaouen, chargée et brochant sur un lozangé.

Langalla, chargée et brochant sur un lozangé.

Maignan, chargée.
Martinière, chargée.
Mésange, accompagnée.
Motte, 3 engreslées.

Penampont, chargée.
Petit, chargée.
Poix, écart. aux 2 et 3 : 1 bande accompagnée.

Ponceau, dentelée et accompagnée.
Porée, chargée.

Quatrebarbes, accompagnée.
Quédillao, 3 bandes.

Rémond, chargée et accompagnée.
Ribé, 2 accompagnant, accompagnées.
Rivière, accompagnée.
Rocher, accompagnée.
Rohan, brochant.
Rosmareo, componée d'argent et d'azur, brochant.
Roye, 1 bande

S. Aignan, accompagnée.
S. Aubin, 1 bande.
S. Jean, 3 bandes.
Salarin, chargée.
Sanguin, accompagnée.

Touche, dentelée et accompagnée.
Touche, accompagnée.
Toullier, chargée.
Tréménec, 3 chargeant un franc canton.

Verdier, écart. aux 1 et 4 3 chargées, à l'écu d'or chargé brochant sur le tout.
Vossey, chargée.

Bandes de Gueules

Argentaye, vivrée et accompagnée.

Bellay, fuselée et accompagnée.
Bintinaye, 3 chargées.

Bois-Béranger, 1 bande
Boisyvon, brochant (sceau)
Botilli, 3 bandes
Bouëxière, 3 bandes, *aliàs* : 1 bande chargée.

Briçonnet, componée d'or et de gueules, chargée.
Bullion, écart. aux 2 et 3 : accompagnée.
Bussy, chargée.

Calvez, chargée.
Cantisac, chargée.
Caris, chargée et accompagnée.
Champion, 9 brochant sur 3 écus, 3 sur chaque écu.
Chapelain, 3 accompagnées.
Chastelet, 3 accompagnées.
Châteaugiron, 1 bande, *alias* chargée.
Chaumart, accompagnée, *alias* chargée et accompagnée.
Clément, 3 bandes.
Clerc, chargée.
Coëtilez, 3 bandes.
Coudray, chargée et accompagnée.
Couëdro, chargée.
Crocelay, accompagnée.

Delbiest, chargée.
Doudart, chargée.

Filhol, chargée et accompagnée.

Garnier, 2 accompagnées.
Gaudemont, coupée au 1 : 1 bande.
Gauzerand, 3 bandes.
Gioqueau, chargée et accompagnée.
Guimarho, surmontée.

Harouis, 3 chargées.
Hellandière, chargée.
Heureau, accompagnée.
Hôpital, chargée.
Hoquerel, accompagnée.
Hus, vivrée et accompagnée.

Jaille, fuselée.
Jourdain, chargée.

Kerannou, chargée et brochant sur un lozangé.

Laistre, parti au 2, endenchée.
Law, accompagnée.
Lemot, parti au 2 : 3 bandes,
Lessart, accompagnée.
Lorraine-Mercœur, écart. aux 1 et 4 : 1 bande chargée.

Maillechat, chargée.
Malestroit, écart. aux 1 et 4 : 1 bande.
Marcille, chargée.
Maréchal, accompagnée.
Monneraye, chargée et accompagnée.
Montfourcher, 1 bande.
Morel, chargée.
Morice, 3 chargées.

Parthenay, brochant sur un burelé.
Pellem, chargée.
Plessis, chargée et surmontée.
Poix, 3 chargeant et accompagnées.
Prévost, 3 fuselées.
Pringuel, chargée.

S. Aubin, fuselée et accompagnée.
Salomon, chargée et surmontée.
Salviati, 3 bretessées.
Serpaudaye, chargée.
Sévedavy, chargée et accompagnée.
Thieuville, 2 accompagnées.
Thomas, chargée.

Trévégat, chargée.

Valleaux, 3 bandes.
Verger, 1 bande.
Ville, 1 bande.

Villeguérin, vivrée, accompagnée.
Viste, chargée.

Yrodouer, chargée.

Bandes d'Azur

Bernard, chargée.
Bertrand, écart. au 1 : chargée.
Borel, chargée de 4 pièces de vair renversées et accompagnée
Bourgon, 3 chargeant 3 écussons, 1 par écusson.

Caoault, coupée au 1 : chargée.
Carion, 3 accompagnées.
Cassia, tiercé en pal, au 3 : 1 bande accompagnée.
Chainillac, écart. aux 2 et 3 : accompagnée.
Champalaune, brochant.
Cibo, échiquetée d'argent et d'azur, accompagnée.
Clarke, denchée et chargée.
Cléauroux, engreslée et accompagnée.
Coëtgourgault, chargée et brochant.
Coëtrouzault, 3 bandes.
Coëtsal, brochant.
Collin, brochant.

Durfort, écart. aux 1 et 4 1 bande.

Espinay, chargée et brochant.

Folnays, 3 bandes.
Forest, chargée.
Fournel, 3 accompagnées.

Garde, écart. aux 2 et 3 : 1 bande.
Gentien, chargée et accompagnant.
Glénay, brochant et chargée.
Gonideo, 3 bandes.
Goublaye, brochant ; *aliàs* : brochant et accompagnée.
Gouëon, brochant.
Guignart, parti au 1 : chargée.

Haioault, 1 bande.
Haye, 3 chargées.
Hervo, 1 bande.
Huon, 3 ondées.

Keravis, chargée.
Kerbihan, 3 chargées.

Lasoaze, accompagnée.
Limonier, chargée et brochant.
Linnes, chargée et brochant.
Louis, 1 bande.

Marcel, coupé au 1 : chargée.
Meilleur, chargée et accompagnée.

Pauvre, chargée et brochant.
Pépin, brochant.
Plumaugat, 3 bandes.

Ragaud, chargée et accompagnée
Roger, accompagnée.
Romelin, chargée.
Rosmareo, componée d'argent et d'azur, brochant.

S. Père, accompagnée.
Sansay, 3 accompagnées.
Soeaux, 3 chargées.

Thomas, engreslée; *aliàs* engreslée de sable.
Toustain, échiquetée d'asur et d'or.

Uzel, chargée.

Viette, accompagnée.

Bandes de Sinople

Blouet, 3 chargeant et accompagnées.
Fauvel, accompagnée.

Lucas, 1 bande.
Robert, endentée.

Bandes de Sable

Bertaud, chargée et accompagnée.
Bidégan, 3 bandes.
Blanchard, 2 chargées.
Bot, chargée.
Bouteiller, fuselée; *aliàs* écart. aux 2 et 3, fuselée.
Boutin, accompagnée.
Brenugat, accompagnée.

Cadio, fuselée et chargée.
Chaussière, engreslée.
Coëtléan, fuselée.
Collobel, chargée.
Constantin, chargée.
Coudé, 2 accompagnées.

Ferrière, accompagnée.

Giffart, chargée.
Grivel, échiquetée d'argent et de sable.

Han, fuselée et soutenant.
Hector, écart. aux 2 et 3 : chargée.

Jean, chargée et accompagnée.

Lorveloux, chargée

Mathézou, chargée.
Mélesse, fuselée.
Monestay, chargée.
Montagu, 2 chargeant.

Pays, fuselée.
Poëze, 1, *aliàs* 3 bandes.
Prévost, 2 bandes.
Provosté, 3 bandes.

Rouge, 3 chargées.

Saget, 3 chargeant.
S. Germain, ondée.
Sénéohal, 3 bandes.

Tizé, chargée.
Tuffin, chargée.

Vivien, chargée et brochant.

Bandes d'Hermines

Bois-Adam, accompagnée.

Chalonges, 1 bande.
Cioé, 1 bande.

Creux, 1 brochant.

Janzé, coupé au 2 : 3 bandes.

Lorgeril, accompagnée.

Bandes de Vair

Casso, 1 bande.
Nouail, brochant.

Vergier, 2 bandes.

Sceaux

Allès, chargée et accompagnée.
Angoulvent, 3 chargeant un franc quartier et accompt.
Anseau, chargeant.
Ardaîne, chargée de feuilles, brochant.

Bouexière, chargée de 3 besants et accompagnée.
Bréhégay, accompagnée de 6 coquilles.
Chauvet, échiquetée, *aliàs* frettée, accompagnée.
Chefdubois, chargée de 3 quintefeuilles, brochant.

Doguet, chargée et accompagnée.

Gesril, brochant sur une croix.

Haye, cotoyé de 6 mouchetures d'hermines.
Hidoux, chargée de 3 coquilles.
Hillion, chargée de 3 mâcles et cotoyée de 6 coquilles.
Huet, 2 chargées de coquilles, *aliàs* de molettes.

Kergonnan, chargeant un lion.

Mauvinet, chargeant un vairé.

Mesnoalet, chargeant un tiercé en face.
Moine, 3 chargeant un franc quartier et accompagnant.
Muston, accompagnée de 5 merlettes.

Nepveu, ondée, accompagnée de 2 étoiles.
Neuville, écart. aux 2 et 3 : 3 bandes.
Nicolas, chargée de 3 doloires.

Perceval, chargée d'un lambel.
Pinel, chargeant 4 burèles.
Ploëlan, accompagnée de 3 trèfles.

Québriac, brochant sur 2 fasces et un chef bastillé.

Rimou, accostée de 2 merlettes surmontées et soutenues d'une étoile.
Roche, brochant sur 2 léopards.

Sylvestre, brochant sur 3 jumelles.

Tanouët, 3 bandes.
Trébeu, chargée de 3 merlettes.

§ 2. — BANDÉ

Ameline, d'argent et de gueules de 8 pièces, chargée.

Antenaise, d'argent et de gueules.

Auffray, d'argent et de sable, chargé.

Bellin, d'argent et de gueules.
Blason, de six pièces (*sceau*).

Caroouët, d'or et de gueules.
Champeaux, d'or et d'azur.
Coëtquen, d'argent et de gueules.
Cuoé, d'argent et de gueules. chargé.

Fortéou, d'argent et d'azur.

Giry, d'or et de gueules, chargé.

Haye, d'or et d'azur, chargé.
Hindret, d'or et de gueules, chargé.

Isle, d'or et d'azur, chargé.

Juvénal, d'argent et de gueules, accompagné.

Lerne, d'argent et d'azur.
Lezormel, d'argent et d'azur.
Longueval, de vair et de gueules.
Lucinge, écart. aux 1 et 4 : d'argent et de gueules.

Marc'heo, d'or et de sable.
Moisan, ondé d'hermines et de gueules.

Pasquault, d'argent et d'azur.

Trélever, d'hermines et de gueules.
Trémédern, d'or et de sable.
Vannerie, d'argent et d'azur chargé.

La *Bande* est une des neufs pièces honorables, elle occupe les deux septièmes de la largeur de l'écu, lorsqu'elle n'est pas accompagnée; elle est posée diagonalement de l'angle dextre du chef à l'angle senestre de la pointe (fig. 1) *d'argent à la bande d'azur.*

En bande se dit des pièces de l'écu placées dans le sens de la bande.

Tous les termes de la fasce sont applicables à la bande.

Engoulée se dit d'une pièce héraldique dont les extrémités se terminent dans les museaux de dragons ou lions.

Bandé se dit de l'écu couvert de bandes en nombre pairs (fig. 2), *bandé d'or et de gueules de 6 pièces.*

Barres

Barazer, d'hermines, accompagnée.

Bréquart, de gueules.

Bret, chargée et accompagnée (*sceau*).

Carantez, barré d'argent et de gueules.

Corret, de gueules chargeant un écartelé.

Fabrony, d'or chargée et accompagnée.

Frotet, de sable chargée et accompagnée.

Kergoët, engreslée, chargeant un franc canton. (*sceau*).

Levrault, d'argent chargée.

Lostanvern, de sable accompagnée.

Martin, écart. au 3 : 3 d'or.

Mesnard, gironnée d'or et de sable.

Monniès, 3 d'or accompagnées.

Palasne, d'or accompagnée.

Poullou, échiquetée d'argent et d'azur brochant.

Rosty, de sable, accompagnée.

Tucé, écart. aux 2 et 3 : un losangé chargé d'une barre (*sceau*).

Urvoy, chargeant un chevron (*sceau*).

La *barre* est une des neufs pièces honorables qui a les mêmes proportions que la bande, elle n'en diffère que parce qu'elle est posée de l'angle senestre supérieur de l'écu à l'angle dextre inférieur opposé. La barre est souvent marque de bâtardise.

En barre se dit pour exprimer que les pièces sont dans le sens de la barre.

Barré est l'écu couvert de barres en nombre pair.

COTICES, BATONS OU FILETS

Or

Beaucé, brochant.
Bouozo, 3 accompagnant.

Chouart, 2 accompagnant.

Dorveauz ou **Orveaux**, 2 accompagnant.
Enfant, 2 accompagnant.

Hourmelin, brochant en barre.

Limoges, cotié d'or et de gueules de 10 pièces.

Ouvroin, cotié d'or et de gueules de 10 pièces, chargé.

Robineau, brochant.
Roquefeuil, 4 filets en croix 2 en pals et 2 en fasces cantonnés.

Schomberg, 2 bâtons fleurdelysés en croix ou en sautoir.

Argent

Aménart, coticé d'argent et de gueules de 10 pièces.

Baillif, 1 brochant.
Bois, 1 cotice accompagnée.
Brossart, 1 cotice accompagnée.

Coustard, 1 brochant en fasce.

Daniel, brochant.
Delrato, brochant.

Grézillonnaye, componée d'argent et de gueules.
Guennec, 1 brochant.

Imbault, 5 cotices.

Kergozou, brochant.

Lande, brochant.
Launay, brochant.

Moisan, brochant.

Piedevache, brochant.
Plessier, écart. aux 1 et 4 : vivrée et brochant.

Quatrebarbes, 2 brochant.

Sévedavy, 2 chargeant et accompagnées.

Treffilis, brochant sur un échiqueté.

Gueules

Aménart, coticé d'argent et de gueules de 10 pièces.
Anger, 1 bâton.

Bois-de-la-Salle, brochant sur un vairé, accompagnée.
Bozec, brochant.
Bretagne, 1 filet en barre.
Broërec, 1 filet en bande.

Chambre, brochant.

Faou, brochant.
Ferté, brochant.
Frey, accompagnée.

Gleinouff, brochant en fasce.
Gras, 3 en barres, brochant.
Grésillonnaye, componée d'argent et de gueules.
Guesolin, brochant.

Haye, brochant.
Honoré, brochant sur un losangé et accompagnée.

Kerbescat, brochant.
Kerret, écart. aux 1 et 4 : brochant
Kernec'hriou ou **Crec'hriou**, brochant sur un écartelé.
Kervéniou, brochant.

Lande, 3 accompagnées.
Launay, 1 filet en bande brochant sur un écartelé.
Lesneven, brochant.
Lessart, 2 crénelées accompt.
Limoges, coticé d'or et de gueules de 10 pièces.

Marche 1 filet brochant.
Montgéroult, brochant.

Ouvroin, coticé d'or et de gueules de 10 pièces, chargé.

Pestivien, brochant sur un vairé.
Pontbellanger, 4 en bandes.

Quillien, écart. aux 2 et 3 : brochant
Quityer, brochant.

Raby, coupé au 2 : 7 cotices.
Rest, brochant.

Rible, brochant.
Rio, brochant.
Rison, écart. aux 2 et 3 : 4 en bandes

S. Hugeon, brochant.

Thieuville, 2 accompagnées.
Tinténiac, brochant.

Azur

Chambellé, brochant.
Coudray, 2 accompagnant.

S. Père, 2 accompagnant ; *aliàs* : 1 brochant.

Sable

Brousse, brochant sur un fascé.

Roselle, endenchée, soutenant en fasce.

Hermines

Bagatz, 1 accompagnant.

Trémélan, brochant sur un échiqueté.

Sceaux

Barac'h, 3 cotices, accompagnant

Coësmes, brochant sur 3 fasces.

Forest, 2 cotices en bandes.

Gac, brochant une fasce chargée de 3 fers à cheval.

Pinel, brochant sur 4 burèles.

Quénécan, 4 cotices.

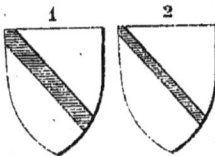

La cotice (fig. 1) est une pièce d'armoiries qui n'a que la moitié de la largeur de la bande ; elle se place dans le sens de la bande et de la barre. Dans ce dernier cas on l'indique.

Le *bâton* (fig. 2) se dit d'une espèce de bande qui n'a que la moitié de la largeur de la cotice.

Quand il est raccourci, on le dit *péri* (fig. 3), *péri en bande*, *péri en barre,* ce dernier est ordinairemement marqué de bâtardise comme la barre.

Bâton s'emploie aussi pour désigner une branche d'arbre écotée, et alors on dit généralement bâton noueux. Il diffère du chicot en ce que celui-ci a toujours quelque bout de branche et qu'il est alaisé, tandis que le bâton noueux traverse l'écu et touche le bord (fig. 4) *d'argent à deux bâtons nébulés posés en bandes, le premier de gueules, le second d'azur.*

Le *filet* est une pièce qui n'a que le tiers de la cotice et qui se met généralement dans le même sens.

Ces meubles sont placés généralement brochant d'autres pièces, on les a mis seuls dans l'écu pour mieux montrer leurs dimensions.

CROIX ET CROISETTES

Croix d'Or

Agard, pommetée et chargeant.
Aubin, 3 pattées, accompagnant.
Avoir, ancrée.

Bahaly, engreslée.
Barres ancrée.
Baudouin, pattée.
Beauchesne, pleine.
Beaumez, dentelée.
Bilsio, alésée.
Boschier. engreslée, chargée.
Bot, alésée chargée et accompagnée.
Botherel, de Toulouse vidée, cléchée et pommetée.
Brenzent, endentée, accompagnée.
Breton, surmontant un menhir et accompagnée.

Briot, 2 pattées, surmontant et accompagnées.
Bueil, 6 recroisettées au pied fiché, accompagnant.

Cacault, coupé au 2 : endenchée surmontant.
Caze, 2 ancrées surmontant et accompagnées.
Chaillou, 1 croisette accompagnant.
Charnacé, 3 pattées,
Chedanne, engreslée, accompagnée.
Chemins, pleine.
Choiseul, cantonnée.
Clero, ancrée, cantonnée.
Compludo, parti au 2 : de S. André tenue.

Cosmao, pleine, brochant sur un écartelé.

Coudrais, dentelée, accompagnée.

Coz, coupé au 1 : parti au 1 : pattée.

Croisier, 3 recroisettées.

Daniel, chargée.

David, 2 de Malte accompagnant et accompagnées.

Despinoze, mantelé au 1 : fleuronnée.

Dulong, écart. au 3 : ancrée.

Febvre, 1 de Malte cantonnant.

Fonrnier, surmontant et accompagnée.

Furio, 3 croisettes au pied fiché et haussé.

Gadagne, dentelée.

Garde, écart. aux 1 et 4 : 3 croisettes vidées.

Garnier, parti au 1 : tréflée.

Glévineo, cantonnée.

Graveran, alésée.

Grigneaux, 3 potencées, accompagnant.

Grillon, ancrée.

Guilhermy coupé au 2 : fleuronnée tenue et accompagnée, surchargé sur le tout.

Guillo, 2 vidées et cléchées, accompagnant.

Hamel, 3 fleuronnées, accompagnant.

Heuo, alisée, chargeant.

Jarnigan, ancrée, *aliàs*, 1 surmontant.

Jean, pattée, chargeant et accompagnant.

Jégou, 3 croisettes pommetées, chargeant chacune une bannière ; *aliàs* : semées de croisettes pommetées, chargeant.

Keralbaud, 3 pattées ; *aliàs* : ancrées.

Keraudren, cantonnée.

Kerriou, engreslée.

Kervénel, pattée et pommetée.

Lamarohe, accompagnée

Lannion, de triomphe, tenue.

Launay, chargée.

Lesménez, cantonnée.

Lezongar, cantonnée.

Ligier, engreslée, accompagnée.

Limonier, 3 chargeant.

Lorveloux, 3 chargeant.

Louer, potencée et accompagnée.

Martin, pattée, cantonnée.

Matharel, surmontant, accompagnée, chargeant un coupé.

Mée, alésée et chargée.

Ménez, cantonnée.

Métayer, engreslée, cantonnée.

Michel, potencée et cantonnée.

Moine, soutenue.

Mosnier, 1 croisette chargeant.

Moulins, 3 pattées.

Moussy, ancrée et accompagnée.

Mur, engreslée.

Neufville, 3 ancrées accompt.

Neuilly, fleurdelysée, cantonnée.

Nogaret, parti au 2 : vidée, clé-
chée et pommetée.
Normand, chargeant un écartelé.
Nozay, cantonnée.

Oritel, patriarcale, accompagnée.

Penhoët, 3 pattées, au pied fiché.
Perrault, patriarcale accompée,
alias parti au 1.
Picart, 3 croisettes, accompt.
Poix, écart. aux 2 et 3 : 6 recroi-
settées, accompagnant.
Poultier, cantonnée.
Pratbihan, 3 pattées.

Quemper, engreslée.

Rahier, cantonnée de 4 croisettes
Renault, pattée.
Rhuys, 2 pattées, surmontant et
accompagnées.
Rivière, engreslée ; alias accompagnée ; alias écart. au 3 :
engreslée ; alias frettée d'hermines.

Robiou, 6 accompagnant ; alias
pattées.
Rospieo, cantonnée.

Saffré, 3 fleurdelysées, accom-
pagnées.
Sarrebourse, ancrée.
Saulx, dentelée. —
Savonnières, pattée. .
Saxe, dentelée.
Soaff, frettée d'azur.
Soelles, cantonnée.

Tertrée, 3 au pied fiché.
Thépault, alésée, accompagnée.
Thomas, pattée et alésée, ac-
compagnée.
Tilly, cantonnée.
Tixier, cantonnée.
Toulalan, 4 croisettes canton-
nant.

Vaux, denchée, cantonnée.
Vay, 1 croisette surmontant.

Croix d'Argent

Anneix, 3 croisettes pattées,
accompagnant.
Auvergne, cantonnée.

Baoueo, niellée.
Barbot, cantonnée.
Bariollé, chargeant.
Bastard, cantonnée.
Béard, fleuronnée, chargée.
Beaubois, guivrée d'or.
Beauchamps, alésée, accompée.
Beodelièvre, 2 tréflées, au pied
fiché, accompagnées.
Beraudière, fourchée.

Berguière, cantonnée de 4 croi-
settes.
Bernard, coupé au 2 : ancrée,
accompagnant.
Bertrand, cantonnée.
Bervet, potencée.
Beschu, 3 taux accompagnant ;
alias écart. aux 1 et 4.
Biard, florencée, chargée, bro-
chant sur un écartelé.
Bihan, pattée, chargée.
Bizien, pleine.
Bizien, écart. aux 2 et 3, con-
trécartelé aux 2 et 3 : pleine.

Bohal, pattée, chargeant et accompagnée.

Bois, 2 accostant.

Bois, 1 croisette surmontant, accompagnée.

Bonnin, dentelée.

Bonsens, 3 chargeant, accompées.

Borgne, cantonnée.

Botherel, 3 pattées, accompt.

Botteuo, cantonnée.

Bouays, cantonnée.

Boucher, semé de croisettes, chargé.

Bouchet, engreslée.

Boullays, alésée, accompagnés.

Bouvens, dentelée.

Branbuan, chargée.

Broons, frettée de gueules.

Brosse, écart. aux 1 et 4 : alésée.

Broustal, chargée.

Cabellio, potencée, cantonnée de 4 croisettes.

Carran, 3 pattées.

Chabre, écart. aux 2 et 3 : alésée, accompagnée.

Champs, 3 ancrées accompagnant, accompagnées.

Chasteigneraye, 3 engreslées.

Cheux, ancrée et nillée.

Cicoteau, pattée, cantonnée et accompagnée.

Coëtgoureden, engreslée; aliàs ; endentée.

Cognets, contrepotencée, cantonnée.

Cognieo, potencée, cantonnée.

Creux, pleine.

Crouëzé, engreslée, accompée.

Daillon, engreslée.

Damar, engreslée, cantonnée.

Darcy, 9 accompagnées.

Déauguer, pleine.

Derval, frettée de gueules.

Dinan, ancrée et chargée.

Disquay, écart. aux 2 et 3 : chargée.

Dréorz, engreslée.

Dubreuil, tranché au 1 : 1 croisette tréflée.

Elie, cantonnée.

Escumont ou **Cumont**, pattée ; aliàs 3 pattées.

Escures, ancrée, chargée.

Evesque, denchée, chargeant

Fablet, chargée. accompagnée.

Faye, surmontée.

Febvre, cantonnée.

Fraval, engreslée.

Gainoru, 4 croisettes potencées, cantonnant.

Gérut, 3 croisettes accompt.

Gicquel, cantonnée

Gilbert, 3 croisettes.

Cilbert, engreslée, cantonnée.

Godart, fleurdelysée, cantonnée.

Godet, alésée, accompagnée.

Goislard, 2 croisettes pattées, accompagant, accompagnées.

Gouicquet, engreslée, cantonnée

Goulleo, pattée, cantonnée.

Gourcuff, pattée, chargée.

Gouroun, pattée chargée.

Gouverneur, cantonnée.

Grignart, cantonnée.

Gros, florencée.

Guillo, engreslée.

Guillon ou **Guillou**, 3 chargeant et accompagnées.

Guitté, pleine.

Hatais, pattée et alésée.

Hermine, ancrée.

Hézou, échiquetée de gueules et d'argent.

Houlle, engreslée.

Hudelor, cantonnée.

Huon, 5 recroisettées, posées en croix.

Jacquemet, alésée et soutenue.

Jeune, cantonnée.

Jousseaume, 3 pattées, accompagnées.

Kercabin, 3 pattées.

Kerérel, cantonnée.

Kerfraval, chargée et cantonnée

Kerglezreo, fleuronnée d'or et cantonnée.

Kergozou, chargée.

Kergravan, 3 accompagnant.

Kergroas, tréflée.

Kerguézangor, pattée et alésée.

Kerguz, pattée.

Kerjean, chargeant un franc canton et accompagnant.

Kerlosquet, engreslée.

Kernafflen, chargée et cantonnée

Kersaint-Gilly, échiquetée de sable et d'argent.

Kerven, potencée, alésée, surmontant et accompagnée; *aliàs* fichée et accompagnée.

Kerviliau, pattée.

Lamprat, florencée et cantonnée.

Lanjamet, chargeant un écu en abyme.

Lanrivinen, écart. aux 2 et 3 : pleine.

Larchiver, cantonnée.

Launay, pleine, *aliàs* cantonnée.

Lézard, écart. aux 2 et 3 : pleine

Lezergué, potencée et cantonnée de 4 croisettes.

Lieur, denchée d'argent et de gueules cantonnées.

Lièvre, ancrée, accompagnée.

Liger ou Léger, 3 croisettes accompagnant.

Ligier, 2 croisettes accompt.

Livrée, 2 croisettes accompagnées.

Louis, cantonnée.

Lubin, croisette pattée, accompagnée.

Luxembourg, écart. au 2 : pleine.

Macé, engreslée et chargeant.

Marbré, chargée.

Margadel, chargée.

Mellon, 3 pattées.

Menguy, fleuronnée.

Mesnard, accompagnée.

Mespérennez, écart. aux 2 et 3 pleine.

Michel, potencée et cantonnée.

Miniac, cantonnée et chargeant un franc canton.

Mintier, engreslée.

Montault, écart. aux 1 et 4 : pattée, chargeant un parti.

Montfort, endenchée, cantonnée et brochant sur un écartelé.

Motte, pattée et cantonnée.

Mué, engreslée.

Muydebled, chargée.

Nos, échiquetée de gueules et d'argent, cantonnée.

Noue, cantonnée.

Parisy, écart. aux 2 et 3 : losangée d'argent et de gueules.
Partevaux, alésée.
Pelletier, pattée et chargée.
Penanros, alésée et fleurdelysée
Penguilly, pattée.
Philippes, engreslée ou endentée
Pichard, 2 croisettes surmontant, accompagnées.
Pigeault, ancrée et guivrée.
Plessis, pattée.
Pontrouault, nillée et gringolée d'or.
Potier, 3 croisettes accompt.
Poulain, dentelée et chargeant.
Poulain, dentelée, chargeant un franc canton.
Praud, chargée.
Prézeau, cantonnée.

Quélo, 3 de S. Antoine ou Taux.

Randrécar, engreslée.
Robineau, ancrée et accompagnée.
Rossignol, pleine.
Rouaud, 3 pattées, accompt.
Rougé, pattée et alésée; *aliàs* écart. aux 1 et 4.
Roulleaux, 3 croisettes chargeant et accompagnant.

Russy, ancrée.

S. Denis, pleine.
S. Mesmin, componée d'argent et de gueules, cantonnée.
S. Péran, pattée.
Sarazin, ancrée.
Sauvaget, pattée.
Sioc'han, ancrée.
Sorel, cantonnée.

Talour, pattée, chargée.
Tavignon, cantonnée.
Tertre, 3 recroisettées au pied fiché.
Teste, dentelée, tenue.
Thébault, 3 ancrées, accompt.
Thomineo, chargée.
Tréguéné, pleine.
Treusvern, fleurdelysée.

Vaucouleurs, pleine.
Vaufleury, cantonnée.
Vauvert, chargeant.
Verger, parti au 2 : ancrée.
Vergier, chargée et cantonnée.
Vilaines, pattée.
Villette, bordée d'or.
Vincettre, écart. aux 2 et 3 : pleine.

Croix de Gueules

Arcembury, chargée et cantonnée.

Barillière, cantonnée.
Baudouin, pattée.
Bléhéban, cantonnée.
Bouillio, 3 pattées, accompt.
Bourke, accompagnée; *aliàs* coupé au 2 : cantonnée.

Breton, pattée, accostant et accompagnée.
Brieuo, chargeant.

Cathelineau, alésée et chargeant, au pied fiché.
Chalot, cantonnée.
Charpin, ancrée, accompagnée.

Chollet, cantonnée.
Cibo, chargeant.
Clere, engreslée et cantonnée ;
aliàs de S. Antoine ou Tau,
accompagnée.
Cloarec, chargée.
Cospéau, écart. aux 2 et 3 :
aléséc.
Croisic, cantonnée.
Cuzillac, chargée.

Daymé ou **Daimé**, coupé au 1 :
9 croisettes surmontant.
Dimanac'h, engreslée.

Faucon, écart. aux 2 et 3 : char-
geant un écusson en abyme.
Fonchays, pleine.
Fouré, 3 croisettes chargeant.
Francbois, pleine.
Frère, 1 croisette pattée, char-
geant.
Frusneau, chargeant, accompée

Gaignon, pleine.
Gaucher, alésée et cantonnée.
Gaudiger, cantonnée.
Gauthier, 3 croisettes accom-
pagnant.
Gazailhan, 3 croisettes char-
geant.
Giffart, engreslée et cantonnée.
Gouicquet, pattée, mi-parti de
gueules et d'azur, cantonnée.
Gouzabatz, écart. au 1 : ancrée
et chargée.
Grée, cantonnée de 4 croisettes ;
aliàs ; pattée et cantonnée de
4 croisettes.

Hangest, chargée.
Hézou, échiquetée de gueules et
d'argent.

Huo, 3 croisettes recroisettées,
accompagnées.
Huslin, 3 de Malte, accompt.

Jaille, fuselée.
Jobert, écart. aux 1 et 4 : pleine.
Jumelière, écart. aux 1 el 4 :
ancrée, chargeant.

Kercabus, alésée.
Kerdégasse, ondée.
Kergroas, pattée et cantonnée.
Kerléguer, 3 alésées, accompt.
Kervilly, échiquetée de gueules
et d'argent.

Lamoureux, dentelée et chargée
Laval, chargée et cantonnée.
Lesgasquénet, engreslée et
accompagnée.
Lieur, denchée d'argent et de
gueules, cantonnée.
Locquet, pattée, cantonnée.

Maine, accompagnée.
Mauclero, ancrée.
Mauger, cantonnée.
Mée, 3 croisettes accompagnant.
Michaël, écart. aux 2 et 3 :
3 pattées et accompagnées.
Montdoulcet, 4 croisettes ac-
compagnant.
Montfort-la-Canne, guivrée ou
gringolée d'or.
Montmorency, cantonnée.

Nepveu, 3 pattées chargeant.
Nos, échiquetée de gueules et
d'argent, cantonnée.

Paris, cantonnée.

Parisy, écart. aux 2 et 3 : losangée d'argent et de gueules.

Pascal, chargeant et accompée.

Paveo, pattée et cantonnée.

Paynel, cantonnée.

Perrot, chargeant un franc canton.

Persais, cantonnée.

Pétau, écart. aux 2 et 3 : pattée

Pierres, pattée et alésée.

Plessis, dentelée et cantonnée.

Plougras. pattée.

Privast, cantonnée.

Puy, cantonnée.

Richemont, pattée et cantonnée

Rigaud, pattée et alésée.

Rogues, cantonnée.

Rullaud, dentelée et chargée.

S. Georges, pleine.

S. Mesmin, componée d'argent et de gueules, cantonnée.

Solminihac, chargeant et soutenue.

Souvaing, pattée.

Stangier, 3 croisettes accompt.

Thiroux, ancrée, accompagnant et accompagnée.

Thomas, chargeant un franc canton.

Thomé, 1 croisette accompt.

Tillet, pattée et alésée, chargeant un écu brochant sur un écartelée.

Trégoazec, pattée et chargée.

Vassault, engreslée de sable, chargée.

Veneur, chargée.

Vivet, 4 chargeant et cantonnant.

Croix d'Azur

Argenton, semé de croisettes recroisettées et accompagnant.

Argentré, pattée.

Brécel, pleine.

Billouart, alésée et surmontée.

Billy, alésée.

Binet, 3 croisettes au pied fiché, chargeant.

Bouëxière, pattée.

Chever, pattée, chargée.

Coëtmeur, 6 recroisettées, accompagnant en orle.

Coullon, ancrée.

Davy, 3 accompagnant.

Feillée, engreslée.

Geffroy, pattée et chargeant.
Gestin, ancrée.
Gouioquet, pattée mi-parti de gueules et d'azur, cantonnée.

Hamon, alésée et cantonnée.
Harmoye, engreslée.
Huon, 3 recroisettées cantonnant; *aliàs* accompagnées.
Hurault, cantonnée.

Kermorvan, ancrée et alésée.
Kerrouaud, pattée.

Kerroudault, écart. aux 2 et 3 : ancrée.

Montaigu, cantonnée.

Pratanroux, pattée.
Prévost, pattée et surmontant.

Retalles, 3 pattées.
Robert ou Ropartz, pattée.

Sylvestre, 6 recroisettées, accompagnant.

Tromelin, pattée et accompagnée

Croix de Sinople

Bascher, fleuronnée, chargée et cantonnée.
Bouère, pattée, chargée.
Brin, chargée et brochant.

Combles, bordée de sable et brochant sur un écartelé.
Coz, pattée.

Gallivier, 3 croisettes accompagnant.

Goazre, pattée et cantonnée.

Jaillier, 2 croisettes surmontant, accompagnées.

Lanjuinais, écart. au 2 : potencée.

Morice, ancrée; *aliàs :* chargée.

Soraye, chargée.

Croix de Sable

Anast, engreslée et cantonnée.

Beaulao, pattée.
Bellot, accompagnée.
Bérard, fleurdelysée.

Bérard, engreslée; *aliàs* écart. aux 2 et 3 : engreslée, à l'écu d'azur chargé et brochant; *aliàs* engreslée, chargeant un écu en abyme.
Bintin, engreslée et cantonnée.

Blavon, chargée.
Blondeau, écart. au 1 : pattée
　　et alésée, accompagnée.
Bonenfant, pattée.
Boquais, ancrée, chargeant un
　　franc canton.
Bouëxière, pleine.
Boullay, dentelée ; *aliàs :* et
　　cantonnée.
Breton, dentelée et cantonnée.

Caoé, 3 croisettes chargeant.
Cadé, nillée.
Cadoudal, engreslée.
Callo, dentelée, accompagnée.
Chapelle, pettée
Chotard, ancrée.
Claples, écart. aux 2 et 3 : pattée
Coëtivy, écart. aux 2 et 3 :
　　pleine.
Corbinaye, dentelée de gueules,
　　cantonnée.
Corfineau, pattée, alésée et ac-
　　compagnée.
Corsin, 3 pattées.
Cosnoual, 3 pattées et alésées.
Couaridouo, pattée et canton-
　　née.
Couppu, chargée.

Douleo, pleine.
Dresnay, ancrée et accompagnée
Durand, 3 recroisettées accom-
　　pagnant : *aliàs* écart. aux 1
　　et 4.

Gaincru, 5 croisettes potencées,
　　chargeant.
Gallardière, ancrée, cantonnée.
Gares, cantonnée.

Gladonnet, pleine.
Gourlay, engreslée et cantonnée.
Gouyon, pleine.
Gué, engreslée.

Hélory, engreslée et cantonnée

Jéhannot, fleurdelysée et soute-
　　nue.
Joly, pattée et chargeant.

Kerdérien, écart. aux 2 et 3 :
　　engreslée et cantonnée.
Kermabon, pleine.
Kermero'hou, tréflée et chargée
Kerouartz, 3 croisettes accom-
　　pagnant.

Landes, alésée.
Larlan, chargée.
Limoges, engreslée
Louvetel, 9 croisettes pattées.
Lyon, semé de croisettes, chargé

Marcel, coupé au 2 : double
　　croix.
Marzelière, écart. au 4 : en-
　　greslée.
Mathieu, ancrée et chargée.
Montalembert, ancrée.
Moulin, ancrée et chargée.

Nays, fleuronnée.

Olivier, alésée.
Orion, dentelée.

Pantin, cantonnée.
Parigné, pleine.
Parthenay, pattée.
Pigeaud, dentelée et cantonnée.
Pinçon, 3 croisettes de sable, chargeant.
Pinozon, ancrée et cantonnée.

Regnault, 1 croisette surmontant.
Retz, pleine.

S. Hugeon, chargée.
Soaff, engreslée.

Tillon, pattée.
Tréveoar, engreslée.

Veller, 3 tréflées.
Vessel, fleurdelysée.
Vinoettre, écart. aux 1 et 4 : pleine.

Croix d'Hermines

Jousseaume, 3 pattées,

Keraër, ancrée et gringolée d'or.

Prévost, cantonnée.

Rivière, d'or frettée d'hermines.

Croix de Vair

Annebeaud, pleine.
Aubépine, écart. aux 2 et 3 : ancrée.

Breton, pleine.

Sceaux

Barao'h, dentelée et accompagnée.
Baratier, dentelée, perronnée de 3 degrés.
Barbechat, 6 croisettes accompagnant.
Beaubourdays, croisette surmontant un massacre.
Bédou, cantonnée de 4 annelets.
Breilmorin, ancrée.
Bruo, pattée et soutenue, cantonant.
Chauvée, potencée et contrepotencée, chargeant.

Chauvelière, pattée, accompagnée.
Coëtmohan, cantonnée de 4 têtes de sanglier.
Corlay, pattée, cantonnée au 1 d'un croissant, au 4 de 3 besants, aux 2 et 3 d'une molette.

Durand, écart. aux 2 et 3 chargeant.

Gesril, chargée d'une bande.

Guiomarc'h, surmontée d'un lambel.

Heaulme, cantonnée de 4 heaulmes avec leurs volets

Hidoux, pattée et cantonnée d'une rose.

Houx, cantonnée de 4 feuilles de houx

Jamou, pattée, cantonnée de 4 lionceaux.

Keravis, écart. au 4 : tréflée, chargée sur le tout; *aliàs :* cantonnée de 6 billettes.

Latimer, fleurdelysée.

Loquet, 3 croisettes accompagnant une fasce chargée de 3 merlettes.

Maoé, pattée, chargée de 5 coquilles.

Marche, écart. aux 1 et 4 : pérrie ; aux 2 et 3 : pattée.

Mathefelon, 3 potencées.

Moréac, ancrée.

Papin, 3 croisettes accompagnant une épée en pal.

Payen, engreslée.

S. Martin, cantonnée de 4 croissants.

S. Meloir, engreslées, cantonnée de 4 hermines.

Sève, cantonnée de 4 croissants.

Vivet, 4 cantonnant et chargeant un écu, brochant sur un écartelé.

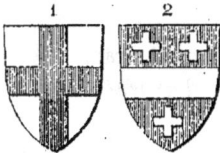

La *croix* est une pièce honorable formée de la fasce et du pal réunis qui occupe en largeur, deux des parties des sept de la largeur de l'écu et dont les branches s'étendent jusqu'aux bords (fig. 1) *d'argent à la croix de gueules.*

Lorsqu'il y a plus de deux croix dans l'écu, on les nomme *croisettes* (fig. 2) : *de gueules à la fasce d'argent accompagnée de 3 croisettes de même.*

En *croix* se dit des meubles posés dans le sens de la croix.

La croix *ancrée* (fig. 3) est celle dont les branches se terminent en forme d'ancres (Voir fin des termes pour explication des cantons) *d'or à la croix ancrée de gueules.*

La croix *cantonnée* (fig. 4) est celle qui est accompagnée d'une pièce dans un ou plusieurs des cantons ou angles, *d'argent à la croix de sable cantonnée de 4 coquilles de même.*

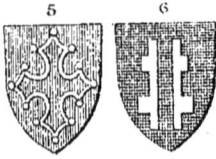

La croix est *cléchée* quand les 4 extrémités sont faites comme des anneaux de clefs (fig. 5), *de gueules à la croix de Toulouse d'or* ou *de gueules à la croix cléchée vidée et pommetée d'or.*

Vidée au travers de laquelle on voit le jour ou le fond de l'écu. *Pommetée* se termine par des pommes.

La croix peut être *double* (fig. 6), *de sable à la double croix d'argent fendue et ouverte en pal.*

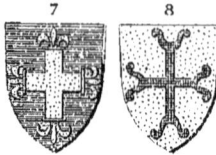

La croix est *fleuronnée* (fig. 7) *florencée* ou *fleurdelysée* quand ses extrémités se terminent en fleurs de lys.

La croix *fourchue* ou *fourchetée* est celle dont les extrémités se terminent en petites fourches (fig. 8), *d'or à la croix fourchetée de sable.*

La croix *gringolée* se termine en têtes de serpents et *guivrée* quand il n'y a qu'une tête de serpent à chaque branche.

La croix de *Malte* est celle que portaient les chevaliers de Malte (fig. 9) *de sable à la croix de Malte d'argent.*

La croix *nillée* est une croix ancrée séparée en quatre pièces (fig. 10) *d'azur à la croix nillée d'argent.*

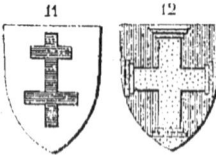

La croix *patriarcale* ou de Lorraine (fig. 11) est formée de 2 traverses, *d'argent à la croix patriarcale d'azur.*

La croix *perronnée* est celle qui a plusieurs marches à chaque extrémité (fig. 12), *de gueules à la croix perronnée d'or.*

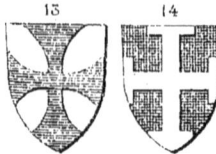

La croix *pattée* est celle dont les extrémités s'élargissent en forme de pattes (fig. 13), *d'argent à la croix pattée d'azur.*

La croix *potencée* et *contrepotencée* est en forme de potence ou de T (fig. 14), *de sable à la croix potencée d'argent.*

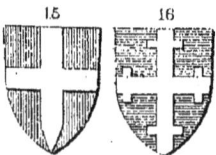

La croix au *pied fiché* a le pied taillé ou aiguisé (fig. 15), *de gueules à la croix fichée d'argent.*

La croix *recroisettée* est celle dont les branches sont d'autres croix (fig. 16), *d'azur à la croix recroisettée d'argent.*

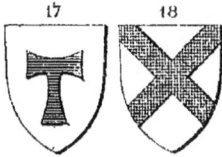

Le *Tau* ou *croix de S. Antoine* est une espèce de croix potencée ou en forme de tau que portaient les religieux de cet ordre (fig. 17), *d'argent au tau ou croix de S. Antoine d'azur.*

La croix de *S. André* est une croix qui repose sur deux de ses bras en forme d'X (fig. 18); c'est aussi un *sautoir*; *d'argent au sautoir ou croix de S. André de sable.*

Une croix *tenue* est celle qui est soutenue par une main ou un dextrochère (voir ce mot).

La croix *tréflée* a ses extrémités en forme de trèfles (fig. 19); on dit aussi croix de S. Lazare, *d'argent à la croix tréflée de gueules.*

La croix de *triomphe* est une croix de procession à laquelle est attachée un guidon ou banderolle (fig. 20), *d'azur à l'agneau pascal d'argent.* Ce mot de pascal signifie que l'agneau porte une croix dite de triomphe à laquelle est attachée une banderolle chargée d'une croix pleine.

Canton (Voir plus haut croix cantonnée, (fig. 4), se dit d'un des quatre vides carrés ou triangulaires que forme sur l'écu la croix ou le soutoir, ou les pièces posées dans le même sens.

Le premier canton de la croix est en chef à dextre, le deuxième à senestre, le troisième en pointe à dextre, le quatrième en pointe à senestre.

Le premier canton du sautoir est en chef, le deuxième à dextre, le troisième à senestre, et le quatrième en pointe.

Senestre se dit du canton quand il est placé à gauche de l'écu. On ne dit pas canton dextre, parce que l'angle droit est la place la plus ordinaire du canton.

SAUTOIRS, FLANCHIS

Or

André, 1 sautoir.

Aubépine, écart. aux 1 et 4 : contrécart. aux 1 et 4 : 1 sautoir accompagné.

Aussonvilliers, cantonné.

Barillon, écart. aux 2 et 3 : 1 sautoir.

Bigottière, endenté et cantonné.

Boislève, 3 sautoirs alésés ; *aliàs :* accompagnés.

Boislève, 3 sautoirs chargeant.

Bouëxière, 1 sautoir.

Carméné, 1 sautoir.

Champion, cantonné.

Champs, 1 sautoir.

Chef-du-Bois, cantonné.

Corvaisier, accompagné.

Cotignon, accompagné.

Dalesso, cantonné.

Daniel, accompagne.

Danvel, 1 sautoir.

Epervier, engreslé et cantonné.

Fleury, cantonné.

Frollo, alésé et cantonné.

Gallois, 1 sautoir.

Gaultier, accompagné.

Geffroy, fleuronné, accompagné.

Guiné, accompagné.

Guitteau, accompagné.

Hay, endé, cantonné.

Jouhan, 1 sautoir.

Julliot, endenché, cantonné.

Kerliver, engreslé et cantonné.

Lambert, chargé.

Langle, cantonné.

Lasnier, fuselé, cantonné.

Maillard, alésé et cantonné.

Marquès, coupé au 1 : alésé et cantonné.

Mesmin, 1 flanchis accomp^t.

Moy, cantonné.

Poulain, chargé.

Razeau, 1 sautoir.

Ripault, échiqueté d'or et d'azur, cantonné.

S. Thomas, engreslé, accompagné.

Toulalan, cantonné.

Val, accompagné.

Argent

Angennes, 1 sautoir.
Aoustin, chargé.

Baillehache, cantonné.
Baron, accompagné.
Bédel, 1 sautoir.
Boishorant, 1 sautoir.
Bourg, accompagné.
Brangays, cantonné.
Brissac, chargé.

Campion, cantonné.
Chassin, chargé.
Chéreil, engreslé.
Coadallan, cantonné.
Crane, accompagné.
Crugot, cantonné.

Davaignon ou Avignon, cantonné.
Didelot, gironné d'argent et de gueules, surmonté.
Dolo, cantonné.

Espinay, 1 sautoir, aliàs : accompagné.
Estanghingant, 1 sautoir.

Ferrand, accompagné.

Gainoru, chargé ; aliàs : cantonné.
Geffroy, chargé.
Guérin, cantonné.
Guillemet, 1 sautoir.
Guillet, accompagné.

Harrington, chargé.

Kerhamon, cantonné.
Lanvilliau, cantonné.

Latimier, chargé.
Longaulnay, 1 sautoir.

Monnier, chargé.

Pinot, cantonné.
Prézéau, engreslé et cantonné.

Riaud, 1 sautoir.
Rouge, 1 sautoir.
Ruffelet, 1 sautoir.

Ségaler, accompagné, aliàs : cantonné.
Suffren, cantonné.

Teillaye, accompagné
Thibaudeau, accompagné.

Villegillouart, 1 sautoir.

Gueules

Anteville, brochant.

Bagatz, 1 sautoir.
Baulon, 1 sautoir.
Blouin, cantonné.
Boux, accompagné
Breil, 1 sautoir ; aliàs : chargé.
Bret, chargé et cantonné.

Coëtlestremeur, accompagné.
Coëtquis, cantonné.
Coëtsaouff, double ou jumelé.

Denis, 1 sautoir.
Deno, chargé.
Didelot, gironné d'argent et de gueules surmouté.

Estuer, 1 sautoir.

Folliot, chargé.
Froulay, engreslée de sable.

Géraldin, 1 sautoir, *aliàs* : en-
greslée, chargé.
Grand, cantonné.
Guignard, parti au 2 : cantonné.

Haye, cantonné.

Isnard, cantonné.

Kerbourio, cantonné.
Kergré, 8 chargeant, accompt.

Marion, 2 pattés et alésés, accompagnant.
Maupillé, chargeant, accompagné.
Mée, accompagné.

Mélient, chargé.
Mignot, 1 sautoir, *aliàs* : accompagné.

Noan. cantonné.

Plessix, cantonné.
Ploësquelleo, cantonné.
Pontantoul, 1 sautoir.
Prévost, dentelé et cantonné.

Regnault, accompagné.
Rouvré, cantonné.
Rouzault, accompagné.

Texier, engreslé, cantonné et
accompagné.
Théronneau, cantonné.
Treffilis, cantonné.

Vivet, chargeant et cantonné.

Azur

Barbu, fleuronné ; *aliàs* : accompagné.
Briand, cantonné.

Chardel, alésé et cantonné.

Gestin, 1 sautoir.
Gougeon, accompagné.

Jouino, chargé.

Kerroudault, écart. aux 2 et 3 :
1 sautoir.

Maro'heo, chargé.
Ménage, chargé.

Rigolet, 1 flanchis, accompagnant et accompagné.
Rio, chargé.
Ripault, échiqueté d'or et d'azur,
cantonné.

Sinople

Védier, chargé.

Sable

Ages, cantonné.
Anteville, brochant.
Arbaleste, accompagné.

Boisgardon, cantonné et ac-
compagné.
Bourgneuf, accompagné.
Bouteveillaye, chargé.

Carrage, engreslé.

Cartes, cantonné.
Cercleux, chargé.
Cohue, chargé et accompagné.

Laurens, 1 sautoir.

Planooët, cantonné.

Raguier, engreslé et cantonné.

Vars, cantonne.

Hermines

Breton, engreslé et cantonné.

Vair

Michiel, chargé et cantonné.

Neuville, 1 sautoir.

Thomelin, 1 sautoir.

Sceaux

Baguenet, accompagné.

Cleo'h, cantonné de 4 fleurs de
lys.
Cren, accompagné d'une bordure.

Doguet, 3 flanchis chargeant et
accompagnés.
Douesnelière, endenté, accompagné de 4 billettes.
Durand, écart, aux 2 et 3 :
1 sautoir accompagné.

Gontier, écart. aux 2 et 3 :
1 sautoir.

Goulle, écart. au 4 : 1 sautoir.
Gras, chargé de 5 besants.

Keranguen, parti au 2 : 1 sautoir.
Kerguélenen, parti au 2 : 1 sautoir accompagné d'une molette

Martin, 1 sautoir.

Pasquier, 1 sautoir.
Penbulzo, cantonné de 4 molettes

Vivet, cantonné et chargeant un
écu, brochant sur un écartelé.

Le *sautoir* (fig. 1) est une pièce honorable formée de la bande et de la barre en forme de croix de S. André; ses branches s'étendent aux angles de l'écu et ont chacune 2 parties des 7 de la largeur, il peut être *chargé, cantonné, dentelé, échiqueté, engreslé*, etc., fig. 1 : *de sinople au sautoir d'or.*

En *sautoir* se dit des pièces posées dans le sens du sautoir.

Les *flanchis* sont de petits sautoirs en nombre de deux ou trois, il y en a rarement un seul.

FRETTÉ, TREILLISSÉ

Angleberme, d'or.

Bartaige, d'azur chargé.
Bégaignon, de gueules.
Bel, d'azur, *aliàs* d'or ; *aliàs* de sable accompagné.
Booou, de sable.
Boislehoux, de sable.
Boispéan, écart. aux 2 et 3 : de gueules.
Boiriou, d'azur.
Bossant, de gueules chargé.
Buisson, chargé d'un chef (*sceau*).
Busson, de sable.

Charonnière, d'argent.
Chevrel, d'azur.
Clero, d'azur.
Coësmes, d'hermines.
Cornouailles, d'azur accompagné ; *aliàs :* écart. aux 2 et 3 d'azur, à l'écu d'argent chargé, brochant.
Corre, d'or chargé.

Domagné, de gueules.

Esperonnière, de gueules.
Estrées, de sable chargé.

Faroy, d'azur chargé.
Fleury, d'argent.

Gareo, d'or chargé.
Garnier, de gueules accompé.
Garnier, treillissé de gueules, cloué d'or, accompagné.

Goasmoal, d'azur.
Goublaye, d'argent chargé.
Granges, de vair, accompagné.
Grezille, d'argent.
Gril, de sable.
Guermeur, d'or.
Guioaznou, d'azur.

Hallay, de gueules.
Hamon, d'or chargé.
Harrington, d'argent, chargé.
Hingant, tréillissé de gueules, cloué d'or, accompagné.
Houmeaux, de sable.

Jousseaume, de gueules.

Kerbuzio, d'or accompagné.
Keroabus, de sable chargé.
Keréraut, d'argent accompé.
Kergariou, de gueules chargé.
Kerguern, d'azur.
Kerjean, d'or chargé.
Kerlouët, de 6 pièces (*sceau*).
Kermabon, écart aux 2 et 3 : de sable.
Kerourlay, d'argent.
Kerviliau, de gueules.

Lignières, d'or

Martel, 1 fretté (*sceau*).
Martin, de gueules.
Matz, de gueules chargé.
Menguy, d'azur chargé.
Mériadeo, d'azur chargé.
Mesgral, écart. aux 1 et 4 : d'argent.

Montjean, de gueules.
Motte, d'azur.
Motte, d'or.
Mourain, parti au 2 : de sable chargé.
Moussaye, d'azur.

Nas, d'azur.
Noue, treillissé de 10 pièces de sable, chargé.

Page, de sable chargé.
Parga, d'argent.
Parisy, écart. aux 1 et 4 : de gueules.
Perrot, d'or chargé.
Picault, de gueules chargé.
Pidoux, de sable.
Planteis, de sable.
Ploërgat, de sable.
Ploreo, d'hermines.
Plouëzoo'h, d'or chargé.

Quenquizou, d'or.

Riou, d'azur.
Rouge, de gueules.
Roux, d'argent, *aliàs* chargé.

S. Denis, d'argent chargé.
S. Didier, de gueules.
Seillons, de gueules chargé.
Sourdeval, de sable chargé.
Stapleton. écart. aux 2 et 3 : d'or.
Surgères, de vair.

Taillepied, d'or.
Téno, écart. aux 2 et 3 : d'or.
Tizon, d'azur chargé.
Tréménec, de gueules chargé.
Tréougat, fretté (*sceau*).

Ust, de sable.

Villeneuve, de 6 lances de tournoi d'or, accompagné, à l'écu d'azur chargé brochant.

Fretté se dit d'un écu, d'un pal, d'une croix, d'une fasce, etc., chargés de six cotices entrelacées en diagonales, trois en bandes et trois en barres. Lorsqu'il y a plus de 6 pièces, on doit en exprimer le nombre, mais il ne peut y en avoir moins de quatre, ni plus de huit (fig. 1). *d'argent fretté de gueules.*

Treillissé se dit lorsqu'il y a dix ou douze cotices, moitié à dextre et moitié à senestre.

Le fretté et le treillissé sont quelquefois chargés de clous, un en chaque intersection; en ce cas, on le dit cloué.

CHEVRONS, CHEVRONNÉ, ÉTAIES

§ 1ᵉʳ. — CHEVRONS ET ÉTAIES

Chevrons d'Or

Alesmes, accompagné.
Alleaume, accompagné.
Allemand, accompagné.
Angleberme, 1 chevron.
Auffret, accompagné.
Ayrault, 2 chevrons.

Barillier, accompagné.
Barillon, écart. aux 1 et 4 :
    accompagné.
Bartz, accompagné.
Bausset, accompagné.
Beauolero, accompagné.
Béohameil, accompagné.
Bedeau, accompagné.
Belon, accompagné.
Bergevin, accompagné.
Berthelot, accompagné.
Billon, accompagné.
Bodéru, accompagné.
Bodin, accompagné.
Bonté, écart. au 4 : accompagné
Bot, accompagné.
Boterff, accompagné.
Bouhier, accompagné.
Boulaye, 1 chevron; *alias* :
    accompagné.
Bourgonnière, accompagné.
Bouvier, accompagné.
Breuil, accompagné.
Brilhao, écart. aux 2 et 3 : chargé
    et accompagné.

Broo, accompagné.
Budan, accompagné.
Bureau, contrepotencé et accom-
    pagné.
Buys, chargé et accompagné.

Cardonne, accompagné.
Carron, accompagné.
Caze, accompagné.
Chabre, écart. aux 1 et 4 : ac-
    compagné.
Chancerelle, accompagné.
Charon accompagné.
Chiron, accompagné.
Coat, accompagné
Corbière, accompagné.
Cormier, accompagné.
Cornu, accompagné.
Cosson, accompagné.
Cousin, chargé et accompagné.
Couvey, accompagné.
Crespin, accompagné.
Cupif, accompagné.
Cussy, accompagné.

Davy, accompagné.
Deniau, accompagné.
Deurbroucq, accompagné.
Donneau, accompagné.
Doriveau, accompagné.
Douart, accompagné.

Douget, accompagné.
Doussault, accompagné.
Dreux, accompagné.
Drouault, accompagné.
Du, accompagné.
Dupleix, écart. aux 1 et 4 : accompagné.
Durand, accompagné.

Edevin, brisé et accompagné.
Errault, 2 chevrons.
Escrivain, accompagné.

Febvre, accompagné.
Feydeau, accompagné.
Fontaine, accompagné.
Fortin, accompagné.
Foucault, accompagné.
Fougeray, accompagné.
Fourché, accompagné.
Frotté, accompagné.
Fyot, accompagné; *aliàs* chargé et accompagné.

Gallio, brisé et accompagné.
Garde accompagné.
Garnier, chargé et accompagné.
Gauvain, palé d'or et de gueules, accompagné.
Gazailhan, accompagné.
Gézisac, chargé et accompagné.
Godet, accompagné.
Grange, accompagné.
Grangier, accompagné.
Gratien, accompagné.
Gravé, accompagné.
Gravelle, accompagné.
Grigneaux, accompagné.
Gril, 1 chevron.
Guérin, accompagné.

Guernaleo, accompagné.
Guillouzou, accompagné.
Guyto, accompagné.

Haudeneau, accompagné.
Hédelin, accompagné.

Imbert, 2 chevrons.

Jan, accompagné.
Jarnigan, accompagné.
Jaudonnet, accompagné.
Jouan, chargé et accompagné.

Kerjosse, accompagné.

Lair, accompagné.
Lande, chargé et accompagné.
Landes, 1 chevron; *aliàs* : 3 chevrons.
Laurencin, accompagné.
Léau accompagné.
Lharidon, accompagné.
Lièvre, accompagné.
Lobineau, accompagné.
Lubois, accompagné.

Magon, accompagné.
Maire, 3 accompagnés.
Maître, accompagné.
Marin, 3 accompagnés.
Marnières, accompagné.
Mauroy, accompagné.
Maussion, accompagné.
Ménage, accompagné.
Micolon, accompagné.
Miollis, accompagné.
Mirléau, surmonté.
Moal, accompagné.
Moisan, accompagné.

Montdoré, 3 chevrons.
Monthulé, accompagné.
Montlouis, 3 accompagnés.
Mosnier, accompagné.
Mourain, accompagné ; *aliàs :*
  parti au 1.

Nepvouet, accompagné.
Neufville, accompagné.
Noir, 3 accompagnés.
Nompére, 3 brisés.

Origny, accompagné.
Oriot, accompagné.

Phélippot, accompagné.
Piohard, chargé et accompé.
Pinon, accompagné.
Piquet, 3 accompagnés.
Pissonnet, accompagné.
Plounévez, accompagné.
Pluvié, accompagné.
Poilpré, accompagné.
Poirrier, accompagné.
Pommereul, accompagné.
Pontpéan, accompagné.
Portais, accompagné.
Pré, accompagné.
Proffiet, accompagné.

Quélin, accompagné.

Ray, accompagné.
Rehault, 2 accompagnés.
Reste, chargé.
Robert, accompagné.
Robinet, 1 chevron.
Rodais, accompagné.
Roi, accompagné.

S. Genis, accompagné.
S. Gilles, accompagné.
Salmon, accompagné.
Saludou, accompagné.
Sourdille, accompagné.

Talon, accompagné.
Tillet, accompagné ; *aliàs :*
  écart. aux 1 et 4, chargé sur
  le tout d'un écu d'or chargé.
Tituau, accompagné.
Touzelin, accompagné.
Tribara, accompagné.
Trimollerie, accompagné.
Troys, componé d'or et de
  gueules, accompagné.

Vaïlot, accompagné.
Varice, accompagné.
Varin, accompagné.
Viel, accompagné.
Villemaudy, accompagné.
Villeoutreys, accompagné.

Chevrons d'Argent

Allain, accompagné.
Anges, accompagné.

Baillif, accompagné.
Barbais, palé d'argent et de
  gueules, accompagné.

Barzio, accompagné.
Baurin, accompagné.
Beaugeard, accompagné.
Beaune, accompagné.
Bérard, accompagné.
Billeheust, brisé et accompé.

Bitault, accompagné.
Boiséon, accompagné.
Boisjean, chargé.
Botherel, accompagné.
Breton, accompagné.
Briand, accompagné.
Brichet, accompagné.
Briot, accompagné.
Brossart, accompagné.

Caillaud, dentelé et accompé.
Caillole, accompagné.
Camus, couronné et accompagné.
Carre, chargé; *aliàs :* accompé.
Chaillou, échiqueté d'argent et de gueules, accompagné.
Clausse, accompagné.
Comenan, 3 chevrons.
Cottin, 2 accompagnés.
Crozat, accompagné.
Cucé, accompagné.

David, chargé et accompagné.
Deslin, accompagné.
Dessefort, accompagné.
Dieu, chargé et accompagné.
Dorneo, accompagné.

Emeriau, écart. au 3 : accompé.
Estienne, accompagné.
Eveillon, accompagné.
Evesque, écart. au 4 : 5 chevrons.

Fabre, accompagné.
Febvre, chargé et accompagné.
Floo'h, accompagné.
Fouasse, accompagné.
Foureau, chargé.

Fournier, 1 chevron.
Frain, accompagné.

Garouet, accompagné.
Gastineau, accompagné.
Gioquel, chargé et accompagné.
Gobelin, accompagné.
Gratien, accompagné.
Greffier, chargé et accompagné.
Guignart, 3 chevrons.
Guillemin, écart. aux 2 et 3 : accompagné.
Guillemois, 2 accompagnés.
Guiomar, accompagné.

Hamel, accompagné.
Hamon, accompagné.
Haugoumar, accompagné.
Hostellier, accompagné.
Huby, accompagné.

Ivette, accompagné.

Jacob, accompagné.
Jacquelot, accompagné.
Jarnage, 2 accompagnés.
Jazier, accompagné.
Jégou, accompagné.
Jollan, accompagné.
Jouin, 2 chevrons.
Jouneaux, accompagné.

Kerlavan, brochant sur un fascé.
Kermeidio, brochant sur un fascé.
Kerven, accompagné.
Kerverder, accompagné.

Labbé, chargé et accompagné.
Lair, accompagné.

Laisné, accompagné.
Lasneur, accompagné.
Launay, accompagné.
Legge, mi-parti d'argent et d'azur, accompagné.
Lezeo, 2 chevrons entrelacés, surmontés.

Mainfeny, accompagné.
Malterre, 3 accompagnés.
Marchand, accompagné.
Maufuric, accompagné.
Ménez, accompagné.
Mérault, accompagné.
Mercier, accompagné.
Milbéau, accompagné.
Moine, chargé et accompagné.
Montarby, 1 chevron.
Moricet, 1 chevron.
Morin, accompagné.

Nepveu, accompagné.
Noue, chargé et accompagné.

Ouvrier, chargé et accompagné

Paro, chargé et accompagné.
Partevaux, accompagné.
Paulus, accompagné.
Penanrue, accompagné.
Pepin, componé d'argent et de sable, accompagné.

Perrot, accompagné.
Pinçon, chargé.
Planche, accompagné.
Plumaugat, 3 chevrons.
Poix, accompagné.
Pommereu, accompagné.
Prédour, accompagné.

Riou, 3 chevrons.
Rochon, 2 raccourcis, accompagnant.
Rosmadec, brochant.
Rosmar, accompagné.
Rougeron, accompagné.
Roux, accompagné.
Ruzé, fascé d'argent et d'azur, accompagné.

S. Germain, accompagné.
S. Offange, accompagné.
Saliou, accompagné.
Ségaler, accompagné.
Sigay, accompagné.
Suau, 3 accompagnés.

Taffart, accompagné.
Ternant, accompagné.
Thérézien, accompagné.
Torcol, accompagné.
Trublet, chargé.

Valois, accompagné.

Chevrons de Gueules

Amys, brisé et accompagné.
Angevin, accompagné.
Apuril, chargé et accompagné.

Aribart, 3 chevrons.
Arquistade, accompagné.
Aumont, accompagné.

Bareau, accompagné, brochant sur un écartelé.
Barre, accompagné.
Barrieu, accompagné.
Baston, coupé au 2 : accompé.
Benoist, 3 chargés.
Bernard, accompagné.
Bertrand, accompagné.
Bihan, issant.
Blocquel, accompagné.
Bouillio, accompagné.
Bourayne, accompagné.

Carn, 3 chevrons.
Carrer, accompagné.
Chaillou, échiqueté d'argent et de gueules, accompagné.
Chambellé, 3 chargés.
Chardel, 2 accompagnés.
Charil, accompagné.
Chereau, accompagné.
Cillart, 3 chevrons.
Courtois, accompagné.
Couvran, accompagné.

Danjou, 2 brisés accompagnés.
Darquistade, accompagné.
Defforterbie, 2 accompagnés.
Durand, 3 accompagnés ; *aliàs :* écart. aux 1 et 4.

Estival, accompagné.

Falloux, surmonté.
Febvre, chargé et accompagné.
Fleschart, 3 chevrons.
Fleuriot, accompagné.
Fleuriot, brisé et accompagné.
Fradin, accompagné.

Garennes, accompagné.
Gascoing, accompagné.
Gauvain, palé d'or et de gueules, accompagné.
Gérard, 3 chevrons.
Gérault ou Girault, 2 accompagnés
Gillouard, accompagné.
Gouin, accompagné ; *aliàs :* écart. aux 1 et 4 : accompé.
Gretz, accompagné.
Guernarpin, 3 chevrons.
Guezle, accompagné.
Guyardet. 3 chevrons.
Guyot, accompagné.

Harembert, accompagné.
Harquin, 2 accompagnés.
Hencouët, chargé, brochant sur un palé.
Hévé, accompagné.
Hosman, accompagné.
Houet, brisé et accompagné.
Huon, accompagné.
Huon, 3 chargés.

Janzé, coupé au 1 : accompagné
Jarriel, accompagné.
Jay ou Geai, accompagné.
Jégo, écart. aux 1 et 4 : 3 chargés.
Jolivet, accompagné.
Josse, accompagné.

Kernuz, 2 surmontés.

Lambert, 1 chevron, *aliàs* brisé.
Lavau, accompagné.
Lescarval, 3 chargeant un franc canton.

Lestio, accompagné.
Liégeard, parti au 1 : 3 chevrons

Maohcooul, 3 chevrons.
Maire, accompagné.
Martin, chargé et accompagné.
Mayer, 2 dentelés.
Mérer, accompagné.
Merliers, accompagné.
Morel, accompagné.

Névez, 3 chevrons.

Onfroy, accompagné.
Orléans, accompagné.

Pageot, 2 accompagnés.
Patin, accompagné.
Pelletier, étaie chargeant et accompagnée.
Penlaez, accompagné.
Penpoullou, chargé et accompagné.
Petiteau, accompagné.
Plancher, accompagné.
Plessis, accompagné.
Plessis-Richelieu, 3 chevrons ; *aliàs :* écart. aux 1 et 4.
Plestin, accompagné.
Ploeuc, 3 chevrons ; *aliàs :* écart. aux 1 et 4.
Polart, accompagné.
Pont, 2 chevrons.

Quilliguiziau, accompagné.

Rabuan, étaie brisée, accompagnant.
Ray, accompagné.
Rivière, 3 accompagnés.
Rivoalen, accompagné.
Roche, chargé.
Rochefoucault, 3 brochant sur un burelé.
Rolland, accompagné ; *aliàs* écart. aux 1 et 4 : accompé.
Rufflay, accompagné.

Saliou, accompagné.
Salles, accompagné.
Savignhac, brisé ét accompé.
Scelles, accompagné.
Suasse, brisé, chargé et accompagné.

Talvern, 3 chevrons.
Testard, accompagné.
Thomé, accompagné.
Trémoille, accompagné.
Tripier, accompagné.
Tronson, accompagné.
Troys, componé d'or et de gueules, accompagné.
Turquand, accompagné.

Vavasseur, accompagné.
Vio, 2 accompagnés.
Walsh, accompagné.

Chevrons d'Azur

Bariller, accompagné.
Bellier, accompagné.
Beritault, chargé et accompé.
Berrouette, 3 accompagnés.

Berthelot, accompagné.
Berthelot, parti d'azur et d'hermines, accompagné.
Bidon, accompagné.

Blavon, chargé et accompagné.
Bouchaud, accompagné.
Boucher, accompagné.
Brecheu, accompagné.

Cam, accompagné.
Charon, accompagné.
Chiron, accompagné,
Choart ou **Chouart,** brisé et accompagné.
Choumin, accompagné.
Clerc, accompagné.
Clos, brisé et accompagné.
Coat, accompagné.
Compadre, 3 chevrons.
Creo'hmorvan, accompagné.

Danguy, accompagné.
Daumesnil, 2 accompagnés.
Denis, accompagné.
Doublard, accompagné.

Espinay, chargé.

Felloneau, accompagné.
Fouchart, renversé, accompé.
Francheville, chargé.

Gaudrion, accompagné.
Gauvain, accompagné.
Goulhezre, accompagné.
Gourio, écart. aux 2 et 3 ; 3 chevrons.
Graslin, accompagné.
Gueurie, 3 chevrons.

Haveloose, chargé et accompé.
Héder, 3 chevrons.

Jeune, accompagné.

Kerlouan, écart. aux 2 et 3; 2 chevrons.
Kermeidic, 2 surmontés.
Keroneuf, brochant sur un fascé.
Kerouzlac, chargé et accompé.
Kervérien, 3 chevrons ; *aliàs :* accompagnés.

Lande, vivré, chargeant et accompgné.
Laurent, accompagné.
Legge, mi-parti d'argent et d'azur, accompagné.
Leschevin, accompagné.
Lhommeau, écimé et accompé.
Lieuzel, engreslé.

Maout, bordé d'or.
Martineau, accompagné.
Mauduit, accompagné.
Mazéas, accompagné.
Mériaye, accompagné.
Mescouëz, accompagné ; *aliàs:* brochant sur un écartelé.
Montalais, 3 renversés.
Moreau, accompagné.
Morin, accompagné.

Normant, accompagné.

Parcevaux, 3 chevrons.
Pellonie, chargé et accompagné.
Perreau, accompagné.
Perrier, accompagné.
Picot, accompagné.
Poulguiziau, accompagné.
Prévost, renversé et accompé.
Prigent, brisé et accompagné.

Raguénel, parti au 2 : accompé.
Raisin, accompagné.
Regnaud, accompagné.
Richard, accompagné.
Richer, 3 chargés.
Rigolet, étaie surmontée et soutenue.

Run, accompagné.
Ruzé, fascé d'argent et d'azur, accompagné.

Saulnier, accompagné.

Villegontier, accompagné.
Whitte, accompagné.

Chevrons de Sinople

Bastelart, accompagné.

Even, chargeant et accompagné.

Gallivier, accompagné.

Guy, accompagné.

Jallier, accompagné.

Chevrons de Sable

André, accompagné.
Aymeret, chargé.

Beauvis, accompagné.
Bergoët, accompagné.
Besso, 3 chevrons.
Bigot, accompagné.
Botquénal, 2 chevrons.
Bouan, accompagné.
Bouozo, 3 chevrons.
Bouëdrier, accompagné.
Brays, 3 brisés et denchés.
Buglet, accompagné.

Cam, accompagné.
Cardin, accompagné.
Castelnau, 3 chargeant un écu en abyme.
Caze, écart. aux 2 et 3 : 1 chevron.

Chevalier, accompagné.
Chevray ou Chevré, 2 accompagnés.
Chevronnière, 2 accompagnés.
Collin, accompagné.
Corre, accompagné.
Court, chargeant et accompagné.
Cybouault, accompagné.

Denais, 2 chargés.
Domaigné, accompagné.

Ecluse, accompagné.

Floyd ou Floïd, accompagné.

Gérot, 3 chevrons.
Goubin, écart. aux 2 et 3 : brisés et engreslés.

Guillon, chargé et accompagné.

Halna, accompagné.
Haydurand, 3 chevrons.
Hérée, accompagné.
Hiroé, 1 chevron ; *aliàs :* accompagné.

Jando, 5 chargeant.
Jégou, surmonté.
Jéguic, accompagné.
Jogues, chargé et accompagné.

Kervastard, 3 chevrons.

Launay, engreslé ; *aliàs :* écart. aux 1 et 4.
Lée, accompagné.
Lezivy, 3 chevrons..
Lezot, accompagné.
Long, 3 chevrons.
Luhandre, 3 entrelacés et accompagnés.

Mauger, 2 cantonnant.
Mignard, accompagné.
Montigny, chargé et accompagné
Mordant, engreslé et accompagné.

Morice, chargé et accompagné.
Murault, accompagné.

Nail, chargé ; *aliàs :* accompagné.
Nas, accompagné.
Neuville, 3 chevrons.
Normand, 3 accompagnés.

Pavio, 2 entrelacés et accompagnés.
Pays, accompagné.
Pepin, componé d'argent et de sable, accompagné.
Perron, accompagné.

Quénonas, 3 chevrons.

Raffeteau, accompagné.
Ravilly, brisé et accompagné.
Rebours, écart. aux 1 at 4 : 2 chevrons.
Richer, accompagné.
Rosily, accompagné.

Suroouf, chargé et accompagné.

Thou, accompagné.

Chevrons d'Hermines

Bernard, brochant sur un coupé et accompagné.
Berthelot, parti d'azur et d'hermines, accompagné.
Boismoron, 2 chevrons.

Coëtquévéran, brochant sur un vairé.

Dréseuc, surmonté.

Kermodiern, 1 chevron.

Lezonnet, accompagné.
Lezirivy, 3 accompagnés.
Lorgeril, accompagné.

Rhuys, 1 chevron.

Rivière, 1 chevron.

Trécesson, 3 chevrons.

Villeneuve, 1 chevron.

Sceaux

Beaulieu, accompagné de 3 étoiles.
Bouëtel, accompagné de 3 gerbes
Bouteiller, accompagné de 3 besants.
Bréhaut, 1 brisé.

Folie, accompagné de 3 trèfles.

Guiho, accompagné de 3 annelets
Guinart, 3 chevrons.

Kerautret, 2 accompagnés de 3 quintefeuilles.
Kerguélénen, accompagné de 2 hermines en chef.
Knolles, chargé de 3 trèfles.

Langelier, accompagné de 3 coquilles.

Mahé, 3 chevrons.
Moisan, accompagné de 3 tourteaux d'hermines.

Montfermel, 1 chevron chargé d'une fasce surmonté d'un lambel.
Morizur, 3 chevrons.

Pasquier, chargé d'un annelet en chef.
Plumaunan, accompagné de 3 oiseaux.

Regnault, 2 accompagnés de 3 besants.
Rouxel, issant d'une mer, accompagné d'une étoile.
Roz, accompagné de 3 têtes d'oiseaux.

Tail, 1 chevron.
Trégonan, engreslé, accompagné de 3 oiseaux.

Urvoy, chargé d'une barre, accompagné d'un arbre.

Varades, 3 chevrons.
Vicomte, accompagné de 3 étoiles.

§ 2. — Chevronné

Boistravers, d'argent et de gueules.

Montrelais, d'or et d'azur. chargé.

Ploësquelleo, d'argent et de gueules ; *aliàs :* chargé.

Le *chevron* est une des neuf pièces honorables, formée de la barre et de la bande réunies vers le chef. Chaque branche a deux parties des sept de la largeur de l'écu, quand le chevron n'est pas accompagné (fig. 1), *de gueules au chevron d'or*.

Il y a des cas où le chevron charge d'autres pièces honorables.

Lorsqu'il y a plusieurs chevrons, ils doivent être posés les uns sur les autres comme ne formant qu'une seule et même pièce. S'ils étaient placés différemment, on les nommerait *étaies*, qui sont des chevrons très déliés (fig. 2), *d'azur à 2 étaies accostés d'argent, surmontés chacun d'une étoile à 5 rais d'or*.

Le chevron qui charge une pièce honorable, si c'est un chef ou une fasce, doit occuper toute sa hauteur. Si c'est un pal ou un sautoir, toute sa largeur : ceux qu'on voit hors de ces deux cas sont aussi nommés *étaies* et ne sont plus considérés comme pièces honorables.

En chevron se dit des pièces posées dans le sens du chevron.

Le chevron est *abaissé, accompagné, alésé, bordé, crénelé, coupé*, etc., voir ces mots à l'article fasce.

Le chevron est *brisé* lorsque la pointe est déjointe (fig. 3), *d'azur au chevron brisé ou éclaté d'or*.

Il est *écimé* quand la cime est coupée (fig. 4), *d'azur au chevron écimé d'or*.

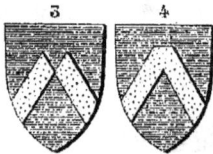

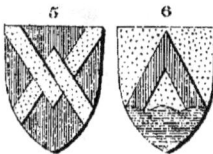

Entrelacé se dit de chevrons passés l'un dans l'autre ou les uns dans les adtres (fig. 5) *de gueules à deux chevrons renversés, entrelacés d'or*.

Le chevron *issant* est celui qui semble sortir d'une autre pièce (fig. 6), *d'or au chevron de gueules issant d'une mer d'azur*.

Le chevron *renversé* est celui dont la partie qui doit se trouver en haut est passée en bas (fig. 7), *de gueules au chevron renversé d'argent*.

Chevronné se dit quand l'écu est rempli de chevrons ou lorsqu'une pièce quelconque est remplie de chevrons en nombre égal de métal et de couleur (fig. 8), *chevronné d'or et de gueules de 12 pièces*.

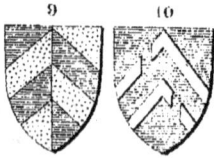

Chevronné, contrechevronné lorsque les émaux sont interposés (fig. 9), *chevronné, contreche-vronné d'azur et d'or de 4 pièces.*

Le chevron *rompu* est celui qui a une de ses branches rompue et séparée en deux (fig. 10), *d'azur à deux chevrons rompus, le premier à dextre, le second à senestre d'argent.*

POINTES, TRIANGLES

Blondeau, écart. au 1 : 3 pointes de sable, accompagnant.

Bonnet, 3 triangles vidés d'or.

Bouays, semé de pointes de sable, accompagnant.

Languet, triangle cléché et renversé d'or, chargé.

O'Briand, écart. aux 2 et 3 : 3 pointes de gueules.

La *pointe* est une pièce de l'écu, mouvante du bas en haut, plus étroite que le *chapé* et n'occupant que les deux tiers de la pointe de l'écu.

La *pointe* est *renversée* quand l'ouverture se trouve tournée vers le haut; il ne diffère pas de la *pile* (fig. 1), *d'argent à une pointe de sable et deux piles de gueules.*

Le *triangle* est un meuble qui représente un triangle équilatéral; il est posé ordinairement sur la base. On le nomme *versé* lorsqu'il en est autrement (fig. 2), *d'azur à 3 triangles vidés d'or.*

Le triangle peut être *plein* ou *vidé.*

La pointe *entée* ne s'élève pas plus haut que le nombril de l'écu, elle est ordinairement ployée (fig. 3), *d'or à la pointe entée de sable, chargée d'une fleur de lys d'or ou du champ.*

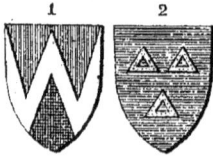

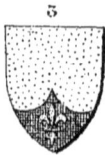

GIRON, GIRONNÉ

Assérao, d'or et d'azur de 8 pièces.

Belleville, de vair et de gueules de 12 pièces, *aliàs* de 6 pièces.

Besche, d'or et d'azur de 8 pièces chargé, *aliàs* écart. aux 2 et 3.

Boutier, d'hermines et de gueules de 6 pièces, *aliàs* de 10 et de 12 pièces (*sceau*).

Brasdasne, d'argent et de gueules de 10 pièces.

Estable, d'argent et de gueules de 8 pièces.

Ferrières, de 8 pièces (*sceau*).

Garde, d'hermines et de guéules de 8 pièces.

Garnier, d'or et de gueules de 12 pièces.

Giraud, d'or et d'azur.

Guillihouch, d'or et de gueules, les girons d'or chargé.

Harpedanne, de vair et de gueules de 12 pièces.

Kerbain, d'argent et de sable de 8 pièces.

Lamoureux, d'argent et de gueules de 10 pièces.

Loherie, d'argent et de gueules de 8 pièces.

Loutraige, d'or et de gueules de 8 pièces, chargé.

Massuel, de gueules et d'her mines de 6 pièces.

Mélient, d'argent et de gueules de 12 pièces, chargé.

Poussemothe, giron de sable enté en pointe, chargé.

Roux, d'argent et de sable de 8 pièces.

Suyrot, d'argent et de gueules de 8 pièces, les girons d'argent chargés.

Tréhan, d'argent et de sable.

Vilaines, d'argent et de sable de 8 pièces, chargé.

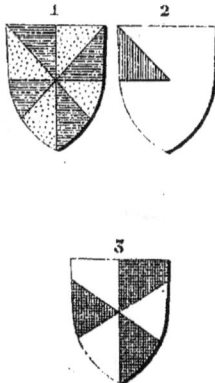

Le *giron* est un meuble en forme de triangle dont la base est aussi large que la moitié de l'écu et dont la pointe est au centre de l'écu ; il a deux parties de base et quatre de longueur, ce qui le distingue de la *pointe* et de la *pile* qui sont plus longues. Quand il y a 4 girons, ils sont mouvants des angles, ce qui les distingue du *gironné*, qui est l'écu divisé en 6, 8, 10, 12 et même 16 espaces triangulaires égaux entre eux, de deux émaux alternés. On exprime généralement le nombre des pièces que lorsqu'il s'en trouve plus ou moins de huit; quand il s'en trouve moins de hui t, on dit : *malgironné*

(Fig. 1), *gironné d'azur et d'or de 8 pièces.*

(Fig. 2), *d'argent au giron de gueules mouvant du côté droit.*

(Fig. 3), *malgironné d'argent et de sable de 6 pièces au moyen du parti et d'un écartelé en sautoir.*

FRANC QUARTIER, FRANC CANTON

Or

Bérien, chargé, accompagnant.

Carre, chargé, accompagnant.

Franquet, accompagnant.

Gareo, chargé, accompagnant.
Gendron, plein.

Héliguen, écart. d'or et d'azur, accompagnant.
Hilary, chargé, accompagnant.
Hubert, chargé, accompagnant.

Keramanao'h, chargé, accompt
Kersulguen, écart. d'or et de gueules, accompagnant.

Lesguen, chargé et brochant sur un losangé.

Pontgio, écart. d'or et d'azur, accompagnant.

Thomas, chargé et brochant sur un vairé.
Trinité, plein, accompagnant.

Argent

Baudouin, chargé, accompt.
Bezit, chargé, accompagnant.
Boguais, chargé.
Botherel, chargé.
Buzic, chargé, accompagnant.

Coail, chargé, accompagnant.

Forest, coupé d'argent et d'azur, accompagnant.

Ghaisne, écart. aux 1 et 4 : coupé d'argent et de sable.
Guéguen, chargé et accompt.
Guer, fretté de 8 pièces de gueules, accompagnant.

Hamon, chargé et brochant sur un fretté.

Kernévénoy, chargé et brochant sur un vairé.

Lescarval, chargé et brochant sur un fascé.

Menguy, chargé et brochant sur un fretté.

Perrot, chargé et brochant sur un fretté.
Porhoët, chargé et accompt.
Potier, échiqueté d'argent et d'azur, accompagnant.
Prévost, chargé et brochant sur un échiqueté.

Rouge, chargé, accompagnant.

Sarsfield, parti au 1 : chargé, accompagnant.

Trédern, fascé d'argent et de gueules, brochant sur un échiqueté.

Vilaines, parti au 1 : de gueules chargé ; au 2 : d'argent chargé, brochant sur un gironné.

Gueules

Badam, plein, accompagnant.
Bohal, chargé, accompagnant.
Bourgneuf, chargé, accompt.

Chapelain, chargé, accompt.
Chemillé, chargé, accompt.
Clérigo, chargé, accompagnant.
Coëtcongar, palé de gueules
et de vair de 4 pièces, accompt.

Haye, chargé et brochant sur un
bandé.

Isle, chargé et brochant sur un
bandé.

Kerjean, chargé et brochant sur
un fretté.
Kersulguen, écart. d'or et de
gueules, accompagnant.

Lande, accompagnant.
Lantivy, chargé, accompagnant

Marant, parti au 1 d'hermines;
parti au 2 de gueules chargé,
accompagnant.

Martin, chargé, accompagnant.
Morice, chargé, accompagnant.
Morinière, chargé, accompt.

Nobletz, chargé, accompagnant.
Noir, chargé, accompagnant.

Panetier, chargé, accompt.
Peillac, plein, accompagnant.
Plessix, chargé, accompagnant.
Poulain, chargé, accompagnant.
Pouldouran, chargé, accompt.

Rivière, chargé, accompagnant;
aliàs : écart. au 2.
Roche, chargé, accompagnant.

Serré, chargé, accompagnant.

Thouars, plein, accompagnant;
aliàs chargé, accompagnant.
Trédern, fascé d'argent et de
gueules, brochant sur un
échiqueté.

Verger, chargé, accompagnant.
Vilaines, parti au 1 : de gueules
chargé; au 2 : d'argent chargé,
brochant sur un gironné.

Azur

Bel, chargé et accompagnant.
Buor, plein, accompagnant.

Charpin, chargé.

Forest, coupé d'argent et d'azur,
accompagnant.

Gobien, coupé au 1 : chargé,
accompagnant.
Gouz, chargé et brochant sur un
fascé.

Guéheneuo, plein; *aliàs :*
chargé, accompagnant.

Haye, plein, accompagnant.
Héliguen, écart. d'or et d'azur,
accompagnant.

Juzel, chargé, accompagnant.

Kerbihan, chargé, accompt.

Miniac, chargé, accompagnant.

Pineau, chargé, accompagnant.
Pontoalleo, chargé, accompagnant.
Pontglo, écart. d'or et d'azur, accompagnant.

Potier, échiqueté d'argent et d'azur, accompagnant.

Tréménee, chargeant, brochant sur un fretté.

Pourpre

Honoré, chargé, brochant sur un losangé.
Kergariou, chargé, brochant sur un fretté.

Maine, chargé et accompagné, brochant.

Sable

Buchet, chargé, accompagnant.

Frion, chargé, accompagnant.

Ghaisne, écart. aux 1 et 4 : coupé d'argent et de sable.
Girault, accompagnant.

Mauvy, chargé et brochant sur un papelonné.
Mourain, parti au 2 : plein, brochant sur un fretté.

Sourdeval, plein, brochant sur un fretté.

Villéon, fretté d'or, accompt.

Hermines

Bouexière, chargé, accompt.

Dreux, plein, brochant sur un échiqueté.

Guéguen, chargé, accompagnant
Guervazio, plein, accompt.

Josselin, parti au 2 : plein, accompagnant.

Kerahès, plein, brochant sur un échiqueté (*sceau*).
Kergadiou, plein, brochant sur un fascé ondé.

Marant, parti au 1 : d'hermines; parti au 2 : de gueules chargé, accompagnant.

Orient, plein, accompagnant.
Ouvrain, plein, brochant sur un coticé.

Phélypeaux, plein, accompt.
Porhoët, plein, accompagnant.
Porter, plein; *aliàs :* chargé, accompagnant.

Rivière, plein, accompagnant.

Zouehe, plein, accompagnant.

Vair

Coëtoongar, palé de gueules et de vair de 4 pièces, accompt.

Nicolas, vairé d'argent et de sable, accompagnant.

Volvire, plein, accompagnant.

Sceaux

Allès, franc canton sénestre, chargé d'une étoile et accompt.

Angoulvent, chargé de 3 bandes et 1 lambel, accompagnant.

Appelvoisin, chargé de 3 coquilles.

Baud, chargé de 4 roses, accompagnant.

Chauvet, chargé, accompagnant.

Fresnoy, chargeant un semé de fleurs de lys.

Gilleroult, chargé d'un aigle, accompagnant.

Kergoët, chargé, accompagnant

Langevin, chargé, accompt.

Lesnen, chargé de 12 rustres, accompagnant.

Moine, chargé de 3 bandes, accompagnant.

S. Giles, chargé d'un léopard, accompagnant.

Vergier, chargé, accompagnant.

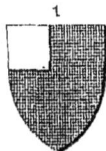

Le *franc quartier* ou *franc canton* est une pièce qui occupe un espace carré à dextre du chef; sa proportion est, en largeur de trois parties des sept de l'écu et en hauteur, trois parties et demie.

Le franc canton est plus grand que le canton.

(Fig. 1), *de sable au franc quartier d'argent*.

BORDURE, ORLE, TRESCHEUR OU ESSONNIER

Or

Aubrée, componée de sable et d'or.

Beaumont, chargée, accompt.

Bonafous, accompagnant.

Breoh, engreslée d'or et de gueules.

Chastelet, échiqueté d'or et de gueules, accompagnant.

Fort, accompagnant.

Grézy, accompagnant.
Guézenneo, accompagnant.

Hayes, dentelée, accompagnant.
Hoquerel, accompagnant.

Prestre, engreslée.

Salle, componée d'or et de gueules

Talbot, engreslée.
Tanouarn, chargée.

Argent

Bois, parti au 2 : orle accompt.
Breil, chargée, accompagnant.
Briffe, écart. au 1 : chargée ; au 2 : chargée.

Coëtaudon, componée d'argent et de gueules.
Courtel, accompagnant.
Crane, accompagnant.

Este, écart. aux 2 et 3 : endentée de gueules et d'argent.

Guérin, engreslée.

Hamonou, componée d'argent et de gueules.

Kernazret, componée d'argent et de gueules.

Marquès, coupé au 2 : chargée, accompagnant.
Michaël, accompagnant.

Quéhou, engreslée.

Samson, componée d'argent et de gueules.

Gueules

Anjou, accompagnant.

Bouteillerie, trescheur fleuronné.
Breoh, engreslée d'or et de gueules.

Callo, accompagnant.
Chateaumeur, écart. aux 2 et 3 : chargeant un champ d'hermines.
Chastelet, échiqueté d'or et de gueules, accompagnant.
Cicoteau, chargée, accompt.
Coëdro, chargée.
Coëtaudon, componée d'argent et de gueules.
Creo'hgrizien, accompagnant.

Derval, écart. aux 1 et 4 : coupé au 2 : chargeant un échiqueté.
Diopalatin, chargeant un fascé.
Dreux, chargeant un échiqueté.

Este, écart. aux 2 et 3 : endentée de gueules et d'argent.
Etampes, engreslée, chargeant un champ d'hermines.
Even, accompagnant.

Fournel, chargée.

Gallope, engreslée.
Glazren, engreslée.
Goures, accompagnant.
Guillou, accompagnant.

Hamonou, componée d'argent et de gueules.
Hémery, accompagnant.

Jégo, écart aux 2 et 3 : chargée.

Karuel, accompagnant.
Keramoroo'h, engreslée, chargeant un fascé.
Kerleynou, accompagnant.
Kernazret, componée d'argent et de gueules.

Lamballe, chargeant un champ d'hermines; *aliàs :* écart. aux 1 et 4.
Lasoazes, accompagnant.
Lauzon, chargée, accompagnant
Law, engreslée.
Limoges, accompagnant.

Maine, accompagnant.
Méhéreno, accompagnant.
Mériadeo, engreslée, chargeant un fretté.

Morandais, accompagnant.

Palatin, chargeant un fascé.
Pastol, chargée et chargeant un coupé.
Penthièvre, chargeant un champ d'hermines.
Plessix, chargée.
Plouézoo'h, engreslée, chargeant un fretté.

Regnaud, dentelée.
Rosnyvinen,engreslée.

Salle, componée d'or et de gueules
Samson, componée d'argent et de gueules.
Sansay, accompt et accompagnée

Thémoy, ondée.
Trémouart, chargée accompt.

Val, chargée.

Azur

Barbu, trescheur alésé et fleuronné; *aliàs* accompagné.
Bourgues, chargée.

Chevalier, accompagnant.
Couësmes, engreslée, accompt.
Cyre, engreslée.

Dampierre, accompagnant.

Guérapin, chargée.

Jooet, accompagnant.

Kerinizan, engreslée, accompt.
Kermelleo, engreslée, chargeant un vairé.
Kervéno, accompagnant

Lesguern, engreslée.

Rivière, accompagnant.
Roi, accompagnant.

Sinople

Ernoul, cannelée, chargée et accompagnant.
Gillet, cannelée, accompagnant.

Rabuan, accompagnant.

Sable

Adam, chargée et chargeant un vairé

Aubrée, componée de sable et d'or.

Esdrieux, accompagnant.

Forget, chargée.
Fournier, engreslée et chargée

Jaille, chargée,
Janson, accompagnant.

Kerosven, accompagnant.

Lande, 3 trescheurs ou essonniers.
Liniers, chargée.

Monteville, accompagnant.

Orenges, chargée et chargeant un palé.

Rorthais, chargée.

Salmon, accompagnant.
Seillons, engreslée, chargeant un fretté.

Hermines

Bausset, accompagnant.

Jousseaume, accompagnant.

Vair

Chabre, écart. aux 2 et 3 : accompagnant.

Fayette, accompagnant

Sceaux

Beaumont, besantée, accompt.
Bouëxière, engreslue, accompagnant un léopard.
Briant, accompt 3 fleurs de lys.
Broons, endentée, accompagnant un croissant surmonté de 2 besants.

Coësmes, engreslée, accompagnant un lion.
Coëthual, besantée, accompagnant 3 fasces.
Cren, un sautoir et une bordure.

Guenroc, accompagnant 3 rocs d'échiquier.

Hayes, accompagnant 3 quinte feuilles.
Huon, engreslée, accompagnant 3 coquilles et un croissant.

Léon, chargée de 11 annelets, accompagnant.

Malterre, accompagnant 3 fers de moulin ou anilles.
Mathefelon, besantée, accompt.
Maure, besantée, accompagnant un croissant.
Mérien, accompagnant.

Motte, accompagnant 6 merlettes.

Richard, accompagnant 7 annelets.

Soligné, semée de merlettes, brochant sur un écartelé.

Taillis, endentée, accompagnant un lion.

Villeaudren, accompagnant 7 rustres et un croissant en abyme.

La *bordure* est une pièce en forme de ceinture qui environne l'écu et qui a un sixième de sa largeur. Si elle paraissait plus large, alors ce serait le champ; la pièce du centre serait un écusson.

Elle est *engreslée* lorsqu'elle est à petites dents fort menues, dont les côtés s'arrondissent un peu (fig. 1), *d'argent à la bordure engreslée de gueules.*

Elle est *cannelée* lorsque les pointes de l'engrelure sont en dedans et le dos en dehors, comme les cannelures des colones en architecture (fig. 2), *d'argent à la bordure cannelée de sable.*

Elle est *componée* lorsqu'elle est composée de pièces carrées d'émaux alternés comme une tire d'échiquier.

L'*orle* est la filière qui n'a que la moitié de la largeur de la bordure.

On dit *en orle* des meubles posés dans le sens de l'orle, pourvu qu'il y en ait huit.

Le *trescheur* est une tresse qui a quelques ressemblance avec l'orle; elle est distante du bord de l'écu d'une partie des sept de sa largeur et n'a que le quart de cette septième partie, tandis que l'orle est le plus large et le plus près du bord. *Essonnier* est synonyme de trescheur.

(Fig. 3), *d'argent à 3 fasces de gueules, à la bordure componée d'argent et de gueules.*

(Fig. 4), *d'argent à cinq cotices en barre de gueules, à la bordure de sable chargée de huit besants d'or.*

(Fig. 5), *d'azur à l'orle d'argent.*

(Fig. 6), *de sable à une mâcle d'argent, enclose dans un double trescheur fleuronné et contre-fleuronné de même.*

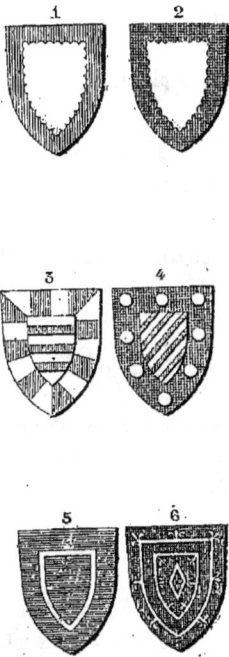

ÉCUS, ÉCUS EN ABYME ET BROCHANT
BOUCLIERS

Or

Bahulost, 3 pleins.
Bareau, chargé, brochant sur un écartelé.
Bintin, 3 accompagnés.
Bourgon, 3 chargés.

Castelnau, chargé, brochant sur un écartelé.
Chartres, en abyme, accompé.
Coëtléguer, fascé ondé d'or et d'azur, brochant sur un écartelé

Foix, chargé, brochant sur un écartelé.

Guéhéneuo, coupé au 2 : accompagné.
Guérin, 3 pleins.

Harman, un bouclier accompt.

Kerimero'h, chargé et surmontant.
Kernezne, chargé, brochant sur un écartelé.

Marquer, écart. aux 2 et 3 : 3 pleins.
Mathefelon, 6 pleins, accompagnés.
Mayenne, 6 pleins, *alias :* chargés.
Mesoouëz, chargé, brochant sur un écartelé.

Rooher, 3 pleins.

Sansay, échiqueté d'or et de gueules, chargeant en abyme.

Tillet, chargé, brochant sur un écartelé

Verdier, chargé, brochant sur un écartelé.
Villeneuve, semé d'écussons, à l'écu d'azur brochant sur un fretté.

Argent

Aubry, chargé et surchargeant en abyme.
Bazouges, 3 pleins.
Bé, 3 chargés.
Bègue, écart. aux 2 et 3 : plein, à l'écu d'argent chargé, brochant.
Bérard, chargé et surchargeant en abyme.
Boissais, chargé et surchargeant en abyme.
Bret, chargé et surchargeant en abyme.

Cameru, écart. aux 1 et 4 : d'azur chargé; aux 2 et 3 : d'argent chargé, surchargeant en abyme.
Champion, 3 chargés.
Charbonneau, 3 accompagnés.
Clément, 3 pleins.
Cornouailles, chargé, brochant sur un écartelé.

Esou, 3 chargeants

Fauconn, écart. aux 2 et 3 : chargé et surchargeant.

Garin, 6 en orle, accompagnant.
Girard, lozangé d'argent et de gueules, brochant sur un écartelé
Glaz, chargé et surchargeant en abyme.
Guilguiffin, 3 couronnés.

Hamon, chargé, brochant sur un écartelé.
Hautbois, 3 chargés.

Ingrande, coticé d'argent et d'azur, accompagné.

Kero'hoent, lozangé d'argent et de sable, brochant sur un écartelé.

Lande, 3 pleins, chargés sur le tout.

Mabille, 3 chargés.
Motte, chargé et surchargeant.
Moulines, 3 pleins.

Pentreff, 3 pleins, accompt.
Piedevache, 3 chargés sur le tout.
Plessis, accompagné.

Soulpteur, 3 pleins.
Soligné, écart. d'argent et de gueules, soutenu.

Tourneraye, 3 pleins.

Vieuville, chargé, brochant sur un écartelé.
Vivet, chargé, brochant sur un écartelé.

Gueules

Clavier, chargé, brochant sur un écartelé.
Coëtmeur, en abyme, accompé.
Coing, 3 pleins

Dos, 3 pleins.

Espine, en abyme, accompagné.

Fontenay, en abyme, accompé.
Forestier, chargé, brochant sur un écartelé.

Girard, lozangé d'argent et de gueules, brochant sur un écartelé.

Hay, 3 pleins.

Lambezre, en abyme, accomps.
Listré, 3 chargés.

Miohel, accompagné.

Panou, chargé.

Sanzay, échiqueté d'or et de gueules, chargeant en abyme.
Soligné, écartelé d'argent et de gueules.
Sylvestre, en abyme, chargé et accompagné.

Trémigon, en abyme, accompagné ; *alids* : 3 chargés.

Azur

Cléguenneo, chargé et accompagnant.

Coëtléguer, fascé ondé d'or et d'azur, brochant sur un écartelé

Hopital, chargé et surchargeant.

Ingrande, coticé d'argent et d'azur, accompagné.

Jacobin, en abyme, accompagné.

Lanjamet, chargé et surchargeant.

Lannuzouarn, en abyme, accompagné.

Madio, en bannière chargé, accompagnant.

Ny, écart. aux 1 et 4 : en abyme, accompagné.

Rosmadec, chargé, brochant sur un écartelé.

Rossi, chargé et surchargeant.

S. Amadour, en abyme, chargé et accompagné.

Tréhuélin, une quintaine accompagnée.

Villeneuve, semé d'écussons, à l'écu d'azur brochant sur un fretté.

Vollaige, chargé, brochant et accompagné.

Sable

Barnabé, chargé et accompagné.

Férey, écart. au 4 : chargé et brochant.

Grou, 6 chargés et surchargeant.

Kerc'hoent, losangé d'argent et de sable, brochant sur un écartelé.

Hermines

Beaufort, 3 pleins.

Cadoudal, chargé et tenu.

Clérigo, chargé et accompagné, brochant sur un écartelé.

Coëtlogon, 3 pleins, *alias* écart. aux 1 et 4.

Prestre, 3 accompagnés.

Riant, 3 pleins, *alias* accompés.

Vair

Fontaine, 3 bordés de gueules.

Sceaux

Bouteville, 3 accompagnés de 5 mouchetures en croix.

L'*écu*, comme nous l'avons déjà dit, est le champ sur lequel on pose les pièces honorables, les partitions, les répartitions, les pièces et les meubles d'armoiries

Dans les cas dont il s'agit, l'écu est un meuble d'armoirie posé sur un autre écu (fig. 1), *de gueules à 3 écussons d'argent*.

L'*écusson* est un petit écu qui en meuble un autre plus grand.

L'*écu en abyme* se dit de celui qui est placé au centre d'un autre écu (fig. 2), *écart. d'or et de gueules à l'écusson d'argent en abyme*.

Le *Bouclier* n'est pas autre chose qu'un écu qui peut affecter différentes formes.

ÉMANCHE, ÉMANCHÉ

Bois, émanché d'argent et de sable

Cleuz, émanché d'or et de gueules; *aliàs* émanche de 3 pièces de gueules.

Duvelaër, émanché d'or et de gueules.

Girard, écart. aux 2 et 3 : émanché d'or et de gueules, à l'écu losangé d'argent et de gueules, brochant sur le tout.

Harsoulphe, émanche de 3 pièces de gueules.

Kergoët, émanché d'argent et d'azur.

Lansaniel, émanche de 3 pièces de gueules, accompagné.

L'*émanche* est une pièce de l'écu, formée de plusieurs pointes triangulaires, mouvantes de l'un des bords ou de l'un des angles.

Les pointes de l'émanche sont réunies à leur base et ne forment qu'un tout. Ainsi, lorsque dans l'écu on rencontre plusieurs pièces de pointes dont les bases ne se touchent point et qu'on voit le champ jusqu'au bord de l'écu, ce n'est plus une émanche, mais des girons, des pointes ou des piles.

Émanché se dit lorsque l'écu est divisé par émanche de deux émaux alternés. Il diffère de l'émanche en ce que l'écu émanché est divisé en deux parties égales et qu'il a toujours des demi-pointes mouvantes des bords.

L'émanché n'étant autre chose que la réunion de deux émanches opposées est le champ même de l'écu.

Émanché se dit aussi du chef, de la fasce, de la croix, du sautoir, etc., divisés dans le même sens.

(Fig. 1), *de sinople à une émanche de deux pièces d'argent mouvante du flanc senestre.*

(Fig. 2), *de gueules émanché d'argent de deux pièces.*

ÉCHIQUETÉ

Argent, d'argent et de gueules.

Auray, d'or et d'azur.

Banchereau, de gueules et d'or, chargé.

Bohal, d'or et d'azur, chargé.

Cadio, d'argent et de gueules, chargé.

Carme, d'argent et de gueules. chargé.

Coëtgourgault, d'argent et de gueules, chargé.

Dangerez. d'or et d'azur.

Derval, écart. aux 1 et 4 : coupé au 2 : d'or et d'azur, chargé.

Diouguel, d'or et d'azur, chargé.

Donges. d'or et d'azur.

Dreux, d'or et d'azur, chargé.

Fer, d'or et de gueules ; *aliàs :* d'argent et d'azur.

Ferrier, d'argent et d'azur.

François. d'argent et de sinople, chargé.

François, d'or et d'azur, chargé.

Gallezen, d'argent et de sable, chargé.

Hervé, d'argent et de sable, chargé ; *aliàs* écart. aux 2 et 3.

Houssaye, d'argent et d'azur.

Juch, d'argent et de gueules.

Kerahès, échiqueté, chargé (*sceau*).

Kero'hoent, écart. aux 1 et 4 : d'or et de gueules, à l'écu losangé d'argent et de sable, brochant.

Kergournadeo'h, d'or et de gueules.

Kerguélen, écart. aux 2 et 3 : d'argent et de gueules.

Kerviliau, d'argent et de gueules

Keryvon, d'or et de gueules, chargé.

Lambert, d'argent et d'azur, chargé.

Lannosnou, d'or et de gueules, chargé.

Louméral, d'argent et de gueules, chargé.

Mareil, d'hermines et de gueules

Marillao, d'argent maçonné de sable, chargé.

Mendy, d'argent et de gueules.

Nuz, d'or et de gueules.

Pio, écart, aux 2 et 3 : d'argent
et d'azur.
Poulmio, d'argent et de gueules
Prévost, d'or et de gueules,
chargé.

Redon, écart. aux 1 et 4 : d'or
et d'azur, *aliàs* écart. au 1.
Rosmadec, écart. au 2 : d'or
et de gueules.

S. Mhervé, d'argent et de
gueules, chaque carreau d'ar-
d'argent chargé.

S. Riou, de 2 tires.
Sajot, d'argent et d'azur.

Traonélorn, d'or et de gueules.
Trédern, d'or et de gueules,
chargé.
Treffilis, d'argent et de gueules,
chargé.
Trémélan, d'or et gueules,
chargé.
Trémerreuo, d'argent et de
gueules ; *aliàs* écart. aux 1 et
4 : d'or et de sable.

Vair, échiqueté (*sceau*).
Verger, écart. aux 2 et 3 :
d'argent et de gueules.
Verrier, écart. aux 2 et 3 :
d'argent et de gueules, chargé.
Villiers, d'argent et de gueules,
chargé.

POINTS ÉQUIPOLLÉS

Bohal 5 points d'or équipollés
à 4 d'azur, accompagnés.

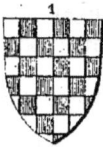

Camuzat, 5 points d'or équipollés à 4 d'azur, accompagnés.

Échiqueté se dit d'un écu divisé en échiquier par un
parti de 5 traits et un coupé d'autant de traits formant
6 tires ou rangées. Lorsqu'il y en a moins, on l'exprime.
Le premier carreau de l'échiqueté est à l'angle dextre supérieur et c'est l'émail de ce premier carreau qu'on doit
exprimer (fig. 1), *échiqueté d'argent et de gueules*.

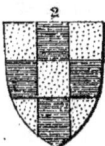

Les *points équipollés* sont des carreaux, au nombre de
9 ordinairement, qui remplissent l'écu ; 5 sont d'un émail,
4 d'un autre. On nomme d'abord les 5 en sautoir en ajou-
tant équipollés et ensuite les autres (fig. 2), *5 points d'or
équipollés à 4 d'azur*.

LOSANGES, LOSANGÉ

§ 1er. — LOSANGES OU RHOMBES

Or

Baron, 12 accompagnant.
Breton, 1 parti d'or et de gueules en abyme.

Cadre, 3 losanges.
Caze, 2 surmontant, accompagnées.
Cervelle, 3 losanges.

Fyot, 3 accompagnant.

Goury, 1 parti d'or et de sable, accompagnée.
Gravé, 3 accompagnant.
Grou, 6 chargeant chacun un écu.

Luhandre, 10 losanges

Matharel, 3 en fasce accompagnées, chargeant sur un coupé.
Meilleur, 3 chargeant accompagnées.
Molard, 3 losanges.

Perrault, 3 accompagnant.
Pouillé, 6 losanges.

Raimbaud, 3 accompagnées.
Regnault, 2 accompagnant.

Thouvenin, 3 accompagnant.

Vayer, 9 losanges.

Argent

Aubé, 8 losanges appointées en croix.
Bourg, 3 en fasces.

Carron, 3 en fasce, accompt.
Chapelier, 3 en fasce, accompagnées.

Dessefort, 3 accompagnant.

Fouray, écart. aux 2 et 3 3 losanges

Gardin, parti au 1 : 1 losange et et demie.
Gleinouff, chargeant.
Grange, 3 accompagnant.
Guermeur, 3 en fasce, accompagnées.

Haugoumar, 3 accompagnant.

Jean, 3 chargeant, accompagnées

Kergré, 8 chargées, accompagnant en orle.

Lanvallay, 7 losanges.
Linnes, 3 chargeant.

Maupillé, 1 chargée et accompée.

Pissonnet, 3 accompagnant.

Riohard, 3 chargeant et accompagnant.

Vaux, 12 cantonnant; *aliàs* 4 en fasce, accompagnées.

Gueules

Allain, 10 losanges.
Ansquer, 5 en sautoir.
Arnault, 3 chargeant, accompagnées.

Breton, 1 parti d'or et de gueules en abyme.

Coustard, 2 accompagnant, accompagnées.
Gauthier, 3 losanges.

Mallard, 2 accompagnant.
Martin, 3 en fasce, accompagnées
Moine, 7 surmontées.

Plessix, 3 accompagnant,
Portes, 4 en abyme, chargeant un losangé.
Prez, 8 rangées en 2 fasces, accompagnées.
S. Pair, 3 accompagnées.

Azur

Dol, 3 chargées et urchargées, accompagnées.

Gauthier, 3 surmontant.

Gellée, 3 chargeant et accompagnées.

Moreau, 1 chargée

Sinople

Poitevin, 3 losanges.

Sable

Durand, 9 losanges.

Goury, 1 chargeant 1 parti d'or et de sable, accompagnée.

Mafay, 10 losanges.

Traonrivilly, 5 chargeant un fascé.

Sceaux

Blanchard, 5 losanges
Bouëstel, 7 losanges.
Bouteiller, 7 losanges.
Bruyère, 3 losanges

Mauny, écart. aux 2 et 3 : 1 losange, chargé sur le tout.
Moine, 3 losanges.

§ 2. — Losangé

Auffroy, d'argent et de sable, chargé.

Auray, d'or et d'azur.

Bain, d'argent et de gueules.

Bérard, écart. aux 1 et 4 : d'argent et de sable, à l'écu d'azur chargé, brochant.

Bertin, d'argent et de gueules.

Bois arouge, d'argent et de sable.

Bouchaux, chargé (*sceau*).

Boutouiller, d'argent et de sable, chargé.

Brandigné, d'argent et de sable, chargé.

Claples, écart. aux 1 et 4 : d'or et de gueules.

Cleuzmeur, d'argent et de gueules, chargé.

Coëtnempren, d'argent et de sable, chargé.

Coëtsal, d'or et de gueules, chargé.

Craon, d'or et de gueules.

Cresolles, d'or et d'azur.

Espinefort, d'argent et de gueules.

Estang, écart. aux 2 et 3 : d'argent et de sable.

Géebert, losangé, au chef chargé (*sceau*).

Geffrard, d'argent et de gueules

Gleinouff, d'argent et de sable, chargé.

Guébriant, losangé, au chef chargé (*sceau*).

Hénault, d'or et de gueules.

Honoré, d'argent et de sable, chargé.

Kerc'hoent, d'argent et de sable ; *aliàs :* brochant sur un écartelé.

Kerigou, d'argent et de sable.

Kermaro'har, d'or et d'azur.

Kermenguy, d'argent et de sable, chargé.

Keroulaouen, d'argent et de sable, chargé.

Kerourlay, d'argent et de sable

Kerrannou, d'argent et de sable, chargé.

Langalla, d'argent et de sable, chargé.

Larchiver, d'argent et de sable, chargé.

Laventure, écart. aux 1 et 4 : d'or et de gueules.

Leët, losangé (*sceau*).

Lesguen, d'argent et de sable, chargé.

Lozao'h, d'or et de sable.

Marzein, d'hermines et de gueules.

Maudet, d'or et de gueules.

Michel, écart. aux 1 et 4 : d'argent et de sable.

Montgermont, d'or et de gueules, chargé.

Omnès, d'argent et de sable, chargé.

Portes, d'or et d'azur, chargé.

Pouëz, d'argent et de gueules.

Quilivala, d'argent et de gueules

Rannou, d'argent et de sable.

Rezé, d'argent et de sable, chaque losange d'argent chargé de 5 trangles d'azur.

Riou, losangé (*sceau*).

Roche-Andry, de gueules et d'argent, chaque losange d'argent chargé de 2 burelles d'azur

Roux, d'or et d'azur, chargé.

Rusquec, d'argent et de sable.

Ruzunan, d'argent et de sable, chargé.

Talhouet, d'argent et de sable.

Treffleo'h, d'or et de sable en bande.

Tuoé, écart. aux 2 et 3 : 1 losangé chargé d'une barre (*sceau*).

Turpin, d'argent et de gueules.

Vayer, d'or et de gueules.

Villegast, d'argent et d'azur.

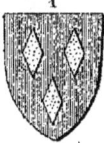

La *Losange* est un meuble de l'écu qui représente un *rhombe*, figure rectiligne, qui a deux angles aigus et deux obtus, et dont les côtés sont parallèles et tous quatre égaux; elle est ordinairement posée sur un de ses angles aigus.

La losange, quand elle est seule, doit avoir en largeur 2 parties des 7 de la largeur de l'écu et en hauteur un huitième de partie de plus. 3 losanges accolées en fasce ne touchent point les bords de l'écu.

L'écu *losangé* est rempli de losanges de deux émaux alternés dans le même sens ou d'un nombre indéterminé de losanges. Quand ils sont en nombre fixe on l'exprime et on dit s'ils sont en pal, en sautoir, etc.

(Fig. 1), *de gueules à 3 losanges d'or.*

(Fig. 2), *losangé d'or et de gueules.*

FUSÉES, FUSELÉ

Or

Aubigné, 4 en fasce, accompagnées.

Bourgneuf, 4 en fasce.

Chevigné, 4 en fasce, accompagnées.

Gatechair, 3 en fasce.

Listré, 9 chargeant 3 écus.

Papin, 5 en bande.

Pineau, 3 en bande, chargeant un franc canton.

Prestre, écart. aux 2 et 3 : 4 accolées en fasce.

Séoillon, 3 en fasce.

Servaude, 4 accolées en fasce.

Trémigon, 9 chargeant 3 écus.

Argent

Bec, fuselé d'argent et de gueules

Blanchet, fuselé d'argent et de sable.

Brossard, 3 en fasce, surmontées

Crespin, fuselé d'argent et de gueules.

Guérinaye, 3 accolées en fasce.

Kerédy, 4 accompagnées

Landujan, 4 en fasce.

Ménager, 3 en fasce.

Montsorel, 4 en fasce.

Motte, 3 en fasce.

Neboux, écart. aux 2 et 3 : 3 en fasce.

Pars, 3 en fasce.

Royer, écart. au 3 : 3 en fasce.

Sénéchal, 5 en bande, accompagnées.

Seneoterre, 5 en fasce.

Talensac, 3 accolées en fasce, surmontées.

Val, 5 accolées en fasce.

Gueules

Bec, fuselé d'argent et de gueules.

Blanchet, 3 en fasce, surmontées

Bouteville, 5 accolées en fasce.

Buat, 4 accolées en fasce.

Courtœuvre, 5 en fasce.

Crespin, fuselé d'argent et de gueules.

Gall, 5 en fasce, surmontées.

Grout, écart. aux 2 et 3 : 3 accolées en fasce.

Guéguen, 3 surmontées, chargeant un franc canton.

Guéguen, écart. aux 1 et 4 : 2 surmontées.

Guersans, 3 en bande.

Guischard, 5, alias 6 en fasce, chargées.

Hénault, 3 accolées en fasce.

Kergoët, 5 en fasce, surmontées

Kergoulouarn, 3 en fasce.

Kervénozaël, 5 en fasce, surmontées.

Labbé, 4 accolées en fasce.

Perrien, 5 en bande.

Rivière, 5 accolées en fasce, accompagnées.

Taillard, 5 en bande.

Trémigon, 6 accompagnant.

Vellure, 5 accolées en fasce.

Azur

Saige, 3 en fasce, accompagnées.

Sable

Bexay, 3 accolées.
Boterat, 4 en barre.
Breton, 5 accolées en fasce, accompagnées.

Cheminart, 3 accolées en fasce.

Danyou, 5 en bande.

Enfant, 4 en pal.

Guischard, 5. *aliàs* 6 en fasce, chargées.

Lansullien, 3 accolées en fasce.

Maignane, 4 accolées en fasce.
Mondevis, 3 chargées.
Moreau, 5 accolées en fasce.

Pays, 5 en bande.

Thébault, 3 en fasce.
Tieroent, 4 accolées en fasce.

Hermines

Dinan, 4 en fasce, *aliàs* accompagnées.

Sceaux

Dol, fuselé d'hermines.

Guignemer, 4 en fasce.

Méneo, 3 en fasce, accompagnées de 6 besants.

Montorgueil, 3 en fasce, surmontées d'un lambel.

Soligné, fuselé d'hermines; *aliàs :* écart. aux 1 et 4.

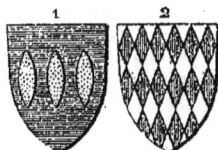

La *fusée* est un meuble d'armoiries en forme de rhombe ou de losange allongée. Elle a deux parties de large sur quatre de hauteur. Plusieurs fusées sont accolées en fasce; il y en a aussi en bande, etc.

Fuselé se dit de l'écu ou d'une pièce chargée de fusées.

(Fig. 1), *d'azur à 3 fusées d'or rangées en fasce.*
(Fig. 2), *fuselé d'argent et de gueules.*

MACLES ET RUSTRES
Mâcles d'Or

Avaugour, 1 chargeant.

Bois-Bouëssel, 3 chargeant.
Bougrenet, sans nombre, chargeant.
Bourné, 3 chargeant.
Bréhand, 7 posées 3. 3. 1.

Calvé, 1 accompagnée.
Ciet, 3 accompagnant.
Cléguenneo, 7 chargeant.
Clero, 2 surmontant.
Clero, 1 chargeant, accompagnée.
Couldre, 6 accompagnées.
Courooué, 3 accompagnant.

Dampierre, 3 chargeant, accompagnées.

Fleury, 3 accompagnées.
Frion, 6 accompagnées.

Gaurays, sans nombre, chargeant.
Guer, 7 accompagnées.

Hervé, 7 accompagnant.

Jégou, 3 mâcles.
Jourdain, 3 chargeant.

Kerbervet, 3 mâcles.
Kero'hoënt, écart aux 2 et 3 : 2 accompagnant; *aliàs* à l'écu losangé d'argent et de sable, brochant.
Kermathéman, 3 mâcles.
Kerrieo, 2 accompagnant.

Landerneau, écart. aux 2 et 3 : 9; *aliàs* chargeant un pavillon
Lannilis, 3 mâcles.
Lombart, 2 accompagnant.

Madio, 4 chargeant et accompt.
Marant, 9 chargeant un franc quartier, parti au 2.
Martin, 3 rustres, chargeant un franc canton.
Montauban, 7 surmontées; *aliàs* : écart. aux 1 et 4.

Pellem, 3 chargeant.
Peroevaux, 3 chargeant.
Plessix, 3 chargeant et accompées.
Pontivy, 2 surmontant et accompagnées.
Poro, écart. au 4 : 7; *aliàs* 9, *aliàs* chargées.
Porhoët, 9 accompagnées.
Prévost, 4 cantonnant.

Raoul, 7 posées 3. 3. 1.
Remungol, 3 chargeant.
Riohard, 6 mâcles.
Rivière, 9 chargeant un franc canton; *aliàs* : écart. au 2 : 9 mâcles.
Rohan, 7, *aliàs* 9, *aliàs* chargées
Rosmadeo, écart. au 3 : 2 accompagnant.
Rouxel, 3 chargeant et accompt.

Sante, 7 mâcles.
Sénéohal, 7, *aliàs* 9, posées 3. 3. 3

Thépault, 1 accompagnant.
Tilly, 4 cantonnant.
Toulmen, 3 chargeant.

Varioe, 3 accompagnan.

Mâcles d'Argent

Aradon, 7 posées 3. 3. 1.

Bascher, 3 chargeant.
Bascle, 3 mâcles.
Bergues, 8 mâcles.
Blanchard, 2 chargeant.
Borgne, 3 accompagnant.
Bouëxière, écart. aux 2 et 3 :
   6 accompagnant.
Bréxin, 6 accompagnées.

Chevoir, 3 surmontant.
Couëdor, 6 accompagnant.

Fay, 7 posées 3. 3. 1.
Frollo, 4 cantonnant.

Gaubert, écart. aux 1 et 4 :
   2 accompagnées.
Giffart, 3 chargeant.

Harrington, 1 chargeant.

Kerméno, 3 mâcles; *alias :*
   écart. aux 1 et 4.

Lande, 7 accompagnant.
Larlan, 9 chargeant.
Leshernant, 6 posées 3. 2. 1.

Malterre, 3 accompagnant.
Michel, écart. aux 1 et 4 : 9 mâcles
Molac, 7. *alias* 9 mâcles.
Motte, 7 posées 3. 3. 1.

Puy, 3 mâcles.

Quillidien, 6 accompagnant.

Richard, 3 rustres, accomp.
Rosmadec, écart. au 3 : 9 mâcles,
   à l'écu d'azur chargé, brochant
   sur le tout.

Salomon, 3 chargeant et surmontées.
Saulx, 7 mâcles.

Trévien, 3 chargeant et accompagnées.
Troussart, 3 surmontant.

Yrodouer, 3 chargeant.

Mâcles de Gueules

Beomeur, 7 posées 3. 3. 1.

Gigon, cantonnée.
Gouicquet, 4 cantonnant.
Grand, 3 accompagnant.

Houlle, 3 mâcles.

Kergroas, 4 cantonnant.
Kermenguy, 6 chargeant un
   fascé.

Larmor, 6 accompagnant.

Launay, 7 posées 3. 3. 1.
Lesgasquénet, 5 cantonnant a
   sénestre.
Lindreuc, 7 mâcles.
Livec, 3 mâcles.
Luhandre, 3 accompagnant,
   accompagnées.

Moine, 4 accompagnant.
Noë, 7 posées 3. 3. 1.
Pezron, 1 chargeant.
Quélennec, 7 posées 3. 3. 1.

Mâcles d'Azur

Basoher, 3 accompagnant, accompagnées.

Beaurepaire, 9 mâcles.

Berthelot, parti au 1 : 1 mâcle et demie, accompagnant.

Chapelle, écart. aux 2 et 3 : 7 posées 3. 1. 3.

Chardel, 4 cantonnant.

Cottes, 3 chargeant.

Couvran, 7 posées 3. 1. 3; aliàs : accompagnant.

Dérian, 6 accompagnant.

Dot, 3 en pal, accompagnées.

Gézisao, 3 chargeant, accompagnées.

Goasgueller, 7 posées 4. 2. 1.

Goullet, 2 rustres accompt.

Hamon, 3 accompagnant; aliàs : 4 cantonnant.

James, 7 posées 3. 1. 3.

Kergoff, 6 accompagnant.

Kermenguy, 6 accompagnant, aliàs : chargées.

Kerméno, 5 posées 2. 2. 1.

Labbé, 3 accompagnant.

Lambezre, 6 accompagnant.

Michel, 6 accompagnant.

Ozanneau, 3 accompagnant.

Plédran, 7 posées 3. 1. 3.

Quéméreuc, 3 accompagnant.

Richemont, 4 cantonnant.

Roncerais, 7 mâcles.

Tanouarn, 8 chargeant une bordure.

Tréanna, 1 mâcle.

Vaufleury, 3 surmontant.

Mâcles de Pourpre

Thouvenin, 3 chargeant, accompagnées.

Mâcles de Sable

Coudraye, 7 mâcles.

Elvart, 3 chargeant.

Lamoureux, 3 mâcles.

Larlan, 9 en croix.

Lohéac, 1 mâcle.

Lubin, 3 accompagnant.

Plessix, 5 posées 3. 2.

Rouault, 3 accompagnant.

Vayer, 3 chargeant.

Mâcles d'Hermines

Berthelot, parti au 2 : 1 mâcle
et demie, accompagnant.

Sceaux

Bouget, parti au 2 : 7 mâcles
posées 3. 3. 1.

Bouteiller, 7 mâcles.

Bret, 3 chargeant une barre et
accompagnées de 2 tiges de
fougère.

Coënte, 3 mâcles et un chef
engreslé.

Faou, 3 accompagnant une fasce

Gillerout, sans nombre, chargeant 3 fasces, accompagnées.

Guébriant, 3 chargeant un chef
et accompagnant.

Hennebont, 7 rustres.

Hillion, 3 chargeant un chef et
accompagnant; *aliàs* : 3 chargeant une bande et accompées.

Kerléguenen, parti au 1 :
1 chargeant un lion.

Lesnen, 12 rustres chargeant
un franc quartier, accompt.

Tristan, 3 rustres accompagnant
une merlette.

Veillon, 7 mâcles.

Villeaudren, 7 rustres, accompagnés d'un croissant et d'une
bordure.

La *mâcle* est un meuble de l'écu fait en losange et percé
dans le même sens, c'est-à-dire que le vide au travers du-
quel on voit le champ de l'écu a aussi la forme d'une losange.
Seule, elle occupe deux parties et un tiers des sept de la
largeur de l'écu et en hauteur une huitième partie de plus
prise sur les deux parties et un tiers. Mâcle vient de *ma-
cula*, marque ou maille en losange.

Le *rustre* est un meuble de l'écu en forme de losange,
mais percé d'un rond au centre, de sorte que l'on voit le
champ de l'écu à travers.

(Fig. 1), *d'argent à 3 mâcles d'azur.*

(Fig. 2), *de sable à 3 rustres d'or.*

BESANTS, TOURTEAUX

§ 1er. — BESANTS

Besants d'Or

Allain, 1 accompagnant.
Aubigné, 6 accompagnant.

Beaulieu, 9 accompagnant.
Beaumont, 13 chargeant.
Beaune, 3 accompagnant.
Benoist, sans nombre, chargeant
Berthelot, 3 accompagnant.
Bezit, 4 chargeant, accompagnés ;
  aliàs : 9 accompagnés.
Blanchard, 5 accompagnant.
Blanchaı d, 3 accompagnant.
Blavon, 5 chargeant.
Bohal. 4 chargeant un canton.
Boisbaudry, 5 chargeant.
Bois de la Salle, 3 chargeant.
Bonfils, 3 besants.
Borgne, 6 accompagnant.
Bouchet, 3 chargeant.
Bouozo, 3 en bande, accompa-
  gnés.
Bouëtiez, 6 accompagnant.
Boulliau, 3 accompagnés.
Bouteveillaye, 5 chargeant.
Brégel, 5 besants.
Bréhault, 3 surmontant.
Breton, 3 chargeant et accompt.
Brézal, 6 posés 3. 2. 1.
Buys, 3 accompagnant.
Buzio, 9 accompagnés.

Cado, 3 chargeant, accompagnés.
Camareo, 5 en sautoir, accom-
  pagnés.
Chevigné, 6, *aliàs :* 8 accompt.
Clarke, 2 chargeant.

Coëtrégal, 6 accompagnés.
Cohier, 2 surmontant, accom-
  pagnés.
Collardin, 1 accompagnant.
Coroller, 3 accompagnant.
Courte, 3 surmontés.
Courtel, 7 accompagnés.
Coutances, 3 accompagnant.

Daniel, 2 accompagnant.
Dourguy, 6 accompagnés.
Durand, 1 accompagnant.

Epervier, 4 cantonnant.
Ermar, 9 posés 3. 3. 3.
Espinaye, 11 chargeant.

Fontaine, 3 accompagnant.
Fournel, sans nombre, chargeant
  une bordure et accompagnant.
Fournier, 8 chargeant une bor-
  dure et accompagnant.
Franchet, 8 accompagnant.
Frogeray, 3 échiquetés d'or et
  de sable, accompagnant.
Fumée, 6 accompagnant.

Gézisao, 3 accompagnant.
Goubin, écart. aux 1 et 4 :
  3 chargeant, accompagnés.
Gouezñou, 6 accompagnant.
Guérin, 3 surmontant. accom-
  pagnés.
Guervazio, 8 accompagnés.
Guimar, 9 besants.

Helléau, 6 accompagnant.
Huguet, 8 accompagnant.
Hullin, 3, *aliàs* : 6 accompt

Jaille, 8 chargeant une bordure.
Jarnigan, 3 accompagnant.
Jégo, écart. aux 1 et 4 : sans nombre, chargeant ; aux 2 et 3 sans nombre, chargeant une bordure.
Julliot, 4 cantonnant

Kermareo, 6 accompagnés.
Kerpérénez, 6 accompagnant.

Launay, 3 accompagnant ; *aliàs* écart. aux 2 et 3 : 3 chargeant et accompagnés.
Lauvergnao, 3 chargeant et accompagnés.
Lauzon, 6 chargeant une bordure
Liniers, sans nombre, chargeant une bordure et accompagnant.
Loutraige, 1 chargeant un gironné.
Loynes, coupé au 2 : 7 posés 4. 3.

Malestroit, 9 posés 3. 3. 3.; *aliàs* accompagné, *aliàs* écart. aux 2 et 3 : 5 en sautoir.
Marche, 6 chargés.
Marié, 3 accompagnant.
Marquès, coupé au 1 : 3 cantonnant.
Martin, 3 besants.
Mellier, 14 accompagnant.
Miron, sans nombre, accompagnant en orle.
Moal, 3 accompagnant.
Musse, 9 besants.

Nantrieul, 5 besants.
Nepveu, 3 chargés.

Orient, sans nombre, chargeant et accompagnant.

Pain, 3 besants.
Penpoullou, 1 chargeant et accompagné.
Petit, 2 accompagnant.
Phélippot, 5 accompagnés.
Pontzal, 3 chargeant, accompés.
Portebise, 5 en sautoir.
Portzmoguer, 6 accompagnant; *aliàs* : 8 accompagnés.

Quérard, 4 cantonnant.

Régnier, 2 accompagnant, accompagnés.
Richard, 4 cantonnant.
Richer, 9, *aliàs* 15 chargeant.
Rieux, 9, *aliàs* 10 besants.
Rochefort, 3 chargeant
Rogave, 5 en sautoir.
Romelin, 4 chargeant.
Rorthais, sans nombre, chargeant une bordure et accompt.
Roselle, 3 chargeant, accompt.

Roucheran, 3 accompagnant.
Rousseau, 3 accompagnant.

S. Goueznou, 6 accompagnant.
S. Thomas, 4 accompagnant.
Salle, 9 accompagnés.
Serpaudaye, 5 chargeant.
Suzlé, 3 chargeant, accompt.

Thomas, 2 accompagnant.
Torool, 3 accompagnant.
Trémouart, sans nombre, chargeant une bordure et accompt.

Tressay, 3 chargeant.
Tribara, 3 accompagnant.
Trinité, 7 accompagnés.
Troguindy, 7, *aliàs* 9 besants.

Uzel, 3 besants, *aliàs* chargeant.

Val, sans nombre. chargeant une
  bordure et accompagnant.
Védier, 5 chargeant.

Besants d'Argent

Adam, sans nombre, chargeant
  une bordure.
Avignon ou **Davignon,** 1 surmontant.

Baillif, 3 accompagnant.
Bertaud, 3 chargeant, accom-
  pagnés.
Blonsart, 1 chargeant.
Boisbaudry, 5 chargeant.
Bonor, écart. aux 2 et 3 : 1 besant
Brécaud, 9 posés 3. 3. 2. 1.
Brunnes, 3 accompagnant.

Chastellier, 4 accompagnant.
Chauvin, 9 accompagnés.
Ciooteau, 4 cantonnant, accom-
  pagnés.
Coëtengarz, 6 accompagnant.
Coq, 1 chargé.
Courte, 3 accompagnant.
Creo'hgrizien, 6 accompagnés.

Delrato, 11 chargés.

Emeriau, écart. aux 3 : 2 surmontant, accompagnés.

Forget, sans nombre, chargeant
  une bordure et accompagnant.
Frotet, 3 chargeant, accompagnés
Frotté, 1 accompagnant.

Guischard, 1 chargeant.

Hilary, 10 chargés.
Hullin, 3 accompagnant.

Jaouen, 3 accompagnant.

Kerazmant, 3 besants.
Kerédy, 8 accompagnant.
Kergoët, 6 besants.
Kergré, 1 croisé d'azur, accom-
  pagné.
Kerloscant, 3 besants.
Kerourfil, 6 accompagnant.

Lauzières, écart. au 3 : 8 en
  orle, accompagnant.
Lescouble, 9 accompagnant.
Lesversault. 6 accompagnant.
Lezildry, 3 accompagnant.
Loumenven, 6 besants.

Marcheoourt, 2 surmontant.
Meilleur, 3 chargeant, accom-
  pagnés.
Ménez, 3 accompagnant.
Minven, 6 en orle.
Moine, 3 chargeant, accompt.

Olivier, 6 accompagnés.

S. Germain, 3 accompagnant.
Ségalo, 3 chargeant.
Sénéchal, 6 accompagnant.
Soulles, 3 besants.

Ternant, 3 surmontant
Tillon, 3 accompagnant.

Touzé, 3 accompagnant, accompagnés.
Traondoun, 3 accompagnant.
Tréodal, 3 accompagnant.
Troërin, 6 accompagnant.

Voue, 6 besants.

§ 2. — TOURTEAUX
Tourteaux de Gueules

Argenton, 3 accompagnés.

Ballan, 5 chargeant.
Basset, 5 chargeant.
Bernard, 3 chargeant.
Bouëdrier, 3 accompagnant.
Brenugat, 2 accompagnant.
Briffe, écart. au 2 : 10 chargeant une bordure, accompagnant et surchargés.
Brignon, 3 chargeant.

Chauvigné, 3 accompagnant.
Chemin, 3 tourteaux.
Cléauroux, 6 en orle, accompt.
Collardin, 1 chargeant, surmonté

Domaigné, 3 accompagnant.

Flécelles, 3 chargeant.
Fontenelles, 3 chargeant.
Fresne, 3 chargeant.

Gall, 4 surmontant.
Gaudiger, 4 cantonnant.
Goullet, 4 en bande, accompés.

Haréa, 6 tourteaux.
Hautbois, 3 tourteaux.

Keranguen, 3 tourteaux.
Kerdouar, 3 accompagnés.
Kerguiniou, 3 tourteaux.
Kerimerc'h, 3 chargeant un écu en abyme.

Maistre, 3 accompt, accompagnés
Maucazre, 3 tourteaux.
Ménager, 3 chargeant, accompés
Mothe, écart. aux 2 et 3 : 3 accompagnant et accompagnés.

Nepveu, 3 accompagnés.
Nus, 3 tourteaux.

Peillac, 3 tourteaux.
Penpoullou, 3 surmontant, accompagnés.

Queffacazre, 3 accompagnant.

Robineau, 5 chargeant.

S. Aubin, 6 accompagnant.
Scozou, 9 tourteaux.

Théronneau, 3 accompagnant.
Tissart, écart. aux 1 et 4 : 3 tourteaux.
Touche, 3 tourteaux.
Toullier, 3 chargeant, accompés.
Tourneuve, 3 accompagnant.
Tréveznou, sans nombre, accompagnant.

Viette, 3 accompagnant.
Villejuhel, 1 accompagné.

Zouche, 12 accompagnés.

Tourteaux d'Azur

Aoustin, 1 chargeant.
Auray, 1 de France, surmontant.

Buys, 3 chargeant et accompagnés

Chauteloup, 3 en orle, accompt.

Eveillard, 8 accompagnés.

Febvre, 2 accompt, accompagnés

Grézille, 3 tourteaux.

Jarret, 1 accompagnant.

Lestic, 3 accompagnant.
Limon, 8 chargeant et accompagnés.

Monbourcher, sans nombre, accompagnant en orle.

S. Germain, 3 tourteaux.

Tourteaux de Sinople

Coignard, 1 accompagnant.

Roselle, 3 accompagnés.

Tourteaux de Sable

Bérard, 6 accompagnant.
Boisjean, 3 chargeant.
Breton, 3 accompagnant.
Brieux, 3 tourteaux.
Brochart, 6 accompagnant.

Diouguel (le), 3 chargeant.
Durand, 3 accompagnant; *aliàs* écart. aux 1 et 4.

Forest, 3 tourteaux.
Frogeray, 3 échiquetés d'or et de sable, accompagnant.

Guého, 3 tourteaux.

Jallet, chargé, accompagnant.

Kerbréder, écart. aux 2 et 3 : 6 accompagnant.

Kergrist, 4 accompagnant.

Labbé. 8 chargeant, surchargés et accompagnes.
Langle, 3 chargés, accompt.

Marée 6 en sautoir, accompés.
Musse, 3 tourteaux.

Prigent, 3 accompagnant.

Roë, 10 tourteaux.

Séoardais, 5 en sautoir, accompagnés.

Trolong, écart. aux 1 et 4 : 5 en sautoir.
Trotereau, 8 tourteaux.

Villarmois, 5 en orle, accompt.

Tourteaux d'Hermines

Bodégat, 3 tourteaux.
Boudart, 3 tourteaux.

Coëdro, 4 chargeant.

Dinan, 6 accompagnant.

Moisan, 3 accompagnant un chevron (*sceau*).

Salles, 6 tourteaux.

Besants ou Tourteaux (Sceaux)

Basset, 15 chargeant 3 fasces vivrées.

Belon, 3 tourteaux ou besants.

Bouexière, 3 besants chargeant une bande, accompagnant et accompagnés.

Bouteiller, 3 besants, accompagnant un chevron.

Broons, 2 surmontant un croissant, à la bordure endentée.

Clerbaut, 3 besants, accompagnant deux fasces.

Coëthual, sans nombre, chargeant une bordure et accompagnant 3 fasces.

Corlay, 3 besants cantonnant au 4 une croix pattée.

Dehaut, 5 besants surmontés d'un lambel.

Felle, 3 besants.

Fosse, 3 chargeant un chef.

Gras, 5 chargeant un sautoir.

Guimar, 2 accompagnant 3 croissants.

Mathefelon, sans nombre, chargeant une bordure et accompt.

Maure, 11 chargeant une bordure, accompagnant un croissant.

Mineo, 6 accompagnant 3 fusées en fasce.

Morfouace, 1 besant ou tourteau

Ninon, 3 besants ou tourteaux.

Regnault, 3 accompt 2 chevrons.

Les *besants* sont des figures rondes et pleines comme les *tourteaux* dont ils diffèrent en ce qu'ils sont toujours de métal et les tourteaux de couleur. Le besant était une pièce de monnaie. les besants d'argent étaient nommés *plates*, c'est un mot espagnol qui signifie argent.

Le *besant-tourteau* est un pièce qui a les mêmes dimensions que le besant et qui n'en diffère que parce qu'elle est moitié métal et moitié couleur; il se trouve toujours dans champ de couleur.

Le *tourteau-besant* est, au contraire, toujours dans un champ de métal.

Besanté se dit d'un champ chargé de besants.

(Fig. 1), *d'azur à 10 besants d'or.*

(fig. 2), *d'or à 3 tourteaux de gueules.*

Fig. 3), *d'argent à 8 tourteaux de gueules rangés en orle.*

BILLETTES ET CARREAUX

Billettes d'Or

Aubépine, écart. aux 1 et 4 : contrécart. aux 1 et 4 : 4 billettes cantounant.

Baud, 10 billettes.
Biaille, 12 billettes.
Billette, 3 chargeant.
Billon, 3 accompagnant.
Bodéru, 3 accompagnant.
Bonnet, 10 billettes.
Bourdeaux, 3 couchées, accompagnant.

Cadre, 3 billettes.
Chastel, 3 surmontant.
Choiseul, 18 cantonnant.
Chupin, 6 billettes.
Cochon, parti au 1 : 3 percées.

Dupleix, écart. aux 2 et 3 : carreaux sans nombre, chargés.

Forsanz, 9 en sautoir.
Francheville, 6 percées, chargeant.

Gouault, 9 billettes.

Hingant, 7 accompagnant.

Isle, 10 billettes.
Isles, 10 billettes.

Kerjosse, 3 accompagnant.
Kermadio, 10 billettes.
Keruzeo, 10 billettes.

Labbé, 3 accompagnant.
Langle, 4 cantonnant.
Lantivy, 8 accompagnées.

Neuilly, 4 cantonnant.
Nus, 9 en sautoir.

Perrier, 10 billettes.
Planche, 10 billettes.
Plessix, 10 billettes.
Pouldouran, 10 accompagnées.
Poulhazre, 3 accompagnant, accompagnés.

Ribou, 8 en orle, accompagnant.

S. Dénoual, 10 billettes.
S. Jean, 5 en sautoir.

Tréganvez, écart. aux 1 et 4 : 5 en sautoir.
Turgan, 5 en sautoir.

Vieuchatel, 10 surmontant.

Billettes d'Argent

Aulnière, sans nombre.

Bagatz, sans nombre, accompagnés.

Balam, 3 chargeant et accompagnant.

Baudouin, 9 accompagnées.

Beaumanoir, 11 posées 4. 3. 4.

Bédoyère, 6 percées.

Bonor, écart. aux 1 et 4 : 5 en sautoir.

Borgne, 4 cantonnant.

Carpont, sans nombre, accompagnant.

Cazeaux, jardin de 9 carreaux, bordé de sinople soutenu et accompagné.

Cobaz, sans nombre.

Cochon, parti au 2 : 3 billettes.

Coëtlosquet, sans nombre, accompagnant.

Cuoé, 3 accompagnant.

Denis, 4 chargeant et accompagnant.

Dissez, sans nombre, chargeant.

Dol, 3 chargées, surchargeant et accompagnées.

Dolo, 10 posées 4. 3. 2. 1; *aliàs* 12 cantonnant.

Erm. ? chargeant et accompagnant.

Esou, 6 accompagnées.

Esmez, 6 billettes.

Espine, parti au 2 : coupé au 1 : 3 en bande.

Ferrand, 3 accompagnant.

Ferron, 6 accompagnées.

Ferron, sans nombre, accompagnant.

Gaudemont, coupé au 2 : 7 billettes.

Gautron, 10 billettes.

Girard, écart. aux 2 et 3 : 5 billettes.

Gouray, 10 billettes.

Guiomar, sans nombre, chargées

Hallenault, 10 billettes.

Houdet, 3 accompagnant.

Huohet, écart. aux 2 et 3 : 6 percées.

Kerasoouët, 2 accompagnées.

Kerdégasse, sans nombre.

Kermabo, 9 billettes.

Keruzeo, 10 billettes.

Kervéguen, sans nombre chargées.

Lard, sans nombre.

Lezivy, 10 billettes.

Lisooët, 7 chargeant.

Martin, sans nombre, accompagnées.

Méhaignerie, écart. aux 2 et 3 : 5 en sautoir.

Miniac, 7 accompagnant.

Miniac, 7 accompagnant et accompagnées.

Neboux, écart. aux 1 et 4 :
  6 billettes

Nepveu, 6 accompagnées.

Palue, sans nombre, accompt.

Péan, écart. aux 1 et 4 : 5 en
  sautoir.

Penhoadic, sans nombre, accompagnant.

Périchou, 6 billettes.

Perrot, 3 accompagnant.

Rabinart, 9 surmontées.

Richebois, 6 billettes.

Robien, 10 billettes.

Roche, sans nombre, accompt.

Ruffier, sans nombre, accompt.

S. Pern, 10 percées.

Serré, 10 accompagnées.

Thomelin, écart. aux 1 et 4 :
  5 en sautoir.

Villesolon, 5 en sautoir.

Visé, sans nombre, accompt.

Billettes de Gueules

Andrieux, 3 carreaux croisés
  d'argent, accompagnant.

Baudouin, 1 chargeant un
  franc canton.

Béard, 9 chargeant.

Biard, 9 surchargeant, brochant
  sur un écartelé.

Cameru, écart. aux 2 et 3 :
  4 accompagnant.

Dolou, 10 billettes.

Haye, 4 cantonnant.

Kerfraval, 1 chargeant, accompagnée.

Noan, 4 cantonnant.

Vieuxchatel, écart. aux 1 et 4 :
  6 billettes.

Billettes d'Azur

Garspern, 7 accompagnant en
  orle.

Gaubert, écart. aux 2 et 3 :
  6 accompagnées.

Pastour, 5 accompagnant en
  orle.

Billettes de Sable

Baudré, 5 en sautoir.

Bouloing, 9 accompagnées.

Espinay, 6 accompagnant.

Ferté, 14 chargées.

Kervéniou, 14 chargées.

Moulinblot, 10 billettes.

Pontblanc, 10 billettes.

Rouxel, 5 accompagnant.

Tardivel, 3 carreaux chargés.

Sceaux

Bages, 5 accompagnant un croissant.

Besso, 10 billettes.

Bouexière, 10 billettes chargées et accompagnées.

Chapelle, 8 accompagnant un croissant.

Doussnelière, 4 accompagnant un sautoir.

Keravis, 6 cantonnant une croix

Langevin, sans nombre, chargées.

Léon, 6 accompagnant une fasce.

Motte, 6 accompagnant une fasce

Rue, 3 surmontant 3 croissants.

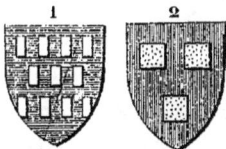

La *Billette* est un meuble d'armoiries à quatre angles droits, fait en forme de carré long.

Ordinairement elle est verticale; lorsqu'elle est horizontale on la dit *couchée*. La billette *percée* est ouverte à jour.

Le *carreau* diffère de la billette en ce qu'il représente un carré parfait.

(Fig. 1), *d'azur à 11 billettes d'argent posées 4. 3. 4.*

(Fig. 2), *de gueules à 3 carreaux d'or.*

CHAPITRE IV

FIGURES NATURELLES
FIGURES HUMAINES

§ 1ᵉʳ. — TÊTES, BUSTES, YEUX

Or

Bizeul, 2 yeux.
Budan, 1 dent, accompagnant et accompagnée.

Lemot, parti au 1 : un buste surmontant.
Mioault, un buste, accompagné.

Argent

Bonin, 3 têtes de pucelle, accompagnant.
Bouohé, buste de Vierge couronnée, chargeant.
Bouquais, 3 bustes de pucelle, accompagnant.

Caillole, 1 tête de profil, accompagnant.

Garreau, 2 bustes de pucelle, accompagnés.
Gastinaire, 2 os de mort en sautoir, cantonnés.

Harman, 1 homme à demi-corps, accompagné.

L'Enfant-Dieu, Enfant Jésus naissant et accompagné.

Montoire, 1 face de Christ, chargeant.

Oussé, 3 os de trépassés en fasces

Penneo, 3 bustes de femme.
Place, tiercé au 1 : parti au 1 : une Ste Vierge.
Poillevé, 1 tête humaine.
Prévost, tiercé au 3 : 1 Syrène

Rieux, 3 têtes d'homme vues de front.
Roquefeuil, 2 Vierges tenant.

Séré, 1 Syrène.
Sergent, 1 Ste Vierge accompagnée.

Gueules

Montauban, écart. aux 2 et 3 : 1 enfant issant, couronné et accompt.

Sable

Bernard, 3 têtes de Maure.

Besançon, 1 tête de Maure, accompagnée.

Briffe, écart. au 3 : 3 têtes de Maure, accompagnant.

Caourcin, 1 tête de Maure.

Cezé, 1 sauvage tenant.

Coëtoriziou, 1 tête de Maure.

Collet, 1 tête de Maure.

Dibart, 3 têtes de Maure couronnées.

Forest 3 têtes de Maure.

Godelin, 3 têtes de Maure.

Haye, 3 têtes de Maure chargeant, accompagnées.

Kervéno, 1 tête de Maure.

Louvart, 3 têtes de Maure.

Masson, 3 têtes de Maure, accompagnant.

Menier, 1 tête de Maure, accompagnant.

Michel, 1 tête de Maure.

Mignard, 1 tête de Maure, accompagnant.

Moreau, 3 têtes de Maure, accompagnant.

Moricaud, 3 têtes de Maure.

Morin, 3 têtes de Maure accompagnant; *aliàs* : 1 tête de Maure accompagnée.

Noir, 3 têtes de Maure accompagnant, accompagnées.

Péan, 3 têtes de Maure.

Prévost, 4 têtes de Maure, cantonnant.

Pucoi, 1 tête de Maure.

Saguier, écart. aux 1 et 4 : 1 tête de Maure

Salles, 2 têtes de Maure, accompagnant, accompagnées.

Savary, 1 tête de Maure, surmontée.

Tétou, 3 têtes de Maure couronnées.

Trévégat, 3 têtes de Maure chargeant, *aliàs* : écart. aux 1 et 4 : 2 têtes de Maure accompagnant.

Turquand, 3 têtes de Maure, accompagnant.

Verger, 3 têtes de Maure.

Carnation

Barbu, 1 tête d'homme barbu (*sceau*).

Blot, 3 têtes de turc posées en fasce.

Boullé, écart. au 1 : un œil naturel.

Bourdais, buste humain, accompagnant.

Ernault, 1 tête de chérubin, accompagnant.

Langelier, enfant Jésus tenant deux anges liés.

Moine, 3 têtes encapuchonnées, au franc quartier chargé de 3 bandes (*sceau*).

Orain, 1 buste de Reine, accompagné.

Payen, 3 têtes humaines (*sceau*).

Rochereul, 8 yeux en orle, accompagnant.

Trébuchet, 1 pied humain chargeant, accompagné.

Tripier, 3 pieds humains, accompagnant, accompagnés.

La *tête humaine* paraît de front, on l'exprime en blasonnant; si elle est de couleur naturelle, elle est dite de *carnation*.

La *tête de Maure* est de sable ordinairement; il y en a cependant de différents émaux.

On dit qu'elle est *bandée* lorsqu'elle a un bandeau sur les yeux et *tortillée* lorsque le turban qu'elle a sur la tête est d'un émail différent, elle est ordinairement de profil.

Le *buste* est une figure humaine qui n'a que la tête et la partie supérieure du corps jusqu'à la poitrine, mais sans bras.

Les *yeux* dans l'écu paraissent ordinairement fixes; lorsqu'ils sont de profil, on l'exprime.

(Fig. 1), *de sable à la tête et col de pucelle au naturel chevelée d'or.*

(Fig. 2), *d'argent à une tête de maure tortillée du champ, accompagnée de 3 molettes de gueules.*

(Fig. 3), *de sable à trois yeux de front au naturel.*

(Fig. 4), *de sable à 3 os de jambe de mort d'argent posés en fasces.*

§ 2. — Cœurs

Or

Amelot, 3 surmontés.

Barbier, 1 surmontant, accompagné.

Barilier, 2 surmontant, accompagnés.

Blouet, 3 accompagnant.

Bouvet, 1 chargeant, accompagnant.

Darrioau, écart. aux 2 et 3 : 1 chargeant.

Douget, 3 accompagnant.

Drouet, 3 accompagnant.

Frémont, 1 surmontant, accompagné.

Guillot, 3 accompagnant.

Laisné, 3 cœurs.

Maumillon, 2 accolés, accompagnés.

Mercier, 1 accompagnant.

Mesnard, 1 accompagnant, accompagné.

Moine, 1 soutenant.

Patard, 1 chargeant, accompagnant.

Petit, 1 accompagnant.

Richomme, 1 accompagné.

Terrien, 1 tenu.

Villemaudy, 1 accompagnant.

Argent

Bourdeaux, 2 accolés en fasce, accompagnés.

Bourgues, 4 accompagnant.

Comte, 3 accompagnant, accompagnés.

Coudray, 3 accompagnant.

Estang, 2 soutenus, accompagnant.

Gueules

Bertrand, 3 accompagnant.

Bot, 1 chargeant, accompagné.

Busquet, 1 accompagnant, accompagné.

Cailleau, 1 chargeant, accompagné.

Cathelineau, 1 chargeant.

Charmoy, 1 accompagnant.

Chesne, 3 couronnés.

Chiron, 3 accompagnant.

Choumin, 3 accompagnant.

Cœur, 3 en bande.

Cœuret, 3 cœurs.

Corre, 1 surmonté.

Coste, 1 chargeant, accompagné

Coudé, 1 accompagnant, accompagné
Couyer, 3 cœurs.

Despinoze, mantelé au 2 :
   1 cœur accompagnant.
Gario, 1 couronné d'or
Glaz, 1 couronné d'or, accompé.
Glé, 1 chargé, accompagné.
Gravoil, 1 cantonné de 4 lettres

Hallouin, 1 ailé, accompagné.

Jouannic, 3 cœurs.

Kerdaniel, 1 soutenu.
Kerret, écart. aux 2 et 3 : 1 soutenu.

Mazoyer, 3 cœurs.
Michel, 1 chargeant, accompagné

Perret, 3 cœurs.
Perrotin, 3 cœurs.
Pezron, 1 accompagnant.
Porée, 1 chargeant, accompagné

Robelot, 3 cœurs.
Roc'hoongar, 1 chargé.

Ségrétien, 1 surmonté.
Solminihac, 1 chargeant, surmonté.

Talour, 1 chargeant.
Thomé, 1 surmonté, accompagnant.

Val, 1 soutenu.
Valleton, 1 accompagné.
Verduo ou Verdeuo, 1 accom-
   pagnant.
Ville-Juhel, 3 accompagnant.
Vollaige, 1 surchargeant, ac-
   compagné.

Azur

Botlavan, 3 accompagnant en
   bande.

Morizur, 3 cœurs.

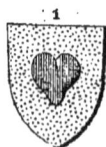

Le *cœur* est un meuble de l'écu qui représente la partie principale qui anime le corps humain. Il est représenté
sous la forme que nous lui connaissons dans les cartes à
jouer. Le *cœur humain* en diffère par un petit tuyau qui
s'élève de la partie supérieure.

En cœur se dit de toute pièce placée au milieu de l'écu
ou d'une autre pièce.

(Fig. 1), *d'or au cœur de gueules.*

§ 3. — MAINS, FOI

Or

Potier, 2, *alias* 3 accompagnées.
Rivière, 1 main dextre.

Tuollays, 1 main dextre accompagnée.

Argent

Bouedeo, 1 main dextre.
Bozeo, 1 main dextre
Cabournet, 3 mains dextres

Carion, 1 soutenue.
Compludo, parti au 2 : 1 tenant
Crespel, 1 fermée, accompagnée.

Damesme, foi tenant.
Dorneo, 3 accompagnant.

Garde, tenant, accompagnant.
Guengat, 3 mains.

Jacquelot, 2 surmontant, accompagnées.

Kerguvelin, 1 accompagnée.
Kernicher, 3 accompagnées.
Kernicol, 3 mains.

Langevinière, 3 mains dextres
Lémo, 3 mains.
Luette, 2 accompagnant.

Marot, 1 accompagnée.
Maussier, 3 sénestres.
Ménez, 1 cantonnant.
Mesmin, foi mouvante, accompagnée.

Poulard, 3 accompagnant.

Tao, 1 accompagnée.
Touche, 3 accompagnant.
Thomas, 3 dextres tenant.

Vendel. 3 mains.

Gueules

Brégel, 3 mains, accompagnant.

Malmains, 3 mains.

O'Neil, 1 sénestre, accompagnée

Pontoalleo, 3 accompagnées.

Sable

Bourke, 1 main dextre accompagnant et accompagnée et brochant sur un coupé.

Hermines

Louays, 3 mains.

Mezle, 3 mains.

Carnation

Chauvelière, 4 mains accompagnant (*sceau*)

Forget, écart. aux 1 et 4 : 1 main dextre (*sceau*).

Lanjuinais, écart. au 3 : 3 mains

Mouche, 3 mains (*sceau*).

Sarsfield, parti au 1 : 1 chargeant un franc canton

§ 4. — Dextrochères, Sénestrochères

Or

Cadoudal, tenant, chargé.

Lestobec, accompagné.

Mesnard, tenant, accompagnant et accompagné.

Plouzin, parti au 1 : tenant.

Rapatel, parti au 1 : tenant.

Rougemont, écart. aux 1 et 4 : tenant.

Rouillé, 3 gants sénestres, accompagnés.

Argent

Audouyn, tenant, accompagné.

Bois-le-Bon, tenant, accompagné.

Botloré, tenant.

Chastellier, tenant.

Fréval, tenant.

Gao, tenant.

Guel, tenant.

Guilhermy, coupé au 2 : dextrochère de carnation, vêtu de gueules, mouvant et tenant, surchargé sur le tout.

Honoré, tenant et chargeant un franc canton.

Kerangomar, tenant.

Keraot, écart. aux 1 et 4 : tenant

Kerbréder, écart. aux 1 et 4 : tenant.

Kergoual, tenant et surmontant

Kernezne, écart. aux 1 et 4 : tenant, à l'écu d'or chargé, brochant.

Marez, tenant.

Mescouez, écart. aux 1 et 4 : dextrochère tenant, à l'écu d'or chargé, brochant.

O'Riordan, écart. aux 1 et 4 : dextrochère de carnation, tenant

Picon, tenant, accompagné.

Pitot, tenant

Roohe, tenant.

Gueules

Milon, tenant.

Azur

Dulong, écart. au 1 : dextrochère tenant.

Sable

S. Brieuc, dextrochère tenant.

Hermines

Villiers, tenant et chargeant.

Sceaux

Coroé, 1 dextrochère.

Lande, dextrochère tenant.
Lantivy, dextrochère tenant.

Marche, dextrochère tenant.

Rimon. 1 dextrochère.

Voyez aussi GANTELETS, *aux* FIGURES ARTIFICIELLES

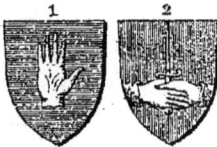

La *Main* est un meuble de l'écu qui représente la main de l'homme ; elle est posée en pal, montrant la paume, les bouts des doigts en haut. Lorsqu'elle montre le dos, on la dit *contreappaumée*, et *renversée* lorsque les doigts sont en bas

Deux mains jointes se nomment *Foi*.

Le *dextrochère* est le bras droit représenté nu, armé ou paré, tenant un badelaire, une épée, etc., il paraît mouvant du flanc sénestre. Quand il est armé ou paré, on l'exprime.

Le *senestrochère* est le bras gauche ; il se meut du flanc dextre.

(Fig. 1,) *d'azur à une main d'argent.*

(Fig. 2,) *de gueules à une foi d'argent tenant une épée de même.*

(Fig. 3,) *d'or au chef d'azur chargé d'un dextrochère vêtu d'un fanon d'hermines pendant sur l'or.*

ANIMAUX

§ 1er — QUADRUPÈDES

AGNEAUX, — *voyez* MOUTONS.

BÉLIERS, — *voyez* MOUTONS.

BELETTES, — *voyez* HERMINES.

BŒUFS, — *voyez* TAUREAUX.

BOUCS, — *voyez* CHÈVRES.

BUFFLES, — *voyez* TAUREAUX.

CERFS ET DAIMS

Or

Ansquer, 1 rencontre.

Babin, 1 cerf accompagné.

Bertrand, 1 cerf accompagné.
Bodet, 1 cerf.
Bois, 2 massacres surmontant et accompagnés.
Boscher, 1 cerf accompagné.
Boucherie 1 cerf
Bouësselaye, 3 rencontres (*sceau*) *aliàs :* 1 rencontre accompagné.
Boutelaye, 3 rencontres, *aliàs:* 1 rencontre accompagné.

Cadier, 1 massacre.
Carpont, 1 cerf chargeant.
Carpont, 1 massacre.
Cervon, 1 cerf ramé d'argent.
Coëtgonvaz, 3 massacres.
Coëtguiziou, 1 massacre
Coëtnempren, écart. aux 2 et 3 : 1 cerf.
Cornulier, 1 rencontre sommé.
Coroller, 1 cerf, accompagné.
Corre, 1 chargeant.
Cuisine, 1 cerf.

Février, 1 rampant.
Flo, 3 rencontres.
Floo'h, 1 cerf
Forgeais, 3 rencontres.
François, 1 cerf brochant sur un échiqueté.

Gabriaud, 1 cerf.
Gras, 3 rencontres.

Haugoumar, 3 rencontres.
Haye, 1 chargeant.

Jourdain, 1 rencontre de daim surmonté, accompagné.

Kerharo, 1 massacre; *aliàs :* 1 rencontre.
Kerléau, 1 cerf.
Kerouzlac, 1 massacre chargeant et accompagné.

Macé, 3 rencontres de daim, accompagnés.
Mercerel, 3 rencontres.

Noël, 1 cerf.
Normand, 1 rencontre cantonné
Nouail, 1 rencontre.

Quénouas, 1 rencontre.
Quimper-Corentin, 1 cerf accompagné.

Richard, 1 rencontre accompé.
Rosoerf, 1 massacre.

Sparfel, 1 cerf.

Trédazo, 1 rencontre.
Trépompé, 1 cerf.
Troys, 1 couché, accompagnant

Val, 1 cerf
Voland, 1 cerf volant.
Voyneau, 1 rencontre surmonté

Argent

Bonnefoy, 1 cerf.

Brichet, 1 rencontre cantonné.

Coëtguiziou, 3 rencontres.

Guynement, 3 rencontres; *aliàs :* 3 massacres.

Jeune, 1 renchier ou cerf.

Quettier, 1 accompagné.

Thépault, 1 cerf.

Thérault, 1 cerf.

Thierry, 1 cerf.

Ugues, 1 cerf.

Gueules

Baronnière, 1 rencontre surmonté

Beaumont, 3 pieds de biche.

Bédé, 3 rencontres.

Boishamon, 1 cerf.

Chevière, 3 rencontres.

Chohant, 1 cerf.

Couëtuz, 1 rencontre.

Crec'hmorvan, 1 rencontre accompagnant.

Danguy, 1 rencontre accompt.

Déry, écart. aux 2 et 3 . 1 cerf.

Herstfelt, 1 chargeant.

Jaminaye, 1 chargé.

Loger, 1 rencontre surmonté.

Malescot, 1 rencontre.

Marigo, écart. aux 2 et 3 : 3 rencontres.

Nouvel, 2 cerfs affrontés, soutenant.

Porte, 1 rencontre.

Poulpry, 1 rencontré

Radooeau, 1 rencontre accompé

Robichon, 3 rencontres accompt

Saullaye, 1 rencontre chargé.

Tertre, 1 rencontre accompé.

Vauvert, 1 cerf chargé.

Veneur, 1 cerf.

Sable

Aubert, 2 cerfs chargeant.

Borye, 1 cerf volant.

Boyer, 1 cerf sommé d'or.

Brillaud, 1 rencontre.

Cref, 1 cerf.

Daen, 3 rencontres de daim accornés d'or.

Dein, 1 daim accompagné.

Ernoul, 1 cerf au naturel, accompagné

Gaudin, 1 daim accompagné.

Jogues, 2 rencontres au naturel, accompagnant, accompagnés.

Kergadaran, 1 cerf au naturel, chargeant.

Lambert, 3 rencontres.

Noël 2 cerfs affrontés, soutenant.

Palierne, 1 rencontre accompé.

Pasquer, 3 rencontres de daim

Quettier, 1 cerf accompé.

Viel, 1 massacre surmontant.

Sceaux

Beaubourdays, 1 massacre surmonté d'une croisette.

Bosselaye, 3 rencontres.

Forestier, 1 rencontre.

Lande, 1 cerf accompagné de 3 coquilles.

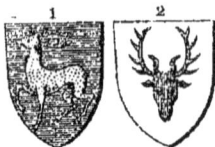

Le *cerf* est un animal qui paraît de profil dans l'écu. On le dit *élancé* quand il paraît courant ; *saillant* lorsqu'il est dressé sur ses jambes de derrière ; *en repos*, quand il est couché ; *ramé, onglé*, lorsque son bois et la corne de ses pieds est d'un autre émail que son corps.

On appelle *rencontre* de cerf, la tête de cet animal détachée du corps, lorsqu'elle paraît de front dans l'écu ; *massacre*, la ramure seulement attachée à une partie du crâne.

Ramure est quand il y a 6 dagues de chaque côté, lorsqu'il y en a moins de 6 ou davantage on dit *chevillée* de tant de pièces.

Renchier est un cerf de la plus haute taille, dont la ramure est aplatie et couchée en arrière et plus longue que le bois du cerf.

(Fig. 1), *d'azur au cerf passant d'or.*

(Fig. 2), *d'argent au rencontre de cerf de gueules.*

(Fig. 3), *de gueules au massacre de cerf d'argent.*

CHATS

Boschat, 1 d'hermines.

Catus, 1 d'or accompagné.

Charon, 3 effrayés de sable.

Chat, 1 d'argent

Chat, 3 têtes de chat d'or.

Chaurand, 1 d'or accompagnant

Kervéno, 1 de sable accompé.

Le *chat* paraît de profil et passant, la tête de front. Il est *effarouché* quand il est rampant, *hérissonné* quand il a le derrière plus haut que la tête.

(Fig. 1), *d'or au chat de sable tuant un rat de même.*

CHEVAL, LICORNE

Arot, 1 centaure d'hermines tenant une massue.

Baillardel. 1 cheval ailé d'argent, accompagné

Barao'h, gai et effaré de sable.

Chevalerie, gai et effaré d'argent

Cleo'h, 1 tête de cheval bridée
de sable.

Cohier, 1 licorne d'argent, accompagnant.

Davoust, 3 licornes saillantes
d'or.

Estival. 1 tête et col de cheval
de sable accompagnant.

Férey, écart. aux 2 et 3 : 1 gai
et effaré d'or.

Fillouse, 1 licorne d'argent
surmontée.

Girard, 1 tête de licorne d'argent, accompagnée.

Harouis, 9 têtes de licorne d'or,
chargeant.

Haye, 1 tête de licorne d'argent,
accompagnée.

Kerver, 1 licorne.

Luker, 3 chevaux d'argent surmontés.

Maréchal. gai et effaré de sable

Ménardeau, 3 tetes de licorne
d'or

Penmaro'h, écart. aux 1 et 4 :
1 tête de cheval d'argent.

Rollé, 1 licorne rampante d'argent ; *alids* d'or.

Villelouays, 1 licorne saillante
d'argent.

Le *cheval* paraît de profil et passant. *Animé* se dit de
l'œil du cheval, lorsqu'il est d'un autre émail que son
corps, *bardé, housse* et *caparaçonné* quand le cheval a
tous ses harnais ; *courant* lorsqu'il a les 4 jambes étendues ;
effaré lorsqu'il est levé sur ses pieds de derrière ; *gai* lorsqu'il est nu, sans bride ni licol.

La *licorne* imite le cheval à l'exception d'une corne
droite qu'elle a sur la tête, d'une petite barbe qu'elle a
sous le menton et de ses pieds qui sont fourchus.

(Fig. 1), *de gueules au cheval gai et effrayé d'argent.*
(Fig. 2), *de gueules d'azur à la licorne d'argent.*

CHÈVRES ET BOUCS

Boucault, bouc de sable ac
compagné.

Bouvier, 3 rencontres de sable.

Chabre, écart. aux 1 et 4 :
3 têtes d'or, accompagnant.

Chavres, 1 chèvre accompt.

Cheverue, 3 rencontres d'argent

Chevray, 3 têtes de sable, accompagnant.

Couldebouo, 3 têtes de bouc de sable.

Lauzières, écart. au 2 : 2 chèvres d'argent.

Le *bouc* et la *chèvre* paraissent de profil et passant. *Saillant, accorné* et *onglé* sont des termes déjà expliqués à l'article *cerf*.

(Fig. 1), *d'azur à un bouc passant d'argent.*

CHIENS, LEVRIERS, LIMIERS

Or

Brachet, 1 chien braque assis.

Cassin, 3 têtes de lévrier, accompagnant.

Chainillao, écart aux 1 et 4 : 1 lévrier.

Chasseraux, écart. au 1 : 1 lévrier.

Cheylus, 1 lévrier accolé de gueules, accompagnant.

Gautier, écart. au 1 : 1 lévrier.

Quen, 1 chien passant, accompé.

Renault, 1 chien assis, accompagnant et accompagné.

Touzé, 3 têtes de lévrier colletées de gueules.

Argent

André, 1 lévrier colleté d'or, accompagné.

Audren, 3 têtes de lévrier

Bain, 2 lévriers rampants, accompagnant

Barrère, 1 lévrier assis, colleté d'or et accompagné.

Bonamy, 1 chien passant, accompagnant.

Boschet, 2 lévriers colletés de gueules.

Boulaye, 3 têtes de lévrier colletées de gueules.

Bretesche, 1 tête de lévrier accompagnée.

Cassin, 1 lévrier courant, accompagné.

Chamillard, 1 lévrier colleté de gueules, accompagné.

Champion, 3 têtes de lévrier accolées ou colletées de gueules

Chaperon, 1 lévrier courant, chargeant.

Couffon, 3 têtes de lévrier, accolées d'or.

Coutelier, 1 lévrier colleté de gueules.

Deschiens, 3 têtes accolées de sable, chargeant.

Febvre, 1 lévrier colleté de gueules.

Fouquet, 1 lévrier colleté d'azur, accompagné.

Izarn, 1 lévrier courant, accompagné.

Jacquelot, 1 lévrier assis colleté d'or et accompagnant.

Kerourguy, 2 chiens courants et un lévrier.

Lamy, 1 tête de lévrier, accompagnée.

Lannorgant, 1 lévrier colleté de gueules.

Liepvre, 3 têtes de chien, accompagnant

Marié, 1 lévrier colleté d'or, accompagné.

Marzelle, 1 lévrier issant, surmontant.

Milon, 3 têtes de lévrier colletées de gueules.

Nicolaï, 1 lévrier colleté de gueules.

Normand, écart. au 4 : 1 lévrier colleté d'or, chargé sur le tout.

Pennec'h, 3 têtes de lévrier colletées de gueules.

Rondel, 1 lévrier colleté de gueules.

Téxier, 1 lévrier colleté de gueules.

Thierœlin, 1 chien accompé.

Thierry, 3 têtes de lévrier colletées de gueules.

Thorel, 1 lévrier colleté de gueules.

Trébuchet, 2 lévriers courants, accompagnant.

Trémaudan, 1 lévrier colleté d'argent et accompagné.

Vivien, 1 lévrier rampant et contourné d'azur, chargé.

Vuillefroy, 2 lévriers rampants et affrontés.

Gueules

Bois, 3 têtes de lévrier, brochant sur un écartelé.

Gassion, écart. aux 2 et 3 : 1 lévrier colleté d'or, chargeant

Mothe, écart. aux 2 et 3 : 1 lévrier accompagné.

S. Malo, 1 dogue.

Azur

Samson, 1 lévrier accompagné.

Sable

Aubert, 3 têtes.

Bardoul, 1 limier accompagné.
Berry, 3 têtes.
Broohart, 1 lévrier passant, accompagné.

Cosooat, 1 lévrier.

Eonnet, 1 lévrier colleté d'argent, accompagné.

Gaësdon, 1 tête de lévrier accompagnée.
Goff, 3 têtes de lévrier.

Hubert, 1 chien de S. Hubert.

Janzé, coupé au 1 : 1 lévrier accompagnant.

Léséleuo, 1 lévrier chargeant.
Lotodé, coupé au 2 : 1 limier.

Morvilliers, 2 chiens l'un sur l'autre, accompagnés de 3 annelets (*sceau*).

Noir, 1 tête de lévrier accompt.

Olivier, 3 têtes de lévrier colletées d'or, accompagnées.

Penmorvan, 1 lévrier colleté d'or, accompagné.
Plessis, 1 chien accompagné.

Raby, coupé au 1 : 1 chien couronné, tenant.
Roche, 1 chien accompagné de 2 molettes (*sceau*).

Silguy, 2 lévriers l'un sur l'autre, colletés d'argent.

Le *chien* ne paraît dans l'écu que de profil et passant ; il est *colleté* ou *accolé* quand il a un collier au cou, le collier est *bordé* et *bouclé* d'un autre émail.

Le *lévrier* est un chien de chasse qui paraît courant dans l'écu.

(Fig. 1), *d'azur au lévrier d'argent courant accolé de gueules, bordé et bouclé d'or.*

DAIMS, — *voyez* CERFS

ÉCUREUILS

Bigot, 1 de pourpre couronné.
Charmoy, 1 d'or.
Clero, 1 de gueules, rongeant.
Fouquet, 1 de gueules.
Jooet, 1 d'or.

Parga, 1 rampant d'or.

Saguier, écart. aux 2 et 3 1 de gueules.
S. Malon, 3 de gueules.
Thémoy, 1 de sinople, accompé.

L'*écureuil* se distingue de la fouine et de la belette en ce que sa queue hérissée paraît plus grosse que son corps.

(Fig. 1), *d'argent à un écureuil rampant de gueules.*

15

ÉLÉPHANTS

Penhoët, 1 d'argent soutenant.

L'*éléphant* est un meuble de l'écu qui représente le plus grand et le plus fort des animaux quadrupèdes, on dit *défendu* lorsque la dent de cet animal est d'un autre émail que son corps.

La trompe, séparée du corps de l'éléphant dans l'écu, se nomme *proboscide*.

(Fig. 1), *de gueules à un éléphant d'or, armé et onglé d'azur.*

GLÉS, — *voyez* SOURIS

HERMINES, BELETTES, LOUTRES, MARTRES
(*Voyez en outre* MOUCHETURES)

Auray, 1 hermine passante d'argent, chappée d'hermines et accompagnée.

Blois. 5 belettes d'argent passantes, accompagnées.

Camus, 1 martre d'or.

Cartier, 1 hermine passante d'or, chargeant.

Febvre, 1 loutre de sable soutenue, accompagnée.

Gennes, 3 genettes ou martres passantes d'or.

Guignace, 1 belette au naturel.

Jousselin, 3 genettes ou martres passantes d'or.

Miron, 1 hermine passante d'argent, accompagnant.

Mustel, 3 têtes de belette de sable, accompagnant.

Pitouays, 3 martres d'or.

Pontivy, 1 hermine d'or, accompagnant.

S. Malo, 1 hermine passante d'argent, accolée d'or, accompée

Vannes, 1 hermine passante d'argent, mouchetée de sable et chappée d'hermines.

La *belette* paraît passante en armoiries ; elle est rare.

L'*hermine* est un animal de la grosseur de la belette, son poil est blanc avec la queue noire.

La *loutre* est plus grande que le renard, mais plus bas sur jambes, la queue menue, allongée et terminée en pointe.

La *martre* ou *genette* est très rare en armoiries.

(Fig. 1), *de gueules à une hermine passante, mouchetée de sable et chapée d'hermines et accolée de la jarretière flottante de Bretagne.*

HÉRISSONS OU PORCS-ÉPICS

Coigneux, 3 d'or.

Doisseaux, 3 porcs-épics de sable.

Dondel, 1 d'or.

Hérisson, 3 de sable.

Houssay, 3 de sable.

Mesnard, 3 de sable.

Miorcec, 1 d'or, accompagné.

Morin, 1 de sable, chargeant.

Pugneix, 1 de sable.

Ranzé, 3 d'argent, accompt.

Le *hérisson* est un animal rare en armoiries.

Le *porc-épic* est un animal armé de longs aiguillons qui a quelque ressemblance avec le porc, et paraît comme lui de profil et passant. Il diffère du hérisson en ce qu'il est beaucoup plus gros. Son émail particulier est le sable. On dit *mitraillé* du porc-épic quand ses piquants sont semés de petites taches d'un émail différent.

(Fig. 1), *d'argent au porc-épic de sable.*

LAPINS ET LIÈVRES

Goëtélez, 1 tête de lièvre d'or; *aliàs :* accompagnée.

Fresche, 3 lapins de sable.

Gaësdon, 1 tête de lièvre de sable, accompagnée.

Gouëzlin, 1 lapin d'argent, chargeant.

Grall, 1 lièvre de sable, chargeant

Levrault, 1 levrault de gueules, chargeant.

Lièvre, 1 tête de lièvre au naturel, accompagnant ; *aliàs :* 1 tête de lièvre d'or, accompée.

Liepvre, 1 lièvre d'argent, accompagné.

Montault, écart. aux 2 et 3 : 2 lapins d'or, courant l'un sur l'autre.

Montellière, 1 lièvre de sable chargeant.

Ny, écart. aux 2 et 3 : 1 tête de lièvre d'or.

Pallier, 3 têtes de lapin d'argent, accompagnant.

Le *lapin* est un animal rare en armoiries.

Le *lièvre* est représenté de profil et courant. Il est quelquefois arrêté, et paraît assis sur ses pattes ; alors on le dit *en forme*.

(Fig. 1), *de gueules à la tête de lièvre d'or.*

LÉOPARDS, — *voyez* à la suite des LIONS.

LÉVRIERS, — *voyez* CHIENS.

LICORNES, — *voyez* CHEVAL.

LIÈVRES, — *voyez* LAPINS.

LIONS, LIONCEAUX

Lions d'Or

Amboise, accompagné.
Apremont, couronné.
Arnous, 1 lion.
Aubry, 2 affrontés, accompagnés.
Audibert, accompagné.
Auffray, brochant sur un fascé, *aliàs* sur un bandé.

Baglion, léopardé, tenant, accompagné.
Barberie, tenant.
Barbot, 1 lion, *aliàs :* 4 lionceaux cantonnant.
Basserode, 1 lion.
Berolé, 3 léopardés.
Bertin, écart. au 4 : 1 lion.
Bigarré, écart. au 1 : 1 lion.
Bigottière, 4 têtes cantonnant.
Bonaoursi, tenant.
Borel, 2 accompagnant.
Bouchart, 1 lion.
Boucher, chargeant.
Bouin, morné, surmonté.
Brancas, 4 pattes affrontées, accompagnant.
Breil, 3 accompagnés.
Bridon, tranché de gueules et d'or.
Brun, surmonté.
Brunel, parti d'or et d'argent.
Bullion, écart. aux 1 et 4 : surmontant.
Burgault, parti au 1 : surmonté et accompagné.

Cambronne, accompagné.
Castel, brochant sur un coupé.
Caze, accompagnant.

Cazeau, 2 affrontés soutenant, accompagné de 4 lionceaux.
Chaffault, couronné.
Chasant, parti au 2 : 1 lion coupé d'argent et d'or.
Chastel, 2 soutenant.
Chateaumeur, écart. aux 1 et 4 : 1 lion.
Chaurand, soutenu, accompé.
Chousant, couronné.
Conen, coupé d'argent et d'or, couronné.
Corgne, léopardé, accompagné.
Corlay, contourné, accompagné.
Coulombe, 1 lion.
Coussaye, accompagné.
Coutel, accompagné.
Cussy, 3 têtes, accompagnant.

Daimé, coupé au 2 : 2 affrontés accompagnés.
Daniel, 2 accompagnant.
Deniau, 1 tête, accompagnant.
Denmat, léopardé.
Deschiens, accompagné.
Digouris, accompagné.
Dodier, 1 lion.
Drillet, couronné, brochant sur un fascé.
Duperré, brochant.
Durand, tenant.
Durand, brochant sur un parti.
Dureau, parti au 2 : accompé.

Fagon, contourné, accompagné.
Fallégan, chargé.
Favois, 3 têtes.
Febvre, accompagné.

Fouoault, surmontant et accompagné.

Fanohet, 1 lion.

Gallezen. brochant sur un échiqueté.

Gallio, 3 têtes, accompagnant.

Garrault, accompagné.

Gaudin, accompagné ; *alias :* écart. aux 2 et 3 : accompé.

Gautier, écart au 4 : 1 lion.

Gellée, 3 têtes accompagnant et accompagnées.

Gérard, couronné.

Girard, accompagnant et accompagné.

Girard, écart. aux 1 et 4 : 1 lion.

Goislard, léopardé, accompt.

Goulard, couronné.

Gouyon ou Goyon, 1 lion.

Gras, chargé.

Gratien, couronné, accompt

Grenieux, accompagné.

Gris, accompagné.

Grisonys, surmonté.

Guénégaud, 1 lion.

Guillemin, écart. aux 2 et 3 : accompagnant.

Guillemot, couronné, accompé.

Guillier, 1 lion.

Halegoët, morné.

Jaouen, accompagné.

Jouan, accompagné.

Juzel, chargeant un franc canton

Keralain, 1 lion.

Kerigny, 1 lion.

Kerliver, 4 cantonnant.

Kernezne, écart. au 3 accompagné, à l'écu mi-parti d'or et d'azur chargé, brochant sur le tout.

Keroullay, issant, chargeant et couronné.

Labat, 1 lion.

Lacrosse, tenant, accompt.

Lan, couronné.

Lande, 1 lion.

Landais, écart. aux 2 et 3 : accompagné.

Lanjuinais, écart. aux 1 et 4 : tenant.

Lay, 1 lion.

Lesménez, 4 têtes, cantonnant.

Limoges, 1 lion.

Lionne, léopardé, chargeant et accompagnant.

Loges, 1 lion.

Lombart, accompagné.

Lorido, la queue fourchée.

Lort, accompagné.

Luily, accompagné.

Madaillan, écart. aux 2 et 3 : couronné.

Magon, couronné, accompagnant

Maire, couronné, brochant.

Mareschal, couronné.

Marest, surmonté.

Marigo, écart. aux 1 et 4 : 1 lion

Marnières, accompagnant.

Martial, 1 lion.

Minven, 1 lion.

Montaigu, 2 couronnés.

Noë, couronné.

Normand, léopardé, accompé.

Normand, écart. au 1 : 1 lion chargé sur le tout.

North, accompagné.
Nozay, 4 cantonnant.

Orain, parti au 2 : contourné, accompagné.

Panoigot, 1 lion.
Partevaux, accompagnant.
Pauvre, 3 chargeant.
Pélissier, éviré.
Pezron, chargé.
Piedefer, 1 lion.
Poher, 2 lions.
Poussepin, léopardé, accompt.
Privé, 1 lion.
Puy, écart. aux 2 et 3 : couronné, accompagnant.

Ramereu, 3 têtes accompagnant; *aliàs* : 2 arrachées, accompt.
Regnault, accompagné.
Roche, accompagné.
Roi, 1 lion.
Rondiers, 1 lion.
Rossi, couronné, tenant et chargeant.

Rousseau, 2 têtes surmontant, accompagnées.
Ruzé, 3 accompagnant.

S. Pair, léopardé, chargeant.
Salmon, 3 têtes accompagnant.
Saout, 1 lion.
Sonis, accompagné.
Suroouf, chargeant et accompt

Talbot, accompagné.
Téxier, léopardé.
Trégaray, 3 têtes.
Trégaret, parti d'or et d'azur tenant.

Vaufleury, 4 têtes, cantonnant
Vayer, 1 lion.
Verdier, écart. aux 2 et 3 1 lion, à l'écu d'or chargé brochant.
Verrier, écart. aux 2 et 3 issant et brochant.
Voyer, 2 léopardés, passants et couronnés; *aliàs* : écart. aux 1 et 4 :

Lions d'Argent

Adam, 1 lion.
Aymonet, coupé au 2 : 2 affrontés.

Balam, accompagné.
Bareau, écart. au 3 : 1 lion, à l'écu d'or chargé, brochant.
Barnabé, couronné d'or accompagné, chargeant.
Barre, brochant.
Basoges, burelé d'argent et de gueules.

Beaulieu, accompagné.
Béoheneo, parti au 1 : 1 lion.
Belordeau, surmonté d'une devise d'argent chargée.
Bernard, surmonté.
Blano, accompagnant.
Blano, léopardé, coupé d'argent et de sable.
Blondeau, écart. au 2 : 1 lion.
Bouchet, écart. aux 2 et 3 : chargeant.
Bouexel, écart. aux 1 et 4 : 1 lion

Bourgoin, fascé d'argent et d'azur de 8 pièces.

Bréart, 1 lion.

Breil, morné, *aliàs* écart. aux 1 et 4 : morné.

Breil, couronné, accompagné.

Bridon, tranché d'argent et de sinople.

Brossaud, chargé.

Bowne, 3 passants, accompagnés.

Brunel, parti d'or et d'argent.

Cady, 2 affrontés, accompagnés.

Caignart, 1 lion.

Cambray, 3 lionceaux.

Cardinal, écart. aux 1 et 4 : coupé de gueules et d'argent.

Carpout, chargeant.

Chambellan, accompagné.

Chardonnay, 1 lion.

Charil, passant, chargeant.

Chasant, parti au 2 : coupé d'argent et d'or.

Cheminée, 3 têtes couronnées, chargeant.

Chevalier, chargeant.

Chevrie, léopardé.

Chouet, 1 lion.

Clero, accompagné.

Clisson, couronné.

Coëtivy, 1 lion.

Coëtlogon, écart. aux 2 et 3 : contrécart. aux 2 et 3 : chappé de gueules.

Coëtlosquet, morné, chargeant.

Coëtquelven, 1 lion; *aliàs* : surmonté.

Collet, écart. aux 2 et 3 : 1 lion.

Combout, couronné.

Conan, coupé d'argent et de gueules.

Conen, coupé d'or et d'argent, couronné.

Demours, couronné.

Dodieu, 2 accompagnant.

Doré, 2 têtes accompagnant, accompagnées.

Doriveau, accompagnant.

Dréseuo, 3 lionceaux.

Drouet, accompagné.

Durfort, écart. aux 1 et 4 : 1 lion.

Espine, parti au 1 : 1 lion.

Estrade, couché, accompagnant.

Flécelles, accompagné.

Forestier, couronné, chargeant un écu en abyme.

Forsanz, écart. aux 2 et 3 : 1 lion.

Foucher, 1 lion.

Fouray, écart. aux 1 et 4 : 1 lion

Fourohé, 2 affrontés couronnés, surmontant et accompagnés.

Fouré, accompagné.

Franquet, accompagné.

Frotin, 3 pattes, accompagnant et accompagnées

Goulard, couronné.

Gourmelon, 1 lion.

Grandière, couronné.

Guéguen, accompagné.

Guéhenneuo, léopardé, surmonté.

Guéhenneuo, accompagné ; *aliàs* : chargeant un franc canton.

Guérande, 2 passants.

Guignen, chargeant.

Guillaume, couronné.
Guillaumeau, couronné.

Halegoët, accompagné.
Haloret, 1 lion.
Hardaz, couronné.
Harel, accompagné.
Hattes, chappé de gueules.
Hay, morné.
Hennequin, léopardé, chargeant
Henry, chargé.

Jagu, accompagné.
Jégado, 1 lion.
Jochaud, tranché d'argent et de sinople.
Josselin, parti au 1 : couronné.
Juch, 1 lion.

Kerbouriou, morné.
Kerenec, morné; *aliàs :* vairé d'argent et de gueules.
Kerguéhéneuc, coupé de gueules et d'argent.
Kerjagu, coupé d'argent et d'azur
Kerouzéré, 1 lion.
Kersabiec, 1 lion.
Kervéguen, brochant.

Lauzières, écart. au 3 : accompagné.
Legge, 1 lion et demi mantelé, accompagnant.
Léonard, 1 lion.
Lescaroux, couronné, brochant
Lirot, 1 lion.
Loyon, écart. aux 2 et 3 : 1 lion.

Macnémara, accompagné.
Madio, 3 lions.

Maillard, accompagnant.
Maine, chargeant un franc canton, accompagné.
Maistre, accompagné.
Mangin, brochant.
Maniou, couronné.
Maroé, 3 lions.
Marest, surmonté.
Mauléon, 1 lion.
Mesnault, 1 lion.
Milon, issant, accompagné.
Montoontour, couronné, accompagné.
Monneraye, 3 têtes chargeant, accompagnées.
Montespedon, 1 lion.
Montfort-l'Amaury, 1 lion, la queue fourchée.
Morel, accompagné.
Motte, rampant.
Motte, 3 lions.
Mouaire, 3 lions.

Nau, couronné, tenant.

O'Murphy, écart. aux 2 et 3 : 2 lions, chargé sur le tout.

Paignon, 1 lion.
Pan, 2 mornés et léopardés, parti de gueules et d'argent.
Panetier, couronné, chargeant un franc quartier.
Pas, 1 lion.
Pé, 3 lions.
Pélissier, chargé.
Penhoadio, accompagné.
Pérouse, coupé au 1 : 1 lion.
Pilguen, léopardé.
Plouzin, parti au 2 : tenant.

Pontoroix, morné.

Pou, couronné.

Pouldouran, chargeant un franc canton.

Prévost, léopardé, couronné.

Prigent, couronné.

Proisy, 3 lions.

Renaud, 1 tête accompagnée.

Rison, écart. aux 1 et 4 : 1 lion.

Roche, morné, chargeant.

Rosmadec, écart. aux 2 et 3 : alias au 4 : 1 morné. à l'écu d'azur chargé, brochant.

Ruffier, chargeant.

Sané, accompagné.

Saulnier, 3 lions.

Soliozon, couronné.

Simon, 1 lion.

Tayart, 1 lion.

Terrien, tenant.

Tizé, coupé d'argent et de sable.

Triac, couronné, alias et surmonté.

Vars, coupé de gueules et d'argent, brochant sur un parti.

Vaux, coupé d'argent et de sable.

Vaux, coupé de gueules et d'argent, chargeant.

Verger, chargeant un franc canton.

Villemarie, 1 lion.

Visé, chargeant.

Vitré, contourné, couronné.

Vivet, écart. au 2 : 1 lion, à l'écu d'argent chargé, brochant.

Lions de Gueules

Agay, accompagné.

Albert, couronné.

Albert, 1 lion, alias : écart. aux 1 et 4 : 1 lion.

Angevin, chargeant et accompt.

Aux, coupé au 2 : rampant.

Bahezre, 1 lion.

Barillière, 4 cantonnant.

Baron, 2 affrontés, soutenant.

Basoges, burelé d'argent et de gueules.

Beauvais, accompagné.

Beauvau, 4 couronnés ; alias : écart. aux 1 et 4 : 4 couronnés.

Berthois, couronné, accompagné

Bigot, morné.

Boispéan, 2 affrontés, accomp.

Boistoneau, 3 accompagnant.

Bonnescuelle, 1 lion.

Bosquien, couronné.

Botherel, chargeant.

Botmeur, écart. aux 1 et 4 : 1 lion ; aux 2 et 3 : 1 lion.

Bouays, coupé de gueules et de sable, couronné.

Bougrenet, chargé.

Boulliau, naissant, chargeant.

Braillon, chargé.

Bréfeillac, couronné.

Bréhet, couronné.

Breil, couronné.

Breslay, tenant.

Bridon, tranché de gueules et d'or.

Brie, chargeant.

Briffe, écart. aux 1 et 2 : accompagné.

Brizart, couronné.

Brun, accompagné.

Buell, chargeant.

Campir, brochant.

Cardinal, écart. aux 1 et 4 : coupé de gueules et d'argent.

Carluer, 1 lion.

Carre, chargeant un franc canton

Cénami, 1 lion.

Champeaux, couronné.

Champs, 2 affrontés.

Charil, couronné, accompagné.

Chef-du-Bois, écart. aux 1 et 4 : 1 lion.

Chupeau, parti au 2 : accompé.

Clays, accompagné.

Clévéder, 2 affrontés, tenant.

Coataudon, couronné, *alias* accompagné.

Coëtléven, 1 lion.

Coëtnours, 1 lion.

Coëtrédrez, écart. aux 1 et 4 : 1 lion.

Conan, coupé d'argent et de gueules.

Coudray, 1 lion.

Couriault, couronné.

Derrien, 2 affrontés.

Dodun, issant, accompagné.

Duchais, 1 lion.

Durand, brochant sur un parti.

Dusson, écart. au 1 : 1 lion.

Emery, couronné.

Esclabissao, 2 affrontés, accompagnés.

Espinay, coupé de gueules et de sinople; *alias* : chargé.

Foix, 2 passants, chargeant un écu en abyme, brochant sur un écartelé.

Forestier, couronné.

Fortin, tenant.

Fournier, couronné, accompé.

Gall, chargé.

Garsenlan, contourné, chargeant.

Garspern, accompagné.

Gasté, morné.

Gaurays, chargé.

Gorsse, 3 têtes, accompagnées.

Gouayré, 1 lion.

Goué, accompagné.

Gouyon, couronné

Gretz, accompagnant.

Grimaudet, 3 lionceaux.

Groing, 3 têtes, accompagnées.

Grossolles, issant, accompagné

Gruyer, 4 affrontés, chargeant.

Guéniveau, brochant.

Guichet, 1 lion.

Habasque, 2 passants ou léopardés.

Han, morné, soutenu.

Harel, morné.

Herbais, accompagné.

Hervieux, léopardé, chargeant.

Jenville, issant, couronné et chargeant.

Jumelays, léopardé.

Keranguen, morné.

Kereneo, vairé d'argent et de gueules.

Kerguéhéneuo, coupé de gueules et d'argent.

Kerguiniou, couronné.

Kerinizan, accompagné.

Kermartin, chargé.

Kerpoisson, la queue contournée.

Kersulguen, accompagné.

Lande, couronné.

Laurent, accompagnant.

Léon, couronné.

Lescaudu, chargeant et accompagnant.

Leschevin, accompagnant.

Lesguern, accompagné.

Lesquélen, coupé de sable et de gueules.

Lezardrieux, 1 lion.

Limonier, chargé.

Loyon, écart. aux 1 et 4 : 1 lion

Luxembourg, écart. aux 1 et 4 : couronné, la queue nouée.

Madio, 1 lion.

Maroadé, 3 lionceaux mornés ; *alias* naissants.

Maro'heo, couronné, chargé.

Marok, issant, accompagnant.

Marquis, 1 lion.

Martinière, chargeant.

Mascarène, accompagné.

Mespérénez, écart. aux 1 et 4 : 1 couronné.

Mézeo, accompagné.

Milieau, 1 lion.

Minot, 1 lion.

Montdragon, accompagné ; *alias* : 2 affrontés, soutenant.

Montigny, chargé, accompagné

O'Murphy, écart. aux 1 et 4 : 2 lions, chargé sur le tout.

O'Neil, 2 affrontés accompagnant, accompagnés.

Orain, parti au 1 : contourné, accompagné.

O'Riordan, écart. aux 2 et 3 : soutenant.

O'Schiel, accompagagné.

Pan, parti au 1 : léopardé et morné.

Paris, 4 affrontés, cantonnant.

Pastour, accompagné.

Perrot, accompagné.

Petit, chargeant.

Petit, tête chargeant, accompagnée.

Phélippes, tête surmontant, *alias* soutenue.

Plessis, couronné, surmontant.

Poilley, léopardé, couronné.

Pont-l'Abbé, 1 lion, *alias* : écart. aux 1 et 4 : 1 lion.

Puy, écart. aux 1 et 4 : 1 lion.

Quérou, 2 affrontés, tenant.

Ralet, couronné, accompagné.

Rest, issant, accompagnant et chargé.

Ribault, 1 lion.

Richardeau, 2 affrontés, accompagnant.

Robecq, tenant.

Rouge, écart. aux 1 et 4 : coupé de sable et de gueules.

Rouxel, accompagné.

Ruel, issant.

Russel, accompagné.

Sage, couronné.

Salomon, accompagnant.

Sarant, accompagné.

Satin, coupé de gueules et de sinople.

Schomberg, coupé de gueules et de sinople.

Soot, 3 têtes arrachées.

Serpaudaye, 3 accompagnant.

Tertre, 1 lion.

Testard, 1 lion.

Thiroux, 3 têtes accompagnant.

Troussier, 1 lion.

Tullaye, 1 lion.

Vaillant, chargé.

Valette, 3 lionceaux.

Vars, coupé de gueules et d'argent, brochant sur un parti.

Vaux, coupé de gueules et d'argent, chargeant.

Vilaines, chargeant un franc canton, au 2me parti.

Villarmois, accompagné.

Lions d'Azur

Boscher ou Boschier, accompagné.

Bohier, 1 lion; *aliàs :* accompagné.

Bois, 1 lion.

Bourgoin, fascé d'argent et d'azur de 8 pièces.

Briffe, écart. au 4 < accompagné.

Campion, 1 lion.

Cléhunault, 3 lions.

Couësme, 1 lion; *aliàs :* accompagné.

Dampierre, accompagné.

Dourduff, 1 lion.

Estienne, chargé.

Foucault, écart. aux 2 et 3 : 1 lion.

Giffart, 4 cantonnant.

Hilary, chargeant un franc canton.

Kerdérien, écart. aux 1 et 4 : accompagné.

Kerjagu, coupé d'argent et d'azur.

Kerliviry, écart. aux 1 et 4 : chargé.

Kermavan, 1 lion; *aliàs :* écart. aux 2 et 3 : 1 lion.

Launay, couronné.

Legge, 1 et demi mantelé, accompagnant.
Leslay, couronné.

Mesoanton, morné, chargé.

Palue, chargé.
Parisy, 1 lion.
Penhoët, 1 lion.

Rousseau, couronné, brochant sur un fascé

S. Tureau, parti au 1' : 1' lion.
Stapleton, écart. aux 1 et 4, contrécart. aux 1 et 4 : cantonné.

Tranchant, couronné, chargé.
Trégaret, parti d'or et d'azur, tenant.

Lions de Sinople

Bertrand, 1 lion.
Besné, morné.
Botherel, morné.
Bridon, tranché d'argent et de sinople.

Coëtandoo'h, chargeant.
Coëtinizan, 1 lion, alias accompagné.
Duault, couronné.

Espinay, coupé de gueules et de sinople; alias : chargé.

Fontaine, 1 lion.

Guynan, 1 lion.

Joohaud, tranché d'argent et de sinople.

Keronvel, écart. aux 1 et 4 : couronné.

Largez, 1 lion, alias accompé.

Piohard, 2 affrontés, chargeant et accompagnés.

S. Mémin, couronné.
Satin, coupé de gueules et de sinople.
Schomberg, coupé de gueules et de sinople.

Lions de Sable

Antigny, morné.
Apuril, 1 lion.
Apuril, 2 têtes accompagnant et accompagnées.

Aumer, chargeant.
Autier, léopardé, chargeant.

Belon, accompagné.

Bérien, chargeant un franc canton.

Béritault, 3 têtes accomp^t.

Berthelot, 2 passants ou léopardés.

Bessac, accompagné.

Bidé, accompagné.

Bigot, écart. aux 1 et 4 : morné, couronné.

Binolais, 3 pattes de lion, accompagnant.

Blanc, léopardé, coupé d'argent et de sable.

Boissais, chargé.

Bouays, coupé de gueules et de sable, couronné.

Boulonnois, accompagnant.

Bourke, accompagnant et accompagné, brochant sur un coupé.

Brandin, couronné, la queue nouée

Breil, surmontant.

Bret, chargeant un écu en abyme, accompagnant.

Breton, léopardé, chargé.

Bruneleau, 1 lion.

Busson, couronné.

Caffarelli, parti au 1 : 1 lion.

Campion, tenant.

Carlier, parti au 1 : 1 lion.

Carré, 2 affrontés, accompagnant

Cassart, accompagné.

Chalot, 4 cantonnant.

Charette, accompagné.

Charil, accompagné.

Coëtgourhant, chargé.

Collin, parti au 2 : tenant.

Corbière, couronné.

Cuoé, chargeant.

Daen, couronné.

Danizy, accompagné.

Darispé, 1 lion.

Davy, 1 lion.

Denais, brochant.

Dieuzie, couronné, accompé.

Digaro'har. léopardé.

Eon, 1 lion.

Faramus, couronné.

Fauvel, 2 accompagnant.

Fruglaye, 1 lion.

Gao, 1 lion.

Galléer, couronné.

Gareo, chargeant un franc canton.

Garjan, accompagné.

Garsenlan, chargeant et accompagnant.

Gauvin, accompagnant.

Gérut, couronné et accompagné.

Gladonnet, 1 lion.

Glaz, 1 lion.

Goudelin, écart. aux 2 et 3 : accompagnant.

Goures, couronné, *aliàs* accompagné.

Gué, accompagné.

Guénour, couronné.

Guérapin, tenant, accompagné.

Guillon, 3 accompagnant.

Haye, 1 lion.

Huon, morné, chargé.

Isles, couronné.

Jambu, écart. aux 2 et 3 : couronné.
Jehannot, 2 affrontés, soutenant

Keramanao'h, chargeant un franc canton.
Kerbescat, morné et chargé.
Keriber, 1 lion.
Kerimèl, brochant.
Kerouzy, morné.
Kerret, écart. aux 1 et 4 : morné et chargé.
Kersaliou, couronné, brochant sur un fascé.
Kerscouao'h, 1 lion.

Laënneo, coupé au 1 : léopardé; *aliàs :* léopardé, chargeant.
Landerneau, écart. aux 1 et 4 : morné.
Léon, couronné.
Léon, morné, *aliàs* accompagné
Lesneven, tenant.
Lesquélen, coupé de sable et de gueules.
Lionnais, 3 lionceaux.
Liron, chargeant.
Lohenneo, léopardé, surmontant.
Lotodé, coupé au 1 : morné.
Lyon, chargeant.

Margat, 1 lion.
Masson, 1 lion.
Mauger, 2 cantonnant.
Menou, accompagné.
Monligné, 1 lion.

Montgeroult, 3 lionceaux; *aliàs :* chargés.
Mordelles, 1 lion.
Moreau, écart. aux 1 et 4 : 1 lion
Morice, brochant.
Morin, couronné.
Motte, chargé et accompagné.

Nicolas, couronné, accompagné
North, accompagnant.
Nos, couronné.

Olivier, chargeant et accompt.

Palue, morné, accompagné.
Paynel, 4 têtes cantonnant.
Perrin, couronné.
Picart, accompagné.
Plessis léopardé, accompagné.
Portzpozen, 1 lion.

Quengo, couronné.
Quesne, 1 lion.
Quintin, morné, accompagné.

Racinoux, 1 lion.
Réau, coupé au 1 : accompagné.
Richard, accompagné.
Ricouart, léopardé, chargeant.
Rouge, écart. aux 1 et 4 : morné, coupé de sable et de gueules.
Ruellan, 1 lion; *aliàs :* couronné.

Saint, accompagné.
Saint Pol de Léon, morné, tenant.
Salle, contourné, accompagné.

Soelles, 3 accompagnant.
Séjourné, soutenant.
Stapleton, 1 lion.

Tertre, couronné.
Tizé, coupé d'argent et de sable
Touche, couronné.
Treffgarn, 1 lion.
Trélan, 1 lion.
Tréveznou, accompagné.

Trimollerie, 3 lionceaux, chargeant.

Vaux, coupé d'argent et de sable
Verger, couronné.
Vilaines, 3 accompagnés.
Villeneuve, 1 lion.

Yvelin, coupé au 1 : léopardé, chargeant.

Lions de Pourpre,

Déan, 1 lion.

Lions d'Hermines

Aubigné, couronné.
Chabannes, couronné.

Luette, 3 couronnés.
Panou, chargeant.

Lions de Vair

Jocet, contrevairé, accompagné.

Kérénec, vairé d'argent et de gueules.

Sceaux

Anseau, chargé.

Bomorin, morné.
Botherel, accompagné.

Chapelle, 3 lionceaux.
Cloé, 1 lion.
Coësmes, 1 lion, à la bordure engreslée.
Cordemine, couronné, au chef chargé d'un lambel.

Corlay, la tête contournée, regardant une étoile à senestre.

Déserts, 1 lion.
Doguet, accompagnant, accompagné.

Ebles, 1 lion.

Géebert, chargeant un chef.

Grandmoulin, monté par un aigle.

Guerohe, 1 lion.

Hilary, couronné.

Jambu, 4 lionceaux cantonnant une croix.

Kerambartz, issant, chargeant un chef et accompagnant.

Keranguen, parti au 1 : 1 lion.

Keravis, 1 lion chargeant sur un écartelé.

Kergonnan, 1 lion chargé d'une bande.

Kerguélenen, parti au 1 : 1 lion chargé d'une mâcle.

Lande, 3 lionceaux surmontés d'un lambel.

Long, 1 lion.

Marbo, surmonté d'un lambel.

Mauny, brochant sur un écartelé

Menguy, 1 lion.

Parga, parti au 1 : 1 lion.

Rohan, 1 lion à la bordure nébulée.

S. Didier, 1 lion.

Salle, rampant.

Taillis, 1 lion à la bordure endentée.

Le *lion* parait ordinairement rampant et de profil, ne montrant qu'un œil et qu'une oreille ; sa langue sort de sa gueule, est recourbée et arrondie à l'extrémité ; sa queue levée droite, un peu en onde, a le bout touffu et retourné vers le dos.

Quand il y a plus de deux lions dans l'écu, ils sont nommés *lionceaux*.

Le lion est *éviré* lorsqu'il n'a pas la marque du sexe ; *diffamé* quand il n'a pas de queue.

Le lion est *léopardé* quand il semble marcher, alors la queue tournée sur le dos a le bout tourné en dehors. Il est *couronné* quand il a une couronne sur la tête ; *lampassé* et *armé* de sa langue et de ses griffes quand elles sont d'un autre émail que son corps. Il est *morné* quand il n'a ni dents, ni langue ; *naissant* quand sa partie inférieure est supprimée ou qu'il meut d'une fasce ou du bas de l'écu. Il est *issant* lorsqu'il parait sur un chef, une fasce, ou mouvant de la pointe ou d'un des flancs de l'écu, ne montrant que la tête, le cou, le bout de ses pattes de devant et l'extrémité de sa queue. Il est *contourné* lorsqu'il est tourné vers la gauche de l'écu.

(Fig. 1), *de gueules au lion d'argent*.

(Fig. 2), *de gueules au lion léopardé d'or*.

LÉOPARDS

Léopards d'Or

Anjou, 2 l'un sur l'autre.
Anzeray, 3 têtes.
Aubry, 1 accompagnant.

Berthelot, 3 têtes surmontées.
Bigot, 3 têtes.
Boiséon, 3 têtes accompagnant.
Brignon, 1 tête accompagnée.
Briot, 1 tête accompagnant.
Buhigné, 3 têtes.

Cahideuc, 3 têtes.
Campion, accompagné.
Catus, accompagné.
Chasant, 1 léopard.
Chauveau, accompagné.
Clausse, 3 têtes accompagnant,
    accompagnées.

Coq, parti au 1 : 2 léopards.

Daohon, 2 léopards.

Evesque, 3 têtes accompagnant.

Faou, 1 léopard, *alias* chargé.

Girard, écart. aux 1 et 4 :
    couronné chargeant et accom-
    pagné à l'écu losangé d'argent
    et de gueules, brochant
    sur le tout.
Goulaine, parti au 1 : 3 léo-
    pards.
Grout, écart. aux 1 et 4 : 3 têtes
Guerohe, 2, *alias* 6 léopards.
Guiton, chargeant.

Haye, chargé.

Jumeau, 1 léopard.

Kergoët, chargé.
Kergrao'h, 3 têtes.
Kermel, 2 accompagnant.
Kerprigent, lionné, accompé.
Keryven, 1 tête.

Launay, 2 accompagnés.
Laval, 1 léopard.

Malestroit, accompagné.

Nepveu, 3 têtes accompagnant.
Normant, chargeant.

O'Brien, écart. aux 1 et 4 :
    3 parti d'or et d'argent.

Parc, 3 têtes accompagnant.
Parc, 1 accompagné.
Picart, 1 tête couronnée, *alias*
    accompagnée.
Plessis, 2 l'un sur l'autre.
Prévost, 3 têtes.

Quillien, écart. aux 2 et 3 :
    1 léopard, *alias* chargé.

Roche, 2 léopards, *alias* chargés
Rogier, 3 têtes.
Romilley, 2 couronnés.
Roux, 3 têtes accompagnant.

Ségaler, 3 têtes accompagnant
    et accompagnées.
Suffren, 4 têtes cantonnant.

Taillefer, 2 léopards.

Uguet, 3 têtes.

Léopards d'Argent

Avoine, 1 léopard.

Bart, 1 léopard.
Bertrand, 1 tête accompagnant.
Boishardy, 1 léopard, *alias :*
chargé.
Bréhant, 1 léopard.

Caoauit, coupé au 2 : surmonté.
Chalet, accompagné.
Chasant, 1 léopard.
Clos, chargé.
Costardaye, 2 parti de gueules
et d'argent.

Digaultray, 1 tête accompée.

Espinay, 2 accompagnant.

Goulleo, cantonnant.
Grout, écart. aux 1 et 4 : 3 têtes.
Guémadeuo, accompagné.

Kersaudy, 1 léopard.

Lande, couronné, accompagné.
Langan, couronné.

Meneust, chargeant, accompé.

O'Brien, écart. aux 1 et 4
3 parti d'or et d'argent.

S. Maro, couronné.
Sorel, 2 léopards.

Léopards de Gueules

Abelin, chargeant.
Angebault, 1 léopard.
Aubrée, lionné tenant, accom-
pagné.

Barrault, 2 l'un sur l'autre,
surmontés.
Buzio, écart. aux 1 et 4 : 1 léopard.

Cleuzmeur, chargeant.
Costardaye, 2 parti de gueules
et d'argent.

Dombideau, lionné, chargeant,
accompagné.

Gouéon, 2 léopards.

Jaillo, lionné, accompagné.

Marquès, coupé au 2 : accomp³.
Montfromery, parti de gueules
et de sinople.
Morel, 1 léopard.

Névet, morné.
Nicolazo, 1 léopard.

Picot, écart. aux 2 et 3 : 3 léopards.

Queux, cantonné.

S. Denis, chargeant et accompt.

Léopards d'Azur

Cheminée, couronné, accompé.
Gallou, contourné.
Keradreux, 3 léopards.

Liour, 4 têtes accompagnant.
Oury, 1 léopard.

Léopards de Sinople

Chasteigner, 1 léopard.

Montfromery, parti de gueules et de sinople.

Léopards de Sable

Bataïel, 2 couronnés.
Bernard, 2 léopards.
Bois-Hamon, lionné.

Chertier, 1 léopard.

Douart, 2 accompagnant.

Ertault, accompagné.

Flambart, 3 têtes

Gibot, 1 léopard.

Keralio, 1 léopard.

Ploërmel, lionné, couronné et tenant

Quemper, surmonté.

Roc'h, 1 léopard.
Rocher, 1 tête surmontant.
Rogier, accompagné ; alias : 3 lionnés accompagnés.

Testu, 3 dont 1 contourné.
Trévou, 1 léopard, alias accompagné.

Villeoanio, 1 léopard.

Léopards d'Hermines

Broël, lionné.

Muzillao, lionné.

Sceaux

Barbechat, 1 accompagné.
Boishardy, chargé d'une bande.
Boixière, accompagné d'une bordure engrelée.

Hautbois, 3 têtes.

Mahé, 1 tête accompagnée de 3 merlettes.
Malestroit, accompagnant 9 besants.

Payen, 2 léopards.

Roche-Derrien, 1 léopard.

S. Gilles, chargeant un franc canton, accompagnant.

Trégoëzel, 1 léopard.

Vergier, chargeant un franc canton, accompagnant.

Le *léopard* est toujours représenté dans l'écu, passant, la tête toujours de front, montrant les deux yeux et les deux oreilles ; sa queue est retroussée sur le dos, le bout retourné en dehors

Le léopard est *lionné* quand il est **rampant**, parcequ'alors il est dans l'attitude ordinaire du lion.

Il est *contourné* lorsqu'il est tourné vers la gauche de l'écu.

(Fig. 1), *d'argent au léopard de gueules.*

(Fig. 2), *d'azur au léopard lionné d'or.*

LOUAILS, — *voyez* TAUREAUX

LOUPS

Or

Beauclerc, 2 têtes accompagnant, accompagnées d'1 loup.

Bréolière, 1 tête

Giraud, 3 têtes accompagnant.

Lesrat, 1 tête accompagnée.

Lou, rampant ou ravissant.

Louvel, 3 têtes.

Lubersac, 1 loup.

Nicolas, 3 têtes accompagnant.

Noue, 3 têtes chargeant.

Poisson, 1 tête accompagnant.

Argent

Auvergne, 4 têtes cantonnant.

Bahuno, passant, surmonté.

Béraud, passant, accompagné.

Bley, 3 passants, *aliàs* : 1 loup (*sceau*).

Breton, 4 têtes cantonnant.

Brunet, 3 têtes chargeant.

Chaponnier, passant.

Manoel, 3 têtes chargeant et accompagnant.

S. Amadour, 3 têtes, *aliàs* accompagnées.

Sable

Avaleuc, 3 têtes.

Bailleul, 3 têtes.
Baude, 3 têtes.
Bino, 3 têtes.
Blavon, 1 tête accompagnant.
Bosc, passant.
Bouan, 3 têtes accompagnant.
Bouère, 3 têtes.
Boulonneau, 3 têtes.
Brillet, 3 têtes arrachées de gueules.
Burot, 3 têtes, *aliàs* écart. au 1 : 3 têtes.

Castelnau, écart. aux 2 et 3 : 2 passants.
Chanteloup, passant. *aliàs* accompagné.
Coglez, la queue fourchée.

Fessart, contrepassant.
Fossé, 3 têtes.

Galbois, coupé au 1 : 3 têtes accompagnées.
Gobien, coupé au 1 : 3 têtes accompagnées.
Guillay, 3 têtes.

Hastelou, 3 têtes (*sceau*).
Henry, 3 têtes.

Jauréguy, 4 loups.
Jolif, 3 têtes.

Lou, 1 loup.
Louët, 3 têtes.
Louvel, 3 têtes accompagnant.

Martin, écart. au 4 : 1 loup.
Marzain, 1 loup (*sceau*).
Montalembert, 3 têtes.

Oulf, 1 rampant.

Perron, 3 têtes accompagnant.
Piedelou, 3 pieds.
Pinot, écart. aux 2 et 3 : 3 têtes
Poullou, 1 ravissant, chargé.

Rousselaye, 3 têtes accompt.

Suasse, chargeant.

Vénier, 3 têtes accompagnant.
Villethébault, écart. aux 2 et 3 : 1 tête.
Visdelou, 3 têtes.

Le *loup* est un animal sauvage et carnassier qui paraît dans l'écu passant, quelquefois courant; quand il est levé on le dit *ravissant*. il a toujours la queue pendante, ce qui le distingue du renard, qui l'a levée verticalement. *Lampassé, armé,* se dit de la langue et des griffes du loup lorsqu'elles sont d'un autre émail que son corps. *Contrepassant* se dit des animaux dont l'un passe d'un côté, l'autre d'un l'autre.

(Fig. 1), *de sable au loup passant d'argent.*

MOUTONS, AGNEAUX, BÉLIERS

Belinaye, 3 rencontres de bélier de sable

Chilleau, 3 moutons d'argent.

Cornouailles, 1 mouton d'argent ; *aliàs :* écart. aux 1 et 4 : à l'écu d'argent chargé, brochant.

Digaultray, 1 mouton d'argent soutenu, accompagnant.

Fagon, 1 mouton d'argent, accompagnant et accompagné.

Forges, agneau pascal d'argent.

Hénaud, 1 mouton d'argent.

Hervouët, 1 rencontre de bélier d'argent, accompagné.

Jan, 1 mouton d'or accompt.

Lannion, agneau pascal d'argent, tenant.

Lavanant, agneau pascal d'or, accompagnant, accompagné.

Lisao, 1 agneau d'or, accompagné

Meur, 1 mouton de sable, accompagné.

Milon, 1 bélier d'or.

Pascal, agneau pascal d'argent, tenant et accompagné.

Perrot, 3 têtes de bélier d'or.

Perrot, 1 rencontre de bélier d'or

Place, tiercé au 1 : parti au 2 : agneau pascal d'argent.

Quimper-Corentin, mouton d'argent accompagné.

Temple, 1 mouton d'argent.

Le *mouton* est un animal qui paraît dans l'écu de profil et passant, ce qui la distingue de la *brebis,* qui est toujours *paissante.* On le distingue encore du *bélier* en ce que ce dernier a des cornes et que l'autre n'en a pas ; son émail particulier est l'argent.

L'*agneau,* comme le mouton, paraît aussi de profil et passant. L'*agneau pascal* tient une bannière d'argent chargée d'une croix de gueules.

Le *bélier* a les cornes en spirale ou en forme de volute ; il est de profil et passant On le dit *sautant* lorsqu'il est dressé sur ses pieds de derrière ; *accorné* de ses cornes, *onglé* de ses pieds, lorsqu'ils sont d'un autre émail que son corps.

(Fig. 1), *de gueules à un mouton d'argent.*

(Fig. 2), *d'argent au bélier de sable accorné d'or.*

MARTRES, — *voyez* HERMINES

MOUCHETURES D'HERMINES

Argent ou Contre-Hermines

Barzio, 3 accompagnant.
Beaugeard, 12 d'or par 4 en croix, accompagnant.
Boulaye, 2 surmontant.

Calvé, 3 accompagnant.
Cornulier, 1 surmontant.

Dordelin, coupé au 2 : 2 accompagnant.

Fouohé, 5 accompagnant.

Guernaleo, 5 accompagnant.

Labbé, 15 surchargeant et accompagnées..
Luzeau, 2 surmontant.

Mondevis, 3 chargeant.

Ploermel, 5 chargeant et accompagnant.

Rozé, sans nombre, chargeant une bordure.

Sohier, 3 chargeant et accompt.

Sable

Armynot, 3 mouchetures.

Barberie, 3 chargeant.
Baron, 1 surmontant.
Bastard, 3 en chef, accompt.
Baye, 15 chargeant 3 boisseaux.
Bé, 9 chargeant 3 écussons.
Bellot, 4 cantonnant.
Bezit, 1 chargeant un canton d'argent.
Bidard, 4 cantonnant.
Booou, parti au 2 : 3 surmontant.
Boeuvres, 1 moucheture.
Bouohaud, 1 accompagnant et accompagnée.
Bougeant, 2 accompagnant.
Bouhier, 1 accompagnée.
Bretagne, 1 en abyme, accompt
Breton, 1 accompagnant.

Bréxin, 3 chargeant.
Buzio, 1 chargeant un franc canton, accompagnant.

Calon, 1 accompagnée.
Cazlen, écart. aux 1 et 4 : 1 moucheture.
Chouasne. 6 mouchetures.
Coignard, 3 accompagnant, accompagnées.
Collet, chargeant et accompée.
Corvaisier, 3 chargeant, accompagnant
Couldre, 6 chargeant, accompt.
Couppé, 6 mouchetures.
Croisio, 4 cantonnant.

Danguy, 2 accompagnant.
David, 3 chargeant et accompées.
Dieu, 5 chargeant et accompées.

Dinan, 5 chargeant.

Disquay, écart. aux 2 et 3 : 1 chargeant.

Divézat, 12 accompagnant.

Dol, 3 surchargeant, accompées.

Douarain, 3 chargeant.

Drémiet, 3 surmontant.

Drouin, 6 accompagnées.

Espitalié, 3 chargeant, accompagnées.

Estienne, 8 accompt, accompées.

Fablet, 5 chargeant. accompées.

Faucher, 3 chargeant, accompt.

Faucheux, 3 chargeant, accompagnées.

Febvre, 5 chargeant, accompées.

Ferron, 4 chargeant, accompées.

Foullé, 6 accompagnant.

Fournier, 5 chargeant, accompt.

Galbois, coupé au 2 : 7 accompagnées.

Gillart, 3 chargeant, accompt.

Gourlay, 4 cantonnant.

Guesdon, 2 accompagnant.

Guiho, 3 chargeant

Guillo, 3 chargeant, accompées.

Hautbois, 3 chargeant.

Hello, 4 cantonnant.

Jocet, 5 accompagnant.

Josselin, cantonné aux 2, 3 et 4 : 1 hermine.

Keraliou, 5 accompagnées.

Kerguélen, 12 accompagnant.

Kernévénoy, 5 en sautoir, chargeant un franc canton.

Kéroulaouen, 3 chargeant.

Kersal, 3 chargeant.

Laisné, 3 surmontant, accompées.

Lambray, 6 hermines.

Lanmeur, 3 accompagnant.

Launay, écart. aux 2 et 3 : 6 accompagnant.

Lesmais, 10 accompagnant.

Lingier, 8 accompagnant.

Lys, 4 chargeant, surmontées

Mabille, 9 chargeant.

Mahyeuc, 3 accompagnées.

Maigné, 12 chargeant.

Manoury, 3 mouchetures.

Micault, 3 chargeant et accompt.

Minault, 3 mouchetures.

Mioroeo, 3 chargeant et accompagnant.

Moraud, Moreau ou Moro, 5 accompagnant, *aliàs* 5 en sautoir.

Monouit, parti au 2 : 7 mouchetures.

Pennou, 6 accompagnant.

Pinot, 2 accompagnant; *aliàs* écart. aux 1 et 4.

Plessix, 16 cantonnant.

Pommeret, 2 accompagnant.

Pontzal, 6 accompagnant.

Porhoët, 1 chargeant un franc canton.

Quirizeo, 6 accompagnées.

Rallier, 4 chargeant et accompt.

Rarécourt, 4 accompagnant.

Ravenel, 3 chargeant et accompagnées.

Rennes, 5 chargeant et accompagnant.

Rochard, 2 accompagnant.

Rochay, 3 accompagnant.

Roche, 1 chargeant et accompagnée.

Rogier, 5 accompagnant.

Rossignolière, 5 accompagnées

Rouzault, 1 accompagnant et accompagnée.

S. Mhervé, 5 chargeant sur un échiqueté.

Salarin, 4 chargeant.

Sauvage, 3 chargeant et accompagnant.

Simon, 3 accompagnées.

Sorin, 4 mouchetures.

Thomasset, 5 accompagnées.

Trévégat, écart. aux 2 et 3 : 3 mouchetures.

Sceaux

Bouteville, 5 en croix, accompagnant 3 écus.

Gombert, 3 accompagnant une fasce et 3 merlettes

Gourmelon, 3 accompagnant un croissant.

Haye, 6 cotoyant une bande.

Josselin, 3 accompagnant une fleur de lys.

Kerguélénen, parti au 2 2 accompagnant un chevron.

Pintier, 1 accompagnant une channe, accompagnée.

Racappé, 3 accompagnant une fasce.

S. Méloir, 4 cantonnant une croix engreslée.

Vannes, 1 surmontant deux vaches.

Vieux-Châtel, 10 accompagnant une fasce.

La *moucheture* est une petite pièce de fourrure noire dont les pelletiers parsèment la dépouille de l'hermine pour en faire ressortir la blancheur et l'éclat. Son émail particulier est le sable. Il y en a aussi d'autres émaux. Les termes *moucheté* et *moucheture* viennent de *mouche*, dérivés du latin *musca*.

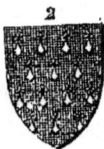

La *contre-hermine* est formée de l'hermine ordinaire, mais en substituant les émaux. Dans la *contre-hermine* le champ est de sable et les queues sont d'argent.

(Fig. 1), d'*hermines*.

(Fig. 2), de *contre-hermines*.

OURS

Bérard, 1 d'argent, chargeant un écu, brochant sur un écartelé

Bernard, 2 rampants de sable soutenant.

Bojust, 1 passant d'hermines.

Cadoré, 1 rampant d'argent.

Corbin, 1 passant de sable.

Guilbaud, 2 affrontés rampants, accompagnant.

Monod, 1 de sable, chargeant.

Orcises, 1 au naturel, couronné.

Orly, 1 rampant de sable.

Rochédeo, écart. aux 1 et 4 : 1 de sable; *aliàs :* chargé.

Saint Ours 1 passant d'or, accompagne.

Salle, 1 de sable, accompagnant et accompagné.

L'*ours* est un animal qui paraît dans l'écu de profil et passant, ne montrant qu'un œil et qu'une oreille L'ours *assis* est celui qui paraît droit sur son derrière. *Accroupi* se dit lorsque l'ours paraît sur son derrière, les deux pattes de devant touchant à terre. L'ours *en pied* est celui qui paraît dressé sur ses pattes de derrière. L'ours *rampant* semble marcher sur ses pattes de derrière et a le corps incliné en avant. *Allumé* se dit del' œil de l'ours, *lampassé* de sa langue, et *armé* de ses griffes, lorsqu'ils sont d'un émail différent.

(Fig. 1), *de sable à l'ours rampant d'or.*

PORCS, — *voyez* SANGLIERS

PORCS-ÉPICS, — *voyez* HÉRISSONS

RATS, — *voyez* SOURIS

RENARDS

Bonnégat, 3 têtes, *aliàs* surmontées.

Bouère, 3 têtes.

Chateautro, 3 têtes de sable.

Faucheux, 2 passants d'or, accompagnant.

Mesanrun, 1 d'or surmontant.

Moine, 3 d'or accompagnant.

Moreau ou **Moro**, 1 passant de sable. accompagné.

Normand, écart. au 3 : 1 passant de gueules, chargé sur le tout.

Ravenel, 3 d'or accompagnant.

Regnard, 3 êtes de sable.

Renardière, 3 passants d'or.
Retz, 2 affrontés soutenant (*sceau*).

Vaugour, 3 têtes de sable.
Véer, 3 têtes d'or.

Le *renard* paraît de profil et passant ; il a, comme l'écureuil, sa queue levée perpendiculairement dont le bout tend vers le haut de l'écu, ce qui le distingue du loup, qui a toujours la queue pendante.

(Fig. 1), *de gueules au renard rampant d'or.*

RENCHIERS, — *voyez* CERFS

SANGLIERS ET PORCS

Or

Chupeau, parti au 1   passant et chargeant.
Cottin, 3 hures accompagnant.

Gauvin, 3 hures accompagnant.
Moine, parti au 2   accompt.

Argent

Deurbroucq, passant et accompagnant.
Girault, 3 sangliers.

Quenec'hquivilly, 3 défenses.
Quiliou, 3 défenses.
Reverdy, 3 hures.

Gueules

Bénervan, passant et chargeant
Eonnet, 3 hures accompagnant.

Grassineau, 1 sanglier.

Sable

Alléno, 3 hures.

Barizy, 3 hures.
Brécheu, 3 hures accompt.
Buglet, 3 hures accompagnant.

Canooët, 1 en furie.
Castellan, 3 passants.
Coëtgouzan, 1 hure en pal.
Cohier, 1 hure chargeant, accompagnée.

Corret, 1 hure couronnée ; *aliàs :* écart. aux 2 et 3.

Cosquer, écart. aux 1 et 4 : 1 en furie.

Courtois, 3 hures, *aliàs* accompagnant.

Damours, accompagnant.

Denis, 1 en furie.

Eudo, 1 hure.

Goddes, 1 hure accompagnant.

Goret, 3 hures.

Gouëzou, 3 sangliers.

Gourel, passant et chargeant.

Grand, chargeant.

Guéguen, passant et chargeant.

Guillou, sommé, accompagné.

Habel, 3 hures.

Hamart, passant, accompagné.

Henry 1 en furie, accompagné.

Janzé, coupé au 1 : 2 hures accompagnées.

Jarret, 1 hure, *aliàs* accompée.

Jouault, 3 hures accompagnant, accompagnées.

Kerblois, 3 hures.

Kerboutier, passant et chargeant.

Kerfaréguen, passant et chargeant.

Kermorhou, 3 sangliers.

Kerpaën, passant et chargeant.

Kerroudault, 3 hures accompagnant, *aliàs :* écart. aux 1 et 4

Laurens 1 sanglier.

Lée, 3 hures accompagnant.

Lescobic, 1 sanglier.

Lonlay, 3 porcelets, accompt.

Loret, 1 en furie.

Luoas, 1 hure accompagnée.

Maréchal, 3 hures.

Mérien, 1 passant, *aliàs* accompagné.

Mesgral, écart. aux 2 et 3 : 3 hures.

Moreau, 1 hure surmontée.

Morioquin, écart. aux 1 et 4 1 hure couronnée.

Morin, passant et chargeant.

Mouestault, 3 hures.

Nepveu, 1 hure chargeant.

Pas, chargeant et accompagné.

Pas, 1 hure chargeant.

Pays, 1 hure ; *aliàs :* 2 hures, surmontant et accompagnées.

Plessis-Richelieu, écart. aux 2 et 3 : 3 hures.

Pohon, passant et chargeant.

Poro, 1 en furie ; *aliàs :* écart. aux 1 et 4.

Pourcelet, 1 passant.

Prévost. 3 hures.

Quefurus, 1 passant.

Rosnivinen, 1 hure, *aliàs* accompagnée.

Rossal, 1 chargé.

Ruffault, 1 passant.

S. Nouay, 1 passant.

S. Paul de Léon, couronné, soutenant.

Salaun, 1 hure couronnée.

Salou, 3 hures.
Sanglier, 1 en furie.

Tourneux, 3 hures.
Treff, couronné.
Tréouret, 1 en furie.

Trévien, 3 hures accompagnant.

Vallette, 3 hures.
Vignerot, 3 hures ; *aliàs* écart.
aux 1 et 4.
Vossey, 2 hures chargeant.

Sceaux

Coëtmohan, 4 hures cantonnant une croix.

Le *sanglier* ou porc sauvage paraît dans l'écu de profil et passant ; on le distingue du porc domestique par ses deux longues défenses. Son émail particulier est le sable. Lorsque le sanglier est levé sur ses pattes de derrière il est *rampant*.

(Fig. 1), *d'argent au sanglier de sable.*

Souris ou Glés

Corre, 1 chauve-souris d'or éployée.

Glé, 5 glés de gueules ; *aliàs :* 3 accompagnés d'une étoile (*sceau*).

Jenville, 6 glés d'or accompés.

Lesrat, 1 tête de rat d'or accompagnée.

Rabasté, 3 chauve-souris de sable.

La *souris* et la *chauve-souris* sont tellement connues qu'il est inutile d'en donner la définition. Le *glé* est un vieux mot qui signifie *loir*.

La *chauve-souris* paraît de face en blason.

(Fig. 1), *d'azur à une chauve-souris d'or éployée.*

Taureaux et Vaches

Or

Beaumont, 2 passants.
Bertier, 1 furieux.
Bœuf, 1 rencontre accompagné.
Bœuf, 1 bœuf passant.
Bouhier, 1 tête accompagnant.
Pouvet, accompagné.

Cleuzyait ou **Cluziat,** 1 rencontre.

Frain, 2 rencontres, accompagnant, accompagnés.

Perrier, 3 rencontres.

Ranconnet, passant. surmontant.

Thoreau, 1 furieux.

Argent

Bouvier, 1 rencontre accompt.

Couillibœuf, 1 rencontre.

Kerverder, 1 rencontre accompagnant.

Tertre, 1 rencontre.

Vache. 1 vache; *alias* : 3 rencontres.

Gueules

Béart, 1 vache

Foix, écart. aux 2 et 3 : 2 vaches clarinées, à l'écu d'or chargé, brochant.

Lucas, accompagné.

Ménager, 2 vaches,

Piedevache, 3 pieds.

Ravilly, 1 rencontre accompt.
Rouvre, 3 têtes.

Videl, 1 bœuf accompagné.

Azur

Ozanneau, 1 rencontre accompagné.

Sable

Bouvet, 3 rencontres.

Carhaix, 1 passant.
Courtais, 3 rencontres.

Fauoon, écart. aux 2 et 3 : 1 furieux chargé.

Guitton, 3 rencontres chargeant.

Hamarts, 3 rencontres.

Louail, écart. aux 2 et 3 : 3 rencontres de louail.

Noury, furieux, soutenu et accompagné.

Sceaux

Sauvage, 2 bœufs.

Vannes, 2 surmontés d'une moucheture.

Veau, 3 rencontres accompagnant une fasce.

Le *taureau* paraît dans l'écu de profil et passant, ayant la queue retroussée sur le dos, le bout tourné à sénestre, ce qui le distingue du *bœuf*, qui a la queue pendante. Il est *furieux* quand il paraît levé sur ses pieds de derrière.

La *vache* se distingue du bœuf par ses tétines et sa queue étendue le long de son flanc. On la dit clarinée lorsqu'elle porte une sonnette.

(Fig. 1), *d'or à un taureau furieux de gueules.*

VACHES, — *voyez* TAUREAUX

§ 2. — OISEAUX

AIGLES, AIGLONS OU AIGLETTES, ALÉRIONS, AIGLES IMPÉRIALES, ÉPLOYÉES OU A DEUX TÊTES

Aigles d'Or

Allaire, 4 alérions cantonnant.

Beaumont, accompagnée.
Boscher, 1 aigle.
Botigneau, 1 aigle.
Bottey, 3 aiglons.
Brandon, accompagnée.
Brémond, 1 éployée.
Broutay, 1 aigle.
Bruneau, 3 alérions en fasce, surmontés.

Cantisao, 3 alérions chargant.
Caroff, 3 aigles.
Cazet, 3 aiglettes.
Clérigo, écart. aux 1 et 4 : 1 éployée.
Coëtlaga, 3 aiglettes.
Cour, couronnée.

Court, 1 éployée.
Desjars, 1 essorante.
Druais, 3 têtes couronnées.

Folliot, 1 éployée chargeant.
Forestier, 1 aigle.
Forge, coupé au 1 : 1 accompagnée.
Fou, 1 aigle.

Garin, accompagnée.
Gobbé, 1 aigle.
Gratien, 3 aiglettes accompt.
Greffier, 1 aigle.
Guitteau, 1 aiglette accompt.
Guyto, accompagnant.

Hubert, chargée.

Kerguiziau, 3 têtes.
Kerlazret, 1 aigle.

Mesnoalet, 1 éployée.
Moine, 3 alérions chargeant et accompagnant.

Pétau, accompagnée.
Pichard, accompagnant.
Préaudeau, couronnée, tenant.
Proust, 1 tête.

Raquet, 3 serres, accompagnant.
Rosmadeo, écart. au 4 : 1 aigle.

Tanguy, accompagnée.

Vivier, 1 aigle.
Vollaige, 1 éployée chargée et accompagnée.

Aigles d'Argent

Amphernet, 1 éployée.
Arsac, 1 éployée.
Avenel, 3 aiglons.

Baron, 3 têtes.
Bellouan, 1 éployée.
Bozeo, chargée.
Bussy, 3 aiglettes couronnées.

Chassé, 6 alérions.
Chazé, 6 aiglettes.
Cleo'h, 1 éployée.
Coligny, couronnée.

Este, écart. aux 1 et 4 : 1 couronnée.

Forest, impériale.
Foueznant, 1 aigle

Guérault, 3 têtes.

Hengoat, 1 aigle.
Henry, 1 éployée.
Hubaudière, 3 têtes
Huet, 1 aigle.

Jaudonnet, 3 têtes accompt.
Joly, accompt, accompagnée.

Kerboulard, 1 aigle.
Kersulguen, écart. aux 2 et 3 : 3 têtes.

Lasne, soutenue.
Laurenoie, impériale.
Lorraine-Merocœur, écart. aux 1 et 4 : 3 alérions chargeant et accompagnés.
Louis, 4 cantonnant.
Louyat, 3 aiglons.

Marant, 1 tête accompagnée.
Mesoam, 3 têtes.
Mesoaradeo, 3 têtes.
Miniao, accompagnée.
Morice, 4 chargeant, accompées.

Painteur, coupé au 1 : 2 aigles
Perrault, 1 aigle.
Plessis, 3 têtes.
Portais, accompagnant.

Quatrevaux, couronnée.

Robinault, impériale.
Roche, écart. aux 2 et 3 : 1 aiglette.
Roc'hello, 2 affrontées, soutenues.
Royer, écart. aux 2 et 3 : 2 affrontées soutenues.

Sault, impériale.
Sauvage, 1 aigle.
Sec, écart. aux 2 et 3 : 2 têtes.
Sol, accompagnée.

Urgoët, 3 aigles.

Aigles de Gueules

Aage, impériale.
Andigné, 3 aiglettes.
Anthenaise, impériale.

Béraudière, 1 éployée, chargeant.

Chevaye, 1 éployée surmontant et accompagnée.

Hello, cantonnée.

Jarnigan, soutenue.

Laventure, écart. aux 2 et 3 : 3 aiglons.

Marbré, 5 chargeant.
Montagu, 3 aiglettes.

Ogeron, chargée.

Roche, écart. aux 1 et 4 : aiglette.
Roi, accompagnée.

Saint, accompagnée.

Aigles d'Azur

Baellec, 1 éployée.
Bernardais, mi-parti d'azur et de sable chargeant.

Cailleteau, 3 têtes chargeant, accompagnées.
Chierdel, accompagnée.

Hardouin, tenant.
Hardy, 4 aiglons.
Héliand, 3 aiglons.

Lattre, 1 aigle.
Launay, 1 aigle.

Laval, 16 alérions cantonnant.

Malnoë, 3 aiglons.
Montaigu, 4 aiglons cantonnant
Montmorency, 16 alérions cantonnant.

Preuilly, 3, *aliàs* : 6 alérions.

Rolland, 3 aiglons.

Théronneau, 4 étêtées, accompagnant.
Trémoille, 3 accompagnant.

Aigles de Sinople

Lestobec, 1 aigle

Aigles de Sable

Allerao, impériale.

.**Anjou,** écart. aux 2 et 3 :
1 éployée.

Aubaud, 1 éployée.

Barrien, accompagnant.

Bastard, parti au 1 : impériale.

Beauoé, chargée.

Beo, 2 têtes accompagnant.

Bégue, impériale, chargeant un
écu brochant sur un écartelé.

Benoist, 1 aigle.

Bérard, impériale, chargée.

Bernardais, mi-parti d'azur et
de sable chargeant.

Berthelot, surmontée, accompt.

Bertrand, 1 aigle.

Biard, 3 aiglons.

Billarts, 1 éployée.

Blanche, 2 adossées.

Bobillé, 1 aigle.

Bodéan, surmontée.

Boisguéhenneuo, impériale.

Boju, 3 aigles.

Bonvoisin, 1 éployée, accompt.

Botlavan, chargée.

Boucher, 3 têtes accompagnant

Bouëtoux, impériale.

Bouillant, impériale.

Bourdin, 1 aigle.

Bouteillerie, accompagnée.

Briant, écart. aux 1 et 4 : accompagnée.

Browne, impériale, surmontée.

Bussière, 1 aigle.

Cameru, impériale, chargée.

Camuzat, naissante, chargée.

Carré, 2 accompagnant, accompagnées.

Carrer, 3 accompagnant.

Champlais, 3 surmontant.

Charlet, 1 aigle.

Chastellier, couronnée.

Chevaye, 1 éployée surmontée
et accompagnée.

Cibo ou **Cibon,** impériale ;
aliàs : chargeant un chef.

Clero, 4 alérions cantonnant.

Collas, impériale, couronnée.

Conoer, tenant.

Coniao, 1 aigle.

Cortois, 1 chargeant un chef.

Couëllan, 1 éployée (*sceau*).

Couësplan, impériale.

Courhin, 1 éployée.

Court, chargée.

Courtois, impériale.

Cozio, 1 aigle.

Davay, surmontée.

Denouff, 1 éployée.

Desbly. 1 aigle.

Doria, brochant sur un coupé.

Fabroni, impériale soutenue,
accompagnant.

Filleul, accompagnée.
Fontlebon, 3 aiglettes.

Gazeau, 1 aigle.
Geffroy, chargée.
Gillerout, chargeant un franc
    quartier, accompt (*sceau*).
Cleinouff, chargée.
Gourreau, 1 éployée couronnée.
Grandmoulin, accompagnant
    (*sceau*).
Guerrande, tenant.
Guesclin, impériale, *aliàs* char-
    gée.
Guilloré, 1 aigle.
Guyot, accompagnant.

Harpin, impériale.
Hélory, 4 alérions cantonnant.
Hennebont, 1 aigle à 2 têtes
    chargeant un arbre arraché
    (*sceau*).
Héraudais, cantonnée d'une
    étoile à senestre (*sceau*).
Hérissé, accompagnée.
Houel, 1 tête.

Jai ou **Geai**, 1 aiglon surmon-
    tant, accompagné.

Kerangal, perchée.
Kerdérien, écart. aux 2 et 3 :
    4 alérions cantonnant.
Kerleuguy, 1 aigle.
Kerliviou, 1 aigle.
Kerloaguen, 1 aigle.

Laigle, 1 éployée.
Langle, accompagnée.
Lanjamet, impériale, *aliàs*
    chargée.

Launay, 2 affrontées, accompt.
Laurencie, impériale.
Laurent, 2 surmontant. accom-
    pagnées.
Lay, accompagnant.

Malbec, 2 têtes chargeant.
Marbodin, issante, chargée.
Marbré, 1 aigle.
Massart, coupé au 1 : couronnée
Michau, impériale.
Morice, 4 aiglons chargeant,
    accompagnés.
Moriceau, accompagnée

Nobletz, accompagnée.
Nouvel, 1 éployée.
Nourquer, 1 aigle.

Orléans, accompagnant.

Page, impériale.
Pelaud, 3 aiglettes.
Pellerin, parti au 1 : impériale
Pérennès, impériale.
Perrault, chargeant, accompa-
    gnée.
Perrot, 3 chargeant et accompt.
Pétau, écart. aux 1 et 4 char-
    geant et accompagnant.
Petiteau, accompagnant.
Petitpont, impériale.
Pio, couronnée; *aliàs* écart. aux
    1 et 4.
Piel, impériale.
Prévost, 1 aiglette accompt.

Quérangal, *voyez* Kerangal.

Rochebernard, impériale ;
    aliàs : parti au 2.

Rogues, 4 cantonnant.

Rossi, impériale, chargée d'un écu surchargé.

Roz, 3 têtes accompagnant un chevron (sceau).

Serpaudaye, 1 éployée accompagnée.

Sorel, 1 aigle.

Téno, 1 aigle.

Thibault, 1 aigle.

Trémébrit, 1 éployée.

Tudual, 1 aigle.

Turin, 1 aigle.

Vaillant, 1 aigle.

Vasseur, 3 alérions chargeant.

Vaunoise, 1 aigle.

L'*aigle* est de tous les oiseaux le plus commun en armoiries, et parmi les quarante premiers connétables de France vingt-deux ont une aigle seule ou en nombre dans leurs armoiries. Si elle a deux têtes, comme celle de l'Empire, elle est *éployée*. Lorsque les bouts des ailes tendent vers le bas au lieu d'être élevés vers les angles du chef, on dit qu'elle a le *vol abaissé*. Elle est *essorante* quand elle semble prendre sa volée. Quand il y a plus de 3 aigles dans un écu ou que les 3 aigles se rencontrent avec d'autres pièces, on les nomme *aiglettes*.

Les *alérions* sont des aigles sans bec ni jambes, ils sont mis en pal, montrant l'estomac et ont les ailes étendues comme les aigles et les aiglettes.

(Fig. 1), *de gueules à une aigle d'or.*

(Fig. 2), *d'or à l'aigle éployée de sable.*

(Fig. 3), *d'or à la croix de gueules cantonnée de quatre alérions d'azur.*

BÉCASSES

Bégasson, 1 de gueules.

Bégassoux, 3 têtes d'or.

Chevalier, 3 de gueules.

Filhol, 4 de sable chargeant et accompagnée.

Harel, 3 de sable chargeant et accompagnant.

Pégasse, 1 d'or accompagnée.

La *bécasse* se rencontre peu souvent en armoiries et se distingue des autres oiseaux par son long bec.

(Fig. 1), *d'argent à une bécasse de gueules.*

CAILLES, — *voyez* PERDRIX

CANES OU CANETTES ET PALLERONS

Or

Bouin, 2 canettes surmontant.

Guillotou, 2 canettes (*aliàs* 2 goëlands) nageant et surmontées.

Argent

Baudot, écart. aux 2 et 3 : 1 canette.
Briand, 6 canettes affrontées d'argent et de gueules.

Galliohon, 3 canettes accompt.
Guillo, 1 canette chargeant.

Jogues, 1 canne nageant, accompagnant et accompagnée.
Jouin, 1 cane.

Mare, 3 canetons.
Maufuric, 3 palles accompt.
Mouton, 1 cane accompagnant, accompagnée.

Pontual, 3 canettes soutenues.
Poulpiquet, 3 pallerons.
Prépetit, 3 canettes.

Raoine, 3 canes au naturel.

Val, 3 canettes.

Gueules

Briand, 6 canettes affrontées d'argent et de gueules.

S. Méen, 3 cannes ou ovannes.

Azur

Persais, 4 cannettes cantonnant.

Sable

Aumones, 2 canettes surmontant.
Bernard, coupé au 1 : 2 surmontant, accompagnées.
Brindejono, 3 canettes accompagnant.

Charpentier, 3 canettes.
Charette, 3 canettes accompt.

Garo, 3 sarcelles.

Haveloose, 1 cane nageant et accompagnant.
Herault, 3 canes.
Jouin, 3 canards.

Labbé, 1 canette ((*sceau*).

Pellouézel, 3 canettes.

La *canette* est une petite cane qui se présente de profil et que l'on distingue de la *merlette* en ce qu'elle a bec et jambes et que la dernière n'a ni l'un ni l'autre.

La *palle* est l'oiseau dit *spatule*, ordinairement blanc avec un large bec comme une spatule.

(Fig. 1), *d'or à 5 canettes de sable.*

CHOUETTES OU HIBOUX

Or

Grand 3 chats-huants perchés.
Olivier, 1 essorant accompagné.

Villeaubois, 3 chouettes.

Argent

Blanchard, 1 hibou.
Gaillard, 3 chouettes.
Mignot, 1 chouette.

Peschart, 4 accompagnant.
Pré, 1 hibou ou duc accompagné.

Azur

Gabillard, 1 accompagnée.

Sable

Beauvis, 3 accompagnant.
Cavan, 3 chouettes.
Chevalier, 1 hibou perché, accompagné.
Chouan, 1 chouette.
Chouart, 3 chargeant, accompagnées

Choüe, 3 chouettes.
Coëtanlem, 1 surmontant.
Courson, 3 chouettes.

Forsanz écart. aux 1 et 4 3 chouettes.

Gall. 1 chouette.

Gardin, parti au 2 : 1 chouette
et demie.
Gauthier, 1 accompagnée.
Gervais, 1 accompagnant, ac-
compagnée.
Gouandour, 3 chouettes.

Harsoouët, 3 chouettes.
Hémery, 3 accompagnées.
Hulot, 1 hulotte tenant, sur-
montant et accompagnée.

Jéhan, 3 accompagnant.

Kerémar, 3 chouettes.

Landéboc'her, 3 chouettes.
Lestévenneo, 1 chouette.

Noury, 1 tête chargeant.

Orfèvre, 3 chouettes.

Salmon, 1 duc accompagné.

Urvoy, 3 chouettes.

Vauclero, 3 chouettes.

La *chouette* paraît dans l'écu de profil, la tête de front.
Le *hibou* est très rare en armoiries.

(Fig. 1), *d'azur à une chouette d'argent becquée et membrée de gueules.*

COLOMBES, — *voyez* PIGEONS.
COQS, — *voyez* POULES.

CORBEAUX ET CORNEILLES

Argent

Rochère, 3 corneilles.

Sable

Bonnesouelle, 1 chargée.

Carheil, 2 corneilles essorées,
affrontées et accompagnées.
Collin, 3 accompagnant.
Corbel, 3 corbeaux.
Corbinaye, 4 cantonnant.
Corbinière, 3 têtes de corbeaux
Corbon, 1 corbeau.

Cornillé, 3 corneilles.

Daimé, coupé au 1. 9 corneilles
surmontées.

Ferrière, 3 corneilles accompt.
Floyd, 3 accompagnant.

Gagende, 1 perchée

Gédouin, 1 corbeau.

Huart, 1 corbeau.
Huon, 1 accompagnant.

Marchand, 3 têtes.

Pappe, 1 chargée.

Run, 1 tenant et accompagné.

Sariac, 1 corneille.
Songeux, 1 corbeau.

Taillandier, 3 corneilles

Vilazel, 1 tenant, accompagnée.

Sceaux

Bertram, 3 corneilles.

La *corneille* est un oiseau noir très fréquent en armoiries; elle paraît comme le corbeau de profil, arrêtée sur ses jambes, son émail particulier est le sable.
(Fig. 1), *d'argent à 1 corbeau de sable.*

CORMORANS ET HÉRONS

Amat, 3 têtes de cormoran de sable.

Besohu, 1 héron d'or accompagné; *aliàs* écart. aux 1 et 4.

Chevalier, 1 héron d'argent.

Fonteneau, 1 héron d'argent tenant.

Fournier, 1 héron volant d'or tenu.

Keramanao'h, 1 cormoran de sable.

Morant, 3 cormorans d'argent.

Poroaro, 1 héron d'argent.

Thomé, 1 héron perché d'argent.

Le *cormoran* est un corbeau de mer de la taille d'une oie, mais plus mince. Son plumage est noir et ses pieds courts. Son bec est droit jusqu'à la pointe où il se recourbe fortement en un croc très aigu.

Le *Héron* est un oiseau au long cou et au grand bec; il a les jambes hautes et paraît arrêté dans l'écu.

(Fig. 1), *d'argent a 3 têtes de cormoran de sable, arrachées et becquées de gueules.*

(Fig. 2), *d'azur au héron d'argent.*

CYGNES, GRUES, JARS

Argent

Binolais, 1 cygne chargeant, accompagné.
Blanchet, 2 affrontés accompt.
Boulaye, 1 cygne.

Chantegrue, 1 grue.
Chauchart, 3 têtes de cygne.
Coullon, nageant et accompé.
Courtois, accompagné.
Crespel, 3 accompagnant.
Cygny, 1 cygne.

Doubiérer, 2 grues soutenues.

Frotin, 1 cygne nageant et accompagné.

Gastineau, 3 cygnes accompt.
Geffroy, 1 cygne chargeant.
Gloquel, 4 cygnes cantonnant.
Goubin, 1 cygne accompagné.
Grue, 1 grue.

Jarriel, 3 jars accompagnant.

Kérérel, 4 cygnes cantonnant.
Kerjagu, 1 cygne.

Lacrosse, 1 cygne nageant et accompagné.
Lande, 2 cygnes affrontés accompagnant et accompagnés de 2 plumes d'or en sautoir.
Lesquen, 3 jars.
Loye, 1 oie ou jars.

Masle, 3 cygnes.
Micault, 1 cygne accompagné.
Moal, 2 cygnes affrontés.
Montfort, écart aux 1 et 4 : 1 cygne.

Persein ou Percin, 1 cygne; aliàs : nageant et accompé.
Pichon, 1 cygne.
Plessix, 1 cygne.

Roc'hmélen, 1 cygne.

Séverac, 3 grues.
Simon, 3 cygnes.

Teste, 1 cygne tenant.
Trezle, 1 cygne.

Vivet, écart. au 1 : 1 cygne nageant et accompagné, à l'écu d'argent chargé, brochant.

Gueules

Prioul, 1 cygne nageant, couronné et accompagné.

Azur

Nicollon, 2 têtes de grues accompagnant.

Sable

Hamelin, écart. aux 1 et 4 : 1 cygne.

Roslogot, 2 grues soutenues.

Le *cygne* est un oiseau très fréquent en armoiries ; il est généralement d'argent.

Le *jars* ou mâle de l'oie paraît toujours dans l'écu de profil et passant.

La *grue* ou oiseau à long bec se représente ordinairement dans l'écu de profil, la patte dextre levée, dont elle tient un caillou qu'on nomme *vigilance*.

(Fig. 1), *de gueules au cygne d'argent becqué et membré de sable.*

(Fig. 2), *d'azur à un jars d'or.*

(Fig. 3), *de gueules à la grue d'or avec sa vigilance d'argent posée sur une terrasse de sinople.*

ÉPERVIERS, FAUCONS, MILANS, VAUTOURS

Or

Bouschet, 1 autour soutenu.
Breton, 1 perché, tenant.
Budes, 1 perché, accompagné.

Crugot, 3 têtes accompagnant, accompagnées.

Derrien, 1 becquetant.

Edevin, 3 accompagnant.

Grignon, 1 soutenu.
Guillet, 1 tiercelet accompagnant, accompagné.

Kerazgan, 1 vautour chargeant.
Kerguiziau, 3 têtes.

Lasnier, 4 lasniers (oiseaux de proie).
Lesmeleuc, 1 accompagné.

Pouënoes, 1 becquetant.

Roi, 1 contourné, surmonté.
Rolland, écart. aux 2 et 3 : 1 becquetant.

Tonnelier, 1 essorant.

Argent

Bruslé, 1 épervier.

Chef du Bois, écart. aux 2 et 3 : 1 épervier.

Épervier. 1 tenant.

Faou, 2 éperviers affrontés perchés.
Fournier, 1 gerfaut tenant.
Fretays, 1 perché.
Fréval, 1 soutenu.

Gault, 1 perché.

Guihart, 1 perché.

Honoré, 1 soutenu, chargeant un franc canton.

Kerangomar, 1 soutenu.

Keraot, écart. aux 1 et 4 : 1 soutenu.

Kerbréder, écart. aux 1 et 4 : 1 soutenu.

Kergoual, 1 soutenu accompt.

Kerleynou, 3 éperviers accompagnés.

Kerlezroux, 1 faucon soutenu (sceau).

Kernezne, écart. aux 1 et 4 : 1 soutenu.

Lescoët, 1 accompagné.

Lesoouble, 1 écoufle, aliàs accompagné.

Lesquen, 1 la tête contournée, accompagné.

Loz, 3 éperviers.

Lyais, 1 perché et accompagné.

Mescouez, écart. aux 1 et et 4 : 1 soutenu, à l'écu d'or, chargé, brochant.

Pitot, 1 soutenu.

Prigent, 1 perché et accompé.

Roche, 1 soutenu.

Valois, 2 vautours affrontés.

Gueules.

Cossin, 3 têtes de milan, arrachées.

Sable

Bellot, 4 pieds de vautour, aliàs : accompagnant.

Berthou, 1 la tête contournée, accompagné.

Busnel, 1 perché.

Cadet, 1 perché.

Garangier, 3 écoufles, accompt.

Huart, 1 gerfaut.

Kerdaniel, 2 vautours affrontés, dévorant.

Kergu, 1 essorant.

Milon, 1 soutenu.

Piguelais, 1 perché.

Thieroelin, 1 chargeant, accompagné.

FAISANS, — *voyez* PERDRIX.

GBUES, — *voyez* CYGNES.

HÉRONS, — *voyez* CORMORANS.

HIBOUX, — *voyez* CHOUETTES.

JARS, — *voyez* CYGNES.

L'*épervier* est un oiseau de proie dont on se servait pour la chasse.

On dit de l'épervier qu'il est *chaperonné* quand il a un chaperon sur la tête, *longé* quand il a des liens aux jambes, *grilleté* lorsqu'il a des grillets, mais lorsque toutes ces choses sont d'un autre émail que celui de l'oiseau. Il est *perché* quand il est sur un bâton.

Le *vautour* est un oiseau de proie plus gros que l'aigle.

(Fig. 1), *de sable à un épervier d'argent membré, longé et grilleté d'or.*

(Fig. 2), *d'or au vautour essorant de sable.*

MERLETTES

Or

André, 2 surmontant, accompagnées.

Bouëxière, 7 merlettes, *aliàs* écart. aux 1 et 4.

Boullais, 3 merlettes.

Bourg, 1 accompagnent.

Brignon, 3 accompagnent.

Collin, 3 merlettes.

Comper, 2 affrontées surmontant.

Elie, 2 cantonnant en chef, accompagnées.

Hervouët, 4 affrontées cantonnant.

Ingrande, 11 accompagnant en orle.

Malon, 4 merlettes.

Rospieo, 4 cantonnant.

Rouvray, 3 merlettes.

Soaff, 1 cantonnant.

Argent

Baillehaohe, 4 cantonnant un sautoir.

Barre, 3 merlettes.

Bedeau, 3 surmontant accompagnées, celle du milieu couronnée.

Blanohecoste, 3 merlettes

Cloareo, 5 chargeant.

Denoual, 2 accompagnées.

Guinot, 3 accompagnées.

Kerprigent, 6 merlettes

Mercerel, 1 merlette.
Merlaud, 3 couronnées.
Micolon, 1 accompagnant.
Moy, 4 cantonnant.

Ponceau, 3 accompagnant.
Ponceau, 3 merlettes.

Tirot, 2 surmontant.

Gueules

Argentaye, 6 accompagnant en orle.
Aumont, 7 accompagnant.

Badam, 3 accompagnées.
Blais, 6 accompagnant en orle.
Bouexio, 3 merlettes.
Breil, 3 chargeant.

Caoé, 1 accompagnée.
Cadier, 1 chargeant, accompagnée.
Cadoret, sans nombre en orle.
Chemillé, 10 en orle accompagnées.
Couësby, sans nombre en orle.

Espine, 8 accompagnant en orle.

Fontenay, 8 accompagnant en orle.

Gamepin, 8 accompagnant.
Gomer, 7 accompagnées.

Gouyon et Gouëon, 9 accompagnant.

Haste, 3 merlettes.
Hus, 6 accompagnant.

Kerangréon, 8 accompagnant.
Kerdouar, 6 accompagnant en orle.

Lestrelin, 7 accompagnant.
Lidio, 3 accompagnant.

Matignon, 9 accompagnant.
Merdrignac, 9 accompagnant.

Paynel, 9 accompagnant en orle
Peillac, 3 accompagnées.
Pinçon, 1 accompagnée.

Ravenel, 10 accompagnant en en orle.
Riou, 1 accompagnant.

Yacenou, 8 accompagnant.

Azur

Bodin, 3 chargeant.
Bourouguel, 3 merlettes

Calloët, 1 surmontant.

Cosquerguen, 1 surmontant.
Geffroy, 1 accompagnant, accompagnée.
Goaffueo, 1 accompagnée

Keraminou, 1 surmontant.
Kergos, 1 surmontant.
Kerhallic, 1 surmontant.

Levier, 1 surmontant, accompé.

Moine, 6 merlettes.

Ponthou, 3 merlettes.

S. Eesn, sans nombre.

Sinople

Benoist, 9 en sautoir accompées
Bessart, 9 surmontées accompt.

Chat, 3 accompagnant.

Sable

Ballineuc, 4 accompagnant.
Barre, 3 merlettes.
Beauharnais, 3 surmontant.
Bécheneo, parti au 2 : 3 mer-
    lettes.
Bessart, 7 accompagnant.
Bigarré, 6 merlettes
Blocquel, 3 accompagnant.
Bodéan, 2 surmontant.
Bogier, 8 accompagnant en orle.
Boisriou, 10 accompagnant.
Bonnier, 3 merlettes.
Bonsens, 6 accompagnant.
Bot, 3 merlettes, *aliàs* accom-
    pagnant; *aliàs* : écart. aux
    1 et 4 : 3 merlettes.
Botglazeo, 1 perchée.
Bouchet, 1 merlette accompée.
Boux, 4 cantonnant un sautoir.
Breoel, 3 merlettes.
Breil, 8 merlettes chargeant.
Bret, 4 cantonnant un sautoir.
Breuil, 6 accompagnant.
Briffe, écart. au 1 : 6 merlettes
    chargeant et accompagnant.
Broustal, 5 chargeant.
Bruneau, 7 merlettes.

Cady, 2 chargeant.
Callac, 9 accompagnant.
Canaber, 3 accompagnant, ac-
    compagnées.
Charnières, 3 merlettes.
Chevalier, 3 accompagnant.
Choart ou Chouart, 3 accom-
    pagnant.
Chources, 6 en orle, chargeant
    un burelé.
Coëtnempren, écart. aux 2 et
    3 : 3 merlettes.
Coëtnévénoy, 2 accompagnant
Commacre, 3 merlettes.
Cornet, 3 accompagnant.
Cybouault, 1 accompagnant.

Denis, 3 merlettes.

Esouyer, 6 contournées accom-
    pagnant; *aliàs* : accompagnées
Esparbez, 3 accompagnant.
Espine, 8 accompagnant.
Estrées, 3 chargeant.

Fillochais, 6 merlettes.
Fresnais, 3 accompagnant.

Fruglais, 3 accompagnant.

Gallardière, 4 cantonnant.
Garjan, 3, *aliàs* 6 accompt.
Garreau, 3 accompagnant.
Geslin, 6 merlettes.
Gibonnais, 3 accompagnant.
Goazmeret, 3 merlettes.
Gouëzel, 4 merlettes.
Guignard, parti au 2 : 4 cantonnant un sautoir.
Guiguemer, 3 merlettes.
Guimarho, 1 surmontant.
Guyet, 5 chargeant, accompagnées

Hamart, 6 accompagnant.
Haye, 3 merlettes
Hopital, 1 accompagnant.

Julienne, 3 accompagnant.

Karuel, 3 accompagnées.
Kerlouët, 8 accompagnant.
Kervézélou, écart. aux 1 et 4 : 3 merlettes.

Laistre, parti au 1 : 8 merlettes
Landelle, 3 merlettes
Langalla, 4 chargeant.
Lannion, 3 accompagnées.
Lauvergnao, 3 accompagnant.
Lohan, 9 chargeant.
Loisel, 3 merlettes.
Lostanvern, 2 accompagnant.
Loutraige, 1 chargeant un giron.

Maire, 3 accompagnant.
Malfilastre, 3 merlettes.
Mans, 4 accompagnant.

Marbodin, 6 merlettes.
Marillao, 6 accompagnant.
Martineau, 3 accompagnant. accompagnées.
Mellet, 3 merlettes.
Mello, 6 accompagnant, *aliàs* surmontées.
Menou, 4 accompagnant.
Merlet, 8 en orle.
Merliers, 3 merlettes, *aliàs* accompagnant.
Mésanger, 3 merlettes
Mesle, 3 merlettes
Métaer, 3 merlettes, *aliàs* : accompagnées.
Métayer, 3 accompagnant.
Michiel, 3 merlettes.
Mignot, 3 merlettes.
Moine, 3 accompagnées.
Motte, 4 accompagnant.

Nicolas, 3 chargeant, accompées.
Normant, 3 accompagnant.

Ogeron, 3 chargeant.
Ouvrier, 7 chargeant, accompagnées.

Pays-Mellier, 1 chargeant.
Pensornou, 1 surmontant.
Picart, 3 accompagnant.
Pigeaud 4 cantonnant.
Pinoé, 3 merlettes.
Pinozon, 4 cantonnant.
Porée, 3 chargeant.
Porte, 3 chargeant.

Raffeteau, 2 surmontant, accompagnées.
Raimbaud, 3 merlettes.
Réau, coupé au 1 : 6 accompt.

Réchou, 10 accompagnant.

Riant, 3 chargeant et accompagnant.

Rolland, 2 surmontant.

Rollon, 3 chargeant.

Roquel, 10 accompagnant.

Rouazle, 3 merlettes.

Rouge, 4 surmontant.

Rouvre, 4 cantonnant un sautoir.

Royer, 2 accompagnant; *aliàs* écart. aux 1 et 4.

Saint, 4 accompagnant.

Salles, ou Saliou, 3 accompt.

Stéphanou, 2 accompagnant.

Sugarde, 1 surmontant.

Sybouault, *voir* Cybouault.

Terrien, 1 chargeant, accompée.

Treffilis, 4 cantonnant un sautoir.

Treut, 3 merlettes.

Trévou, 6 accompagnant.

Vaux, 3 merlettes.

Vayer, 3 merlettes.

Vigré, 3 accompagnant.

Vivien, 9 accompagnant.

Sceaux

Gombert, 3 accompagnant une fasce, accompagnées de 3 mouchetures.

Hopital, écart. aux 2 et 3 : 3 merlettes, à la bordure besantée.

Loquet, 3 chargeant une fasce et accompagnée de 3 croisettes

Mahé, 3 accompagnant une tête de léopard.

Méel, 7 merlettes.

Motte 6 merlettes et une bordure.

Mustan, 5 accompagnant une bande.

Rimou, 2 surmontées et soutenues d'une étoile et accompagnant une bande.

Soligné, sans nombre, chargeant une bordure.

Trébeu, 3 chargeant une bande

Tristan, 1 accompagnée de 3 rustres.

La *merlette* est un petit oiseau représenté de profil, sans pieds ni pattes; son émail particulier est le sable.

(Fig. 1), *d'argent à 3 merlettes de sable.*

MILANS, — *voyez* ÉPERVIERS.

OISEAUX DIVERS ET NIDS

Or

Châteaubriand, semé de plumes de paon (*sceau*).

Corre, 1 chauve-souris éployée.

Doulxami, 3 ongles de butor.

Hédelin, 1 rossignol accompt.

Joson, 1 oiseau surmontant.

Kergadalan, 1 oiseau surmontant, accompagné.

Laouënan, 3 roitelets accompt.

Mauvillain, 1 mauviette essorante, tenant.

Richard, 1 geai ou richard perché et accompagné.

Robert, 1 moineau colleté de sable.

Argent

Clécunan, 3 aigrettes ou huppes.

Godec, 1 oiseau accompagné.

Jaunay, 3 oiseaux naissants d'un nid d'or, accompagnés.

Kerguern, 3 huppes, *alias* accompagnés.

Maufuric, 3 aigrettes accompt.

Moine, parti au 1 : 1 alouette accompagnant et accompagnée.

Pénicaud, 2 pies.

Poulpiquet, 3 pies de mer.

Salle, parti au 2 : 1 oiseau perché.

Gueules

Cruguil, 4 oiseaux affrontés, accompagnant.

Nicou, 1 nid accompagné.

Pinçon, 3 pinsons chargeant.

Ralet, 3 râles accompagnant.

Azur

Droniou, 3 oiseaux accompt.

Kermorvan, 3 oiseaux accompt.

Nicou, 3 têtes de grives mouvantes accompagnant.

Soligné, 1 oiseau, *alias* soutenant un écu écartelé d'argent et de gueules (*sceau*).

Sinople

Bégaud, 2 perroquets adossés, accompagnés.

Bellot, 1 paon rouant, cantonné

Coetnempren, 1 oiseau chargeant.

Corpel, 3 piverts.

Courooué, 7 perroquets accompagnant.

Hubert, 1 oiseau chargeant un franc canton, accompagnant.

Lesmabon, 2 perroquets affrontés, accompagnant.

Malbec, 1 perroquet.

Normant, 2 perroquets affrontés, chargeant et accompt.

Ruzunan, 1 oiseau chargeant.

Vavasseur, 1 perroquet accompagnant.

Sable

Baronnière, 3 oiseaux surmontant.

Brun, 1 oiseau accompagnant.

Camus, 3 oiseaux.

Carhaix, 2 oiseaux perchés, accompagnés de 2 fleurs de lys (*sceau*).

Chauvet, 2 accompagnant, accompagnés (*sceau*).

Espinay, 2 oiseaux perchés accompagnés.

Gallery, 3 goëlands.

Garennes, 3 têtes d'oiseau accompagnant.

Guern, 2 oiseaux perchés (*sceau*).

Guiomar, 1 pie au naturel, perchée.

Guy, 1 oiseau perché et accompé.

Hindreuff, 1 alouette accompt.

Jaunay, 3 filets à prendre les oiseaux chargés de 12 oiseaux (*sceau*)

Jay ou **Geai**, 1 geai surmontant, accompagné.

Kerénor, écart. aux 1 et 4 : 1 paon rouant.

Kernec'h, 1 pie au naturel, perchée.

Lallouette, 3 alouettes accompt.

Martin, 3 pies au naturel, accompagnant.

Mauvy 3 mauvis.

Mignot 1 oiseau essorant.

Mouësson, 3 mouessons ou moineaux.

Nicollon, 1 nid accompagné.

Plumaudan, 3 oiseaux accompagnant un chevron (*sceau*).

Rabasté, 3 chauve-souris.

Radooeau, 2 oiseaux accompt.

Rallier, 3 rales perchés.

Richardière, 1 geai perché.

Robert, 3 alouettes accompées.

Roz, 3 têtes d'oiseau accompagnant un chevron (*sceau*).

Trégonan, 3 oiseaux accompagnant un chevron (*sceau*).

NIDS, — *voyez* OISEAUX DIVERS

PALLERONS, — *voyez* CANES.

PÉLICANS

Besoont, 1 en sa piété d'or.

Bonté, écart. aux 2 et 3 : 1 en sa piété d'argent.

Briand, 1 d'argent.

Brossais, 1 en sa piété d'argent.

Coing, 1 d'azur, en sa piété de gueules.

Com, 1 en sa piété d'azur.

Drézic, 1 d'azur, en sa piété de gueules.

Erm, 1 en sa piété d'or, accomp.

PERDRIX, CAILLES, FAISANS

Caillaud, 1 caille d'or accompt.

Caillon, 3 cailles d'argent en bande.

Ccail, 1 caille au naturel, chargeant un franc canton et accompagnant.

Cocenneuc, 1 faisan d'or.

Derrien, cuisse de perdrix dévorée.

Faisant, 3 faisans de gueules.

Perdriel, 3 perdrix d'azur.

Pouënoes, cuisse de perdrix dévorée.

Raguier, 4 perdrix au naturel, cantonnant.

Ray, 3 cailles d'or, accompt.

Rolland, écart. aux 2 et 3 : 1 cuisse de perdrix dévorée.

PIGEONS OU COLOMBES

Or

Alleaume, 1 contourné, accompagnant et surmonté.

Beritault, 2 essorantes et affrontées, chargeant et accompagnées.

Cosnier, 1 tenant, chargeant et accompagné.

Coz, 1 essorante.

Kerprigent, 3 pigeons.

Locquet, 1 essorant, chargeant.

Pillet, 1 surmontant.

Tourtereau, 3 tourterelles.

Argent

Allaire, 1 essorant, cantonné.

Briant, écart. aux 2 et 3 :
1 tenant.

Cousinot, 3 colombes.

Dery, écart. aux 1 et 4 : 1 pigeon.

Espine, 1 perché.

Haffont 1 pigeon.
Hamonou, 3 pigeons.
Hue, 1 tenant.

Jamois, 3 pigeons mi-parti
d'argent et d'azur, accompés.
Jéhan, 3 pigeons.

Kerampuil, 3 pigeons.

Moisan, 1 accompagnant.

Novion, 3 accompagnant.

Olivier, 1 tenant.
Ossat, 1 tenant.

Petit, 2 tourterelles accompagnées.
Pigeon, 3 pigeons.

Rallier, 3 accompagnés.
Robin, 3 pigeons.

Saisy, écart. aux 2 et 3 : 3 pigeons.
Splan, 1 pigeon.

Tréodal, 1 accompagné.

Vayer, 1 tenant.

Gueules

Apuril, 2 affrontés, tenant et accompagnant.

Azur

Brochereul, 2 affrontés accompagnant.

Chauf, 1 surmonté.
Colombier, 3 colombes.

Gouzillon, 3 accompagnant.

Jamois, 3 pigeons mi-parti
d'argent et d'azur, accompés.
Kerlouan, écart. aux 1 et 4 :
1 colombe.

Kerret, écart. aux 2 et 3 :
2 affrontés, becquetant.
Kerrom, 1 colombe.

Penmarc'h, écart. aux 2 et 3 :
3, aliàs 6 accompagnant.

Thomineo, 5 chargeant.

Val, 2 affrontés, becquetant.

Sable

Bizaie, 1 bizet ou pigeon.
Bréal, 3 pigeons.
Couessurel 1 tenant, accompagné.

Gris, 1 colombe accompagnant.

Murault, 1 colombe accompt.

Trotereau, 1 tourterelle accompt

POULES, COQS

Or

Boucherat, 1 coq.

Chapon, 1 chapon couronné.

Cocquart, 1 coq perché, accompagné.

Coq, 1 coq.

Coquebert, 3 coqs.

Corbière, 1 coq accompagnant.

Expilly, 1 coq accompagné.

Gall, 1 coq surmonté.

Gallicher, 1 coq contourné, accompagnant.

Hayeux, 3 coqs.

Jar, 1 poule essorant.

Josselin, 1 coq.

Lasseur, 3 coqs dont 2 affrontés, accompagnant.

Marion, 1 perché, tenant.

Argent

Cabon, 1 coq ou chapon.

Hopital, 1 coq, *aliàs* chargeant, accompagné ; *aliàs :* chargé d'un écu surchargé.

Riche, 1 coq perché, accompé.

Rioust, 1 coq accompagné.

Simon, 1 coq.

Trémareo, 3 coqs.

Veneur, 5 coqs chargeant.

Gueules

Cabon, 3 têtes de chapon.

Jallet, 1 coq accompagné.

Law, 2 coqs accompagnant, accompagnés.

Quimperlé, 1 coq.

Rouxel, 3 coqs.

Vivien, 1 coq accompagnant.

Sinople

Allanic, 1 poule accompagnée de 2 œufs de pourpre.

Sable

Audren, 1 coq.

Boisarmé, 1 coq.

Cleuz, 3 coqs.

Cojalu, 1 coq.

Coq, 1 coq chargeant.

Couessurel, 1 coq, accompé.

Coz, coupé au 2 : 1 au naturel, accompagné.

François, 3 coqs chargeant un échiqueté.

Frost, 3 têtes de coq.

Graslin, 1 au naturel, accompagnant, accompagné.

Guillard, 1 coq.

Jar, 1 poule.

Kersalou, 1 coq sommant.

Marion, écart aux 3 : 1 coq.

Tircoq, 3 coqs.

VAUTOURS, — *voyez* ÉPERVIERS.

VOLS, DEMI-VOLS

Barbay, vol d'argent, accompt.

Chéreil, 1 demi-vol de vair.

Couessurel, 1 demi-vol de de sable surmonté.

Danican, 1 vol d'or, accompagnant, surmonté.

Darricau, écart. aux 2 et 3 : 1 vol d'argent chargé.

Fescan, 2 demi-vols d'azur, accompagnant.

Filhol, 1 vol d'argent surmontant.

Frey, 2 vols de gueules, accompt.

Gobbé, 1 demi-vol d'or, accompagnant.

Laisné, 3 demi-vols d'or, *aliàs :* accompagnés.

Osmont, 1 vol d'hermines.

Poix, écart. aux 1 et 4 : 1 vol de gueules.

Fouëz, 2 demi-vols de gueules, accompagnés.

Poultier, 2 demi-vols d'argent cantonnant.

Regnault, 3 demi-vols d'or, chargeant

Rémond, 3 demi-vols de gueules, chargeant et accompagnés.

On nomme *oiseau* dans l'écu celui dont on ne peut distinguer l'espèce.

Les autres oiseaux sont désignés par leurs noms comme l'*aigle*, le *coq* qui paraît de profil, il se distingue par sa tête levée, sa crête, sa barbe, ses jambes et sa queue retroussée dont les plumes retombent en lignes circulaires. Le *paon* paraît de front et fait la roue avec sa queue; il a une aigrette de trois plumes sur la tête, on dit alors qu'il est rouant. Quand il est de profil il a la queue traînante; on l'indique en blasonnant. L'*épervier* a un chaperon qui lui couvre les yeux, des longes et des grillets aux jambes

et paraît de profil. Le *pélican* se distingue par l'ouverture qu'il se fait à la poitrine avec le bec pour nourrir ses petits ; les gouttes de sang qui semblent sortir de sa poitrine se nomment *piété* quand elles sont d'un autre émail. Le *phénix* se reconnaît à son bûcher qu'on nomme *immortalité*, la *bécasse* par son long bec, et paraît arrêtée sur ses jambes. La *grue* se distingue par son long bec et aussi parcequ'elle tient dans la patte dextre un caillou nommé *vigilance*. La *colombe* est d'argent et porte généralement un rameau d'olivier dans son bec. L'*alcyon* a son nid au milieu des flots de la mer. L'*hirondelle* paraît presque toujours volante et a son émail particulier de sable. La *pie* est de profil et arrêtée sur ses jambes. Elle est au naturel quand elle a la gorge et le ventre blancs, la tête, les ailes et la queue noires et quelques mélanges dans les plumes. Le *perroquet* paraît de profil, son émail particulier est le sinople. *Dévoré* signifie qu'une partie de l'oiseau est mangée ordinairement par un épervier.

(Fig. 1), *d'azur au paon rouant d'or.*

(Fig. 2), *d'azur au pélican en sa piété d'or.*

(Fig. 3), *d'azur au phénix d'or sur son immortalité de gueules fixant un soleil d'or posé au canton dextre du chef.*

Le *vol* se dit de deux ailes d'oiseau jointes ensemble dont les bouts s'étendent vers le haut de l'écu, l'un à dextre, l'autre à sénestre.

Le *demi-vol* est l'aile seule d'un oiseau posée en pal, le dossier à dextre, la pointe vers le haut de l'écu. Quand le bout est tourné vers le côté dextre on l'appelle *demi-vol contourné*. Quelques auteurs prétendent que lorsque les deux ailes ne sont pas jointes on dit deux *demi-vols*, quoique les bouts soient tournés l'un à dextre, l'autre à sénestre. Le vol est *abaissé* quand les bouts de l'aile sont dirigés vers le bas.

(Fig. 4), *d'azur au vol d'argent.*

(Fig. 5), *de sable à un demi-vol d'argent.*

(Fig. 6), *d'azur à deux demi-vols d'or.*

§ 3. — POISSONS, COQUILLAGES

COQUILLES, VANNETS, CROISILLES

Or

Advocat, 3 accompagnant.
Artur, 1 accompagnée.
Aymeret, 3 chargeant.

Bardon, 3 coquilles.
Barillon, écart. aux 1 et 4 : 2 accompagnant, accompagnées
Belle-Isle, 5 accompagnant.
Belon, 3 accompagnant.
Besnard, 2 accompagnant, accompagnées.
Bouesselay, 2 accompagnant.

Cavardin, 6 accompagnant.
Chapelle, 3 accompagnant.
Cilleur, 3 accompagnant.
Coadallan, 4 cantonnant.
Cuzillac, 5 chargeant.

Delbiest, 3 chargeant.
Digaultray, 3 accompagnant, accompagnées.
Doudart, 3 chargeant.
Dréseuo. 1 surmontant.

Esouyer, 3 chargeant, *aliàs :* chargeant et accompagnées.
Estienne, 3 coquilles, *aliàs* accompagnant.

Feydeau, 3 accompagnant.
Foucault, 2 accompagnant, accompagnées.
Fougeray, 3 accompagnant.
Fournoir, 3 coquilles.

Gailleul, 3 accompagnant.
Ganay, 2 accompagnant.
Garnier, parti au 2 : 1 accompagnée.
Gibanel, parti au 1 : 3 en pal.
Gogal, 3 accompagnant.
Goguet, 3 accompagnant.
Guignard, parti au 1 : 3 chargeant.

Hangest, 5 chargeant.
Henoouët, 3 chargeant.

Josso, 3 coquilles.

Keraudren, 1 accompagnée.
Kerdérien, écart. aux 1 et 4 : sans nombre, accompagnant.
Kerraoul, 3 coquilles.

Marquer, 3 accompagnant, *aliàs* écart. aux 1 et 4.
Mazures, 2 surmontant, accompagnées.
Michel, 4 cantonnant.
Montigny, 5 chargeant, accompagnées.

Moulin, 1 chargeant en abyme.
North, 3 chargeant, accompagnées.
Noue, 3 accompagnant.

Périou, 3 surmontant.
Ploart, 3 croisilles en fasce

Plessis, 8 en orle, accompt.
Poisson, 3 accompagnant
Poix, 3 accompt, accompagnées.
Pontpéan, 3 accompagnant, accompagnées.
Portzmoguer, 1 accompagnée.
Prathir, 3 coquilles.
Pringuel, 3 chargeant.

Quisidic, 2 surmontant, *aliàs :* 5 surmontant.

Ragaud, 3 chargeant, accompagnées.
Ray, 2 chargeant et accompagnées
Robert, 3 coquilles.
Rolland, 3 coquilles.
Rouillon 2 accompagnant.

S. Gondrand, 3 accompt.
Scelles, 2 cantonnant.
Soussay, 3 coquilles.
Surcouf, 3 chargeant, accompagnées.

Tituau, 3 accompagnant, accompagnées.
Tour du Pin, écart. aux 2 et 3 : 3 coquilles.
Trégoazeo, 1 chargeant en abyme.

Val, 3 accompt, accompagnées.
Vaux, 3 accompagnant.
Vayer, 3 chargeant, *aliàs* 3 coquilles.

Argent

Aroembury, 5 chargeant.

Beaujouan, 5 coquilles.
Becdelièvre, 1 accompagnant.
Bellangier, 3 accompagnant.
Béraud, 3 accompagnant.
Botterff, 3 accompagnant.
Bourgeois, 7 coquilles.
Bourgues, 5 chargeant, accompagnées.
Breil, 3 accompagnant.
Bret, 3 coquilles.
Briand, 3 coquilles.
Brissac, 4 chargeant.
Buet, 3 coquilles ou croisilles.

Cacé, 3 accompagnant.
Cameru, écart. aux 1 et 4 : 1 coquille.

Campion, 4 cantonnant.
Cassé, 3 accompagnant
Cassia, tiercé au 1 et 2 : 2 chargeant un palé.
Chanoine, 4 cantonnant.
Chartres, 8 en orle, accompt.
Chateaugiron, 3 chargeant.
Chef-du-Bois, 4 cantonnant.
Clerc, 2 chargeant, accompagnées.
Constantin, 3 chargeant.
Couaisnon, écart. aux 2 et 3 : 3 coquilles.
Coudray, 3 chargeant, accompagnées.
Courmeau, 3 coquilles.

Davaignon ou **Avignon,** 3 accompagnant, accompagnées.

David. 1 coquille.
Dérian, 5 en sautoir.
Dieu, 3 accompagnant.
Drouin, 3 chargeant.
Du, 3 accompagnant

Even 6 coquilles.

Fontaine, 3 accompagnant.

Gallicher, 1 accompagnant, accompagnée.
Galloudec, 3 coquilles.
Garouet, 3 accompagnant.
Gaubert, écart. aux 1 et 4 : 1 accompagnant
Gauteron, 6 coquilles.
Ginguéné, 3 coquilles.
Godet, 3 accompagnant.
Godet, 2 surmontant, accompagnées
Gouzabatz, écart. au 1 : 5 chargeant
Gualès, 6 accompagnant.
Guémadeuc, 6 accompagnant.
Guillemin, 3 chargeant ; alias écart. aux 1 et 4.
Guiomar, 3 surmontant, accompagnées.

Hallegoët, 3 accompagnant.

Harscouët, 3 coquilles.

Haye, 3 coquilles.
Hubert, 2 accompagnées.
Hullin, 3 chargeant, accompagnées.

Jacob, 3 accompagnant.
Juchault, 3 accompagnant

Keraly, 3 accompagnant.
Keramborgne, 3 accompt.
Keravis, 3 chargeant.
Kermoysan, 7 coquilles ; alias accompt. alias chargées.
Kerven. 3 accompagnant.
Kervern, 6 coquilles.

Lair, 3 coquilles.
Laval, 5 chargeant.
Launay, 3 coquilles.
Launay, 10 cantonnant.
Leizour, 3 accompagnant.
Lescoët, 3 accompagnant.
Lesméleuc, 3 accompagnant.
Levroux, 1 accompagnée, alias accompagnant.
Lezonnet, 3 coquilles, alias accompagnant.
Lohou, 3 coquilles.
Lombart, 2 accompagnant.
Louer, 3 accompagnant.
Luce, 3 en pal.

Mandard, 6 coquilles.
Margaro, 3 coquilles.
Marre, 3 accompagnant.
Martineau, 1 chargeant, accompagnée.
Maugouër, 10 coquilles.
Michel, 2 accompagnant, accompagnées
Milbéau, 3 accompagnant.
Morel, 3 accompagnant.
Morice, 1 chargeant un franc canton.
Morice, 3 coquilles.

Nicol, 10 coquilles.

Peroevaux, 3 accompagnés.
Perrot, 3 accompagnant.
Piron, 3 accompagnant.
Pompery, 3 coquilles.
Prézeau, 4 cantonnant.
Prince, 6 coquilles
Priour, 3 surmontant, accompagnées.

Richomme, 2 surmontant, accompagnées.
Robert, 3 coquilles.
Rocher, 1 accompagnant.
Roger, 3 coquilles.

Rouxel, 3 coquilles.
Rubin, 6 coquilles.
Russel, 3 chargeant.

Salio, 10 accompagnant.
Sané, 3 accompagnant.

Vassault, 5 chargeant.
Vauferrier, 3 chargeant.
Vaux, 3 accompagnant.
Vergier, 4 cantonnant.
Vergne, 3 chargeant.
Viart, 3 chargeant, accompt.
Villegast, 6 accompagnant.

Gueules

Baudot, écart. aux 1 et 4 : 1 coquille.
Beaudiez, 2 surmontant.
Bernardais, sans nombre, chargées
Bois, 5 en orle.
Boisdulié. 3 chargeant.
Bouloing, 1 accompagnant.
Bot, 3 accompagnant.
Breton, 9 chargeant.
Buinart, 3 accompagnant.
Bullion, écart. aux 2 et 3 : 6 accompagnant.
Buor, 2 accompagnées.

Chansay, 3 chargeant.
Chantemerle, 3 chargeant.
Chedanne, 3 chargeant.
Coudrais, 3 chargeant.

Davy, 1 accompagnée.
Déserts, 3 chargeant.
Dresnay, 3 accompagnant.

Estang, écart. aux 1 et 4 : 1 coquille.

Gario, 3 accompagnant.
Garnier, 6 accompagnant.
Ginguené 3 coquilles.
Guingamp, 6 accompagnant.

Helloc'h, 3 accompagnant.

Jean, 2 accompagnant.
Jégou, 3 accompagnant.
Jonchée, 3 chargeant, accompagnées.

Keranfleo'h, 2 surmontant, aliàs : 3 accompagnant.
Kerantour, 3 accompagnant.
Kerénor, écart. aux 2 et 3 : 3 accompagnant
Kernezne, 3 chargeant un écu d'or, brochant sur un écartelé.
Keroual, 3 coquilles.

Kerougant, 3 accompagnant..

Lescoët, 3 accompagnant.
Lestourdu, 8 accompagnant.
Levroux 3 chargeant, accompagnées.
Lopriac, 3 chargeant.

Maréchal, 6 accompagnant en orle
Michel, écart. aux 2 et 3 : 1 coquille
Moine, 3, *aliàs* accompagnées.
Montenay, 9 accompagnant.
Muydebled, 5 chargeant.

Parc, 3 accompagnant.
Penbroc, 3 coquilles.
Pilguen, 3 coquilles.
Plesguen, 3 coquilles.
Polard, 3 accompagnant.

Quiriseo, 2 chargeant.

Rouaud, 6 coquilles.

Thieuville, 7 accompagnant.

Vergier, 1 chargeant, accompagnée.

Azur

Couëdor, 3 chargeant, accompagnées.

Garnier, parti au 1 . 1 accompagnée.
Gaudrion, 6 accompagnant.
Godet, 6 accompt. accompagnées
Goubin 4 chargeant, accompagnées.
Guibé, 6 accompt, accompagnées

Herbais, 8 accomp¹ en orle.

Jaille, 5 accompagnant en orle.
Josse 3 accompagnant.

Kerhuélio, 10 coquilles
Kerjosse, 10 coquilles.
Kerroz. 3 accompagnant.

Montigny, 8 accompt en orle.

Portzmoguer, 1 chargeant, accompagnée.

Sinople

Gillet, 5 en croix accompagnées.

Sable

Barde, coupé au 1 : 3 coquilles
Bergoët, 3 accompagnant.
Bouteiller, 17 coquilles.
Bragelongne, 1 chargeant, accompagnée.

Breuzent, 5 accompagnant.
Brissao, 4 chargeant, accompagnant

Chateauneuf, 3 chargeant.

Chiron, 3 chargeant.

Coquillonnais, 3 coquilles.

Espine, écart. aux 2 et 3 :
    3 chargeant.

Geffroy, 5 chargeant.

Gentil, 3 accompagnant.

Gérault ou **Gérot**, 3 chargeant

Gioquel, 5 chargeant, accompagnées.

Hérée, 2 accompt, accompagnées

Hirel, 3 croisilles.

Kerneur, 3 coquilles.

Lair, 3 chargeant et accompt.

Loo'hodan, 3 coquilles.

Maignan, 3 chargeant.

Marie, 3 coquilles.

Montagu, sans nombre, chargées.

Moraud ou **Moreau**, 3 coquilles

Paro, 3 accompagnant.

Pellem, 3 coquilles.

Pescherel, 5 coquilles.

Pichon 3 coquilles.

Quemper, 2 surmontant.

Rocher, 2 surmontant, accompagnées.

Rosty, 3 accompagnant.

Roux, 3 coquilles.

Thévin, 3 accompagnant.

Villiers, 2 chargeant et accompt.

Pourpre

Buret, 1 murex coquillé de sinople.

Sceaux

Appelvoisin, 3 chargeant un
    franc quartier.

Bataille, 3 coquilles surmontées
    d'un lambel.

Bréhegay, 6 accompagnant une
    bande.

Bruc, 1 accompagnant à dextre.

Croisille, 3 croisilles surmontant une fasce.

Drouet, 1 accompagnant, accompagnée.

Goupil, 3 accompagnant une
    fleur de lys.

Hidoux, 3 chargeant une fasce,
    alias : une bande.

Hillion, 6 cotoyant une bande
    chargée; *alias :* 3 au chef
    chargé.

Huet, sans nombre, chargeant deux bandes.

Huon, 3 accompagnées d'un croissant et d'une bordure

Kerambartz, 3 au chef chargé.

Lande, 3 accompagnant un cerf.

Langelier, 3 accompagnant un chevron.

Maoé, 5 chargeant une croix pattée.

Mauvoisin, 7 accompagnant en orle.

Motte, 3 accompt une fasce.

Pligeau, 2 en chef et un croissant en pointe surmontés d'un lambel.

Tréogan, 3 coquilles.

Vaux, 3 accompagnant 4 losanges en fasce.

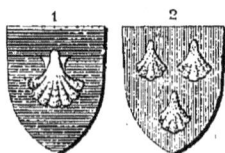

La *coquille* représente une coquille de mer montrant le dos. Lorsqu'il s'en trouve montrant le dedans ou le creux, on les nomme *vannets*. Lorsque la coquille est très petite on la nomme *croisille*. Quelques auteurs prétendent que lorsque la coquille est oreillée elle est dite de *S. Jacques* et quand elle ne l'est pas de *S. Michel*.

(Fig. 1), *d'azur à une coquille de S. Jacques d'argent.*

(Fig. 2), *de gueules à 3 coquilles de S. Michel d'or.*

DAUPHINS

Amboise, 1 d'azur chargeant.

Bihannic, 2 d'or affrontées.

Bonnelier, 2 d'or brochant en santoir.

Bouchart, 3 de sable.

Brissac, 1 de sable chargeant en abyme.

Budan, 1 d'or accompagnant.

Cheylus. 1 d'argent couronné et accompagné.

Chiron, 3 d'or accompagnant.

Cramezel. 3 d'argent.

Dauphin. 1 d'argent couronné, accompagné.

Ecluse 2 de sinople, accompagnant, accompagnés.

Fontenay, 2 d'azur accompt.

Kersoao, 2 d'azur adossés.

Landais, 1 couronné de gueules.

Moreau, 1 d'argent chargeant.

Poisson. 1 d'or accompagné.

Pourceau, 3 couronnés d'argent, accompagnant.

Raguideau, 1 renversé, coupé de gueules et d'azur.

Robillart, 1 de sinople chargé.

Santo-Domingue. 2 têtes d'or engoulant.

Le *dauphin* est une sorte de poisson dont la position ordinaire est d'être courbé en demi-cercle et de profil, son museau et le bout de sa queue tournés vers la dextre de l'écu.

(Fig. 1), *de gueules à deux dauphins affrontés d'or.*

ÉCREVISSES, CANCRES, SCORPIONS

Boucher, 3 écrevisses de gueules

Chassin. 4 écrevisses de gueules chargeant.

Escrots, 3 écrevisses de gueules chargeant, accompagnées.

Jarnage, 1 scorpion d'or accompagnant.

Pioger, 3 écrevisses de gueules en pal.

Planohe, 1 écrevisse d'or accompagnant.

Roujoux, 1 écrevisse de gueules.

Thiard, 3 écrevisses de gueules.

L'*écrevisse* paraît dans l'écu en pal, la tête en haut et montrant le dos, son émail particulier est de gueules.

Le *scorpion* ressemble à l'écrevisse en plus petit et plus mince avec la queue plus mince et plus longue et terminée par une pointe recourbée.

(Fig. 1), *d'argent à une écrevisse de gueules.*

POISSONS DIVERS

Or

Barbier, 1 barbeau d'or en bande, accompagné.

Billette, 3 poissons chargeant accompagnés.

Coq, 2 bars adossés, accompagnés

Cosson, 3 poissons accompagnant, accompagnés.

Doré, 1 poisson en fasce, accompagné.

Fonteneau, une truite tenue.

Goujon, 3 goujons.

Kero'hao, 3 poissons en pairle.

Saulnier, 3 poissons en fasce.

Argent

Bégue, écart. aux 1 et 4 : 1 poisson en fasce, à l'écu d'argent chargé, brochant.

Berland, 2 merlans chargeant.

Bertaud, 2 bars adossés.

Bourg, 3 hures de saumon, accompagnant.

Bourgneuf, 2 en fasces, chargeant un franc canton et accompagnant.

Bris, 3 hures de saumon, accompagnant.

Brochereul, 1 brochet en bande

Coq, parti au 2 3 poissons.

Disamber, 3 poissons en pal.

Dréneo, 1 barbeau en pal.

Dupleix, écart. aux 1 et 4 : 2 affrontés en fasce, accompagnés.

Estang, 2 carpes en fasce,

Guiomar, 1 poisson en pal, brochant.

Guitton, 2 bars adossés, accompagnés.

Jan, 2 brochets en bande, mordant une anguille en barre.

Livinot, 3 truites accompagnant

Lochet, 3 poissons d'argent.

Moreau, 3 poissons d'argent accompagnés.

Palue, 1 poisson en pal, accompagné.

Penaot, 3 saumons en fasce, posés 2 et 1.

Perche, 2 perches en fasce.

Poisson, 1 poisson accompagnant, accompagné.

Raoul, 1 poisson en fasce, accompagné.

Rougeul, 1 saumon; *alias* rouget cantonné

Rouxel, 3 roussettes ou chiens de mer.

Rueneuve, 1 saumon en pal.

Vallée, 3 poissons en fasce, posés 2 et 1

Véron, 3 poissons ou érens miraillés de gueules.

Villeblanche, 3 hures de saumon en fasce, accompagnant.

Gueules

Bouëxière, 1 poisson en pal, accompagnant.

Chabot, 3 chabots en pal

Gaillard, 2 hures de saumon soutenant, accompagnées.

Keranmoal, 2 bars en fasce.

Monnier, 4 poissons chargeant

Roujoux, 1 rouget.

Tillet, écart. aux 2 et 3 : 3 chabots en pal, chargé sur le tout d'un écu d'or chargé.

Azur

Meusnier, 3 poisssons ou meusniers chargeant.

Toutenoutre, 3 hures de saumon.

Sable

Martin, écart. au 4 : 1 poisson en fasce.
Maugoret, 3 marsouins.

Nail, 1 saumon accompagnant.
O'Neil, 1 poisson au naturel nageant, accompagnant, accompagné.

Ray, 1 raie nageant, accompt.
Rays, 2 poissons en faece.

Schönendall, écart. aux 2 et 3 : 2 bars adossés.

On nomme *poisson* celui dont on ne peut désigner l'espèce. Le *bar* paraît, comme le dauphin, de profil, courbé en demi-cercle, ayant la tête et la queue tournées du côté dextre de l'écu. Le *chabot* est en pal.

Lorsque le poisson est en bande, en fasce ou en pal, on l'indique.

(Fig. 1), *de sable à un poisson d'argent posé en fasce, accompagné de quatre annelets de même, trois en chef et un en pointe.*

§ 4. — INSECTES, REPTILES

ABEILLES, MOUCHES, FOURMIS, GRILLONS

Baillardel, 1 fourmi d'or accompagnant.

Cassart, 2 abeilles de sable surmontant.

Chancerelle, 3 abeilles d'or, accompagnant.

Cousin, 3 cousins (moucherons) d'argent, accompagnant.

Gillot, 3 abeilles d'azur.

Labbaye, 3 abeilles de sable.
Lanrivinen, 1 abeille de gueules accompt, *alias* écart. aux 1 et 4.

Mélorel, écart. aux 1 et 4 : 3 abeilles de sable chargeant.

Regnon, 3 abeilles d'or.

Saisy, écart. aux 2 et 3 : 1 guêpe d'argent accompagnant.

Tanniou, 1 mouche de sable.
Thou, 3 taons de sable accompt.
Tourmel, 3 abeilles d'argent accompagnant.
Tournemouche, 7 abeilles de sable, accompt une ruche de même.

BISSES, GUIVRES OU SERPENTS, LIMAÇONS, SERPENTS-VOLANTS

Carquet, 1 de sable accompt.

Chemillé, 1 d'or, chargeant un franc quartier.

Cherdel, 2 d'azur affrontées en pal.

Cohon, 2 de sable entrelacées, adossées et accompagnées ; *aliàs :* écart. aux 1 et 4.

Delesso, 4 limaçons d'or cantonnant.

Fleury, 4 d'argent cantonnant.

Fouché, 1 d'or chargeant, accompagné.

Gentil, 1 volant d'or.

Gris, 1 d'azur en pal, surmontée.

Guillard, 1 de sable.

Jamin, 2 bisses entrelacées et affrontées d'azur en pal.

Keraëret, 2 d'azur affrontées en pal, chargeant.

Kernazret, 2 d'azur entrelacées, accompagnées et chargeant.

Lambert, 1 de sinople en fasce

Lauzon, 3 d'argent, *aliàs* accompagnées.

Loynes, coupé au 1 . 2 d'argent, accompagnant.

Mazures, 1 d'or accompagnant.

Minihy, 2 d'azur affrontées en pal, chargeant.

Monneraye, 2 volant d'azur, accompagnant.

Montauban, écart. aux 2 et 3 : 1 d'azur accompagné

Noury, 1 de sable accompagné.

Orfèvre, 3 limaçons d'or.

Paris, 1 caducée d'or en bande, accompagné.

Privast, 4 de sable cantonnant.

Refuge, 2 d'azur affrontées en pal, chargeant

Sourdeau, 1 aspic de sable en fasce.

Valaize, 1 guivre (*sceau*).

CRAPAUDS, GRENOUILLES, LÉZARDS, SALAMANDRES, TORTUES

Bossinot, 3 grenouilles d'or.

Cotereau, 3 lézards de sable.

Gazet, 3 grenouilles de sinople.

Gervais, 1 crapaud de sinople, accompagnant.

Gioqueau, 1 lézard d'or, chargeant et accompagné.

Guillier, 1 salamandre de sable vomissant des flammes de gueules.

Léziart, 3 lézards de sable.

Rosvern, 3 lézards de sinople.

Tard, 1 tortue de sable chargeant

Teillier, 3 lézards d'argent, accompagnés.

Testard, 3 têtards de sable accompagnant.

PAPILLONS, PAPELONNÉ, VERS A SOIE

Abillan, 3 papillons d'argent.

Barrin, 3 papillons d'or.
Bérard, 3 de sable, chargeant.

Cassart, 2 de sable, surmontant
Chateaubriand, papelonné d'or (*sceau*).
Chemillé, papelonné d'or et de gueules.
Coëtriou, 1 de gueules, accompagnant.

Drouallen, 3 de sable.

Gillot, 3 d'azur, *aliàs* : d'or.

Jégou, 3 d'argent, accompt.
Jouannin, 2 au naturel, accompagnant.

Lanrivinen, 1 de gueules accompt, *aliàs* écart. aux 1 et 4.
Limon, 2 au naturel, accompt.

Mauvy, papelonné de gueules et d'hermines, chargé.
Ménez, 3 d'argent.

Soueff, semé de vers à soie sur un fascé de l'un en l'autre

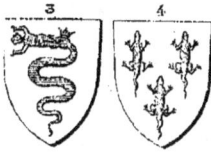

L'*abeille* est représentée montant, les ailes étendues comme si elle volait.

La *fourmi* est très rare en armoiries, ainsi que la *mouche*.

La *bisse* est un serpent ou couleuvre qui paraît dans l'écu formant plusieurs sinuosités ou ondes à cause de sa longueur, et dont la tête posée en fasce, de profil, s'élève en haut et la queue s'étend vers le bas ; on n'explique la position de la bisse que lorsqu'elle n'est pas dans sa représentation ordinaire qui est en pal. La bisse est nommée *guivre* quand elle semble dévorer un enfant. Le *limaçon* est très rare en armoiries.

La *grenouille*, comme le *crapaud*, sont aussi très rares en armoiries, de même que le *têtard*, qui n'est autre chose que la grenouille dans sa première transformation.

Le *lézard*, qui est un reptile à quatre pieds et à longue queue, paraît montant, c'est-à-dire la tête vers le haut de l'écu, quand il en est autrement on doit l'indiquer.

La *tortue* est très rare en armoiries ; elle paraît montant.

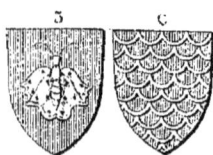

Le *papillon* paraît de front, les ailes ouvertes. Quelques auteurs le nomment *doublet*. Il est *miraillé* quand ses ailes ont des marques rondes qui imitent les miroirs et lorsque ces marques sont d'un émail différent.

Papelonné est une figure qui représente des écailles ou des demi-cercles comme plusieurs rangées de tuiles ou d'ardoises sur une couverture dont les demi-cercles sont vers la pointe. Le plein des écailles tient lieu de champ et les bords de pièces et d'ornement.

(Fig. 1), *d'azur à 5 abeilles d'or.*

(Fig. 2), *de gueules à la bisse d'or.*

(Fig. 3), *d'argent à une guivre d'azur couronnée d'or, issant de gueules.*

(Fig. 4), *d'argent à 3 lézards de sinople.*

(Fig. 5), *de gueules à un papillon d'argent miraillé et bigarré de sable.*

(Fig. 6), *de gueules papelonné d'argent.*

§ 5. — ANIMAUX CHIMÉRIQUES

GRIFFONS, PHÉNIX, SERPENTS VOLANTS, CERFS-VOLANTS, SPHYNX, SIRÈNES

Or

Baillet, 2 griffons accompé.

Barjot, 1 griffon accompagné.

Boschet, 1 phénix soutenu

Buharay, 1 griffon.

Croc, 1 griffon.

Faucon, écart. aux 1 et 4 : 1 membre de griffon en bande.

Fournas, 1 griffon brochant.

Gentil, 1 serpent volant.

Gillard, 1 sphynx ailé, accompé

Kerdérien, écart. aux 1 et 4 : 1 griffon.

Pinsonneau, 1 dragon ailé.

Poyet, écart. aux 2 et 3 : 1 dragon ailé.

Robert, 3 pattes de griffon.

S. Brieuc, 1 griffon.

Sanguin, 2 membres de griffon, accompagnant.

Thomasset, 1 griffon chargeant et accompagnant.

Voland, 1 cerf-volant.

Argent

Bonamy, 1 phénix soutenu, accompagné.

Lambart, 1 griffon volant.

Lesnérao, 1 tête et demi-vol de griffon.

Prévost, tiercé au 3 : 1 sirène.

Roger, 1 phénix accompagné.

S. Allouarn, 1 griffon.

Séré, 1 sirène.

Gueules

Despinoze ou **Espinoze,** 1 griffon chargeant, accompé.

Gouëre 1 griffon.

Morillon, 1 griffon.

Réal, 1 phénix accompagné.

Roche, 1 griffon.

Azur

Buchet, 1 phénix essorant, accompagné.

Merlet, 1 griffon.

Monneraye, 2 serpents volants accompagnant.

Sinople

Drao, 1 dragon ailé, couronné.

Sable

Borye, 1 cerf-volant.

Bruslon, 1 griffon.

Estourbillon, 1 griffon.

Guillier, 1 salamandre vomissant des flammes.

Hardouineau, 1 griffon.

Jorel, 1 griffon (*sceau*).

Prévost, 1 griffon chargeant un franc canton.

Robert, 3 pattes de griffon.

Tréléon, 1 griffon.

Viart, 1 phénix sur un bûcher de gueules, accompagné.

Le *griffon* est un animal fabuleux ayant la partie supérieure de l'aigle et l'inférieure du lion ; il paraît toujours de profil et rampant.

Le *sphinx* a la tête et le sein d'une jeune fille, les griffes d'un lion, le corps d'un chien et la queue d'un dragon ; il paraît en repos, c'est-à-dire couché et étendu sur ses pattes, la tête levée.

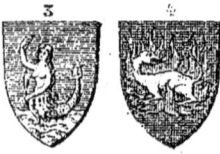

La *sirène* a la tête, le sein, les bras, le corps jusqu'au nombril, d'une jeune fille et le reste en queue de poisson ; elle tient dans la main dextre un miroir à manche et de la sénestre un peigne.

La *salamandre* est une espèce de serpent qui paraît dans l'écu le dos arrondi, le col long, la langue terminée en pointe de dard, ayant quatre pattes assez semblables à celles du griffon. Elle paraît de profil et placée au milieu d'un feu ardent environné de hautes flammes ; elle a la tête contournée, sa queue est levée sur le dos. On ne nomme les flammes que lorsqu'elles sont d'un autre émail que la salamandre.

(Fig. 1), *d'azur au griffon d'argent*

(Fig. 2), *d'azur au sphinx d'argent.*

(Fig. 3), *d'azur à une sirène d'argent, nageant sur une mer au naturel.*

(Fig. 4), *de sable à une salamandre d'argent dans un feu de gueules, la tête contournée.*

PLANTES

§ 1er. — ARBRES

Or

Bois, 1 chêne accompagné.

Bois, 1 arbre accompagnant.

Bois, parti au 2 . 1 arbre terrassé, chargé.

Boscal, 1 chêne arraché, accompagné.

Boucault, 3 têtes de chênes englantées, versées

Breton, 1 arbre soutenant, accompagné.

Coudray, 1 arbre accompagné.

Couradin, 1 olivier terrassé, accompagné.

Estrade, 1 palmier terrassé, accompagné.

Gouëzlin, 1 pin fruité, le fût chargé

Kercadoret, 3 cyprès surmontés.

Lharidon, 1 pin accompagnant.

Mérer, 1 chêne accompagné.

Moricaud, 1 arbre accompé

Argent

Bellangier, 1 pin accompagné.
Bois. 1 tremble arraché, accompagné.

Espinay, 3 buissons.

Haye. 1 arbre, le fût arraché.

Noir, 3 arbres chargeant.

Olivier, 1 arbre accompagné, *aliàs* écart. aux 1 et 4 : 1 olivier.

Poilpré, 3 pins accompagnant, accompagnés.

Riou, parti au 2 : 3 palmiers.

S. Genis. 1 chêne accompagnant.

Verdier, 1 palmier terrassé.

Gueules

Butet, 1 pin fruité et arraché.
Créquy, 1 créquier arraché.

Millé. 3 chênes arrachés.

Azur

Bois, 1 arbre. *aliàs* surmontant.
Brignac, écart. aux 1 et 4 : 1 arbre.

Chesnay, 1 chêne arraché, le fût chargé.

Denis, 1 pin chargeant.

Forest, 1 arbre arraché.

Kergoat. 1 cyprès arraché.

Launay, 1 arbre arraché.

Lesguen, 1 palmier arraché, *aliàs* chargeant 1 franc quartier.

Nicolas. 1 pin fruité.

Nouvel, 1 pin terrassé. accompagné.

Ny, 1 palmier arraché.

Rolland, écart. aux 1 et 4 1 pin arraché.

Trémel, écart. aux 2 et 3 : 1 arbre arraché.

Sinople

Angevin, 1 arbre accompagnant.
Apuril. 1 chêne accompagné
Aubin, 1 arbre.
Aubry, 1 abricotier chargeant.
Avril, 1 pin accompagné.

Bachelier, 1 pin terrassé.
Baillif, 1 palmier fruité.
Bariolle, 1 palmier terrassé, accompagné.

Bascher, cantonné aux 2 et 3 : 1 chêne.
Beo, 1 arbre accompagné.
Beomeur, 1 pin arraché.
Bellabre, 1 palmier.
Bénerven, 1 chêne englanté, chargé sur le fût.
Billes, 1 arbre accompagné.
Bocou, parti au 1 : 1 arbre arraché.

Bodénan, 1 ormeau arraché.

Bois, 1 cyprès arraché.

Bois, 3, *aliàs* : 5 pins surmontant

Bois, 1 arbre arraché, accompé.

Boisjagu, 3 pins arrachés

Boispéan, 1 arbre accompagné.

Bossart, 1 fresne surmontant.

Botglazec, 1 arbre sommé.

Bouëxio, 3 sapins; *aliàs :* 3 arbres de buis.

Bouëxière. 1 buis; *aliàs :* accompagné.

Bougeant, 1 tremble accompé.

Boulain, écart. aux 1 et 4 : 1 arbre.

Bourdieu, 1 palmier terrassé, surmonté et accompagné.

Bretineau, 1 chene, soutenu, accompagné.

Breton, 1 olivier accompagné.

Budes, 1 pin accompagné ; *aliàs* sommé.

Burgault, parti au 2 : 1 arbre terrassé.

Cadet, 1 pin sommé.

Cardé, 1 chêne englanté, surmonté.

Carquet, 1 palmier accompagné

Castagny, 1 châtaignier mouvant, accompagné.

Cat 1 fresne arraché.

Chaperon, 1 arbre terrassé, chargé et surmonté

Charles, 1 pin arraché, accompé

Chatton, 1 pin fruitté.

Chavres, 1 pin fruité, accompé.

Chesne, 1 chêne.

Chupeau, parti au 1 : 3 pins, les fûts chargés.

Clairambault, 1 arbre arraché

Coatalio, 1 pin fruité, accompé.

Coëtnévénoy, 1 pin accompé.

Coëtrieux, écart. aux 2 et 3 : 1 arbre accompagné.

Coëtriou, 1 arbre accompagné.

Danguy, 1 pin accompagné.

David, 1 chêne englanté, accompagné

David, 1 pin fruité.

Despinoze, 1 arbre, le fût chargé et accompagné.

Dombideau. 1 arbre terrassé le fût chargé et accompagné.

Emeriau, écart. au 3 : 1 if accompagnant.

Espinay. 3 buissons d'épines

Espinay, 1 fresgon ou buisson de houx.

Faux, 3 saules arrachés, accompt

Fellonneau, 1 châtaignier fruité, accompt, accompagné.

Fresne, 1 frêne arraché.

Fresnais, 1 frêne sommé, accompagné.

Fresneau, 1 frêne accompagné.

Fur, 1 pin arraché.

Gagende. 1 arbre sommé.

Gassion, écart. aux 2 et 3 : 1 arbre, le fût chargé.

Geffroy, 1 pin, le fût chargé.

Gérard, 1 houx.

Gesril. 1 chêne arraché.

Gibonnays, 1 houx accompé.

Godet, 1 olivier accompagné

Gourel, 1 chêne englanté, le fût chargé.

Grall, 1 pin, le fût chargé.

Grand, 1 chêne englanté, le fût chargé.

Gras ou **Gratz**, 1 chêne englanté mouvant.

Grivart, 1 pin fruité, accompé.

Guéguen, 1 arbre, le fût chargé

Guéguen, 1 chêne ; *aliàs :*
  1 olivier accompagné

Guerno'hoz, 1 pin.

Guesdon, 1 pin accompagné.

Guillet, 1 châtaignier

Guimar, 1 chêne englanté.

Guiomar, 1 arbre sommé

Guitton. 2 pins fruittés ; *aliàs :*
  2 chênes

Guy, 1 arbre sommé, accompé.

Guyto, 3 pins soutenus.

Herstfell, 1 chêne, le fût chargé

Hidriou, 1 saule.

Jamet, 1 sapin arraché.

Jay ou **Geai**, 1 pin accompt.

Jouault, 1 chêne accompagné.

Kerboutier, 1 pin fruité, le fût
  chargé.

Kerfaréguin, 1 chêne englanté,
  le fût chargé.

Kergadaran, 1 pin fruité, le
  fût chargé.

Kergoët, 1 pin fruité

Kerguélen, écart. aux 1 et 4 :
  1 houx arraché.

Kerguern, 1 aulne arraché.

Kerguézeo, écart. aux 1 et 4 :
  1 chêne arraché.

Kerjar, 1 arbre arraché.

Kermenguy, 1 houx sans
  feuilles, arraché.

Kerneo'h, 1 pin sommé.

Kerpaen 1 chêne, le fût chargé

Landry, 1 hêtre arraché

Lanrivinen, 1 pin accompagné,
  aliàs écart. aux 1 et 4.

Launay, 1 aulne ; *aliàs* accompé

Launay, 1 olivier fruité d'or.

Laurens, 1 chêne, *aliàs :* 1 laurier.

Lauzières, écart. au 1 : 1 buisson ou 1 osier

Lavau, 1 pin arraché, accompt.

Lescaudu, 1 pin, le fût chargé

Lescondam, 1 arbre arraché.

Léséleuc, 1 chêne, le fût chargé

Lesplouénan, 1 arbre arraché.

Liron, 1 chêne arraché, le fût
  chargé.

Lohenneo, 3 chênes accompés.

Lourme, 1 orme arraché.

Maingard, 1 chêne arraché,
  fruité d'or, brochant.

Marchand, 1 arbre d'aubépine,
  arraché.

Marion, 1 palmier, accompagné.

Marque, 1 arbre terrassé, accompagné

Marzein, 1 arbre surmonté.

Masne, 2 pins arrachés.

Maussion, 1 cyprès terrassé,
  cantonnant.

Méhaignerie, 1 fouteau arraché ; *aliàs* écart. aux 1 et 4.

Menier, 1 pin accompagné.

Métayer, 1 pin fruité, accompé.

Millé, 3 chênes arrachés.

Montdragon, 1 peuplier accompagné ; *aliàs :* 2 accompt.

Montellière, 1 frene, le fût
  chargé.

Moreau, 1 palmier arraché.

Morin, 1 arbre soutenu, le fût
  chargé.

Noël, 1 pin accompagné, *aliàs :*
parti au 1 : 1 arbre surmonté ;
au 2 1 arbre

Nogaret, parti au 1 : 1 noyer.

Nos, 4 ifs cantonnant.

Olivier, 1 olivier terrassé.

O'Riordan, écart aux 2 et 3 :
1 chêne, le fût chargé.

Palierne, 2 pins terrassés, accompagnant, accompagnés

Palys, 1 yeuse ou chêne vert
arraché.

Pasquier, 1 arbre.

Patard, 1 chêne accompagné.

Pays-Mellier, 1 arbre chargé.

Pépin, 1 pin fruité et chargé.

Perrier. 1 arbre

Pinot, 1 pin accompagné ; *aliàs :*
écart. aux 1 et 4.

Plessix, 1 chêne englanté et
accompagné.

Pohon, 1 chêne, le fût chargé.

Pommeret, 1 pommier arraché,
accompagné.

Poulain, 1 houx accompagné.

Quélénec, 1 chêne englanté d'or,
aliàs : 1 houx.

Quéméreuc, 1 pin arraché,
accompagné.

Quityer, 1 arbre chargé.

Redon, écart. au 3 : 1 olivier
terrassé.

Richardeau, 1 chêne terrassé,
accompagné.

Richardière, 1 pin sommé.

Rolland, 1 cyprès, accompagné.

Rougeart, 1 pin, le fût chargé

Rousselaye, 1 chêne, accompé.

Rousselet, 1 chêne englanté.

Roux, 1 houx arraché ; *aliàs :*
le fût chargé.

Rozé, 1 rosier arraché, accompé.

Saulnier, 1 chêne accompagné.

Sauvageau, 1 arbre arraché

Sec, écart. aux 1 et 4 : 1 arbre
arraché

Sohier, 1 chêne arraché.

Stéphanou, 1 pin fruité, chargé
et accompagné

Suasse, 1 arbre, le fût chargé,
accompagnant.

Thérisse, 1 arbre, le fût chargé,
accompagné.

Trépézec, 1 pin fruité.

Truchot, 1 if, accompagné.

Turnegouët, 1 houx arraché.

Valory, 1 laurier accompagné.

Vasseur, 1 oranger fruité.

Verdier, 1 arbre, *aliàs :* 1 arbre
surchargeant un écu brochant
sur un écartelé.

Verger, 3 arbres, *aliàs :* écart.
aux 1 et 4

Viau, 1 pin fruité, accompagné.

Vigré, 1 pin fruité, accompé.

Villéon, 1 houx accompagné.

Vivien, 1 pin accompagné.

Sable

Defermon, 1 pommier fruité
d'or et d'argent.

Guézille, 1 haie d'épines en fasce

Mivier, 1 arbre arraché.

Sceaux

Avaugour, 1 pommier fruité de 3 pommes.

Brun, 1 pin fruité, accompagné à dextre d'une rose surmontée d'une molette et à sénestre d'un oiseau.

Carhaix, 1 arbre sommé de 2 oiseaux, accompagné de 2 fleurs de lys.

Guern, 1 aulne sommé de 2 oiseaux.

Hennebont, 1 arbre arraché, le fût chargé d'1 aigle à 2 têtes.

Kerlan, 1 houx accosté de deux étoiles.

Périer, 1 poirier arraché.

Retz, 1 arbre soutenu de 2 renards.

Urvoy, 1 arbre accompt 1 chevron chargé d'une barre.

L'*arbre* est assez fréquent en armoiries, son émail particulier est le sinople. Il paraît en pal, les racines resserrées. On le dit *arraché* lorsqu'elles sont étendues ou d'un autre émail, *ébranché* quand il n'a pas de branches, *écimé* quand sa cime paraît coupée, *fruité* quand il porte un fruit d'un autre émail. *Terrassé* se dit d'un arbre posé sur une terrasse. *Englanté* se dit d'un chêne qui porte des glands

(Fig. 1), *d'or à un arbre arraché de sinople.*

§ 2. — BRANCHES

Palmes, Rameaux, Troncs ou Futs, Souches, Ecots ou Chicots

Or

Béchameil, 3 palmes accompt.
Biré, 1 branche de grenadier fruitée.

Cherouvrier, 1 palme en sautoir, accompt et accompée.
Cosnier, 1 rameau d'olivier tenu et accompagné.

Epervier, 1 rameau de laurier tenu.
Evesque, écart. aux 2 et 3 : 1 branche d'olivier.

Faverolles, 1 tige de fève soutenue, accompagnée.

Guérin, 1 branche de chêne en couronne, surmontant.
Guilhermy, 2 branches de laurier en sautoir chargeant sur un coupé.

Lasne, 3 troncs soutenant.

Marque, 1 palme en pal, accompagnée.

Parent, 3 bâtons d'épine écotés et alésés en sautoir, accompés.

Paul, 3 palmes accompagnées.

Ramereu, 4 rameaux d'olivier en croix, cantonnés.

Richard, 2 branches d'olivier en sautoir, cantonnées.

Vallot, 1 rameau de chêne englanté, accompagnant.

Argent

Albert, écart. aux 2 et 3 : 2 branches d'olivier en sautoir, accompagnées.

Baruau, 2 palmes adossées en pal.

Cherouvrier, 1 branche de laurier en sautoir, accompagnée.

Elbène, 2 bâtons tigés et fleurdelysés en sautoir.

Fontaine, 3 branches de chêne englantées.

Garennes, 2 palmes adossées.

Gourvaou, 2 palmes adossées.

Jardin, 1 plante de tubéreuse tigée et feuillée de sinople.

Lyais, 1 écot soutenant.

Plouzin, parti au 2 : 1 branche de laurier tenue.

Quen, 1 palme surmontant.

Ribé, 1 bâton tenu, accompé.

Richard, 1 chicot écoté soutenant et accompagné.

Gueules

Penanooët, 3 souches déracinées.

Azur

Bouays, 1 branche de chêne englantée et accompagnée.

Mignot, parti aux 2 : 3 palmes.

Moine, 3 chicots écotés, accompagnés.

Sinople

Apuril, 2 palmes tenues.

Audio, 2 bâtons écotés et alésés, accompagnant.

Babin, roseaux accompagnant.

Baglion, 1 tronc écoté, accompagnant, accompagné.

Berthou, 1 palme tenue, accompagnée.

Bois, 1 palme en pal, accompée.

Botglazec, 3 branches d'épine.

Botloré, 1 branche de laurier tenue.

Botonn, 1 branche de frêne en bande.

Boucher, 3 palmes en pal.

Bretton, 3 palmes.

Briant, écart. aux 2 et 3 : 1 rameau d'olivier tenu.

Brindejono, 1 souche de jonc accompagnée.

Brindejonc, 3 brins de jonc chargeant.

Cartes, 4 palmes cantonnant.

Chasteigneraye, 3 branches de châtaignier fruitées

Couëdio, 1 branche de châtaignier feuillée d'azur,

Couëssurel, 1 rameau d'olivier tenu, accompagné.

Cousin, 2 palmes adossées, chargeant et accompagnées.

Dubreuil, tranché au 2 : 1 branche d'olivier

Espinay, 1 tronc terrassé poussant 2 rameaux, soutenant et accompagné.

Espine, 1 rameau d'épine soutenant.

Fite, 1 branche de myrte en pal.

Fortin, 1 branche de thym tenue

Fougères, 1 plante de fougère.

Fresnais, 3 branches de frêne.

Fresnaye, 3 branches de frêne.

Frogeray, 1 rameau de fougère chargeant, accompagné.

Gaillard, 1 bâton écoté en bande, soutenu et accompagné.

Gérard, 1 gui de chêne chargé.

Grasnelaye, 3 branches de laurier en couronne, accompt.

Gueguen, écart. aux 2 et 3 : 1 branche de houx en pal.

Guerrande, 1 rameau de laurier tenu.

Guillermo, 1 plante de fougère accompagnée.

Guilloré, 1 gui de chêne accompagné de deux lauriers.

Hue, 1 rameau d'olivier tenu.

Jardin, 1 plante de tubéreuse d'argent tigée et feuillée de sinople

Kerangal, 1 branche d'olivier sommée.

Lande, coupé au 2　1 palme chargeant.

Laurents, 2 palmes adossées.

Luzec, 1 palme en bande accompée

Macé-le-Lièvre, 3 rameaux de frêne.

Mahé, 1 haie terrassée, accompée.

Martin, 3 branches de chêne englantées.

Mauvillain, 1 tige de lin tenue, accompagnée.

Mesnard, 1 plante de fougère chargeant et accompagnant.

Olivier, 1 rameau d'olivier tenu

Ossat, 1 rameau d'olivier tenu.

Ragaud, 1 branche de chêne accompagnant.

Rallier, 3 brins de genêt ou patience, sommés.

Ruée, 3 branches de rue.

Run, 1 rameau de laurier tenu, accompagné.

Trémellier, 1 guirlande de lierre accompt, accompagnée.

Trouillat, 1 rameau de chêne englanté.

Tuollays, 1 plante de fougère chargeant et accompagnant.

Vayer, 1 rameau tenu.

Verdeuc, 2 branches de cerisier fruitées, accompagnées.

Vigne, 1 cep de vigne de sinople

Vilazel, 1 branche d'olivier tenue et accompagnée.

Sable

Busnel, 1 écot soutenant.

Déserts, 1 palme en pal (*sceau*).

Lesquifflou, 3 souches déracinées.

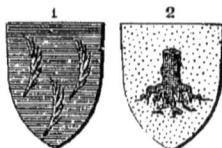

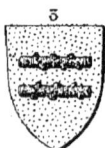

Motte, 1 tige de houx (*sceau*).

La *branche* est le bois que pousse le tronc d'un arbre ou d'un arbrisseau.

La *palme* est un rameau ou branche de peuplier.

Le *tronc* ou *fût* représente la tige de l'arbre avec ses racines, sans aucune branche.

L'*écot* ou *chicot* est le tronc ou la branche d'arbre dont les menues branches ont été coupées.

(Fig. 1), *d'azur à 3 palmes d'or.*

(Fig. 2), *d'or à un tronc d'arbre de sable.*

(Fig. 3), *d'or à 2 chicots de gueules rangés en fasce.*

§ 3. — FEUILLES D'ARBRES

Amys, 3 feuilles de vigne de sinople, accomp^t

Ardaine, feuilles de houx sans nombre, chargeant une bande et accompagnant (*sceau*).

Béore, 3 feuilles de chêne de sinople, accompagnant.

Boisvin, 3 feuilles de vigne d'or.

Botillio, 7 feuilles de lierre de sinople.

Bouardière, 3 feuilles de laurier de sinople, accompagnant.

Bourgeois, 3 feuilles de laurier mal ordonnées de sinople, accompagnant.

Boutouillio 3 feuilles de houx de sinople.

Cheminart, 3 feuilles de chêne de gueules.

Chesnaye, 1 feuille de chêne de sinople, accompagnée.

Cholet, 3 feuilles de houx de sinople.

Chosseo, 3 feuilles de sauge de sinople.

Cortois, 3 feuilles de lierre de sinople en fasce, accompagnées

Cosquer, 7, *aliàs* 6 feuilles de houx d'azur.

Coual, 3 feuilles de chêne d'or, accompagnées.

Cozou, 3, *aliàs* 6 feuilles de lierre de sinople.

Deralz, 3 feuilles de fougère de sinople, chargeant.

Eudoux, 3 feuilles de châtaignier de sinople.

Euzénou, écart. aux 2 et 3 : 1 feuille de houx de sinople.

Forestier, 3 feuilles de chêne de gueules, *aliàs* d'argent.

Forestier, 1 feuille de houx d'azur

Fresne, 3 feuilles de frène de sinople, accompagnant.

Gigon, 4 feuilles de vigne de sinople, cantonnant.

Gubaër, 6 feuilles de houx de sinople, accompagnant

Gériff, 3 feuilles de houx de sinople.

Guillou, semé de feuilles de sauge de sinople.

Houët, 3 feuilles de houx de sinople, accompagnant.

Houx, 6 feuilles de houx de sinople, *aliàs* : 4 feuilles de houx cantonnant une croix (*sceau*).

Jéguio, 3 feuilles de houx de sinople accompagnant.

Kerliviry, écart. aux 2 et 3 : 3 feuilles de laurier d'or, accompagnant.

Maczon, 3 feuilles de houx de sinople.

Mahault, 3 feuilles de houx de sinople.

Marc'heo, 10 feuilles de lierre de sinople.

Maye, 3 feuilles de chêne d'or, accompagnées.

Mésanven, 3 feuilles de chêne d'argent, accompagnant.

Moine, 3 feuilles de houx de sinople, chargeant, accompées.

Monteville, 3 feuilles de houx de sinople, accompagnées.

Morinais, 2 feuilles de houx de sinople, accompt, accompées.

Orain, 2 feuilles de plantin d'argent, accompagnant

Palasne, 3 feuilles de chardon d'or, accompagnant.

Poulain, 3 feuilles de houx de sinople, accompagnées.

Poulhazre, 3 feuilles de chêne d'or, accompagnant.

Quélen, 3 feuilles de houx de sinople

Rosily, 3 feuilles de cormier de sable. accompagnant.

Tobin, 3 feuilles d'ortie d'or.

Toulbodou, feuilles de houx de sinople, sans nombre.

Tréffily, semé de feuilles de cormier ou de poirier de sinople.

Vieuville, 7 feuilles de houx d'azur, chargeant sur un écu brochant sur un écartelé.

Voisin, 3 feuilles de houx.

Ylio, 1 feuille de lierre de sinople

QUARTEFEUILLES OU QUATREFEUILLES ET QUINTEFEUILLES

Quintefeuilles d'Or

Beaubois, 9 quatrefeuilles.
Bois, 1 quintefeuille accompt.
Bossant, sans nombre, chargeant
Bourgues, 1 quintefeuille accompagnée.
Brindejonc, 3 accompagnées.

Carré, 3 chargeant, accompées.
Castellou, 7 quintefeuilles
Celle ou **Selle,** 3 accompagnant
Coëtélez, 3 accompagnant.
Couvey, 3 accompagnant.

Droniou, 6 quintefeuilles.

Forest, 1, *aliàs* 6 quintefeuilles
Fyot, 1 accompagnant.

Goury, 13 accompt un parti.
Guillo. 2 accompagnant.

Jobert, écart. aux 2 et 3 semé de quintefeuilles, accompt.
Jubin, 3 accompagnant.

Kerbrat, 3 quintefeuilles.
Kerguien, 3 accompagnant.
Kerprigent, 3 accompagnant.

Liziart, écart. aux 2 et 3 : 1 quintefeuille.
Lochrist, 1 surmontant, accompagnée.

Marc'heo, 3 quintefeuilles.
Miron, 1 quatrefeuille surmontant, accompagnée.
Morinière, 1 chargeant, accompagnée.

Nuz, 2 accompagnant.

Ogier, 7 quintefeuilles.

Phélypeaux, semé de quatrefeuilles, accompagné
Plouër, 6 quintefeuilles.

Rive, 1 accompagnée.

Sassier, 3 quintefeuilles.
Ségaler, 3 accompagnant, *aliàs:* 4 cantonnant.

Thomas, 1 chargeant.
Tudual, 1 accompagnée.

Villeneuve, 3 accompagnant.

Quintefeuilles d'Argent

Aiguillon, 3 quintefeuilles.

Beringhen, 2 chargeant.
Boju, 3 quintefeuilles
Bonté, écart. au 4 : 3 accompagnant.
Bot, 3 accompagnant.
Bot, 3 quintefeuilles.
Boullays, 3 accompagnant.
Brémeur, 3 quintefeuilles.

Cadio, 3 chargeant.
Canaber, 3 chargeant.
Cellier, 3 accompagnant.
Coëtgonien, 3 quintefeuilles.
Couëspelle, 3 quintefeuilles.
Couppé, 1 accompagnée.
Crémeur, 3, *aliàs* accompagnées
Crouézé, 3 chargeant et accompagnées.

Dall, 1 accompagnée.
Daroy, 3 accompagnant.

Eder, 3 accompagnant.

Febvre, 3 accompagnant.

Gayon, 3 accompagnant.
Gefflot, 3 quintefeuilles.
Gioquel, 3 accompagnant.
Gouz, 3 chargeant un franc canton.
Guillemois, 3 accompagnant.

Ivette, 3 accompagnant.

Jubin, 3 accompagnant.

Kerbihan, 1 chargeant un franc canton.
Kerduel, 3 chargeant et accompagnant.
Kersulgar 2 surmontant.

Lambilly, 6 quintefeuilles.
Lande, 1 quintefeuille.
Lannion, 3 chargeant et accompagnant

Mercier, 2 surmontant, accompagnées.
Morin, 3 accompagnant.

Nobletz, 1 chargeant un franc canton.

Parscau, 3 quintefeuilles.
Pascault, 3 quintefeuilles.
Pastol, sans nombre, chargeant une bordure.
Péan, 6 accompagnant.
Perret, 3 quintefeuilles.
Perrien, 1 surmontant.
Portes, 3 accompagnant.
Prévost, 3 quintefeuilles.

Roche, 1 chargeant un franc canton.
Rochéon, 3 accompagnant.
Rouxel, 3 chargeant.
Rue, 3 quintefeuilles.

Saliou, 3 accompagnant.
Soraye, 1 chargeant.

Validire, 3 chargeant.

Quintefeuilles de Gueules

Argouges, 3 chargeant un écartelé.
Ars, 3 quintefeuilles.

Baud, 1 quintefeuille.
Bellingant, 3 quintefeuilles.
Benoist, 4 tiercefeuilles accompagnant.
Bernier, 6 accompagnant.
Bigot, 6 accompagnant.
Bihan, 1 quintefeuille.
Bois, 3 accompagnant.
Brehonnière, 3 quintefeuilles.

Camprond, 1 quintefeuille.
Chainillac, écart. aux 2 et 3 : 6 accompagnant en orle.
Chardel, 1 accompagnant.
Chastellier, 7, *aliàs* 9 quintefeuilles.
Cheville, 3 accompagnant et accompagnées.
Coëtoongar, 5 accompagnées.
Coëtinizan, 3 accompagnant.
Coëtlestremeur, 3 accompt.
Coëtquis, 3 accompagnant et accompagnées.

Coëtrieux, écart. aux 2 et 3 :
3 accompagnant.
Couroeriers, 3 quintefeuilles.

Denis. 3 quintefeuilles.

Flô, 3 tigées.

Gascoing, 3 accompagnant.
Gaulay, 3 chargeant.
Gay. 3 quintefeuilles.
Gicquel, 3 accompagnant.
Gillouart, 3 accompagnant.
Glet, 3 accompagnant.
Guillemot, 3 accompagnant.

Henry, 3 quintefeuilles.

Isle, 3 accompagnant.

Jousselinaye, 1 accompagnée.

Kerbourio, 4 cantonnant.
Kerduel, 3 chargeant et accompagnant.

Lagadeo, 1 quintefeuille.
Lancelin, 1 quintefeuille.
Lestourdu, 1 accompagnée.
Logan, 1 quintefeuille.
Luzec. 3 accompagnant.

Martigné, 1 quintefeuille.
Masson, 1 accompagnée.

Meastrius, 3 quintefeuilles.
Mesanhay, 2 surmontant, accompagnées.
Meur, 3 accompagnant.

Olivier, 3 accompagnant.

Penarpont, 3 chargeant.
Plessis, 3 cantonnant, accompagnées.
Ploësquelleo, 3 cantonnant, accompagnées.
Prestre, écart. aux 1 et 4 :
1 quintefeuille.

Quilliguiziau, 3 accompagnant

Raison, 3 accompagnant.
Ravenel, 3 accompagnées.
Régnouard, 1 quintefeuille.
Rivoalen, 3 accompagnant.
Rolland, 1 quintefeuille.
Rufflay, 3 accompagnant.

Saliou, 3 accompagnant

Taisne, écart aux 2 et 3 : 3 angemnes.

Vayer, 1 quintefeuille.
Verger, 2 accompagnées.
Vittu, 3 accompagnant.

Quintefeuilles d'Azur

Bascher, cantonné aux 1 et 4 de 3 quintefeuilles.
Bégaud, 1 quintefeuille accompagnant, accompagnée.
Brégel, 3 accompagnées.

Fleuriot, 3 accompagnant.
Frollo, 3 quintefeuilles.
Fyot, 2 chargeant et accompées.

Goaffueo, 3 accompagnant.

Kerléguer, 3 quintefeuilles.
Léao, 6 accompagnant.
Poly, 1 percée chargeant.
Quéméneur, 3 accompagnant.
Raguénel, parti au 2 : 3 accomp
Roux, 1 chargeant.
Toulgouët, 1 quintefeuille, alias chargée.

Quintefeuilles de Sinople

Baston, coupé au 2 : 1 accompt.
Brun, 1 quintefeuille.

Girard, écart aux 1 et 4 : 1 accompagnant à l'écu losangé d'argent et de gueules, brochant sur le tout

Nicolas, 3 accompagnant.

Texier, 4 tiercefeuilles cantonnant, accompagnées.

Vavasseur, 2 surmontant, accompagnées.

Vayer, 1 quintefeuille.

Quintefeuilles de sable

Coëtquelven, 1 quintefeuille.
Corre, 3 accompagnant.

Estimbrieuo, 3 quintefeuilles.

Gauthier, 3 accompagnant.

Hélias, 1 accompagnée.

Kerbiquet, 1 quintefeuille.
Kerléguer, 1 accompagnée.

Lescoat, 3 chargeant.

Long, 1 quintefeuille.

Martin, 3 quintefeuilles.
Morinière, 2 accompagnant.
Motte, 1 quintefeuille.

Olivier, 1 surmontant.

Rosily, 3 accompagnant

Sérent, 3 quintefeuilles.

Quintefeuilles d'Hermines

Ancenis, 3 quintefeuilles.
Annor, 1 quintefeuille.

Jumelière. écart. aux 2 et 3 : 3 quintefeuilles.

Sceaux

Baulon, 3 quintefeuilles.
Barre, 1 quintefeuille.
Boisgarnier, 6 quintefeuilles.
Bras, 3 accompagnant une fasce tréillissée

Chef-du-Bois, 3 chargeant une bande et accompagnant un greslier.

Forges, 3 accompt une fasce d'hermines.

Goulle, écart. aux 2 : 1 quintefeuille ou rose

Hayes, 3 accompagnées d'une bordure.
Huirion, 1 quintefeuille.

Jégou, 1 quintefeuille ou rose accompagnée d'un chef plein.

Kerautret, 3 accompt 2 chevrons
Kerrom, 3 chargeant une fasce.

Séglien, 3 accompagnant une fleur de lys.

Vergier, 3 accompagnées d'un franc quartier chargé d'un léopard.

TRÈFLES

Trèfles d'Or

Barberé, 3 accompagnant

Berziau, 3 trèfles.

Birague, 3 chargeant.

Bloy, 3 trèfles.

Bocan, 3 accompagnant.

Bonvoisin, 3 chargeant, accompagnés.

Bouvier, 3 accompagnant.

Bregel 1 chargeant.

Coëtrieux, 3 trèfles.

Coq. 3 accompagnant.

Cozio, 6 accompagnant.

Cupif, 3 accompagnant.

Drouault, 3 accompagnant.

Drouges, 3 accompagnant.

Duc, 3 accompagnés.

Durand, 1 accompagnant.

Espine, écart. aux 1 et 4 : 1 accompagné.

Eveillard, 3 accompagnant

Foussier, 3 trèfles.

Geffroy, 4 accompagnant.

Guiné, 1 accompagnant.

Hindret, 6 chargeant, accompés.

Kerinizan, 5 en sautoir.

Kermadeo, 1 surmontant.

Maigre, 3 accompagnés.

Maire, sans nombre, chargés.

Martret, 3 accompagnés.

Michel, 3 accompagnant.

Picaud, 3 chargeant.

Pré, 3 accompagnant.

Rive, 3 accompagnant

Rolland écart. aux 2 et 3 : 5 en sautoir

Tardivel, 3 chargeant.

Thirat, 3 accompagnant.

Tudual, 3 accompagnant.

Trèfles d'Argent

Bois, 3 trèfles

Chapelain, 3 trèfles

Coat. 3 accompagnant.

Foucault, 3 accompagnant.

Gilbert. 3 trèfles,

Grand, 3 trèfles

Jazier, 3 accompagnant.

Kerannou, 3 chargeant.

Kersaintgilly, 6 trèfles.

Lardeux, 3 accompagnant.

Lidic, 3 chargeant, accompagnés

Maire, 3 accompagnant.

Mescanton, 1 chargeant.

Priour, 1 accompagnant.

Quéhou, 3 accompagnés.

Raimbaud, 3 accompagnant.

Renaud, 3 accompagnant.

S. Aignan, 3 accompagnant.

Taleo, 3 trèfles.

Taviguon, 1 accompagnant.

Tixier, 2 cantonnant.

Trèfles de Gueules

Coat, 3 accompagnant.
Creo'hmorvan, 2 surmontant, accompagnés.

Duigou, 3 trèfles.

Greffier, 3 accompt, accompés.
Guillemin, 3 accompagnant.

Hévé, 3 accompagnant.

Hosman, 3 accompagnant.

Kerouzlac, 3 accompagnant.

Lec'h, 3 trèfles.
Levier, 3 accompagnant.

Mescouëz, 3 accompt, aliàs brochant sur un écartelé.

Run, 3 accompagnant.

Trèfles d'Azur

Beaudiez, 1 accompagnant.

Corre, 3 trèfles.

Digouëdeo, 3 trèfles.
Doublard, 3 accompagnant, accompagnés.

Goulhezre 3 accompagnant.

Hindret, 12 chargeant, aliàs : 6 chargeant, accompagnés.

Kergeffroy, 10 trèfles.

Lagadec, 3 trèfles.

Mazéas, 3 accompagnant.
Mignot, 3 accompagnant, accompagnés.

Ogier, 3 trèfles.

Rigolet, 2 accompagnant.

Sorin, 3 accompagnant.

Trèfles de Sinople

Arquistade ou Darquistade, 3 accompagnant.

Bariller, 3 accompagnant.
Baron, 3 accompagnant.
Baston, coupé au 2 : 2 surmontant accompagnés.
Besançon, 3 accompagnant.
Bidon, 3 accompagnant.
Bonnier, 3 trèfles.
Butault, 3 accompagnant.

Cupif, 3 trèfles.

Denis, 3 accompt, accompagnés.

Flo, 3 trèfles.

Harembert, 3 accompagnant.

Haye, 3 accompagnant.
Hochedé, 3 chargeant.

Keruzel, 3 trèfles.

Maufras, 1 accompagné.

Onfroy. 3 accompagnant.

Pellonio, 2 surmontant, accompagnés.

Pichot, 3 trèfles.

Révol, 3 trèfles.

Saulnier, 3 accompagnant.

Uzille, 3 accompagnant.

Vic, 3 accompagnant.

Trèfles de Sable

André 3 accompagnant.

Bastelard, 3 accompagnant.

Charles, 2 accompagnant.
Courtois, 3 accompagnant.
Couvran, 3 accompagnant.
Crocelay, 3 accompagnant.

Dall, 3 accompagnant.

Folie, 3 accompt un chevron (sceau).

Goarant, 3 accompagnant.
Guillou, écart. aux 2 et 3 : 1 trèfle (sceau).

Hervé, 3 trèfles.

Knolles, 3 chargeant un chevron (sceau).

Ogier, 3 trèfles.

Ploëlan. 4 accompagnant une bande (sceau).
Praud. 5 chargeant.

Richer, 3 accompagnant.

Saulnier, 3 accompagnant.
Savignhac, 3 accompagnant.

Trégoëzel, 3 trèfles.

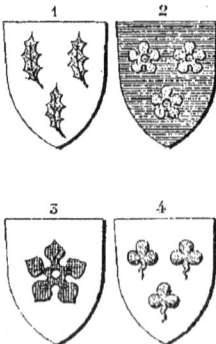

Les *feuilles* sont très fréquentes en armoiries, surtout celles de houx.

La *quartefeuille* est une fleur idéale à 4 feuilles que quelques-uns ont cru être des roses simples, mais elle en diffère en ce qu'elle n'est ni boutonnée ni pointée.

La *quintefeuille* est une fleur à 5 pétales ou fleurons arrondis, ayant chacun une pointe dont le centre est percé en rond, de manière que l'on voit le champ de l'écu en travers.

L'*angemne* est une fleur ou rose à 4 feuilles, mais pas naturelle, c'est une rose d'atour ou d'ornement.

Le *trèfle* est une plante à 3 feuilles que l'on fait suivre en blason d'une petite queue ondoyante, ce qui la distingue de la *tierce-feuille* qui n'en a point.

(Fig. 1), *d'argent à 3 feuilles de houx de sinople.*

(Fig. 2), *d'azur à 3 angemnes d'or.*

(Fig. 3), *d'argent à la quintefeuille de sable.*

(Fig. 4), *d'argent à 3 trèfles de sinople.*

§ 4. — Fleurs

Fleurs diverses

Ardaine, semé d'ancolies d'azur chargées.

Aubépine, écart. aux 1 et 4 : contrécart. aux 2 et 3 : 3 fleurs d'aubépine d'argent.

Baillet, 3 chardons de sinople fleuris de gueules.

Boberil, 3 ancolies d'azur.

Botherel, 10 ancolies d'azur, *aliàs :* 3 ancolies accompt un lion (*sceau*).

Brégel, 3 ancolies d'or chargeant

Bret, 2 tiges de fougère accompagnant une barre chargée de 3 mâcles (*sceau*).

Burin, 2 fleurs de souci d'or accompagnant.

Feu, 3 ancolies d'or

Freslon, 6 ancolies d'azur accompagnant.

Gauthier, écart. aux 2 et 3 : 1 jacinthe d'argent.

Lannuzel, 2 fleurs de pensée au naturel accompagnant.

Maistre, 3 soucis d'or.

Maître, 3 soucis d'or accompt

Marguerie, 3 marguerites de pré d'argent.

Payen, 3 violiers à 4 feuilles (*sceau*).

Piveron, 3 feuilles de grenade de gueules.

Plumard, 1 tourne-sol d'or, accompagnant, accompagné

Pré, 8 marguerites d'argent accompagnant en orle.

Ribou, 1 ancolie d'argent accompagnée.

Richard, 3 œillets de gueules accompagnant.

Trémen, 3 ancolies d'argent

Varennes, 3 chardons d'or.

Fleurs de Lys et Lys

Fleurs de Lys d'Or

Abelin, 1 surmontant

Acigné, 3 chargeant.

Alègre, 6 accompagnant.

Anger, 3 fleurs de lys.

Audebert, 2 chargeant et accompagnant.

Auray, 3 chargeant et accompt

Baglion, 3 chargeant surmontées

Barnabé, 3 accompagnant.

Bastard, parti au 2 : une demi-fleur de lys.

Berthelot, 3 surmontant.

Bogar, 1 accompagnée.

Boislève, 3 chargeant.

Bonaoursi, 1 tenue.

Boscal, 1 surmontant.

Boschier, 1 au pied nourri, florencée.

Botoudon, 3 fleurs de lys.

Bouëxière, sans nombre, chargeant.

Bourgues, 1 accompagnant., accompagnée.

Brest, parti au 1 : 3 fleurs de lys.

Bris, 1 accompagnée.

Brossart, 3 accompagnant.

Cailleteau, 3 accompagnant.

Cathelineau, 1 fleur de lys surmontant une hampe, accompagnée.

Ceroleux, 5 chargeant.

Chalet, 3 chargeant.

Chambre, 3 chargées.

Chapelle, 1 accompagnée.

Chappedelaine, 6 accompt.

Charbonneau, 10 accompt.

Chastellier, 3 accompagnant.

Châteaubriand, semé de fleurs de lys.

Chemillé, 1 chargeant un franc quartier.

Collardin, 1 surmontant; *aliàs :* 1 surmontant, accompagnée

Comper, 3 dont 2 surmontées.

Compludo, parti au 1 : 1 fleur de lys.

Comte, écart. aux 2 et 3 : 1 fleur de lys

Corgne, 2 surmontant.

Corret, écart. aux 2 et 3 : semé de fleurs de lys chargées

Couradin, 2 accompagnant.

Deffoterbie, 6 chargeant.

Dol, 3 chargeant.

Durand, 1 surmontant, accompéa

Espinay, sans nombre, chargeant, accompagnant.

Estaing, 3 accompagnées.

Este, écart. aux 2 et 3 : 3 accompagnées.

Estoré, 1 surmontant.

Faou, 1 soutenue

Ferré, 3 accompagnant.

Fouquet, sans nombre, chargeant, accompagnant.

Garenne, 3 chargeant et accompt

Garreau, 1 accompagnée.

Gastinaire. 4 cantonnant.

Gaudin, écart. aux 2 et 3 : semé de fleurs de lys chargées.

Gentien, sans nombre, chargeant et accompagnant.

Gervier, 1 fleur de lys.

Goulaine, parti au 2 : 3 fleurs de lys.

Grignon, 1 surmontée.

Guel, 1 tenue.

Guérapin, sans nombre, chargeant une bordure et accompt.

Guillet, 1 accompagnant, accompagnée.

Hellandière, 3 chargeant.

Hopital, 1 chargeant un écu d'azur, surchargeant.

Joson, 1 surmontée.

Keraly, 1 accompagnée.

Kero'hoent, écart. aux 2 et 3 : 1 accompagnée; *aliàs :* à l'écu losangé d'argent et de sable, brochant.

Kerrieo 1 accompagnée.

Knolles, 3 chargeant.

Laisné, 1 accompagnée.
Lesneven, 1 chargeant, accompagnant; *aliàs :* parti au 1 : 3 fleurs de lys.
Lezongar, 1 accompagnant.
Livrée, 1 accompagnant.
Luily, 8 en orle, accompagnant.

Maine, sans nombre, chargées; *aliàs:* 3 chargeant et accompt.
Marbodin, 1 chargeant.
Marcel, coupé au 1 : 3 chargeant
Mes, 3 accompagnant.
Moenne, 1 accompagnée.
Monti, 3 chargeant, accompées.
Montlouis, 3 surmontant.
Montmoron, 3 accompagnant.
Morandais, 3 accompagnées.

Olivier, écart. aux 2 et 3 : 3 chargeant et accompagnées.
Ouvrier, 3 formées d'épis, accompagnant.

Pellerin, parti au 2 : 1 fleur de lys.
Pentreff, 1 accompagnée.
Pérenno, 1 accompagnée.
Pontcallec, sans nombre, chargeant un franc canton.
Portlouis, 3 surmontant.
Pracontal, 3 chargeant.

Quéléneo, 3 chargeant.
Quimper - Corentin, sans nombre, chargeant.
Ribé, 2 accompt, accompagnées.
Ripault, 4 cantonnant.
Riquetti, 1 demi-fleur de lys, florencée d'argent, accompt, accompagnée.
Rivière, 1 accompagnant.
Roche, 2 surmontant, accompées.
Roo'hello, 1 surmontant.
Roi, 1 surmontant.
Rosmadec, écart. au 3 : 1 accompagnée.
Rougeul, 4 cantonnant.
Royer, écart. aux 2 et 3 : 1 soutenant.

S. Brieuc, 1 tenue.
S. Mesmin, 4 cantonnant.
Shée, tranché au 2 : 2 fleurs de lys.
Suzlé, 3 accompagnant.

Tour d'Auvergne, semé de fleurs de lys chargées.
Touzé, 3 chargeant et accompt.
Tréguier, 3 formées d'épis.
Tréveleo, 1 accompagnée.
Trouin, 2 chargeant.
Tuault, 1 surmontée.

Vandeur, 1 accompagnée.
Villegontier, 1 chargeant.
Villeneuve, 1 chargeant.

Fleurs de Lys d'Argent

Aloigny, 3 fleurs de lys; *aliàs :* 5 fleurs de lys.
Anjorant, 3 lys de jardin au naturel.
Anodé, écart. aux 1 et 4 : 1 fleur de lys.

Bastard, 12 cantonnant.
Bernard, 2 accompt, accompées.
Blanchardaye, 1 fleur de lys.
Blanchet, 1 tige de lys soutenue, accompagnée.

Bois, 1 tige de lys accompagnant,
. surmontée.

Boisglé, 3 fleurs de lys.

Bouchet, écart. aux 2 et 3 :
sans nombre, chargées.

Brilhao, 3 fleurs de lys; *aliàs :*
écart. aux 1 et 4.

Brin, 1 tige de lys chargeant.

Bueil, sans nombre, chargées.

Buschon, 3 fleurs de lys.

Cerizay, écart. aux 1 et 4 :
1 accompagnée.

Champion, 4 cantonnant.

Chappedelaine, 6 accompt.

Chastellier, 1 tenue, accompée.

Chauvy, 3 chargeant.

Chevalier, 1 tige de lys chargeant.

Collin, parti au ? : 1 tige de
de lys tenue.

Coëtmohan, 3 chargeant.

Coran, 3 accompagnant.

Cornilière, 3 fleurs de lys.

Deno, 5 chargeant.

Desmier, 4 brochant de l'un en
l'autre sur un écartelé d'argent
et d'azur.

Doussault, 1 tige de lys accompagnant

Dreneuo, 3 fleurs de lys.

Fleury, 3 tiges de lys.

Foucault, écart. aux 1 et 4 :
6 fleurs de lys.

Fouquet, 6 surmontées.

Gabillard, 1 tige de lys accompagnant, surmontée.

Gaudin, 5, *aliàs :* écart. aux 1 et 4

Gauvin, 1 chargeant.

Gérard, 3 accompagnant.

Glénay, 3 chargeant.

Gouro, 1 fleur de lys.

Grimaud, 3 parti d'argent et de
pourpre.

Grisonys, 1 surmontant.

Guéhéneuo, 2 surmontant.

Guignen, sans nombre, surmontées; *aliàs :* chargées.

Guiton, semé de fleurs de lys
surmontées.

Haye, 1 chargeant un franc
canton.

Hirlaye, 3 surmontées.

Hudelor, 12 cantonnant.

Isle, 1 chargeant un franc canton

Joly, 3 lys.

Joly, 1 lys surmonté.

Josse, 1 accompagnée.

Jouannin, 1 lys surmontant,
accompagné.

Jourand, 6 accompagnées.

Joyault, 2 tiges de lys accompagnant, surmontées.

Jubier, 3 fleurs de lys.

?

Kerambéleo, 1 accompagnée.

Keroadoret, 1 surmontant.

Kerérault, 1 chargeant un fretté

Kermorial, 3 accompagnant.

Kernezne, écart. au 4 : 5 fleurs
de lys.

Kerraoul, 6 surmontées.

Kersulgar, 3 surmontées.

Keruzas, 5 fleurs de lys.

Lamprat, 3 accompt surmontées
Lanvilliau, 4 cantonnant.
Lescoroe, 3 accompagnant.
Limon, sans nombre, chargeant, accompagnées.
Luzeau, 1 surmontée.
Lys, 2 surmontant.

Marche, 1 fleur de lys tenue.
Maretz, 3 lys tenus.
Marion, 3 fleurs de lys.
Marzelière, écart. au 1 : 3 fleurs de lys.
Mauvy, 1 demi-fleur de lys chargeant un franc canton.
Méan, 1 florencée.
Merdy, 3 brochant de l'un en l'autre sur un écartelé d'argent et de gueules.
Métayer, 4 cantonnant.
Michel, 1 bouquet de lys enté et soutenu.
Miollis, 3 lys accompagnant.
Moisan, 1 accompagnée.
Moreau, 2 tiges de lys accompagnant, surmontées.
Morel, 8 accompagnant en orle.
Morinière, 1 accompagnée.

Noir, 1 chargeant un franc canton
North, 3 accompagnant.

Palierne, 1 tige de lys accompt
Piron, 3 accompt, accompagnées
Porzou, 6 surmontées.
Poussemothe 3 lys accompés.
Prévost, 3 fleurs de lys.
Proffict, 3 brochant de l'un en l'autre sur un écartelé d'argent et de gueules.

Québriac, 3 fleurs de lys ; *alias :* 1 surmontée.

Razilly, 3 fleurs de lys.
Rechignevoisin, 1 fleur de lys
Renault, 1 tige de lys accompée
Rocherousse, 3 surmontées.
Roquefeuille, 2 tenues.
Rousseau, 1 surmontant.

S. Amadour, 3 chargeant un écu d'azur en abyme.
S. Gilles, semé de fleurs de lys.
Sarsfield, 1 parti d'argent et de gueules, *alias* accompées.

Traonnevez, semé de fleurs de lys.
Triao, 2 surmontant.
Tronchaye, 3 fleurs de lys.
Viesque, 3 fleurs de lys.

Fleurs de Lys de Gueules

Ballineuo, 1 accompagnée.
Baveux, 6 accompagnant.
Bégouin, écart. aux 1 et 4 : 1 fleur de lys bordée de sable.
Bel, 3 fleurs de lys.
Budes, 2 accompagnant.

Cadoudal, 1 chargeant un écu, accompagnant.

Callouel, 1 accompagnée.
Cargouët, 3 fleurs de lys.
Collet, écart. aux 1 et 4 : 1 fleur de lys.
Coué, 3 accompagnant.
Cousturier, 1 fleur de lys.
Cruguil, 1 accompagnée.
Danguy, 1 accompt, accompée.

Evesque, 3 chargeant.

Febre, 1 surmontant.

Fily, 5 accompagnant.

Fontenailles, sans nombre, chargeant.

Franoe, 3 fleurs de lys.

Hommet, 3 fleurs de lys.

Keraméar, 3 surmontant.

Kernafflen, 5 chargeant, accompagnées.

Libault, 6 surmontées.

Loger, 3 surmontant.

Lonlay, 1 accompagnée.

Marion, 3, *aliàs :* 4 fleurs de lys.

Martinière, 2 chargeant, accompagnées.

Merdy, 3 brochant de l'un en l'autre sur un écartelé d'argent et de gueules.

Motte, 6 opposées chargeant, accompagnées.

Penguern, 1 accompagnée.

Pontplancoët, 1 fleur de lys.

Proffiot, 3 brochant de l'un en l'autre sur un écartelé d'argent et de gueules.

Rivault, 1 surmontant

Rorthais, 3 accompagnées.

Royer, 1 accompagnée; *aliàs :* écart. aux 1 et 4.

Saluden, 3 accompagnant.

Sarsfield, 1 parti d'argent et de gueules; *aliàs :* accompée.

Tertre, 3 surmontant.

Fleurs de Lys d'Azur

Aubry, 3 fleurs de lys.

Beaumont, 3 chargeant.

Bellay, 6 accompagnant.

Boispéan, écart. aux 1 et 4 : semé de fleurs de lys.

Comte, écart. aux 1 et 4 : 1 fleur de lys.

Daohon, semé de fleurs de lys.

Daumesnil, 1 accompagnant

Desmier, 4 brochant de l'un en l'autre sur un écartelé d'argent et d'azur.

Drouet, 1 chargeant et accompée.

Gauthier, 3 surmontées.

Goublaye, 1 accompagnant.

Goué, 1 surmontant.

Haye, 3 fleurs de lys.

Isle, 1 accompagnée.

Kerantour, 1 accompagnée.

Kerougant, 1 accompagnée.

Kervasdoué, 2 en pal.

Lucas, 1 accompagnée.

Marzelière, écart. au 2 : 3 accompagnant.

Montbourcher, semé, accompagnant en orle.

Moucheron, 1 faillie et séparée.

Nétum, 1 fleur de lys.

Porcon, 3 accompagnant.

Pré, 3 fleurs de lys.

Puy, écart. aux 2 et 3 : 3 chargeant et accompagnées.

Roi, 3 fleurs de lys.

Shée, tranchée au 1 : 2 fleurs de lys.

Thouars, semé de fleurs de lys accompagnées.

Fleurs de Lys de Pourpre

Grimaud, 3 parti d'argent et de pourpre.

Fleurs de Lys de Sable

Aroembury, 4 cantonnant.

Barao'h, 2 accompt

Coail, semé de fleurs de lys accompagnées.
Coëtanlem, 1 surmontée.

Estienne, 2 chargeant.

Fay, semé de fleurs de lys (*sceau*).

Hirel, 1 surmontant.

Josselin, cantonné au 1 : 1 fleur de lys (*sceau*).

Rouge, 1 surmontée.

Sugarde, 1 surmontée.

Téhel, 1 accompagnant.

Vayer, 1 fleur de lys.

Fleurs de Lys de Vair

Prince, 3 fleurs de lys.

Sceaux

Barao'h, 2 accompt 2 fasces.
Bintin, 4 accompt une croix.
Borgne, 3 fleurs de lys.
Bouget, parti au 1 : une fleur de lys.
Briant, 3 fleurs de lys et une bordure
Budes, 3 fleurs de lys.

Cadiou, 1 florencée.
Cappel, 3 surmontées d'un lambel.
Carhaix, 2 accompagnant un arbre sommé de 2 oiseaux.
Cleo'h, 3 cantonnant un sautoir

David, 1 surmontée de 2 roses.
Derrien, 1 accompt une fasce haussée.

Fay, semé de fleurs de lys.
Forestier, 1 florencée.
Fresnoy, 1 fleur de lys; *aliàs* sans nombre, chargées d'un franc quartier.

Goupil, 1 accompagnée de 3 coquilles.

Josselin, 1 au canton dextre, accompagnée de 3 mouchetures

Keravis, écart. au 4 : 3 chargeant un chef, chargé sur le tout.

Lande, 1 soutenue par un dextrochère vêtu d'un fanon.
Pintier, 1 accompt une channe accompée d'une moucheture et de 3 croissants.
Plessix, 1 florencée.
Prégent, 3 fleurs de lys.

Richer ou Richier, sans nombre.

S.t Potan, 3 accompt une fasce.

Séglien, 1 accompagnée de 3 quintefeuilles.

Tailleool, 1 accompée de 6 étoiles

ROSES

Roses d'Or

Apuril, 3 chargeant, accompées.
Avril, 3 chargeant.

Barillon, écart. aux 1 et 4 :
1 accompt, accompagnée.
Bodin, 3 accompt, accompées.
Boulanger, 1 accompagnant.

Chambre. 3 accompagnant.
Caris, 3 chargeant, accompées.
Cerisay, écart. aux 1 et 4 :
3 accompagnant.
Coëtgourgault, 3 chargeant.

Drouet, 1 accompagnée.
Durand, 1 accompagnant.

Escrivain. 3 accompagnant.

Favigot, 2 accompt, accompées.
Fouasse, 1 accompt, accompée.
Frétat 2 accompagnées.

Gallais, 3, aliàs : 6 accompt.
Ganay, 3 chargeant, accompées.
Godart, 4 cantonnant.
Grand, 2 roses.
Gubaër, 3 chargeant, accompées

Haveloose. 3 chargeant, accompagnées.
Hostellier, 3 accompagnant

Hubert, 3 chargeant.

Landais, écart. aux 1 et 4 :
1 accompagnant.
Langle, 1 accompagnant.

Mahé, 3 roses.
Marnières, 2 surmontant, accompagnées.
Maublanc, 3 roses.
Mosnier, 3 accompagnant.

Ogier, 7 roses.

Patenostre, 6 accompagnant.
Patin, 3 accompagnant.
Penlan, 3 roses.
Pluvié, 3 accompagnant.
Portais, 2 accompt, accompées.
Pouëz, 3 chargeant.
Princey, 3 roses.

Riario, coupé au 1 : 1 rose.
Rogier, 3 roses.

S. Gilles, 3 accompagnant, aliàs
accompagnées.
S. Méleuc, 10 roses.

Tanguy, 3 accompagnant.
Téven, 3 accompagnant.

Valois, 3 chargeant, accompt.

Roses d'Argent

Alleaume, 2 surmontant accompagnées.
Allemand, 3 accompagnant.

Béoart, 1 accompagnée.
Billeheust, 3 accompagnant.
Bois, 3 roses
Bourdin, 3 roses.
Brégel, 3 roses accompagnées.
Briffe, écart. au 3 : 3 chargeant, accompagnées.

Chever, 5 chargeant.
Ciet, 1 accompagnée.
Coëtgonien, 3 roses.
Crouëzé, 4 accompagnant.

Damar, 4 cantonnant.
Darcy, 2 accompagnant.
Dauphin, 3 accompagnant.
Digouris, 3 chargeant.
Dreux, 2 surmontant, accompées

Eveillon, 3 accompagnant.

Febvre, 2 chargeant, accompt.

Gallope, 1 chargeant, accompée
Gaudin, 3 accompagnant.
Gaultier, 1 accompagnée.
Gouicquet, 4 cantonnant.
Gourdel 3 accompagnant.
Guiomar, 1 accompagnant.

Hamel, 3 roses.
Hamon, 3 accompagnant.
Henry, parti au 2 : 1 rose.
Hillerin, 3 roses,
Huby, 3 accompagnant.

Joly, 1 accompagnant.

Lemperière, 3 tigées, accompt.
Longueil, 3 accompagnées.

Martin, 1 double.
Mescam, 1 boutonnée d'or.
Mosnier, 3 accompagnant.

Nail, 3 chargeant.

Patras, 4 accompagnant.
Pétau, écart. aux 1 et 4 : 3 accompagnées.
Petit, 1 accompagnant
Poulard, écart. aux 1 et 4 : 1 rose

Quistinio, 3 roses.

Raoul, 3 accompagnant.
Richard, 2 accompagnant
Riqueti, 3 en bande, accompt.
Rocher, 3 accompagnées.
Rogier, 3 chargeant et accompt.
Ros, 3 roses
Rosel, 3 roses.
Rosselin, 4 cantonnant.
Rosset, écart. aux 2 et 3 : 3 roses
Rossi, 1 tenue, accompagnant.

Salles, 3 accompagnées.

Taffart, 2 tigées accompt, accompagnées
Trimollerie, 3 accompagnant.

Villeoutreys 1 accompagnant.
Vollaige, 2 accompt, accompées

Yvelin, coupé au 2 : 3 roses.

Roses de Gueules

Ages, 4 cantonnant.
Audebert, 3 accompagnant, accompagnées.

Banchereau, 3 chargeant.
Barbier, 3 chargeant.
Baron, 1 accompagnant.
Berrouette, 4 accompagnant.
Bertin, écart. aux 2 et 3 : 3 plantées, accompagnées.
Bigot, 3 accompagnant.
Blavon, 2 accompt, accompées.
Boislève, 3 accompagnées.
Bouchaud, 2 chargeant.
Boudan, 1 rose.
Brénezay, 3 accompagnant.
Briant, 4 cantonnant.
Brilhac, écart. aux 2 et 3 : 5 chargeant, accompagnées.
Bruc, 1 boutonnée d'or.
Busquet, 1 accompagnant.

Cadélac, 3 chargeant.
Canloup. 1 accompagnée.
Caquerai, 3 roses
Cardin, 3 accompagnant
Cassia tiercée au 3 : 2 accompagnant.
Caze, 2 chargeant, accompées.
Chalopin, 3 roses.
Chapelain, 1 accompagnée.
Charil, 3 accompagnant, *aliàs :* 3 accompt, accompagnées.
Chauvière, 3 roses.
Chauvy, 3 chargeant, accompees.
Chéreau, 3 accompagnant.
Chesnaye, 3 accompagnées.
Chevronnière, 2 accompagnant
Clero, 3 roses, *aliàs :* 2 accompt.

Cohue, 3 accompt accompées.
Collaneau, 1 accompagnée.
Couart, 3 accompagnées.
Couperie, 3 chargeant, accompagnées.
Cour, 3 chargeant, accompées.
Coussy, 3 chargeant, accompées.

Fabri, 1 chargeant, accompée.
Flèche, 1 boutonnée d'or.
Fléger, 3 chargeant.
Fleuriot, 3 tigées, accompées.
Forestier, écart. aux 2 et 3 : 1 accompagnée à l'écu de gueules chargé, brochant sur le tout.
Fouay, 3 accompagnant.
Fougasse, 3 chargeant.

Garnier, sans nombre, accompt
Gaucher, 4 cantonnant.
Gendrot, 3 accompagnant.
Gentil, 3 accompagnant.
Glé, 3 accompagnant.
Glet, 3 accompagnant.
Gouin, 3 accompagnant, *aliàs :* écart. aux 1 et 4.
Grand, 3 accompagnant.
Gratmé, 3 roses.
Grignon, 3 boutonnées d'or.
Guéguen, écart. aux 1 et 4 : 2 surmontant.
Guéguen, 3 surmontant, chargeant un franc canton.
Guéguen, 1 chargeant un franc canton.
Guerry, 3 chargeant.

Harquin, 3 accompagnant.
Henry, parti au 1 : 1 rose.
Heuo, 1 accompagnée ; *aliàs*
    écart. aux 3 et 3 : 1 boutonnée
    d'or.
Hingant, sans nombre, accompt.

James, 1 chargeant.
Jourdan, 3 accompagnant.
Juvénal, 1 chargeant.

Keranfleo'h, 1 surmontant, ac-
    compagnée.
Kerespertz, 6, *aliàs* accompt.
Kergoët, 4 surmontant.
Kerguizien, 3 roses.
Keridiern, 3 roses
Kerincuff, 2 surmontant.
Kermarec, 3 chargeant.

Langlais, 3 roses.
Langlois, 3 bordées de sable.
Lantillac, 3 accompagnant.
Lezot, 3 accompagnant.
Liorzou, 2 boutonnées d'or,
    surmontant.
Longueil, 3 chargeant.
Loriot, 3 chargeant, accompées.
Luoas, 2, *aliàs* 3 accompagnant.

Macé, 3 roses.
Malherbe, 3, *aliàs* 6 roses.
Mallier 3 accompagnant.
Marc'heo, 3 boutonnées d'or.
Marion, écart. aux 1 et 4 :
    3 roses.
Marin, 3 chargeant.
Maucazre, 3 roses.
May, 6 accompagnant.
Meneust, 3 accompagnant.

Mériaye, 3 accompagnant.
Murault, 2 accompagnant.

Noue, 5 chargeant, accompées.

Pappe, 1 boutonnée d'or.
Pays, 1 boutonnée d'or, accompt.
Pelletier, 1 chargeant, accom-
    pagnant.
Perreau, 3 accompagnant.
Pezron, 1 surmontant, accompée.
Pichard, 6 chargeant.
Plancher, 3 accompagnant.
Planooët, 4 cantonnant.
Plessix, 1 chargeant.
Pont, 3 accompagnant.

Quéjau, 3 roses.
Quétil, 3 accompagnant.

Raison, 3 accompagnant.
Rochard, 2 accompt, accompées.
Roger, 1 accompagnant.
Rogier, 2 surmontant, accompées.
Roi, 3 boutonnée d'or, accompt.
Rosooët, 3 roses tigées.
Rosmorduo, 3 roses.
Rosset, écart. aux 1 et 4 :
    1 bouquet de 3 roses.
Rouxel, 3 accompagnant ; *aliàs*
    parti au 1 : 3 accompagnant.
Rouzault, 1 accompagnant.
Rozi, 6 boutons de roses.
Sévedavy, 6 accompagnant.

Téxier, 3 accompagnant.
Toullec, 3 roses.
Trémio, 1 rose.

Tronson, 3 tigées, accompt.
Trublet, 3 chargeant.

Vaillant, 3 accompagnant.
Valleton, 1 surmontant, accompagnée.

Veneur, 3 accompagnant.
Verger, parti au 1 ; 3 roses.
Vétus, 1 feuillée, accompagnée.

Whitte, 3 accompagnant

Roses d'Azur

Bourgogne, 4 accompagnant.

Clec'h, 3 accompagnant.

Guihou, 3 accompagnant.

Nehou, 3 accompagnant.

Peschard, 3 chargeant, accompagnées.

Roses de Sinople

Pellonie, 1 accompagnant.

Sceaux

Baud, 4 chargeant un franc canton.
Brun 1 surmontée d'une molette accompagnant un pin fruité et un oiseau.

Cavaro, 1 rose.

David, 2 accompagnant une fleur de lys.
David, 3 accompt une fasce.

Goulle, écart. au 2 : une rose ou quintefeuille.

Hidoux, 1 cantonnant une croix pattée.

Jégou, 1 rose ou quintefeuille accompagnée d'un chef plein.

Peyron, 4 cantonnant une colonne.

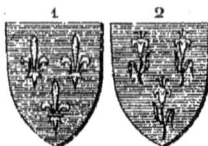

La *fleur* est un meuble de l'écu ; on ne se sert de ce mot en blasonnant que lorsqu'on n'en peut désigner l'espèce.

Les fleurs les plus fréquentes sont les *roses*, les *quintefeuilles*, les *lis de jardin*, les *trèfles*, etc.

Les roses et les lis sont quelquefois *tigés* et *feuillés* ; on l'exprime en blasonnant.

Les *fleurs de lis* ne se représentent pas toujours en armoiries comme on les voit dans les armes de France, elles ont quelquefois les pieds *coupés* ou *nourris*, c'est lorsque dans la fleur de lys il n'y a rien plus bas que le lien qui tient les 3 fleurons dont cette fleur est composée.

La fleur est *florencée* quand elle a des boutons entre ses fleurons.

La *rose* représente une rose de jardin qui paraît épanouie avec un bouton au centre. Les roses sont le plus souvent sans tiges.

(Fig. 1), *d'azur à 3 fleurs de lys d'or.*

(Fig. 2), *d'azur à 3 lys d'argent tigés et feuillés de sinople.*

(Fig. 3), *de gueules à 3 roses d'argent.*

§ 5. — FRUITS

ÉPIS DE BLÉ, GERBES

Or

Boucheraye, 3 épis soutenus.
Brosse, écart. aux 1 et 4 : 3 gerbes.

Cailleau, 1 gerbe surmontant, accompagnée.
Colombier, 3 gerbes.
Coq, 3 gerbes.
Corbon, 1 gerbe soutenue.

Davy, 1 épi accompagnant.
Déan, 1 gerbe.

Escoufflart, 3 gerbes.
Espitalié, 2 gerbes surmontant, accompagnant.

Follenay, 1 gerbe.
Frogier, 2 gerbes.
Fromont, 3 épis.

Gardin, 3 gerbes.
Gerbier, 3 gerbes.
Gibon, 3 gerbes.

Grangier, 3 gerbes accompt, accompagnées.
Grenier, 3 épis accompagnés.
Guingamp écart. aux 2 et 3 : 3 gerbes.

Hayers, 3 gerbes.
Houdet, 1 gerbe accompagnée.

Lamballe, écart. aux 2 et 3 : 3 gerbes.
Landiffern, 3 gerbes.
Loc'hant, 3 épis.

Marion, 1 épi accompagné.
Marrecanbleiz, 3 gerbes.
Ménager, 3 chargeant, accompagnées.
Mérer, 3 gerbes.
Mestivier, 3 accompagnant.
Miollis, 2 épis au naturel, accompagnant.
Moine, parti au 2 : 1 gerbe accompagnée.
Montluc, parti au 1 : 3 épis surmontant.

Noue, 4 gerbes cantonnant.

O'Murphy, 3 gerbes chargeant.
Ouvrier, 3 fleurs de lys formées
d'épis, accompagnant.

Paulus, 3 accompagnant.
Proffict, écart. aux 1 et 4 : 1 épi
accompagnant.

Riou, 3 épis.

Robert, 2 épis surmontant,
accompagnés.
Royer, écart. au 2 : 3 gerbes.

Sévin, 1 gerbe.

Talon, 3 épis accompagnant,
accompagnés.
Tréguier, 3 fleurs de lys formées d'épis.
Trobodeo, 3 gerbes.

Argent

Jeune 4 épis cantonnant.
Pelletier, 3 gerbes.

Rosselin, 1 gerbe de lin cantonnée.

Gueules

Drouin, 1 gerbe accompagnée.

Kerliviou, 3 gerbes.

Azur

Bourdieu, 2 épis de blé accompagnant.

Sinople

Froment, 1 gerbe accompagnée.
Jean, 1 gerbe accompagnée.

Roque, 3 épis terrassés.

Sceaux

Bouëtel, 3 gerbes accompagnant un chevron.

FRUITS DIVERS

Andrieux, 3 poires d'or chargeant et accompagnées.
Anges, 3 poires d'or accompt.

Bergevin, 2 grappes de raisin
d'argent, accompagnant, accompagnées.
Boulonnais, 3 noix de sable
accompagnant, accompagnées.

Bréhier, 3 olives de sinople tigées
de même

Cardonne, 3 cardons d'Espagne
d'or, accompagnant.
Chasteigner, 3 châtaignes
(sceau).
Chasteigneraye, 3 bogues de
châtaigne de sinople.

Clerc, 1 pomme d'or tenué.

Danjou, 3 grappes de raisin, accompagnant.
Dodun, 3 grenades d'or ouvertes de gueules, accompagnant.

Favigot, 3 grenades de gueules accompagnant.
Forestier, écart. aux 1 et 4 : 3 noisettes d'or à l'écu de gueules chargé, brochant sur le tout.
Fradin, 3 grappes de raisin de sinople accompagnant.

Gal, 3 poires d'or.
Galbaud, 3 noix de galle d'or.
Gallope, 3 grappes de raisin de pourpre, accompt, accompées.
Gicqueau, 3 grenades d'azur, accompagnant.
Goussault, 3 gousses d'ail d'argent.
Granier, 3 grenades au naturel.

Kerguiris, 3 cerises de gueules
Kerperenez, 3 poires d'or.

Launay, 6 champignons d'argent.
Longuejoue, 3 grappes de raisin d'or.

Marion, 3 nèfles d'or accompt.
Morinais, 3 mûres de pourpre accompagnées.

Normant, 1 pomme de pourpre chargeant, accompagnée.

Orenges, 8 oranges d'or chargeant en orle.

Pallier, 3 pommes de gueules chargeant, accompagnées.
Paris, 1 pomme d'or accompt.
Penanru, 3 poires d'or accompagnant.
Perennez, 3 poires d'or accompagnant.
Pérenno, 3 poires d'or accompt.
Péro, 3 poires d'or.
Picon, 1 pomme d'or chargeant et accompagnant.
Pommeraye, 3 grenades d'or, *aliàs :* 3 pommes d'or.
Pommereu, 3 pommes d'or accompagnant.

Raisin, 1 grappe de raisin de gueules accompagnant.

Vigne, 1 cep de vigne de sinople, fruité de pourpre.

GLANDS

Or

Apuril, sans nombre.
Chauf, 3 glands.
Cornu, 3 versés accompagnant.
Esdrieux, 3 accompt, accompés.
Jonohaye, 2 accompagnant.
Langle, 2 accompt, accompés.

Maye, 3 accompagnant.
Mesanven, 1 versé, accompagné
Rondeau, 3 glands.
Sanguin, 3 accompt, accompés.
Soauf, 3 glands.

Argent

Charnacé, 3 glands.

Gueules

Mérer, 3 glands accompagnant.

Sinople

Bécre. 4 gland accompagné.
Bochetel, 3 glands.

Forest, 3 glands accompagnés

Gauvin, 3 glands accompagnant,
accompagnés.

Madelineau, 9 glands
Morinais, 3 glands accompt.

Poulguiziau, 3 glands accompt.

Quémar, 3 glands.

Pommes de Pin

Or

Avice, 9 pommes de pin; alias:
3 accompagnant.

Barbais, 3 accompagnant.
Brandonnier, 3 pommes de pin

Châteaubriand, semé de
pommes de pin.
Collin, 2 versées, accompées.
Crespin, 3 accompagnant.

Drouillard, 3 pommes de pin.

Finamour, 3 pommes de pin.
Fliminc, 3 pommes de pin.

Glévinec 4 cantonnant.

Kerguien, 1 accompagnée.
Kerouallan, 3 pommes de pin.

Maoé, 3 accompagnant.
Moustérou, 3 pommes de pin.

Perrault, 3 accompagnant.
Pin, 3 pommes de pin.
Pinardière, 3 accompagnant.
Pinart, 1 chargeant.
Pinel, 3 pommes de pin.
Pinon, 3 accompagnant.
Pinot, 3 pommes de pin.

Quélin, 1 accompagnant.

Roquancourt, 3 pommes de
pin.

Suasse, 5 chargeant et accompagnées.

Argent

Coëtquéau, 3 pomme de pin.
Du, 3 pommes de pin.
Labbé, 6 accompagnant.

Lair, 3 accompt, accompagnées.
Pépin, 3 versées accompagnant.
Pineau, 3 chargeant et accompées

Gueules

Launay, 3 accompagnant.

Mesanhay, 1 accompagnant.
Meslou, écart. aux 2 et 3 :
   3 pommes de pin.
Morel, 3 accompagnant.

Penguern, 3 accompagnant.
Perrier, 3 accompagnant.

Pontéven, écart. aux 2 et 3 :
   1 pomme de pin.

Rusqueo, 3 chargeant.

Talhouët, 3 pommes de pin
  versées.
Tanguy, 3 accompagnées.
Trégain, 3 pommes de pin.
Trésiguidy, 3 pommes de pin.

Azur

Créménec, 3 pommes de pin.
Glazren, 3 accompagnées.

Hirgarz, 3 pommes de pin.
Prigent, 3 accompagnant.

Sinople

Blondeau, 3 pommes de pin.

Eoluse, 1 accompagnant.

Gervais, 1 accompagnée.

Keroullé, 3 pommes de pin

Lesmabon, 1 accompagnée.

Pineaye, 3 pommes de pin.

Sable

Cherpin, 3 pommes de pin
  (*sceau*)
Gaultier, 3 versées chargeant
  un coupé.

Pineau, 1 accompagnant.

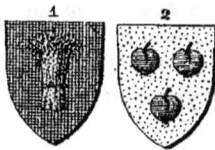

Les *fruits* dans l'écu sont le symbole de la fé-
condité.

La *gerbe* est assez fréquente en armoiries, on
dit d'une gerbe : *liée* quand le lien qui l'attache
est d'un autre émail.

L'*épi* qui représente un épi de blé, d'orge ou de
mil, paraît ordinairement en pal ; il a une feuille
recourbée de chaque côté de sa tige, si non il est
effeuillé.

Les *pommes* et les *poires* sont les fruits des
pommiers ou poiriers, et qui paraissent dans l'écu
la tige en bas. On les dit *versées* dans le cas
contraire, c'est-à-dire quand la tige du fruit est
mouvante du chef de l'écu.

La *grenade*, fruit du grenadier, paraît dans l'écu comme une pomme terminée par une espèce de couronne à pointes ; elle a au milieu une ouverture oblongue remplie de grains ; sa tige et quelques feuilles sont en bas. On la dit *ouverte* lorsque son ouverture paraît d'émail différent.

La *grappe de raisin* paraî avec une partie de sa tige et deux feuilles, une de chaque côté ; le fruit est pendant, de même qu'on le voit à la vigne ; On la dit *pamprée* lorsque les feuilles sont d'un autre émail que la grappe.

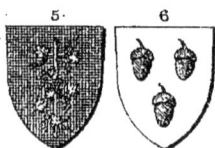

Le *cep de vigne* représente un pied de vigne avec son échalas, ce qui le distingue du *pampre :* on le dit *pampré* de ses feuilles, *fruité* de ses grappes, *soutenu* de son échalas, lorsque ces choses sont d'un autre émail.

Le *gland*, qui représente un gland de chêne paraît dans l'écu avec son gobelet ou sa calotte et un petit bout de la tige dirigée vers le bas de l'écu. Quand elle tend vers le haut, on le dit *versé.* On dit du gland tigé et feuillé lorsque la tige est un peu allongée et garnie de feuilles.

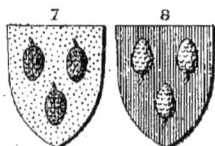

La *pomme de pin* est le fruit du pin et paraît dans l'écu la pointe en haut et figuré de lignes diagonales qui se croisent à distances égales et forment de petites losanges qui imitent ce fruit tel qu'il est sur l'arbre.

Versée ou *renversée* se dit lorsque la pomme de pin a sa pointe vers le bas de l'écu ou autrement dit quand la tige est vers le haut de l'écu

Fig. 1), *de sable à la gerbe de blé d'or.*

(Fig. 2), *d'or à 3 pommes versées d'azur.*

(Fig. 3), *d'azur à 3 grenades d'or ouvertes de gueules.*

(Fig. 4), *de gueules au chevron d'or accompagné en chef de 2 grappes de raisin et en pointe d'un croissant, le tout d'argent*

(Fig. 5), *de sable au cep de vigne d'argent soutenu d'un échalas de même.*

(Fig. 6), *d'argent à 3 glands versés de sinople.*

(Fig. 7), *d'or à 3 pommes de pin renversées de gueules.*

(Fig 8) *de gueules à 3 pommes de pin d'or.*

ASTRES

§ 1er. — CROISSANTS

Croissants d'Or

Alesmes, 1 accompagnant.
Aoustin, 1 accompagnant.
Aroembury, 1 chargeant.
Artur, 1 surmontée.
Ausprac, 3 croissants.

Barre, 3 croissants.
Bartz, 1 accompagnant.
Baudran, 1 accompagnant.
Berthois, 1 chargeant.
Bigot, écart. aux 2 et 3 : 1 crois-
sant.
Blévin, 3 croissants.
Bogar, 2 accompagnant.
Boscal, 2 affrontés accompa-
gnant, accompagnés.
Boullays, 3 adossés.
Breuil, 3 accompagnant.
Broo, 3 accompagnant.

Cavelier, 3 croissants.
Ceile ou Selle, accompagné.
Chertemps, accompagnant.
Colliou, surmonté.
Cour, accompagnant.
Cozic, accompagné.

Denoual, accompagnant.
Docos, 1 croissant.
Dreizeo, accompagné.
Durand, accompt, accompagné.

Espivent, 3 accompagnant.

Faverolles, soutenant, accompagné.

Favigot, chargeant, accompagné
Fercet, soutenant.
Floo'h, 2 surmontant, accompés.
Frain, accompagnant.
Franquetot, 3 accompagnant.

Gallais, accompagné.
Gaultier, accompt, accompagné,
Gauthier, 3 versés, chargeant
et accompagnés.
Gilbert, 4 cantonnant.
Gobien, coupé au 1 : chargeant
un franc canton.
Gogal, accompagné.
Goguet, accompagné.
Guillot accompagné.
Guiné, surmontant, accompé.
Guiny, 1 croissant.
Guyet, surmontant, accompagné

Jaminaye, chargeant.

Kerbusso, 3 croissants.
Kernafflen, 2 cantonnant.

Laisné, 3 chargeant et accompt.
Laisné, accompagnant.
Landais, écart. aux 1 et 4 :
surmontant, accompagné.
Landes chargeant, *aliàs* :
3 croissants.
Lanezart, surmonté.
Larohiver, chargeant un chef;
aliàs au 1er coupé.
Lenfant-Dieu, accompagnant,
accompagné.

Lesquen, versé, accompagnant, accompagné.
Livec, 3 accompagnant.
Luker, 1 surmontant.

Madec, accompagnant.
Mancelière, accompagné.
Marchant, accompagnant.
Maurac, 3 croissants.
Milon, soutenant et accompagné
Mordelles, 1 croissant.
Moreau ou **Moro,** écart. aux 2 et 3 : 1 croissant.
Mourain, 1 accompagnant ; *aliàs :* parti au 1.
Moussy, 1 accompagnant.
Munehorre, 1 accompagné.

Olivier, 3 accompagnant.

Partevaux, 2 accompagnés.
Perrée, accompagné.
Perrot, 3 adossés, accompés.
Petit, 2 accompagnant, accompés.
Planche, 2 accompagnant, accompagnés.
Pontpéan, accompagnant.
Porter, surchargé et accompagné ; . *aliàs :* chargeant un franc canton, surmonté.
Poupart, 3 croissants.
Profflot, écart aux 1 et 4 2 accompagnant, accompés.

Quéhéon, 1 croissant.

Ragaud, 1 croissant.
Ravenel, 6 accompagnés.
Richard, accompagnant.
Roi, 2 surmontant.
Rousseau, accompagné.
Roux, accompagnant.
Ruellan, 2 surmontant, accompagnés.

S. Aubin, 3 croissants
S. Méen, accompagné.
Serré, chargeant un franc canton
Sourdille, soutenant et accompt.

Taillepied, 3 accompagnés.
Talon, 3 accompagnant.
Tanguy, accompagné.
Thébault, accompagné.
Thérisse, chargeant, accompé.
Tituau, accompagnant, accompagné
Trégouët, 3 accompagnant.
Trémel, écart. aux 1 et 4 : 1 croissant.
Tréveleo, 3 accompagnés.

Uzille, 3 chargeant, accompés.

Vandeur, 3 accompagnant.
Vayer, accompagnant.
Verrier, écart. aux 1 et 4 : 1 croissant.
Vicomte, 1 croissant.

Croissants d'Argent

Artur, accompagné.
Arzon, accompagnant.
Audibert, 2 accompagnant.
Aulnette, 3 croissants.

Bardereau, accompagnant.
Bahuno, surmontant.
Baillon, surmontant.
Barbier, accompt, surmonté.

Barillier, accompagnant.
Bascher, 1 croissant.
Baudran, accompagnant.
Baurin, accompagnant.
Beauchamps, 3 accompagnant
Beauclerc, chargeant.
Belle-Isle, accompagné.
Bérard, accompagnant.
Bergevin, accompagnant.
Bernard, chargeant.
Blanc, surmonté et accompagné
Blanchard, 3 croissants.
Bogat, 3 croissants.
Bois, 2 affrontés, accompagnant.
Boscal, 2 affrontés surmontés, accompagnant.
Bot, 3 accompagnant surmontés.
Bouays, 4 cantonnant
Bouhier, accompt. accompé.
Bouilly, 2 accompagnant.
Boulain, écart. aux 2 et 3 : 1 croissant.
Bourgonnière, 3 accompagnant
Bouschet, soutenant.
Bouvier, 2 accompagnant, accompagnés.
Breton, accompt, accompagné.
Brichet, 2 accompagnant.
Brigant, accompt, accompagné.
Brun, surmontant.
Bueil, écart. aux 1 et 4 : accompagné.

Cadoret, 2 accompagnés.
Caillaud, accompt. soutenant.
Camus, 3 accompagnant.
Camus, 2 surmontant, accompagnés.
Carpentier, 3 accompagnant.
Carron, 2 surmontant, accompés.

Chalus, 3 croissants.
Champsneufs, 3 croissants
Chastelais, accompagnant.
Cherouvrier, accompagnant.
Chevalier, accompagnant.
Chevoir, surmonté.
Chiron, accompagné.
Chupeau, parti au 2 : chargeant, accompagné.
Cléguennec, 3 croissants, alias accompagnés.
Clero, accompagnant
Coasquin, 3 en fasce surmontés, accompagnés.
Coëtuhan, 3 croissants.
Coignet, 4 accompagnant.
Cormier, 3 accompagnant.
Couperie, accompagnant.
Dall, 3 accompagnant.
Damet, accompagné.
Danglade, accompagnant.
Deniau, 2 surmontant, accompagnés,

Derrien, chargeant.
Desson, 3 accompagnant.
Dieuleveult, 6 contournés.
Doré, accompagnant.
Dorlodot, accompagné.
Drouges, accompagné.
Du, 2 adossés, accompagnant.

Eberard, 3 accompagnés.
Espitalié, 2 accompagnant.

Febvre, 4 cantonnant.
Febre, 3 accompagnant.
Febvre, 3 accompagnés.
Fillouse, surmontant.
Fleury, accompagné

Forge, coupé au 2 : accompt.
Forget, 3 accompagnés.
Foucault, accompagnant, accompagné.
Frémont, accompagné.
Frétat, accompagnant.
Frion, chargeant.
Furet, surmontant.

Gabard, accompagnant.
Garde, 2 surmontant.
Gasoher, parti d'azur et d'argent
Gaubert, écart. aux 2 et 3 : accompagnant.
Gaudin, accompagné.
Girard, versé, accompagnant.
Girard, surmontant.
Goaradur, 2 adossés.
Godeo, 3 accompagnant.
Gorsse, chargeant, accompé.
Gourdan, accompt, accompé.
Gourdel, accompagné.
Gouverneur, 2 cantonnant.
Graslin, chargeant accompagné
Gravelle, 3 accompagnant.
Grignart, 4 cantonnant.
Gualès, accompagné.
Guillet, accompagnant accompagné.

Hay, surmonté, accompagnant.
Haye, accompagnant.
Hervé, chargeant un échiqueté.
Heurtault, accompagné.

Jahou, 3 accompagnant.
Jarnage, 2 surmontant, accompagnés.
Jaunay, renversé, accompagnant, accompagné.

Jollan, 2 surmontant, accompés.
Jonohaye, surmontant, accompagné.
Jou, accompagné.
Jourdain, 1 croissant.
Juhel, surmonté.
Juzel, surmonté.

Kercadoret, surmontant, accompagné.
Kerdréan, 3 accompagnés.
Kerengarz, 1 croissant.
Kerfloux, 3 surmontés.
Kermenguy, chargeant.

Lair, accompagnant.
Lande, 3 croissants.
Lauzanne, accompagné.
Leizour, accompagné.
Lezildry, accompagné.
Lhommeau, 3 chargeant et accompagnant.
Lièvre, 3 accompagnant.
Limon, accompagné.
Lubois, surmontant, accompé.

Maonémara, 1 surmontant, accompagné.
Madio, 3 accompagnés.
Marias, accompagnant.
Marquerais, accompagnant.
Marre, accompagné.
Martin, cantonnant.
Maupillé, 3 échiquetés d'argent et de sable, accompagnant.
Ménage, 2 surmontant, accompagnés.
Mérot, surmontant accompagné
Meschinot, accompagnant.

Mesnard, accompagnant, accompagné.

Michel, 2 accompagnant, accompagnés.

Milsent, accompagné

Miniac, 4 cantonnant et chargeant un franc canton.

Moënne, 3 accompagnant.

Moisan, 2 surmontant, accompagnés.

Moncuit, parti au 1 : 6 accompagnant.

Montmartinays, 3 croissants.

Morel, accompagné.

Mouton, accompagnant, accompagné.

Orenges, parti au 2 : 1 croissant

Parent, accompt, accompagné.

Partevaux, accompagnant.

Pas, accompagnant.

Pascal, chargeant, accompagné.

Périssel, 3 accompagnant.

Pinardière, surmonté et accompagné.

Plessis, montant.

Poirier, accompagnant.

Ponthou, 3 croissants.

Porzamparo, accompagnant, accompagné.

Prestre, brochant sur un parti.

Prévost, tiercé en pal au 1 : 1 croissant.

Prigent, accompagnant, accompagné.

Puillon, accompagné.

Raoul, accompagné.

Raquet, accompagné.

Régnier, accompagnant.

Rhuys, contourné, accompagné.

Richomme, accompagnant.

Riou, accompagné.

Rivérieulx, surmontant.

Rivière, accompagnant ; alids : 2 accompagnant.

Rocas, accompagnant.

Roche, 3 accompagnant.

Rouaud, accompagné.

Rousseau, surmonté.

Roux, parti de gueules et d'argent surmonté.

S. Ours, accompagnant.

Soliozon, accompagné.

Sylvestre, chargeant un écu en abymo

Taffart, accompagnant.

Taisne, écart. aux 1 et 4 ; 3 croissants.

Téhillac, 3 croissants.

Terrien, 3 accompagnant.

Thibaudeau, accompagnant.

Touche, 1 croissant.

Tréal, burelé d'argent et d'azur

Trémilleo, 3 croissants.

Tuault, surmontant.

Tuffin, 3 chargeant.

Valois, 3 accompagnant.

Vaufleury, accompagné.

Vavasseur, 2 accompagnant.

Viau, 2 chargeant ; alids : 2 contournés accompagnés.

Villegast, accompagné.

Villeoutreys, surmontant, accompagné.

Viste, 3 chargeant.

Vollaige, accompagnant.

Croissants de Gueules

Anger, 3 croissants.
Angevin, accomp! et accompé.
Apremont, 3 croissants.
Aubert, chargeant.

Bain, 5 chargeant, accompés.
Barbu, surmontant.
Bareau, 3 accompagnant, chargeant un écu d'or brochant sur un écartelé.
Bartaige, accompagnant.
Bégouin, écart. aux 2 et 3 : 1 bordé de sable.
Belordeau, chargeant, accompagné.
Berthelot, surmontant.
Besohais, accompagné.
Biet, 2 l'un sur l'autre, accompagnés.
Bihan, chargeant.
Bizien, écart. aux 1 et 4 : accompagnant.
Blain, 1 croissant.
Blouin, 4 accompagnant.
Bocenio, 3 accompagnés.
Boisgardon, cantonnant, surmonté.
Bot, soutenant, accompagné.
Boullay, 4 cantonnant.
Brown, surmontant.
Brun, accompagnant

Cameru, écart. aux 2 et 3 : accompagné.
Caradeuc, 3 accompagnant.
Castagny, soutenant, accompé.
Chauf, 2 adossés, surmontant.
Chauvin, 3 adossées.

Cheville, accompagnant.
Chierdel, 5 accompagnant.
Coëtdoun, 2 accompagnant.
Coëtreven, 3 croissants, brochant sur un écartelé.
Corfineau, surmontant et chargé
Cornouailles, 1 chargeant un écu d'argent, brochant sur un écartelé ; *aliàs:* chargeant un fretté.
Cottes, accompagné.
Couëssurel, accompagnant.

Danizy, 3 chargeant.

Espinay, accompagné.

Fallégan, chargeant.
Febvre, soutenant.
Filhol, surmontant, accompé
Frédot, 2 affrontés, accompt.
Fresnay, 1 croissant.
Frotet, 3 accompt, accompés.

Garnier, chargeant, accompé.
Gendrot, accompagné.
Goaësbe, surmontant.
Gourouff, chargeant.
Gouroun, chargeant.
Grand, accompagné.
Guermeur, écart. aux 1 et 4 : 1 croissant.
Guihou, accompagné.
Guillemot, accompagné.
Guillermo, accompagnant.
Guillihouch, sans nombre, chargeant un gironné.
Guillou, surmontant, accompé

Guingamp, accompagné.
Guiny, accompt, accompagné.

Helloo'h, accompagné.

Jégou, accompagné.

Keranfleo'h, accom agné.
Keraméar, surmonté.
Kerénor, écart. aux 2 et 3 :
accompagnant.
Kerespertz, accompagné.
Kergoët, chargeant.
Kerimerc'h, 1 croissant, aliàs
accompagné.

Laisné, accompagné.
Lansaniel, accompagnant.
Launay, accompagné.
Leschevin, surmontant, ac-
compagné
Lesooët, accompagné.
Lezeo, accompagnant.
Léziart, écart. aux 1 et 4 :
3 croissants.
Lohenneo, surmontant.
Luhandre, accompagnant.

Mahé, surmontant.
Marillao, chargeant et accompé.
Marzein, surmontant.
Mauny, 1 croissant, aliàs sur-
monté, aliàs écart. aux 1 et
4 : chargé sur le tout.
Meur, surmontant.
Moine, accompagné.
Morin, 3 accompagnant.
Motte, 1 croissant.

Orain, 2 accompt, accompes.
Orenges, parti au 1 1 croissant
Orléans, surmontant, accompé.

Paveo, 2 cantonnant.
Penandreff, surmonté.
Pénioaud, surmonté.
Penpoullou, accompagnant.
Pérouse, coupé au 2 : 1 croissant
Pontchâteau, 1, aliàs 3 crois-
sants
Porée, chargeant et accompt.
Porte, accompagnant.
Prévost, surmonté.
Puy, 4 cantonnant.

Quiligonan, 1 croissant.

Raffeteau, accompagnant.
Raison, accompagné.
Richard, 3 croissants.
Roc'haëzre, 3 croissants.
Rocquand, accompagnant.
Roi, accompagné.
Roux, parti de gueules et d'ar-
gent surmonté.
Rouxel, accompagné, aliàs :
parti au 1 : accompagné.

Salaun, 2 adossés, accompt.
Solminihao, chargeant et soutenu.
Stapleton, écart. aux 1 et 4 :
contrécart. aux 1 et 4 : cantonnant.

Tinténiac, 1 croissant.
Toulmen, accompagné.
Trancher, accompagné.
Tréhuelin, 3 accompagnant.
Tromelin, accompagnant.

Uguet, 2 adossés.

Vaillant, accompagné.
Vittu, surmontant, accompagné.
Vivien, accompt, accompé.

Croissants d'Azur

Bégaud, 3 accompagnant.
Bidé, cantonnant.
Bourayne, 3 accompagnant, accompagnés.
Bretagne, 3 versés, accompés.
Bretineau, soutenant, accompé.

Champs, chargeant, accompt.
Chevaye, soutenant.
Corre, surmontant.

Davy, 3 accompagnant.

Esclabissac, accompagnant.

Fouay, accompagné.

Gascher, parti d'azur et d'argent
Gougeon, accompt, accompé.

Jay ou **Geai**, surmontant, accompagné.

Kerjurelay, surmontant.
Kerpezdron, accompagné.

Saige, accompagnant.

Tréal, burelé d'argent et d'azur

Valleton, accompagnant.

Croissants de Sinople

Noël, parti au 1 : surmontant.

Croissants de Sable

Bénazé, 3 croissants.
Bocan, 3 chargeant, accompés.
Bogier, accompagné.
Bossart, accompagné, *aliâs :* 3 accompagnés.
Breslay, accompagnant.

Cadoret, chargeant.
Couriolle, 3 croissants.

Danteo, 3 croissants.
Davaux, 1 croissant.

Estoré, surmonté.

Géraldin, surchargeant en abyme.
Giraud, 3 accompagnant.

Haye, surmontant.

Jégou, surmontant.
Jeune, accompagnant.

Kerbréder, écart. aux 2 et 3 : accompagné.
Kergouniou, chargeant un fascé
Kergrist, accompagné.

Lée, 3 accompagnant.
Lézeret, accompagnant.

Maupillé, 3 échiquetés d'argent et de sable, accompagnant.

Prez, accompagnant.
Prigent, accompagné.

Robichon, accompagné.
Rouault, accompagné.

Croissants d'Hermines

Montgogué, accompagné.
Poro, écart. aux 2 et 3 : 1 croissant

Porte, 1 croissant.
Vay, accompagné.

Croissants de Vair

Lochrist, accompagné.

Maure, 1 croissant, *aliàs* accompé

Sceaux

Allès, 3 chargeant une bande accompagnée.

Bages, 1 accompagné de 5 billettes.
Barre, 3, *aliàs* accompagnant une fasce chargée.
Bessart, 1 accompagné de 9 merlettes surmontées.
Broons, 1 surmonté de 2 besants, à la bordure endentée.

Chapelle, 1 accompagné de 8 billettes.
Corlay 1 cantonnant au 1 : une croix pattée.
Courbe, 3 versés, accompagnant une fasce endentée.
Croisio, 2 adossés, accompt un pal fleurdelysé.

Doguet, 1 accompagnant une bande chargée et un lion.

Faou, 1 surmonté de 2 étoiles.

Gallois, 1 accompé de 6 étoiles.
Gombert, 1 chargeant une fasce accompagnée.
Gourmelon, 1 accompagné de 3 hermines.

Guimar, 3 accompagnés de 2 besants.

Harens, 3 croissants.
Hastelou, 3 croissants.
Huon, 1 accompagnant 3 coquilles, à la bordure engreslée.

Kermen, écart. aux 2 et 3 : 1 croissant.
Kerpunce. 3 croissants.

Lansaniel, 1 cantonnant une émanche de 3 pièces.

Pintier, 3 accompt une channe.
Pligeau, 1 accompagnant 2 coquilles surmontées d'un lambel
Prévost, 1 surmonté d'une croix pommetée.

Quilbignon, 1 surmonté d'une molette.

Rue, 3 surmontés de 3 billettes.
Ruellan, 2 surmontant un mont de 12 copeaux.

Sève, 4 cantonnant une croix.

Villaudren, 1 accompagné de 7 rustres et d'une bordure.

§ 2. — ÉTOILES

Etoiles d'Or

Alesmes, 3 chargeant un chef.

Alleaume, accompagnant.

Allixant, 3 accompagnant.

André, 2 accompagnant.

Aoustin, 3 accompagnant.

Artur, 2 surmontant.

Arzon, 3 accompagnées.

Aussonvilliers, 4 cantonnant un sautoir.

Avril, 3 chargeant un chef.

Babin, accompt, accompagnée.

Barberé, chargeant, accompée .

Barbier, accompt, accompée.

Bareau, écart. au 4 : soutenant. accompagnée, à l'écu d'or chargé, brochant.

Barjot, accompagnant.

Baudin, écart. aux 2 et 3 : 2 surmontant.

Béritault, 2 accompagnant et accompagnées.

Berland, sans nombre, chargées

Bertin. écart. aux 2 et 3 : 3 chargeant.

Biet, 3 chargeant.

Blano, 1 surmontant et 2 accompt.

Blavon, 3 chargeant, accompées.

Bois, accompt, accompagnée.

Boisbilly, 9 étoiles, *alias* surmontées.

Bongars, chargeant

Bot, 3 accompagnant.

Boucault, 3 chargeant.

Boudin, 2 surmontant.

Boulanger, 2 accompagnant et accompagnées.

Boulaye, 3 accompagnant dont 2 soutenues.

Bourasseau, 2 accompagnant.

Bourgues, accompagnant.

Boutelaye, 2 accompagnant.

Boutin, 2 accompagnant.

Bouvet, 2 accompagnant.

Breton, 13 parti d'or et de gueules surmontant, accompées

Briçonnet, chargeant.

Briffe, écart aux 2 : 10 surchargeant, accompagnant.

Bris, 2 accompagnant.

Brun, 2 surmontant, accompées.

Brun, 3 surmontant.

Buet, 3 chargeant.

Burdelot, 3 accompagnant.

Burot, écart. au 2 : 3 mal ordonnées.

Cadoret, accompagnant.

Cailleau, 2 accompagnant.

Camus, accompagnée.

Carpeau, 6 accompagnant.

Carpentier, accompagnée.

Catus, sans nombre, accompt.

Chanu, 1 étoile.

Charon, 2 surmontant, accompagnées.

Cherouvrier, surmontant, accompagnée.

Chertemps, 3 accompagnant et accompagnées.

Clos, 3 chargeant et accompt.

Coasquin, 3 surmontant, accompagnées.

Coëtléguer, écart aux 1 et 4: contrécart. aux 2 et 3 : 1 étoile, à l'écu fascé brochant.

Cohon, 3 accompagnant.

Collin, accompagnant.

Combles, écart. au 2 : accompagnée.

Comte, chargeant en abyme.

Corvaisier, 4 cantonnant, accompagnées

Cosson, 3 chargeant et accompt.

Coual, chargeant en abyme.

Coullon, 2 surmontant accompagées.

Couperie, 2 surmontant, accompagnées.

Couppu, 5 chargeant.

Danican, 1 surmontant, accompagnée.

Daniel, 3 étoiles.

David, surmontant et accompt.

Davy, 2 surmontant et accompagnées.

Denoual, 3 surmontant, accompagnées.

Didelot, surmontant.

Dombideau, 3 chargeant et accompagnant

Dorlodot, 3 accompagnant.

Durand, 2 accompt. accompées.

Dureau, parti au 2 : accomp.

Duvoisin, 1 étoile.

Eberard, accompagnant.

Edern, 6 accompagnant.

Elie, 2 accompagnant.

Emeriau, écart. aux 4 et 4 : 2 surmontant.

Estoile, 3 étoiles.

Eveillard, accompagnée.

Fabri, 2 accompagnant.

Faverolles, 2 accompagnant.

Ferret, 2 accompt, accompées.

Flotte, 3 chargeant et accompt.

Foucault, 3 accompagnant et accompagnées.

Fouquer, 3 étoiles.

Gabard, 2 accompagnées.

Gall, surmontant.

Gallicher, 2 accompagnant et accompagnées.

Garnier, 2 chargeant.

Garnier, 3 accompagnant et accompagnées.

Garrault, sans nombre, accompt.

Gaultier, 2 accompagnant et accompagnées.

Géraldin, chargeant et surchargée.

Girard, chargeant et accompée.

Gobelin, 2 surmontant, accompagnées.

Godet, 1 à 8 rais accompagnant.

Gorsse, 2 accompagnant, accompagnées.

Greffier, 3 accompagnant.

Grobon, écart. au 4 : 3 étoiles.

Grossolles, 3 chargeant et accompagnant.

Guéhéneuc, 5 accompagnant, accompagnées.

Guette, 3 accompagnant.

Guillemin, écart. aux 2 et 3 : 2 accompt et accompagnées

Guillet, 2 accompt et accompées.

Guillotou, 2 surmontant.

Guittonnière, 8 en orle, accompagnant.

Guyet, accompagnant.

Haudeneau, 3 accompagnant.

Hay, 4 cantonnant dont 1 surmontant

Henry, 6 accompagnant.
Heurtault, 3 accompagnant.
Houitte, 3 chargeant.
Hourmelin, 12 accompagnées.

Izarn, 3 chargeant, accompt.

Jallet, chargeant, accompt.
Jan, 2 surmontant, accompées.
Jogues, 3 chargeant, accompées.
Jou, 3 accompagnant.
Jouault, 3 chargeant, accompt.
Jourdain, surmontant, accompée
Juzel, 5 accompagnées.

Keraudren, 4 cantonnant ;
aliàs : 3 accompagnant.
Kerhoas, 3 étoiles.
Kerizit, surmontant.
Kermabon, écart. aux 1 et 4 :
8 chargeant.
Kermerc'hou, 5 chargeant.
Kernafflen, 2 cantonnant.
Keryvon, chargeant un échi-
queté.

Laisné, 2, aliàs : 3 accompa-
gnant et accompagnées.
Lallouette, 3 chargeant, ac-
compagnées.
Lambour, 3 en pal.
Lamy, 3 accompagnant.
Landais, écart. aux 1 et 4 :
2 accompt et accompagnées.
Launay, accompagnant.
Laurencin, 3 accompagnant.
Lauzanne, 2 accompagnant.
L'enfant-Dieu, 2 accompt.
Lièvre, 2 accompagnant.
Lochrist, accompagnant.

Loriot, 3 accompagnant.
Lou, 5 chargeant.

Magon, 2 surmontant, accom-
pagnées.
Maigre, accompagnant.
Marest, 3 surmontant.
Marot, accompagnant.
Marraud, 3 chargeant, accompt.
Martineau, 2 chargeant, ac-
compagnées.
Matharel, 3 accompagnées
chargeant sur un couppé.
Mathieu, chargeant.
Maumillon, 3 accompagnant.
Maussion, 2 surmontant, ac-
compagnées.
Mazarin, 3 surchargeant, accom-
pagnant
Méhault, 3 étoiles.
Mercier, 2 accompt et accom-
pagnées; aliàs : 3 accompt.
Mésange, 2 accompagnant.
Mesmin, 3 accompagnant et
accompagnées.
Milloo'h, 3 étoiles.
Milon 3 accompagnant.
Milsent, 3 accompagnant.
Monestay, 2 chargeant.
Monistrol, 3 chargeant, accom-
pagnant.
Montigny, chargeant, accompée.
Moricaud, 3 chargeant, accom-
pagnant.
Moriceau, 3 chargeant, accompt.
Mourain, 2 surmontant, accom-
pagnées; aliàs : parti au 1.
Munehorre, 6 accompagnant.

Painparay, 8 en orle, accompt.
Parent, 3 accompagnant.
Partevaux, accompt, accompée

Pas, 2 accompt. accompagnées.
Pascal, 2 chargeant, accompt.
Paul, accompagnant.
Pégasse, 3 accompagnant.
Pellonie, 3 chargeant, accompagnées.
Perrée, 2 surmontant, accompagnées.
Pétau, 3 accompagnant.
Plounévez, 3 accompagnant.
Poilpré, 3 chargeant. accompt.
Porzal, 3 chargeant.
Poussemothe, chargeant un giron, accompagnant.
Poussepin, 3 surmontant, accompagnées.

Prévost, 2 cantonnant.
Prigent, 3 étoiles.
Prud'homme, chargeant.

Quélin, 2 surmontant, accompt.

Rado, 3 étoiles (*aliàs :* à 6 rais).
Raimbaudière, 3 étoiles.
Ramaceul. 3 chargeant, accompagnant.
Ranzé, 1 à 8 rais, accompagnée.
Ravenel, 7 accompagnant.
Régnier, surmontant, accompagnée.
Rehault ou **Rohault,** 3 accompagnant.
Renault, surmontant, accompagnée.
Rhuys, accompagnant.
Richard, 2 surmontant, accompagnées.
Riche, accompagnant.
Rioust, 3 accompagnant.
Rivière, surmontant, accompagnée.

Robert, 3 chargeant, accompt.
Rocas, 3 accompagnées.
Roche, accompagnant.
Rocherousse, accompagnant.
Rouxel, 3 accompagnées.
Ruellan, 1 à 6 rais accompt.
Rullaud, 5 chargeant.

S. André, 3 surmontant.
S. Guédas, 12 étoiles.
Sarant, 3 chargeant. accompt.
Scelles, 2 cantonnant, accompagnées.
Schonendall, écart aux 1 et 4 : 4 accompagnant.
Sergent, sans nombre, accompagnant en orle.
Sourdille, 3 accompagnant et accompagnées.

Taïensac, 3 surmontant.
Tanguy, 3 accompagnant.
Tellier, 3 chargeant, accompt.
Termellier. 3 surmontant.
Thérisse, 3 chargeant, accompt.
Thibaudeau, 3 accompagnant, accompagnées.
Thomé, 2 chargeant, accompées.
Thurin, 3 étoiles.
Tizé, 4 chargeant.
Trégouët, accompagnée.
Troys, 2 surmontant, accompées.

Vallot, 2 surmontant, accompées.
Vannerie, 3 chargeant.
Vayer, 2 surmontant, accompées.
Venier, 3 étoiles.
Viau, 3 chargeant, accompt.
Viel, accompagnant.
Voyneau, surmontant.

Yver, 3 accompagnant.

Etoiles d'Argent

Andrault, 3 étoiles.

Anneix, accompagnée.

Arnault, 3 accompagnant rangées en bande.

Arnault, 3 accompagnant et cotoyant vers le chef.

Arnous, 3 chargeant.

Badereau, 3 accompagnant.

Barchou, 2 accompagnant et accompagnées

Barrère, accompagnant et accompagnée.

Bartz, 2 surmontant.accompées.

Bausset, 2 à 6 rais. accompagnant et accompagnées.

Beaubois, 3 étoiles.

Bertrand, écart. au 1 : 3 chargeant.

Beschu, 8 chargeant, alias : écart. aux 2 et 3.

Bigarré, écart. au 4 : accompt.

Bléruais, 3 accompagnant.

Bois-le-Bon, 3 chargeant, accompagnant.

Botteuc. 4 cantonnant

Bouère, 5 chargeant.

Bouhier, 3 accompagnant.

Bourdais, accompagnant et accompagnée.

Breton, 2 accompagnant et accompagnées.

Brichet, accompagnant.

Brigant, 2 accompagnant et accompagnées.

Brossart, surmontant.

Buisson, 3 chargeant.

Burnet, 3 surmontées.

Cacault, coupé au 1 : 3 chargeant.

Cado, 3 accompagnant.

Caillaud, 3 surmontant, accompagnées.

Calvez, 3 chargeant.

Chapelain, chargeant un franc canton.

Chaperon, 3 surmontant.

Chasseraux, écart. aux 2 et 3 : surmontant.

Chastelais, 4 accompagnées.

Chupeau, parti au 2 : 2 chargeant et accompagnant.

Ciooteau, 6 chargeant, accompt.

Clarke, chargeant et accompée.

Cohon, écart. aux 1 et 4 : 1 à 6 rais chargeant.

Corfineau, surchargeant, accompagnant.

Corlay, accompagnant.

Cosmao, écart. au 4 : 2 étoiles

Coste, 3 accompagnant.

Courtois, 3 accompagnant.

Coz, coupé au 1 : 4 cantonnant.

Crémeur, accompagnant.

Crozat, 3 accompagnant.

Dall, chargeant, accompagnée.

Danglade, accompagnant et accompagnée.

Dein, 3 chargeant, accompt.

Devin. 3 accompagnant.

Dordelin, coupé au 1 : 2 accompagnant.

Doriveau, 3 accompagnant et accompagnées.

Duo, 3 étoiles à 7 rais.

Duperré, sans nombre, chargées

Dupleix, écart. aux 1 et 4 : accompagnant.

Dureau, 3 surmontant.

Evesque, écart. au 1 : 3 mal ordonnées.

Fablet, 3 chargeant, accompt.

Febvre, accompagnant et accompagnée.

Férey, écart. au 4 : chargeant, accompagnée.

Fontenelles, 11 étoiles.

Forest, 3 chargeant.

Fouasse, 2 accompagnant et accompagnées.

Foucault, 2 chargeant, accompagnées.

Frémont, 3 chargeant, accompt.

Frère, accompagnée.

Froment, 3 chargeant, accompt.

Glaz, 3 chargeant et accompt.

Glédel, 1 à 8 rais brochant sur un coupé.

Gourdan, accompagnant.

Gouverneur, 2 cantonnant.

Grées, 3 accompagnant.

Gris, 2 accompagnant.

Grivart, 3 chargeant, accompt.

Gros, 3 chargeant, accompt.

Gué, 3 chargeant, accompt

Guéhéneuo, coupé au 2 : 5 accompagnant en orle.

Guirieuc, 3 accompagnant.

Hallouin, 3 chargeant, accompt.

Hévin, 2 surmontant.

Hiaulu, 3 accompagnant.

Houdet, 3 surmontant, accompagnées.

Huteau, 3 étoiles.

Jagu, 3 accompagnant.

Jollan, accompagnant.

Jouière, 2 surmontant.

Joyault, 4 surmontant.

Kerguern, accompagnant.

Kerguvelen, 3 accompagnant.

Kermorvan, 8 chargeant.

Kerouallan, 10 étoiles.

Kervéno, 10 étoiles.

Lair, 2 surmontant, accompées.

Lannosnou, chargeant.

Lars, coupé au 1 : 3 surmontant.

Laurens, 3 accompagnant et accompagnées.

Lavanant, 3 accompagnant.

Lharidon, 3 surmontant, accompagnées.

Lièvre, 2 surmontant, accompées

Lisac, 3 accompagnant.

Lort, accompagnant.

Luzoum, 3 chargeant.

Madec, surmontant, accompée.

Mainfeny, 3 accompagnant.

Mancelière, 3 accompagnant.

Mans, 3 chargeant, accompées.

Marest, 3 surmontant.

Marias, 2 surmontant, accompées

Martin, cantonnant, accompée.

Martin, 3 étoiles.

Mathézou, 3 chargeant.

Mélient, 4 chargeant.

Mélorel, écart aux 2 et 3 : 3 accompagnant.

Mérot, 2 accompt et accompées.

Meslé, accompagnant.

Mesnard, 2 chargeant, accompt.

Micolon, 2 accompt et accompées

Moncuit, parti au 1 : 7 accompagnées.
Moreau, accompagnant.
Moricе, chargeant.
Mouton, 2 accompagnant.

Ninon, 7 étoiles.

Palasne, 2 accompagnant.
Palierne, 3 chargeant, accompt.
Partevaux, 2 accompagnant et accompagnées.
Pastol, coupé au 1 : accompée.
Pinardière, 3 accompagnant et accompagnées
Poirrier, 3 accompagnant et accompagnées.
Portier, 3 étoiles.
Poultier, 2 cantonnant, accompagnées.
Pourceau, accompagnée.
Prédour, 3 accompagnant
Prigent, 2 accompagnant.
Puillon, 3 accompagnant.

Quistinio, 3 étoiles.

Redon, écart. au 4 : 1 étoile.
Richard, 1 à 8 rais flamboyante, surmontant, accompée
Roc'hongar, chargeant.
Rodais, 2 surmontant, accompées
Roux, parti au 2 : accompt.

S. Génis, 2 surmontant, accompagnées.
S. Méen, surmontant, accompée.
Sigay, 3 accompagnant.
Sonis, 3 surmontant.

Taffart, surmontant, accompée.
Thérézien, 3 accompagnant.
Tixier, 2 cantonnant.
Tripier, 3 chargeant, accompt.
Valleilles, 3 accompagnant.
Verger, 1 comète à 8 rais.
Vestle, 3 accompagnant.
Vilazel, 3 chargeant, accompt.
Villemaudy, 3 surmontant, accompagnées.
Villeoutreys, 2 surmontant, accompagnées.
Vivien, 3 chargeant et accompt.

Etoiles de Gueules

Abraham, 10 accompagnant.
Angevin, 2 accompagnant.
Aubrée, 2 accompt, accompées.
Audebert, accompagnée.

Barrieu, 2 accompagnant et accompagnées
Belordeau, 2 chargeant, accompagnant.
Beschais, 3 accompagnant.
Bidé, 2 accompagnant.

Bizien, écart. aux 1 et 4 : accompt et accompagnée.
Bocénio, 7 accompagnant.
Boisgardon, 3 cantonnant, accompagnées.
Bourdieu, 3 surmontant, accompagnées.
Bourgeois, 3 accompagnées.
Bretineau, 2 accompagnant.
Breton, 13 parti d'or et de gueules surmontant, accompées

Brun, 3 surmontant, accompées.

Campion, 1 tenue.
Carre, 3 chargeant, accompées.
Caze, 2 chargeant, accompt.
Chauveau, 3 chargeant, accompt
Chierdel, 2 accompagnant et accompagnées.
Coëtlestrémeur, accompt et accompagnée.
Cosnier, 3 accompagnant.
Cyre, 3 accompt et accompées.

Dubreton, 3 chargeant, accompagnant.
Durand, 2 chargeant, accompées,

Ertault, surmontant.
Eveillard, 9 accompt en orle

Felloneau, 2 chargeant, accompagnées.
Filhol, accompagnant.
Frusneau, 2 accompagnant.

Geffroy, 3 accompagnant et accompagnées.
Glé, accompagnant.
Gretz, 2 accompt et accompées.
Guiohoux, 3 accompagnant.
Guillermo, surmontant, accompagnée.
Guiny, accompagnant.
Guy, 3 accompagnant.

Hérée, accompagnant.
Hérissé, 2 accompagnant.
Houët, surmontant.

Kergoët, 5 accompagnant.

Lamprat, chargeant, accompt.

Leschevin, 2 surmontant, accompagnées.

Livec, chargeant, accompée.
Looquet, 4 cantonnant.

Marque, 2 surmontant.
Mauduit, 3 accompagnant.
Michiel, 4 cantonnant.

Orléans, 2 surmontant accompées
O'Schiel, accompagnant.

Pageot, 3 accompagnant.
Palue, accompagnant.
Paro, 3 surmontant.
Paveo, 2 cantonnant.
Penandreff, 2 surmontant.
Pénicaud, surmontant.
Petiteau, 2 accompagnant et accompagnées.
Plestin, 3 accompagnant.
Porter, surchargeant, accompt ; *aliàs* : chargeant un franc-canton.
Poulain, chargeant.

Queux, cantonnant

Ragaud, 3 accompt et accompées.
Raisin, 2 surmontant, accompées
Ray, 3 accompagnant.
Regnaud, 3 accompt et accompées
Robecq, 1 à 8 raies tenue.
Rochard, surmontant, accompée
Rochon, 3 chargeant, accompées
Rocquand, surmontant, accompagnée.
Roger, 2 accompt et accompées.
Rolland, 2 accompt, surmontées
Roux, parti au 1 : accompt.

Rouxel, parti au 2 : 11 accompt.

Saluden, accompagnant.
Suau, 3 chargeant, accompt.

Tranoher, 3 accompagnant.

Videl, 3 surmontant.
Vivien, accompt et accompée.

Etoiles d'Azur

Audic, 3 accompagnant.

Bellier, 3 accompagnées.
Berthelot, 2 accompagnant et accompagnées.
Bessac, 2 accompagnant.
Brambuan, chargeant.
Brochereul, 2 accompagnant et accompagnées.

Cassia, tiercé en pal aux 1 et 2 : 2 surmontant, chargeant un palé.
Castagny, 2 accompagnant.
Chapelain, 3 accompagnant.
Chevaye, 2 surmontant, accompagnées.
Coëtléguer, écart. aux 1 et 4, contrécart. aux 1 et 4 : 1 étoile, à l'écu fascé, brochant.
Coussaye, 3 chargeant.
Coz, coupé au 2 : 2 accompt.

Drouet, 2 chargeant, accompt.
Dupleix, écart. aux 2 et 3 : sans nombre, chargeant.

Férey, écart. aux 4 : 2 surmontant.
Franquetot, 3 chargeant, accompagnées.
Fresneau, 2 accompagnant.

Gauvain, 2 surmontant, accompagnées.
Gougeon, 2 accompagnant et accompagnées.
Graslin, 2 accompagnant et accompagnées.
Grenier, 3 chargeant.
Grivel, 3 chargeant.

Irland, 3 accompagnant.

Kervéatoux, surmontant.

Lesneven, 3 chargées.

Menguy, chargeant un franc canton.
Montigny, 2 surmontant, accompagnées.

O'Neil, 3 accompt et accompées.

Palud, 3 accompagnant.
Pastol, coupé au 1 : accompée.
Prévost, tiercé au 2 : 3 étoiles.

Sarsfield, chargeant, accompée.
Ségrétien, surmontant.
Sol, 3 chargeant, accompagnant.

Verduo ou **Verdeuo**, 2 surmontant, accompagnées.

Etoiles de Sinople

Esclabissac, 2 accompagnant et accompagnées.

Etoiles de Sable

Anast, 4 cantonnant.
Apuril, accompagnant.

Barre, 3 accompagnant.
Bernard, 3 accompagnant.
Billes, accompagnant.
Briant, écart. aux 1 et 4 : 2 accompagnant.

Chamillart, 3 chargeant, accompagnant.
Charonnière, 3 étoiles.
Coudé, 2 accompt et accompées.
Couperie, 2 chargeant.

Ernault, 3 surmontant, accompagnées.
Escures. chargeant.
Espinay, 2 à 6 rais, accompt.

Falloux, 3 surmontant.

Goddes, 2 accompt et accompées
Golen, accompagnant.

Hélias, 3 accompagnées.
Henry, 3 accompagnant.

Lezéret, 2 accompt et accompées
Lou, 5 chargeant.

Mascarène, 3 accompagnant.
Mélient, 6 chargeant.
Mordant, 3 accompagnant.

Nail, 2 surmontant, accompées,

Pinoé, accompagnée.
Porée, chargeant, accompagnée

Ray, 2 surmontant, accompées.
Run, 3 accompagnant.

Thévin, accompagnée.
Touronce, 3 chargeant.

Sceaux

Allès, 1 chargeant un franc conton sénestre, accompt.

Barre, 3 chargeant une fasce accompagnée de 3 croissants.
Beaulieu, 3 accompt un chevron
Breton, 3 et un poignard brochant en bande, accompt.

Chantemerle 1 accompagnant une bande chargée de 3 coquilles.
Corlay, 1 à senestre accompt un lion, la tête contournée.
Creffort, 2 accompt une fasce.

Drouet, 1 accompagnant une clef et une coquille.

Faou, 2 surmontant un croissant

Gallois, 6 accompt un croissant
Giffart, 2 surmontant une fasce.
Goulle, écart. au 3 : 1 étoile.
Gournay, 3 chargeant une fasce accompagnée de 3 annelets.

Héraudais, 1 à sénestre accompagnant une aigle.

Kerlan, 2 accompt un houx.

Melburne, 3 chargeant une fasce

Nepveu, 2 accompt une bande.

Pulunian, 3 accompt une fasce.

Rimou, 2 accompt une bande et 2 merlettes.

Rouxel, 1 accompagnant un chevron issant d'une mer.

S. Martin, 4 cantonnant une croix.

Taillecol, 6 accompagnant une fleur de lys.

Vicomte, 3 accompt un chevron

§ 3. — SOLEILS

Ameline, 1 d'or chargeant.

Amelot, 1 d'or surmontant.

André, 1 d'or chargeant, accompt

Beau, 1 d'or.

Bel, 1 d'or chargeant un franc quartier.

Bonamy, 1 d'or accompagnant.

Bourgeois, 1 de gueules chargeant.

Buchet, 1 d'or chargeant un franc canton

Chaillou, 2 d'or surmontant, accompagnés.

Charmoy, 1 d'or accompé.

Cohon. 1 d'or accompagnant et accompagné.

Dreux, 1 d'or accompagnant.

Estang, écart. aux 1 et 4 : 1 d'or.

Fagon, 1 d'or surmontant.

Faye, 1 ombre de gueules accompagnant, accompagnée.

Forge, coupé au 1 : 1 demi-soleil d'or, accompagnant.

Foucaud, 1 d'or accompagnant.

Gouëzec, 1 à 16 rais d'or.

Guitteau, 2 d'argent accompagnant, accompagnés.

Guyto, 2 d'or accompagnant, accompagnés.

Hurault, 4 ombres de gueules cantonnant.

Jaunay. 1 d'or accompagnant, accompagné.

Jouan, 3 d'or accompagnant.

Lenfant-Dieu, 1 d'or surmontant, accompagné.

Mauvillain, 1 d'or accompt, accompagné.

Ménage, 1 d'or chargeant.

Micault, 1 d'or accompagnant.

Monniès, 1 d'or chargeant, accompagnant.

Olivier, 1 d'or accompagnant.

Orient, 1 d'or accompt, accompé.

Pellan, 1 d'or.

Plumard, 1 d'or accompagnant, accompagné.

Ravard, 1 à 12 rais d'or.

Ray, 1 de gueules accompt

Ricouart, 1 ombre d'or accompée

Roger, 1 d'or accompagnant

Roi, 3 ombres d'or accompt.

Rousseau, 3 d'or accompt.

Thomas, 3 d'or accompagnant.

Tresséol, 3 d'or.

Vahais, 1 à 12 rais d'or.

Vavasseur, 1 d'or surmontant, accompagné.

Le *croissant* est ordinairement montant, c'est-à dire quand ses cornes sont vers le chef. Il est *versé* quand elles regardent la pointe, *tourné* vers le flanc dextre, *contourné* vers le flanc sénestre.

L'*étoile* a généralement 5 rais dont un tend vers le haut, deux aux côtés et deux en bas ; elle est *versée* lorsqu'elle n'a qu'un rais en bas. Quand elle a plus de 5 rais, on l'exprime.

Le *soleil* est un cercle avec un visage formé d'un nez, de 2 yeux et d'une bouche ; il a 16 rayons, huit droits, huit ondoyants posés alternativement. Quand il n'a aucun trait du visage, on l'appelle *ombre de soleil*.

(Fig. 1), *d'azur au croissant d'argent.*

(Fig. 2), *d'azur à l'étoile d'or.*

(Fig. 3), *de gueules au soleil d'or.*

ÉLÉMENTS

§ 1. — BUCHERS, FEUX, FLAMMES, FOUDRES

Bonamy, 1 bûcher de gueules, accompt, accompagné.

Boschet, 1 bûcher d'or enflammé de gueules, accompagnant.

Brandon, 4 feux ou brandons allumés de gueules, accompt.

Buchet, 1 bûcher de gueules accompagnant, accompagné.

Coussy, 3 flammes de gueules accompagnant.

Fare, 3 flambeaux d'or allumés de gueules.

Faye, 1 flamme de gueules accompagnant, accompagnée.

Feudé, 3 flammes de gueules.

Gazalhan, 3 flambeaux d'argent allumés de gueules, accompagnant, accompagnés.

Guérin, 4 flammes d'or cantonnant.

Guiller, flammes de gueules accompagnant.

Guillocheau, 3 flammes d'or.

Hardouin, 1 foudre de gueules tenu.

Héliès, 1 foudre ailé d'argent.

Origny, 3 flammes d'or accompt

Picot, 3 falots allumés de gueules, accompt, accompagnés

Verdier, écart. aux 1 et 4 : 7 charbons de sable allumés de gueules, chargeant.

Viart, 1 bûcher de gueules accompagnant.

§ 2 — MERS, ONDES, RIVIÈRES. NUES, LARMES, ARCS EN CIEL

Or

Arzon, 1 arc en ciel accompt.

Gendre, 15 larmes.

Guillotou , rivière soutenant, surmontée.

Hennebont, mer soutenant.

Landerneau, mer soutenant.

Morlaix, mer soutenant,

Nantes , mer soutenant, surmontée.

Argent

Amproux, 3 larmes.

Babin, onde soutenant, accompée

Bertrand, écart. aux 2 et 3 : mer soutenant.

Bigarré, écart. au 4 : mer soutenant, accompagnée.

Bois-le-Bon, nuée mouvante, surmontée.

Constantin, mer soutenant.

Cosmao, écart. au 4 : mer soutenant, chargé sur le tout.

Darricau, écart. au 4 : rivière surmontée.

David, ondes en courroux soutenant, accompagnée.

Dureau, mer soutenant, surmontée.

Faye, 3 larmes chargeant, accompagnées.

Flotte, mer soutenant, surmontée

Frotin, rivière soutenant, accompagné.

Geslin, ondes soutenant.

Grossoles, rivière soutenant, surmontée.

Guilhermy, coupé au 2 : nuée mouvante surmontée, surchargé sur le tout.

Laigue, semé de larmes en gouttes d'eau, accompagné.

Lestobec, nuée mouvante surmontée.

Mérot, mer surmontée

Mesnard, nuée mouvante, surmontée.

O'Neil, mer soutenant, accompt.

Paimbœuf, mer soutenant.

Percin ou **Persein**, rivière soutenant, surmontée.

Petit, 3 larmes accompt, accompagnées.

Redon, mer soutenant surmontée

Riou, 5 larmes accompagnant.

Rivérieulx, rivière surmontée.

Rivière, flanqué de 2 rivières au naturel.

Rosooff, mer soutenant, surmontée.

Rouxel, mer mouvante, accompagnée (*sceau*).

Tranchemer, coupé au 2 : mer ondoyée d'azur chargée.

Tréguier, mer soutenant.

Vivet, écart. au 1 : mer soutenant, accompagnée.

Gueules

Margadel, 5 larmes chargeant.

Azur

Bihan, mer soutenant.
Boulomer, mer soutenant.

Drouin, 3 larmes accompt.

Haveloose, mer soutenant, accompagnant.

O'Riordan, écart. aux 1 et 4 : nuée mouvante.

Ray, mer soutenant, accompt.

Sinople

Arnous, rivière ondée, accompée

Carion, 6 ondes soutenant.

Gros, mer soutenant, surmontée

Jourdain, rivière mouvante, accompagnant.

Lacrosse, onde soutenant, surmontée.

Meslé, mer soutenant, accompée.

Nielly, mer soutenant.

Orient, mer soutenant, surmontée

Sable

Toutblano. 3 larmes.

§ 3. — CAILLOUX, MENHIRS, MONDES, MONTS, ROCHERS, TERRASSES

Or

Aubigné, 3 mondes croisetés.

Boucheraye, 1 terrasse soutenant.
Boussineau, 3 mondes croisés
Breton, 1 menhir accompagné.

Constantin, rocher mouvant.

Danican, monde soutenant et soutenu.
Digaultray, 1 terrasse soutenant, accompagnant.

Fabre, 1 rocher soutenu, accompagnant
Frogier, 2 mondes.

Montaudouin, mont mouvant.
Monti, 2 monts accompt, *aliàs :* 3 accompagnant, accompagnés.
Montluc, parti au 1 : rocher sommé.

Argent

Bausset, rocher accompagnant.

Bobony, terrasse soutenant, accompagnée.

Brin, terrasse soutenant.

Collet, 3 rochers accompagnant.

Dureau, rocher mouvant, accompagné.

Fabroni, globe surmontant; *aliàs:* soutenant.

Guérin, mont surmonté.

Guillard, 3 rochers accompt

Jogues, rocher d'où jaillit une fontaine, accompt, accompé.

Marque, 3 monts accompagnant.

Montescot, 3 rochers.

Orient, monts accompagnant, accompagnés.

Prigent, rocher sommé, accomp é

Rocher, rocher accompagné.

Rochereul, rocher accompagné

Thomé, rocher sommé.

Gueules

Cabon, 3 cailloux accompagnant

Rougemont, écart. aux 2 et 3 : 1 mont.

Azur

Bellabre, terrasse soutenant.

Daimé, coupé au 2 : 1 monde soutenu.

Gras ou Gratz, terrasse ondée, mouvante.

Jarnigan, globe soutenant.

Jouannin, mont sommé, accompé

Limon, mont chargé, accompé.

Monistrol, mont accompagné.

Sinople

Barrère, terrasse soutenant et accompagnée.

Bernard, terrasse soutenant et accompagnée.

Bertin, écart. aux 2 et 3 : terrasse soutenant et accompée.

Blanchet, terrasse soutenant et accompagnée.

Bricquir, terrasse soutenant.

Chaurand, terrasse soutenant et accompagnée.

Fagon, terrasse soutenant et accompagnée.

Febvre, terrasse soutenant et accompagnée.

Fortia, mont soutenant.

Guilloré, terrasse soutenant, accompagnant.

Guy, terrasse soutenant et accompagnée.

Guyho, terrasse soutenant.

Lemot, parti au 1 : terrasse soutenant, accompagnant.

Miron, terrasse soutenant, accompagnant.

Morin, terrasse soutenant, accompagnant.

Muret, terrasse soutenant, accompagnant.

Petit, terrasse soutenant et accompagnée.

Puyferré, terrasse soutenant, accompagnant.

(voyez en outre aux Arbres *ceux terrassés)*

23

Sable

Bois, terrasse soutenant.

Chaumont, mont fumant de gueules.

Corbon, terrasse soutenant.

Estang, écart aux 2 et 3 : 1 rocher.

Fabre, terrasse soutenant, accompagnant.

Montigny, montagne, accompt.

Nicou, mont soutenant, accompt.

Riou, parti au 1 : 1 rocher.

Roche, 1 rocher

Ruellan, mont accompagné.

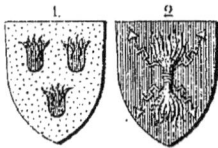

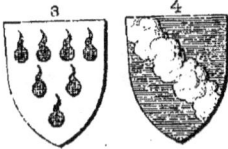

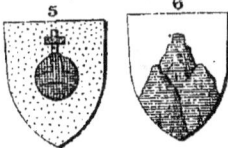

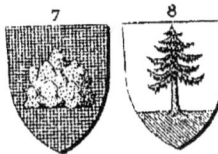

La *flamme* a la partie inférieure arrondie et la partie supérieure terminée en trois pointes ondoyantes.

Le *foudre* est fait en faisceau de flammes montantes et descendantes avec 4 dards en sautoir, dont les branches à sinuosités angulaires imitent les bandes vivrées.

La *larme* a la partie supérieure en pointe, devient ensuite ondoyante, s'élargit et se termine en rond.

Lorsque la *nuée* n'est pas représentée par la ligne nébulée, elle a communément la forme naturelle, comme du reste les *mers*, *ondes* et *rivières*.

Le *globe* représente le corps sphérique du *monde*, il paraît avec un cintre qui l'environne en manière de fasce ; du milieu de ce cintre s'élève une autre portion cintrée jusqu'à la superficie sphérique ; elle est terminée par une croisette.

Le *mont* est ordinairement uni ; il y en a pourtant composés d'un certain nombre de coupeaux et d'autres qui sont mouvants du bas de l'écu, on doit l'exprimer en blasonnant.

Le *rocher* représente une roche.

La *terrasse* se dit de la pointe de l'écu faite en forme de champ plein d'herbes.

(Fig. 1), d'or à 3 flammes de gueules.

(Fig. 2), de gueules à un foudre d'or élancé d'argent.

(Fig. 3), d'argent à 7 larmes de sable posées 4, 2, 1.

(Fig. 4), d'azur à une nuée d'argent en bande.

(Fig. 5), d'or à un monde de sable croisé de gueules

(Fig. 6), d'argent à un mont de 5 coupeaux d'azur mouvant de la pointe.

(Fig. 7), de sable au rocher d'or.

(Fig. 8), d'argent au pin de sinople terrassé de même.

CHAPITRE V

FIGURES ARTIFICIELLES
OU MEUBLES D'ARMOIRIES

§ 1. — INSTRUMENTS DE CÉRÉMONIES
SACRÉES OU PROFANES

BANNIÈRES OU GONFANONS, — *voyez aux* INSTRUMENTS
DE GUERRE

BOURDONS, CROSSES, VERGES

Bourdon, 3 bourdons d'or.

Bourdonnaye, 3 bourdons d'argent.

Grézy, 3 crosses d'or accompées

Guillard, 3 bourdons d'or en chevron, accompagnés.

Labbé, 3 crosses (*sceau*).

Labbé, 1 crosse de gueules chargeant, accompagnée.

Patras 2 bourdons d'argent en sautoir, accompagnés.

Pin, 3 bourdons d'or.

Rocquand, 3 bourdons de gueules en sautoir, accompés.

S. Pol de Léon, 1 crosse de gueules tenue.

Verge, 3 verges ou masses d'huissier d'argent.

CAMPANES OU CLOCHES, — *voyez aux* INSTRUMENTS
D'ARTS ET MÉTIERS
COUPES, — *voyez aux* USTENSILES

COURONNES ET RAIS D'ESCARBOUCLES

Anjou, écart. aux 1 et 4 : une escarboucle d'or.

Avioe, 3 diamants à facettes d'argent; *aliàs* d'or.

Baillif, 2 couronnes d'or surmontant.

Bazin, 3 couronnes ducales.

Brango, 3 couronnes d'or.

Brégel, 1 couronne de laurier de sinople, chargée.

Brémoy, 3 couronnes triomphales d'or, surmontant.

Coasquin, 2 couronnes d'or à l'antique, accompagnant.

Comte, 1 couronne de comte d'or, accompagnée.

Doublard, 3 couronnes comtales d'argent, chargeant.

Elève, 1 rais d'escarboucle florencé d'or.

Grasnelay, 3 couronnes triomphales de sinople, accompt.

Guérin, 1 couronne de chêne
d'or, surmontant.

Guilguiffin, 3 couronnes d'or
surmontant.

Mahyeuc, 3 couronnes d'épines
de sinople, chargeant.

Mauroy, 3 couronnes ducales
d'or, accompagnant.

Meaux, 5 couronnes d'épines
de sable.

Philippes, 3 couronnes ducales
d'or.

Poilly, 3 rais d'escarboucle,
bourdonnés d'or.

Prioul, 1 couronne d'or accompagnant, accompagnée.

Rapatel, parti au 2 : 1 couronne
de laurier de sinople, accompt.

Schomberg, 2 rais d'escarboucle d'or en sautoir ou en croix

Touraine, 3 couronnes d'or
surmontant.

Vivien, 3 escarboucles de sable.

(*Voyez en outre aux* ANIMAUX *ceux couronnés*)

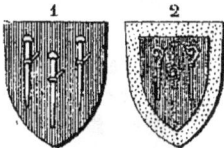

Le *bourdon* représente un long bâton fait au tour avec 2 ornements, l'un aux trois quarts, l'autre au haut, en formule de pomme, et que les pèlerins portent ordinairement.

La *crosse* est une crosse d'évêque.

Les *couronnes* en armoiries s'emploient ou à composer le corps des armoiries ou à couronner d'autres figures; c'est de ces deux espèces de couronnes qu'il s'agit ici; ou pour couronner les casques et les écus. Elles sont tellement connues qu'il est inutile d'en faire la description.

Le *rais d'escarboucle* est un meuble percé en rond, divisé ordinairement en 8 rayons dont 4 en croix et 4 en sautoir; ces rais sont souvent bourdonnés au milieu et aux extrémités; il y en a aussi de pommetés et de fleurdelisés. Lorsqu'il y a plus de 8 rais on l'exprime.

(Fig. 1), *de gueules à 3 bourdons d'argent.*

(Fig. 2), *de gueules à 3 crosses d'or à la bordure de même.*

(Fig. 3), *d'azur à une couronne d'or.*

(Fig. 4), *de gueules aux rais d'escarboucle pommetés et fleurdelysés d'or.*

§ 2. — Vêtements et Ustensiles

Lambels

Or

Baglion, chargeant et surmontant.

Boisbilly, surmontant.

Champagné, chargeant.

Chapelle, écart. aux 1 et 4 :
surmontant.

Charrier, surmontant.

Courte, surmontant.

Quintin, chargeant.

Rocherousse, surmontant.

Sauldraye, chargeant.

Trogoff, 1 lambel.

Argent

Chastellier, chargeant.

Coëtquelven, surmontant.

Guillou, chargeant.

Juhel, surmontant.

Kerautem, surmontant

Kerfloux, surmontant.

Kerraoul, surmontant.

Méné, surmontant.

Montauban, surmontant; aliàs:
écart. aux 1 et 4.

Motte, chargeant.

Rabinart, surmontant.

Raguénel, mi-parti de sable et
d'argent chargeant un écartelé.

Raguénel, parti au 1 : mi-parti
de gueules et d'argent chargeant un écartelé.

Ruffier, surmontant.

Tertre, 1 lambel.

Gueules

Bouexière, surmontant (sceau)

Breil, surmontant (sceau).

Champeaux, surmontant.

Couart, surmontant.

Davay, surmontant.

Gauvain, surmontant.

Goësbriand, surmontant.

Hirlaye, surmontant.

Juzel, surmontant.

Lambert, brochant.

Launay, brochant sur un écartelé

Mauny, surmontant ; aliàs écart.
aux 1 et 4 : chargé sur le tout.

Monti, chargeant et surmontant

Mothe, écart. aux 2 et 3 : surmontant.

Motte, chargeant.

Olivier, écart. aux 2 et 3 :
chargeant et surmontant.

Palue, surmontant.

Paro, surmontant.

Penmeur, chargeant.

Québriac, surmontant.

Raguénel, parti au 1 : mi-
parti de gueules et d'argent,
chargeant sur un écartelé.

Savary, surmontant.

Azur

Barrault, surmontant.

Coëtudavel, surmontant.
Giry, chargeant.
Gomer, surmontant.

Kerleo'h, surmontant.
Kervérien, surmontant.

Lorraine-Mercœur, écart. aux 1 et 4 : surmontant.

Moine, surmontant.

Ploësquelleo, surmontant.

Quillien, chargeant.

Roux, surmontant.

S. Jean, surmontant.

Trogoff, surmontant.

Sable

Granges, chargeant.

Raguénel, mi-parti de sable et d'argent chargeant un écartelé

Sceaux

Angoulvent, surchargeant un franc quartier et accompt.

Bataille, surmontant 3 coquilles
Beaumont, surmontant 3 channes.
Bessart, surmontant 9 merlettes
Blandin, à 5 pendants.
Bonnégat, surmontant 3 têtes de renard.
Bouchoux, brisant un losangé.

Cappel, surmontant 3 fleurs de lys.
Cluziat, à 5 pendants.
Cordemine, chargeant un chef et accompagnant un lion.

Dehaut, surmontant 5 besants.

Ferrières, surmontant 10 annelets.

Fontenay, à 5 pendants surmontant 3 fasces.

Gouyon, chargeant un fascé.
Guignen, surmontant un semé de fleur de lys.

Guiomarc'h, surmontant une croix.

Juzel, surmontant un croissant.

Kermenguy, à 4 pendants surmontant une fasce et 6 mâcles.

Lande, surmontant 3 lionceaux

Marbo, surmontant un lion.
Mello, 1 lambel à 4 pendants surmontant 2 fasces accompagnées de 6 merlettes.
Montfermel, surmontant un chevron chargé d'une fasce.
Montorgueil, surmontant 3 fusées.

Perceval, surmontant une bande
Pligeau, surmontant 2 coquilles et un croissant.

Quatrebarbes, surmontant une bande.

Roux, surmontant 3 channes.

VÊTEMENTS DIVERS

Aubert, 1 houssette d'argent, chargée.

Beaumez, 3 manches mal taillées.

Boisgarnier, 1 manche mal taillée (*sceau*).

Chaperon, 3 chaperons de gueules.

Cordier, 1 cordelière d'or.

Fond, 2 lacs d'amour d'or, accompagnant.

Harman, 1 cotte d'or accompagnant, accompagnée.

Heuzey, 1 houssette de sable.

Jambu, écart. aux 1 et 4 : 1 houssette de gueules.

Lamour, 3 lacs d'amour d'argent

Moine, 3 têtes de moine encapuchonnnées, accompées (*sceau*).

Mouton, 3 gibecières de sable.

Roquefeuil, 9 cordelières d'or; *aliàs* : 12 cantonnant.

Saint, 1 cordelière de gueules accompagnant.

Salle, 3 plates ou cuirasses d'argent chargeant et accompt.

Soulard, 1 soulier de sinople.

Villiers, 1 fanon d'hermines tenu, chargeant.

AIGUIÈRES, AMPHORES, BOUTEILLES, COUPES, ESTAMAUX, ORCEAUX, POTS

Alliou, 3 estamaux (*sceau*).

Baillif, 2 estamaux ou orceaux couronnés d'or.

Beaumont, 3 pots surmontés d'un lambel (*sceau*).

Berruyer, 3 pots d'argent.

Bouteiller, 1 amphore (*sceau*).

Boutilier, 3 bouteilles d'or.

Boutouiller, 1 coupe d'or chargeant un losangé.

Brunelaye, 3 estamaux d'argent

Bureau, 3 pots ou burettes d'or accompagnant.

Burgaut, parti au 2 : coupé au 2 : 3 fontaines ou vases d'argent.

Butler, écart. aux 2 et 3 : 3 coupes d'or.

Concer, 2 coupes d'or tenues.

Corperet, 3 coupes d'or accompt.

Cour, 3 orceaux d'argent.

Court, 3 orceaux d'argent.

Daniel, 2 coupes d'or.

Gaupicher, 3 pots (*sceau*).

Girard, 3 pots à eau d'or.

Joyault, 1 urne d'or accompée.

Kerascoët, 1 gourde d'or accompagnant.

Kermadec, 1 coupe d'or surmontée.

Kerrivoal, 3 bouteilles ou estamaux d'argent.

Laillé, 3 orceaux de sable.

Larohiver, 1 coupe d'or chargeant un losangé.

Lempérière, 1 aiguière d'argent accompagnée.

Longle, 3 coupes de gueules.

Marc'hallac'h, 3 orceaux de gueules.

Michel, 1 vase d'azur chargé et soutenu.

Moreau ou **Mouraud,** 3 orceaux de gueules.

Omnès, 1 coupe d'or chargeant un losangé.

Potier, 6 pots d'argent accompt.

Potiron, 1 aiguière d'argent.

BARILS, BOISSEAUX, CHANNES OU MARMITES

Appigné, 1 channe de sable.

Barillon, 3 barils d'or cerclés de sable.

Baye, 3 boisseaux d'argent chargés.

Beaumont, 3 channes surmontées d'un lambel (*sceau*).

Bouëssel, 3 boisseaux de sable

Cadaran, 3 cylindres d'or.

Chesnel, 3 channes (*sceau*).

Gaultier, 3 channes d'or.

Jandière, 3 channes de gueules accompagnant

Launay, 3 channes de gueules.

Linnes, 3 channes d'or chargées

Louail, écart. aux 1 et 4 : 3 channes d'or.

Maillechat, 3 channes d'or chargeant.

Marcille, 3 channes d'or chargeant.

Marie, 3 channes accompagnées d'une mollette (*sceau*).

Montbourcher, 3 channes de gueules ; *aliàs :* accompagnées

Pinot, 3 channes d'argent accompt

Pintier, 1 channe accompagnée (*sceau*).

Plessis, 3 channes de gueules.

Roux, 1, *aliàs :* 3 channes d'or frettées de sable, surmontées.

Sceaux, 1 channe d'argent chargeant.

Téhel, 1 channe de sable soutenue

Thévart, 3 channes de sable.

Tronchay, 3 channes d'or.

Val, 3 channes d'argent.

USTENSILES DIVERS

Aubier, 3 grilles de sable.

Ballet, 1 balai d'or.

Barohou, 1 corne d'abondance d'or, accompagnée.

Bazillays, 1 bât de mule d'argent.

Bédel, 1 seau d'eau de gueules.

Brosse, 3 brosses d'or.

Budan, 1 buie ou cruche d'or surmontant, accompagnée.

Chauvel, 3 feuilles de scie de sable posées en chevron brisé

Comaille, 3 mailles (monnaie) d'or ; *aliàs* d'argent.

Crosnier, 1 croc de batelier de sable.

Damours, 3 clous de la passion de sable, accompagnés.

Fare, 3 flambeaux d'or allumés de gueules.

Frédot, 1 piège de vénerie de gueules accompagné.

Gaudé, 1 chapelet d'azur accompagnant.

Gaultier, écart aux 1 et 4 : 1 clou de pourpre ; aux 2 et 3 : 1 clou d'or.

Gazaïlhan, 3 flambeaux d'argent allumés de gueules, accompagnant et accompagnés

Kerascouët, 1 gourde d'or accompagnant.

Kerliviou, 3 salières de gueules

Kerlouarneo, 3 grils de sable.

Louvel, 1 feuille de scie en chevron brisé de sable, accompée.

Miron, 1 miroir d'argent, accompagné.

Nicolas, 3 doloires chargeant une bande (*sceau*).

Noir, 1 feuille de scie de sable chargée et accompagnée.

Paigné, 3 peignes d'or.

Picot, 3 fallots allumés de gueules accompt, accompés.

Reliquet, 1 reliquaire d'or.

Riche, 1 chaîne d'or soutenant, accompagnée.

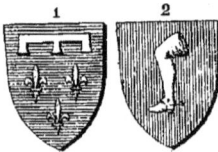

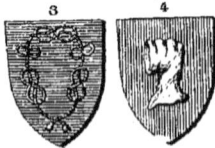

Le *lambel* est une pièce de longueur ou tringle, ordinairement à 3 pendants. Il se pose horizontalement en chef à une partie de distance du bord de l'écu. C'est ordinairement une brisure que prennent les premiers cadets d'une maison. Dans ce cas, il peut être de couleur sur couleur ou de métal sur métal, sans donner sujet à enquerre.

La *houssette* était une bottine autrefois en usage parmi les gens de guerre.

Le *chaperon* était une manière de capuchon.

La *cordelière* est le cordon de S. François, elle se portait ordinairement autour des armoiries pour les veuves avec les nœuds déliés et rompus.

Le *lac d'amour* représente un cordon entrelacé circulairement, dont les bouts traversent les circonférences, l'un à dextre, l'autre à sénestre.

La *manche mal taillée* se dit d'une manche d'habit taillée d'une manière bizarre et capricieuse.

L'*aiguière* est une sorte de vase fort ouvert avec une anse et un bec. Elle paraît de profil et l'anse à sénestre.

La *coupe* est une tasse ronde sur un pied : elle est *couverte* lorsqu'elle est munie d'un couvercle.

L'*estamal* est une sorte de burette.

L'*orceau*, comme l'estamal, est aussi une sorte de burette.

Le *pot* est un vase où l'on met des fleurs.

Le *baril* est un petit tonneau que l'on dit *cerclé* lorsque les cerceaux sont d'un autre émail.

Le *boisseau* est une mesure de capacité pour les grains.

La *channe* ou *marmite* a 2 anses et 3 pieds.

Les ustensiles divers, tels que *brosses, crémail-lères, flambeaux, peignes*, etc., sont trop connus pour que l'on en fasse la description.

La *doloire* est une hache sans manche.

(Fig. 1), *de France au lambel d'argent.*

(Fig. 2), *de gueules à un houseau d'argent éperonné de même.*

(Fig. 3), *de gueules au chaperon d'argent.*

(Fig. 4), *d'azur à la cordelière d'or.*

(Fig. 5), *d'azur à 3 lacs d'amour d'argent.*

(Fig. 6), *de gueules à la manche mal taillée d'or*

(Fig. 7), *de gueules à l'aiguière d'argent.*

(Fig. 8), *d'azur à la coupe couverte d'or.*

(Fig. 9), *de gueules à l'estamal d'argent.*

(Fig. 10), *d'azur à l'orceau d'or.*

(Fig. 11), *d'or au pot à une anse de gueules.*

(Fig. 12), *d'azur à un baril d'or cerclé de sable*

(Fig 13), *d'or au boisseau de gueules.*

(Fig. 14), *d'or à 3 marmites de gueules.*

(Fig. 15), *d'argent à la doloire de gueules.*

§ 3. — INSTRUMENTS DE GUERRE, DE CHASSE ET DE NAVIGATION

ANNELETS, VIRES

Or

Bagot, 1 bague ou annelet.

Bernard, 3 chargeant.

Blois, 6 chargeant.

Boisgardon, 3 chargeant.

Bouëxière, 7 annelets.

Butin, 3 annelets.

Chevalier, 3 accompagnés.
Clairefontaine, I chargeant.
Cordonnier, 6 annelets.

Faucheur, tiercé au 3 : 3 annelets.
Ferron, 3 chargeant.

Guermeur, 7; *aliàs* : 10.
Guisohard, 1 chargeant.

Hamon, 3 annelets.

Julienne, 3 chargeant, accompés.

Kerbuzic, 1 surmontant.

Lande, 3 annelets.
Lardic, 6 accompagnant.

Marquès, coupé au 2 : 6 chargeant en orle.
Meudec, 3 accompagnant.

Noir, 3 chargeant, accompagnés.

Péan, écart. aux 2 et 3 : 5 annelets.

Perrault, 3 accompagnant ; *aliàs* : parti au 1.
Philippes, 6 accompagnant.
Prioul, 3 chargeant.

Quéléneo, 3 annelets.

Roche-Jagu, 5 en sautoir.

Saget, 3 accompagnant.
Sioc'han, 4 accompagné.

Argent

Auffroy, 1 chargeant.

Barazer, 2 accostant.
Briohet, 3 accompagnant.
Buzic, écart. aux 2 et 3 : 6 annelets.

Coëtmen, 7; *aliàs* : 9 annelets.
Couësmes, 6 annelets.
Crugot, 4 surmontant.

Dourguy, 4 accompagnant ; *aliàs* : accompagné.

Ernoul, 10 chargeant une bordure.

Gouzien, 3 chargeant.
Gueguen, 3 accompagnant.
Guermeur, 6 accompagnant.

Jouan, 3 accompagnant.
Jouino, 5 chargeant.

Kerduel, 6 accompagnés.
Kerglezreo, 4 cantonnant.

Kerguern, 3 annelets.
Kerhamon, 4 accompagnant.
Kermareo, 5 accompagnés.
Kernezne, écart. au 3 : 3 accompagnant à l'écu d'or brochant sur le tout.

Lanloup, 6 annelets.

Marc'heo, 5 chargeant.
Moëlien, 1 accompagné.
Motte, 4 cantonnant.

Nobletz, 3 chargeant.

Plessis, 10 chargeant une bordure.

Préauvé, 3 annelets.

Raoul, 3 accompagnant.
Rio, 5 chargeant.
Rondel, 3 annelets.
Roscerf, 6 annelets.

Sorel, 1 cantonnant.

Vallée, 4 accompagnant

Gueules

Bertaud, 6 accompagnant.
Bolande, 3 accompagnant.
Bouëxière, 3 accompagnant.

Caillebot, 6 annelets.
Clausse, 3 accompagnant.
Coëtquis, 1 surmontant.

Jacobin, 6 accompagnant en orle

Kerglan, 10 annelets.
Kerguóris, 6 annelets.

Lanuzouarn, 6 accompagnant
en orle.
Lay, 3 accompt, accompagnés.

Miohiel, 1 chargeant, accompé.

Ny, écart aux 1 et 4 : 6 accompagnant en orle.

Rarécourt, 5 en sautoir accompagnés.

S. Laurens, 6 annelets.

Tertre, 3 annelets.

Vieuville, écart. aux 1 et 4 :
3 chargeant un fascé, à l'écu
d'argent chargé, brochant.
Vieuxpont, 10 annelets.

Ynizan, 3 accompagnant.

Azur

Bouëxière, 6 annelets.

Chapelain, 2 accompagnant,
accompagnés.
Chapelle, 6 annelets.

Donneau, 3 accompagnant.

Flustres, 3 annelets.

Huo, 3 mal ordonnés, accompt.
Huon, 3 cantonnés, aliàs : accompagnant.

Saladin, 3 annelets.

Pourpre

Truchot, 1 en cœur, accompagnant.

Sable

Balavenne. 1 accompagné.

Cam, 3 accompagnant.
Cazlen, écart. aux 2 et 3 :
1 annelet.
Clairefontaine, 1 chargeant,
accompagné.
Cleuziou, 3 annelets.

Fouquer, 3 accompagnés.

Golen, 1 accompt, accompé.
Guingamp, écart. aux 1 et 4 :
3 annelets.

Hémery, 1 accompagné.

Latimier, 1 chargeant.
Louméral, 1 chargeant un
échiqueté.

Mézeo, 1 accompagnant.
Morais, 6 annelets.

Nas, 3 accompagnant.
Nuz, 1 surmontant.

Pavio, 1 accompagnant.
Poulmio, 1 chargeant un échiqueté.

Raison, 3 annelets.
Rolland, 3 accompagnant.

Stangier, 1 accompagné.

Sceaux

Bédou, 4 cantonnant une croix.

Couësmes, 6 annelets.

Ferrières, 10 surmontés d'un lambel.

Goulle, écart. au 1 : 3 annelets.
Gournay, 3 accompagnant une fasce chargée de 3 étoiles.
Guiho, 3 accompt un chevron.

Keravis, écart. au 2 : 6 annelets, chargé sur le tout.

Langevin, 3 chargeant un chef; *aliàs* : 1 franc canton.
Léon, 11 chargeant une bordure et accompagnant.

Morvilliers, 3 accompt 2 chiens

Pasquier, 1 chargeant un chevron.
Penanooët, 6 en orle chargeant un fascé.

Richard, 7 accompagnés d'une bordure.

Ancres, Hameçons

Baillif, 1 d'or.
Besnard, 1 de sable accompée.
Bigarré, écart. aux 2 et 3 : 1 de sable.
Bonnetier, 1 d'argent acompée.
Boulainvilliers, écart. aux 1 et 4 : 1 d'argent accompée.
Bourayne, 1 de sable chargeant
Bourgeois, 3 de sable, accompée.
Buisson, 1 de sable accompt.

Clos, 1 de sable accompagnant, accompagnée.
Court, 1 de gueules accompt.

Devaulx, 1 d'argent accompagnant, accompagnee.
Digaultray, 2 d'argent accompt.
Dordelin, coupé au 1 : 1 d'argent accompagnée.

Emeriau, écart. aux 1 et 4 : 1 d'or surmontée.
Epert, 1 de sable.
Esnoul, coupé au 2 : 2 d'argent en sautoir.

Even, 1 de gueules chargée, accompagnée.

Foucaud, 1 d'argent accompagnant, accompagnée.

Hallouin, 1 de sable surmontant, accompagnée.
Hamelin, écart. aux 2 et 3 : 1 d'or.
Havart, 2 havet ou hameçons de gueules en sautoir.
Hévin, 1 d'argent accompagnée.

Jarnouan, 3 hameçons de gueules.

Larchiver, 1 de sable accompagnée; *aliàs* : coupé au 1.
Lavanant, 1 d'or accompagnée
Mée, 2 d'argent en sautoir, chargeant.
Meroier, 1 d'or accompagnée.
Mol, 3 de sable.

Paimparay, 1 p'argent accompagnée.

Perrée, 1 d'or accompagnant.
Portlouis, 1 d'argent surmontée
Pradouas, 3 d'argent.

Redon, écart. au 2 : 1 de sable.
Robert, 1 d'or accompagnant.

Salles, 1 de sable accompt.

Thévenard, 1 d'azur surmontée
d'un compas de même.
Trouin, 1 de sable accompagnée

Vaillant, 1 d'argent trabée de
sable, surmontée.

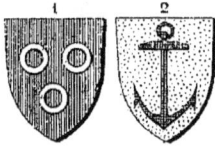

L'anneau ou *annelet* est un meuble très fréquent en armoiries ; il est presque toujours en
nombre. Quand il y a plusieurs anneaux concen-
triques on les appelle *vires.*

L'ancre, qui est l'instrument dont on se sert
pour arrêter les navires, est composée de la tige
dite *stangue,* la traverse *trabe,* et le cable *gu-
mène.* L'ancre est ordinairement en pal, la trabe
vers le chef.

(Fig. 1), *gueules à 3 annelets d'argent.*
(Fig. 2), *d'or à l'ancre de sable.*

ARCS ET FLÈCHES, — *voyez* LANCES
BADELAIRES, — *voyez* ÉPÉES
BANNIÈRES, — *voyez* GONFANONS

BOULETS ET CANONS

Baston, coupé au 1 : 3 canons
d'or.
Boulomer, 1 boule de gueules
soutenue.
Boulonnois, 1 boule de sable
surmontée, accompagnant.

Cambronne, 10 grenades d'argent, accompagnant.
Chastel, 9 boulets d'or sommant

Devaulx, 1 pile de 6 boulets
d'argent, chargeant, accompés

Dulong, écart. au 4 : 1 canon
de gueules, accompagné.

Filhol. 2 canons d'argent surmontés.

Hulot, 1 bombe d'azur accompt.

Montault, écart. aux 1 et 4 :
parti au 1 : 2 mortiers de
guerre d'argent.

La *boule* diffère du besant en ce qu'elle est ombrée comme si elle avait du relief.

Les *bombes*, *boulets* et *canons* sont modernes ; ceux qui les portent dans leurs armoiries ont sans doute quelques-uns de leurs ancetres qui ont exercé une charge importante dans l'artillerie.

Le canon est *affûté* quand son affût est d'un émail différent, *démonté* lorsqu'il n'a que le tube.

(Fig. 1), *d'argent à une boule de gueules sur une mer d'azur.*

(Fig. 2), *de gueules au canon démonté d'or.*

Chausse-trapes, — *voyez* Herses

Casques ou Heaumes

Berruyer, casque d'argent grillé et taré de profil.

Bertrand, écart. au 4 : casque d'or taré de front, chargé.

Bois. 3 casques d'argent, chargeant.

Chrétien, 3 casques d'or accompagnant.

Déquesne, 1 casque d'argent.

Devaulx, 3 casques d'argent accompagnés.

Forget, 3 casques de sable accompagnant.

Goheau, 3 casques d'argent.

Grasnelaye, 3 casques d'argent accompagnés.

Guesnet, 1 d'or soutenu d'une cuirasse de même, accompé

Heaulme, 4 avec leurs volets cantonnant une croix (*sceau*).

Hindray, 3 d'argent.

Keramborgne, 1 d'or accompé.

Launay, 1 d'or.

Lestel, 3 de sable accompt.

Palierne, 1 d'argent surmontant, accompagné.

Tollemare, 3 de sable chargeant

Tour du Pin, 3 d'or tarés de profil, chargeant et accompt ; *aliàs :* écart. aux 1 et 4.

Le *casque* est ordinairement l'ornement extérieur de l'écu et lui sert de timbre. Les rois et les empereurs le portent tout d'or, taré de front, la visière ouverte, sans grille ni barreau ; les princes et ducs, la visière presque ouverte ; les marquis ont le casque d'argent, taré de front à 11 grilles d'or ; les comtes et vicomtes, d'argent, taré au tiers à 9 grilles d'or ; les barons, d'argent, les bords d'or à 7 grilles de même, taré à demi-profil ; les gentilshommes, un casque d'acier poli à cinq grilles, taré de profil.

Le casque comme meuble d'armoiries se met de profil, quelquefois de front, alors il faut l'exprimer et on dit *taré de front*.

(Fig. 1), *d'azur au casque d'argent grillé et taré de profil*.

CORS DE CHASSE, — *voyez* GRESLIERS
CONSULAIRES, — *voyez* HACHES

COUPLES DE CHIENS, FREINS

Beaupoil, 3 couples d'argent liés d'azur.

Lanjuinais, écart. aux 1 et 4 : 1 frein d'argent tenu.

Le *couple de chien* est un meuble qui représente un petit bâton avec deux liens dont on se sert pour coupler les chiens de chasse.

(Fig. 1), *de gueules à trois couples de chiens d'argent, liés d'azur en pal*.

ÉPÉES, POIGNARDS ET BADELAIRES

Or

Bascher, 1 en pal, chargeant et cantonnée.

Bois, 2 en sautoir, accompées.

Bourasseau, 2 en sautoir, accompagnées.

Brémoy, 1 en pal, surmontée.

Breton, 1 poignard chargeant en bande.

Condest, 3 en pal.

Cottel, 1 poignard en pal.

Georgelin, 3 chargeant.

Guéhéneuc, coupé au 1 : 1 épée.

Hardy, 2 en sautoir, accompées.

Mignot, parti au 1 : 3 en pal.

Nerzio, 2 en sautoir, les pointes en bas.

Philippes, 2 en sautoir, les pointes en bas.

Raby, coupé au 1 : 1 poignard tenu.

Richard, 1 accompagnée.

Tranchemer, coupé au 2 : 1 couteau en pal, accompt.

Argent

Aoustin, 1 en pal, accompagnée
Avice, 1 en pal, accompagnée.

Badereau, 2 en sautoir, accompagnées.
Baillardel, 2 en sautoir, accompagnant, accompagnées.
Baillon, 2 en sautoir, surmontées
Barbay, 1 en pal, accompagnée.
Barberie, 1 tenue, accompée.
Bellangier, 1 en pal.
Bérezay, 2 accompagnant.
Bernard, 2 en sautoir, accompées
Bertin, écart. au 1 : 1 en pal.
Bertrand, écart. au 4 : 1 chargeant en bande.
Bléruais, 1 fichée, accompagnée
Bohal, 3, les pointes en bas
Bois, 3 coutelas en pal, les pointes en bas.
Bois-Halbran, 2 en sautoir, les pointes en bas.
Bois-le-Bon, flamboyante, tenue et accompagnée.
Boudin, 1 en pal, surmontée.
Boulleuc, 1 en bande surmontée d'un poignard en pal.
Brécey, 2 badelaires en sautoir
Bréhault, 2 en pal, les pointes en bas, surmontées.
Brunel, 2 en sautoir, les pointes en bas.

Cadoudal, 1 tenue, accompagnée
Chamballan, 2 en pal, accompt.
Chanoine, 2 en sautoir, accompagnées.
Chappedelaine, 1 chargeant, accompagnée ; *aliàs :* 1 en bande, accompagnée.

Charpentier, 2 en sautoir, les pointes en bas.
Chastel, 1 accompagnant.
Coëtanezre, 3 en bandes, les pointes en bas.
Coëtarmoal, 2 en sautoir.
Cohue, 1 chargeant un sautoir.
Coignet, 2 en sautoir, accompées

Dagorne, 1 dague accompt.
Damesme, 1 en pal, tenue.
Danglade, 1 poignard en pal, accompagné.
Devaulx, 1 accompagnant.
Dordelin, coupé au 2 : 1 accompagnée.
Doussault, 1 en pal surmontant, accompagnée
Du, 1 en pal accompagnée, la pointe en bas.
Durand, 1 tenue.

Ferrand, 3 en pal, chargées.
Feu, 3 poignards en bandes, les pointes en bas.
Furet, 3 en pal, surmontées.

Gain, 3 poignards accompagnés.
Garde, garde d'épée tenue, accompagnant ; *aliàs :* 1 poignée et garde d'épée brochante
Garmeaux, 3 accompagnées, les pointes en bas.
Garnier, 1 en bande, chargeant un parti.
Georget, 2 en sautoir, les pointes en bas.
Gigeou, 2 en pal ; *aliàs* en sautoir.

Goudelin, 1 en pal, la pointe en bas *alias :* écart. aux 1 et 4.

Grobon, écart. aux 2 et 3 : 3 épées, les pointes en bas.

Guerry, 2 en santoir; *alias :* accompagnées.

Guinier, 3 en pal.

Henry, 3 en pal, les pointes en bas.

Hingant, 3 épées, *alias:* écart. aux 1 et 4.

Houx, 3 épées, les pointes en bas

Hulot, 1 tenue et accompagnée.

Isle-en-Gal, 2, les pointes en bas, accompagnant.

Jacquemet, 1 en barre, surmontée.

Jouneaux, 1 en pal, la pointe en bas, accompt et accompagnée

Kerambéleo, 2 accompagnant

Kerboudel, 2 en sautoir, les pointes en bas.

Kermarquer, 3 en pal, les pointes en bas.

Kernezne, écart. aux 2 et 3 : 2 en sautoir, à l'écu d'or chargé, brochant.

Kersalaün, 2 en sautoir, les pointes en bas.

Lacrosse, 1 tenue, accompt.

Landais, 3 badelaires en bandes

Landes, 1 en pal.

Lantivy, 1 en pal, la pointe en bas; *alias :* chargeant un franc canton.

Lardeux, 1 poignard en bande, accompagné .

Laurens, 1 poignard en pal, la pointe en bas, accompagné

Leissègues, 1 en pal, chargeant

Lescorce, 1 en fasce, accompéo.

Madec, 1 flamboyante en fasce, accompagnée.

Maistre, 2 en pal, accompt.

Marbœuf, 2 en sautoir, les pointes en bas.

Marchant, 2 en sautoir, accompagnées.

Marc'hec, 2 badelaires en sautoir

Marchecourt, 1 en pal, la pointe en bas, surmontée.

Marraud, 1 en bande, accompéo

Ménant, 2 en sautoir.

Ménou, 1 en pal.

Mescouëz, écart. aux 2 et 3 : 2 en sautoir, à l'écu d'or chargé, brochant.

Miollis, 1 chargée, accompagnée

Moine, 1 épée, la pointe en bas

Monterfil, 1 épée, la pointe en bas.

Mordret, 2 en sautoir.

Moreau, 1 accompagnée.

Mouton, 1 en pal, accompagnée

Nau, 1 tenue.

Noan, 3 en pal.

Normand, écart. aux 2 : 1 en pal, chargé sur le tout.

Nuz, 1 en bande, la pointe en bas, accompagnée.

Odet, 3 en pal, les pointes en bas

O'Riordan, écart. aux 1 et 4 : 1 tenue, accompagnant.

Palierne, 2 badelaires en sautoir, accompagnés.

Penguern, 1 poignard en bande

Perdrix, 1 en pal.

Porrien, 2 en pal, accompagnées

Petit, 2 en sautoir, les pointes en bas, cantonnées.

Plesse, 2 en sautoir.

Plouzin, parti au 1 : 1 tenue.

Puyferré, 1 surmontant, la pointe en bas.

Queingoff, 1 en pal, la pointe en bas.

Rabaud, 3 poignards en bandes, les pointes en bas.

Ragot, 3 en bandes.

Robert, 3 en pal, les pointes en bas.

Roi, 1 en pal, la pointe en bas.

Roz, 1 en barre, la pointe en haut.

Saisy, écart. aux 1 et 4 : 1 en barre, la pointe en bas; *alias :* accompagnée.

Sable, parti au 1 : 2 en pal.

Saulnières, 2 en sautoir.

Sparler, 1 en bande, la pointe en bas.

Tenours, 2 en sautoir.

Terrien, 1 tenue, accompagnée.

Thomas, 3 badelaires tenus

Thouars, 1 en pal, chargeant un franc canton.

Trochart, 2 en sautoir, les pointes en bas.

Valleilles, 1 brisée posée en chevron, accompagnée.

Gueules

Aubrée, 1 tenue, accompagnée.

Chesnay, 2 en sautoir, chargeant

Chevalier, 1 en fasce, soutenant, accompagnée.

Gabillard, 1 en pal, accompagnant, accompagnée.

Goaësbe, 3 en pal, surmontées

Limur, 3, les pointes en bas.

Rochard, 1 brochant, accomp⁶ᵉ.

Sohier, 2 en sautoir, accomp⁶ᵉˢ

Trégaret, 1 tenue.

Azur

Baudin, écart. au 4 : 2 en sautoir, les pointes en haut.

Brin, 2 en sautoir, chargées.

Coëtdoun, 1 en pal, accomp⁶ᵉ.

Michel, 1 en fasce soutenant.

Salaün, 1 en pal, la pointe en bas, accompagnée.

Sable

Belon, 2 en pal, accompagnant.

Gomeriel, 2 en sautoir.

Grasmenil, 1 en bande.

Guiny, 2 en sautoir, accomp⁶ᵉˢ

Haye, 2 en sautoir, accomp⁶ᵉˢ

Lezeret, 1 en pal, accompagnée

Longuespée, 2 en sautoir.

Marion, 1 en pal, tenue.

Rapatel, parti au 2 : 1 sommée

Verdeuo, 1 en pal brochant, accompagnée.

Sceaux

Breton, 1 poignard brochant en bande, accompagnant.

Bruo, 1 en pal, accompagnée à dextre d'une croisette soutenue d'une coquille et accompée à senestre d'une demi-roue dentelée

Bugallé, 1 épée en bande.

Lantivy, 1 épée tenue.

Papin, 1 en pal, accompagnée de 3 croisettes.

Le *Badelaire* est une épée de bataille, large et courbe en manière de sabre qui était en usage chez les Huns.

L'*épée* paraît dans l'écu ordinairement en pal, on l'appelle *garnie* lorsque la garde et le pommeau sont d'un autre émail que la lame.

(Fig. 1), *d'azur à deux badelaires d'argent garnisd'or, passés en sautoir.*

(Fig. 2), *d'argent à une épée de gueules.*

FERMAUX OU BOUCLES

Balavenne, 3 de sable accompᵗ

Bourgogne, 1 d'azur accompé.

Brangays, 4 d'argent, accompt.

Clérigo, 3 d'or chargeant un franc quartier.

Conen, 1 fermail (*sceau*).

Conigan, écart. aux 2 et 3 : 3 d'or.

Ferme, 3 fermaux (*sceau*).

Iffer, 3 de sable.

Kaërbout, 3 d'argent.

Kersauson, 1 d'argent.

Marzelle, 3 de sable chargeant, accompagnés.

Quédillao, 1 fermail (*sceau*).

Vallée, 3 d'argent, *aliàs :* accompagnés.

Le *fermail* est un vieux mot qui signifie agrafe, crochet, boucle garnie de son ardillon, dont on se servait autrefois pour fermer les livres et dont l'usage a été transporté aux manteaux, chappes, baudriers ou ceintures. Les fermaux sont ronds, ovales ou en losanges; ce dernier est un fermail *antique*. Il est posé ordinairement en fasce, la pointe de l'ardillon à dextre.

(Fig. 1), *de gueules à un fermail d'argent.*

FERS DE CHEVAUX OU DE MULES — ETRIERS

Bois, 9 de gueules.

Callouël, 3 de gueules accompagnés.

Ernault, 3 d'or chargeant.

Ferrière, 3 de gueules, *aliàs* de sable.

Gac, 3 chargeant une fasce et une cotice brochante (*sceau*).

Gouvello, 1 de gueules, accompagné.

Jousselinaye, 3 d'argent, chargeant et accompagnant.

Machefer, 3 d'argent.

Mallard, 1 fer à mulet de sable, chargeant et accompagné.

Monceaux, 3 étriers d'or, accompagnant.

Palasne, 3 fers de mulet de gueules, chargeant et accompagnés.

Villegal, 9 d'argent.

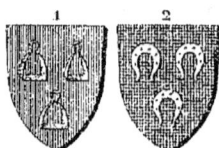

L'*étrier* est l'appui de fer servant au cavalier à monter à cheval et se tenir ferme dessus.

Le *fer de cheval* ou de mulet est le fer qu'on met aux pieds de ces animaux; il paraît la pince en bas, à 6 trous et est *cloué* quand les clous sont d'un autre émail que le champ.

(Fig. 1), *de gueules à 3 étriers d'or.*

(Fig. 2), *de sable à 3 fers de cheval d'argent.*

FERS DE LANCE, DE FLÈCHE ET FLÈCHES, — *voyez* LANCES

GANTELETS

Chaumart, 2 d'argent chargeant et accompagnés.

Guillaudeuc, 1 d'argent en pal.

Guyot, 3 d'argent.

Kerlezroux, 1 de fauconnier tenant un oiseau (*sceau*).

Kerroignant, 1 de fauconnier en pal d'argent.

Louays, 3 d'hermines.

Mezle, 3 d'hermines.

Milon, 1 de gueules tenant.

O'Schiel, 2 de gueules surmontant, accompagnés.

Poillevé, 3 d'argent accompt.

Ribé, 1 d'argent tenant, accompagné.

Roche ou **Roche-Helgomarc'h**, 1 dextrochère ganté d'argent soutenant.

Roignant, 1 de fauconnier en pal d'argent.

Rouillé, 2 gants sénestres d'or accompagnés.

Vendel, 3 d'argent en pal.

Le *gantelet* était un gant de métal que portaient les chevaliers et les hommes d'armes.

Le *gant de fauconnier* servait à protéger la main où reposait le faucon.

(Fig. 1), *d'azur au gantelet d'argent en pal.*

Voyez aussi MAINS ET DEXTROCHÈRES, *aux* FIGURES NATURELLES

GONFANONS, BANNIÈRES, BANDEROLLES, DRAPEAUX ET GUIDONS

Bonté, écart. au 1 : 4 drapeaux d'or en sautoir.

Bosquais, 1 bannière d'hermines

Briand, 3 banderolles d'or.

Cathelineau, 1 drapeau d'argent chargé.

Cerizay, écart. aux 2 et 3 : 3 guidons de gueules en pal.

Chasseraux, écart. aux 2 et 3 : 2 drapeaux d'or en sautoir surmontés.

Dulong, écart. au 4 : 1 guidon d'azur, tenu.

Férey, écart. au 4 : 2 drapeaux de sable, chargés et accompagnés.

Jégou, 3 bannières d'azur, chargées et accompagnant.

Landerneau, 3 guidons de Léon de Bretagne et de Rohan surmontant.

Lannion, 1 guidon de gueules, tenu.

Lesneven, 1 guidon d'azur, tenu et accompagnée.

Mahé, 1 mat de navire de gueules girouetté d'azur, accompt.

Pascal, 1 guidon d'argent, chargé et tenu.

Ploërmel, 1 guidon d'azur, chargé et tenu.

Préaudeau, 1 banderolle d'argent, tenue.

Rapatel, parti au 1 : 1 guidon d'argent, tenu.

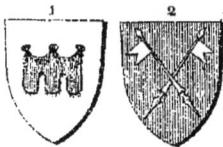

Le *gonfanon* a 3 pendants, appelés fanons, arrondis en demi-cercles, comme une *bannière* d'église. On l'écrit aussi *gonfalon.*

Le *guidon* est une sorte d'enseigne étroite et fendue, ayant 2 pointes ondoyantes pendantes ; elle est attachée à un manche semblable au fût d'une lance qui s'exprime quand il est d'un émail différent.

(Fig. 1), *d'argent au gonfanon de gueules.*

(Fig. 2), *de gueules à deux guidons d'argent posés en sautoir.*

GRESLIERS, HUCHETS OU CORS DE CHASSE

Or

Borgne, 3 huchets.

Brunnes, 1 accompagné.

Cornet, 3 huchets.

Férigat, 3 cors.

Férigat, 1 greslier.

Louvart, 1 accompagné

Martin, écart. au 2 : 1 huchet.

Martret, 1 accompagnant.

Moine, parti au 1 : 1 accompt.

Ségaler, 1 accompagné.

Tirefort, 3 huchets.

Val, 1 accompagnant.

Argent

Artois, 1 greslier.

Audouin, 1 accompagné.

Breton, 1 cor, *alias* accompé.

Chef-du-Bois, 1 greslier

Cillart, 1 greslier.

Dagorne, 1 accompagné.

Jourdain, 1 accompagné.

Keratry, 1 surmonté.

Kermorial, 1 accompagné.

Landanet, 1 surmonté.

Lonquer, 1 greslier.

Maigné, 3 chargés.

Montmoron. 1 accompagné.

S. Méen, 2 accompagnant.

Vestle, 1 accompagné.

Gueules

Hamon, écart. aux 2 et 3 · 3 huchets, à l'écu d'argent chargé, brochant (*sceau*).

Jaouen, ou Jouhan, 1 greslier.

Azur

Broil, 3 gresliers.

Cläys, 1 huchet accompagnant.

Guezle, 3 accompagnant.

Guiohoux, 1 accompagné.

Keraot, écart. aux 2 et 3 : 1 greslier.

Kerfors, 1 greslier.

Kergus, 1 greslier.

Pentrez, 1 greslier.

Queffarazre, 1 accompagné.

Veneur, 3 chargeant.

Sable

Canaber, 1 accompagné.
Chapelle, 3 gresliers.

Gornet, 1 accompagné.

Fruglais, 1 accompagné.

Gaësdon, 3 accompagnant.
Garenne, 1 accompagné.
Gauthier, 1 accompagné.
Goujon, 1 en sautoir (*sceau*).

Hérissé, 1 accompt, accompé.
Huchet, écart. aux 1 et 4 :
  3 huchets.

Jégou, 1 accompagné.

Kergadalan, 1, *aliàs :* accompé.
Kerhalz, 1 huchet.
Kerlouët, 1 accompagné.
Kerroudault, 1 accompagné ;
  aliàs : écart. aux 1 et 4.

Lande, coupé au 1 : 1 huchet.

Mahault, 1 accompagné.
Maistre, 1 accompagnant.

Penmorvan, 1 surmontant.

Rocher, 1 surmonté.
Rogier, 1 accompagné.
Rolland, 1 accompagné, *aliàs :*
  3 gresliers, *aliàs :* écart. aux
  1 et 4.
Rougeart, 1 chargeant.
Roux, 1 chargeant.

Salles ou **Saliou**, 1 accompé.
Stéphanou, 1 chargeant, accompagné.

Veneur, 1 accompagné.

Hermines

Baye, 3 gresliers.
  Jennière, 3 gresliers.

Maigné, 3 gresliers.

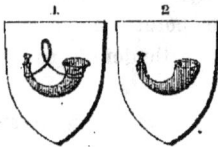

Le *cor de chasse* paraît dans l'écu courbé en demi-cercle, le bocal à dextre, le pavillon à senestre. On l'appelle aussi *greslier*. On le dit *enguiché* du bocal ou embouchure, *virolé* du pavillon et *lié* de l'attache, lorsque toutes ces parties sont d'un autre émail que le cor de chasse.

On nomme *huchet* le cor de chasse qui n'a pas d'attache.

(Fig. 1), *d'argent au cor enguiché de gueules.*
(Fig. 2), *d'argent au huchet de gueules.*

HACHES D'ARMES OU CONSULAIRES

Bot, 2 adossées de sable; *alids :* accompagnées et soutenues.

Bouëxière, 1 hache en pal, chargeant un franc quartier.

Conoarneau, 3 de gueules en pal

Coz, 1 hache en pal

Garnier, 3 de sable.

Godus, 2 adossées en pal *(sceau)*

Gourio, écart. aux 1 et 4 : 2 d'argent adossées et accompagnées.

Guéguen, 2 de gueules chargeant un franc canton

Guérapin, 1 de gueules, tenue et accompagnée.

Halna, 2 adossées de sable, surmontant.

Hamon, écart. aux 1 et 4 : 3 haches, à l'écu d'argent chargé, brochant *(sceau)*.

Harman, 1 d'or accompagnant, accompagnée.

Jobert, écart. aux 2 et 3 : 2 d'or adossées et accompagnant.

Jocet, 2 adossées de gueules, accompagnées.

Kerasquer, 2 de gueules.

Lannoster, 2 adossées d'argent, accompagnées.

Lesmabon, 3 de gueules.

Lesnen, 3 consulaires, au franc quartier chargé de 12 rustres *(sceau)*.

Mahé, 2 adossées de gueules, surmontées.

Mazarin, 1 d'argent fichée dans un faisceau d'or, chargé.

Neuville, écart. aux 1 et 4 : 3 haches *(sceau)*.

Pellan, 2 adossées de gueules.

Picot, écart. aux 1 et 4 : 3 d'argent

Plessis, 2 adossées d'argent, chargeant un franc quartier.

Quérou, 1 de sable, tenue.

Rouxelot, 3 de sable.

Saisy, écart. aux 2 et 3 : 1 d'argent en pal, accompagnant.

Sauldraye, 3 de sable chargeant

Soraye, 2 de gueules.

Varennes, 2 adossées *(sceau)*.

Vayer, 3 de sable.

Vayer, 2 adossées de gueules, *aliàs* surmontées.

La *hache d'armes* se compose d'un tranchant qui est à dextre et d'une pointe à sénestre. On nomme *hache emmanchée* celle dont le manche est d'un émail différent.

(Fig. 1), *d'azur à la hache d'armes ou consulaire entourée d'un faisceau de houssines d'argent à la fasce de gueules chargée de 3 étoiles d'or.*

(Fig. 2), *d'argent à 2 haches d'armes adossées de sable.*

HEAUMES, — *voyez* **CASQUES**

HERSES ET CHAUSSE-TRAPES

Appelvoisin, 1 d'or.

Arzon, 4 de sable.

Blandin, 1 de sable (*sceau*).

Chemillé, chausse-trapes de gueules, sans nombre.

Faucheur, tiercé au 1 : 3 chaussse-trapes d'argent.

Hercé, 3 d'or.

Hersart, 1 de sable.

Kernazret, 3 d'or, accompagnant, accompagnées.

Plessier, écart. aux 2 et 3 : 5 chausse-trapes de sable en sautoir.

S. Malo, 1 herse d'or surmontée

La *chausse-trape* représente un instrument de fer, à 4 pointes aigues, disposées en triangle, de sorte qu'en la jetant à terre une pointe se trouve toujours droite.

La *herse* est un instrument propre à renverser les terres entre les sillons sur les grains pour les couvrir après qu'ils ont été semés. La *herse sarasine* est formée de 6 pals alaisés et aiguisés par le bas avec 5 traverses posées horizontalement, jointes par des clous aux intersections et un anneau au milieu de la traverse supérieure. Elle représente une porte faite en treillis, suspendue à une corde qu'on meut et laisse tomber par deux coulines dans les surprises; lorsque la porte d'une ville de guerre est rompue, cette porte sert à fermer le passage aux ennemis.

(Fig. 1), *de gueules à 3 chausse-trapes d'argent.*

(Fig. 2), *d'azur à la herse d'or.*

(Fig. 3), *de gueules à une herse sarrasine d'argent.*

HALLEBARDES, — *voyez* LANCES

JAVELOTS, — *voyez* LANCES

LANCES, PIQUES ET HALLEBARDES;
ARCS, FLÈCHES, DARDS ET JAVELOTS;
FERS DE LANCE OU DE FLÈCHE, ANGONS OU PHÉONS
ET BOUTEROLLES, QUINTAINES

Or

Beaumont, 6 fers de lance accompagnant.

Bérezay, 1 lance accompagnée.

Bobony, 2 fers de flèche, les pointes en bas, accompagnant.

Cathelineau, 1 hampe fleurdelysée, accompagnée

Cospéau, écart. aux 1 et 4 :
3 bouterolles

Gao, 5 flèches tenues.

Jamois, 1 hallebarde, la pointe
en bas, accompagnant.

Maonémara, 2 fers de lance,
accompagnant.

Phélippot, 3 fers de dard, accompagnant.

Pillet, 3 javelots surmontés.

Quérard 1 arc armé d'une
flèche, cantonné.

Roches, 1 lance brisée en bande

Rougemont, écart. aux 1 et 4 :
5 tenues.

Saullaye, 1 flèche en fasce,
chargeant.

Sioc'han, 4 pointes de dard,
chargeant.

Viart, 2 arcs en sautoir, cantonnés.

Argent

Aubry, 2 lances en sautoir, accompagnées.

Chevalier, 2 lances guidonnées
en sautoir, accompagnées.

Cocquart, 1 arc en fasce soutenant, accompagné de 2 flèches
en sautoir.

Felle, 3 fers de lance en bandes.

Fradin, 3 fers de pique

Gourdan, 3 flèches en sautoir
accompagnées.

Grandin, 3 pointes de dard les
pointes en bas

Grenieux, 8 fers de flèche accompagnant en orle.

Guihart, 3 fers de pique.

Guiton, 3 angons.

Jamais, 3 fers de hallebarde,
les pointes en bas.

Jourdren, 2 fers de lance accompagnant.

Keratry, 1 lance en pal, surmontant.

Kernicher, 1 fer d'épieu, accompagné.

Landanet, 1 lance en pal, surmontant.

Larcher, 3 flèches, les pointes
en bas.

Lesouz, 3 fers d'épieu.

Libault, 3 fers de pique, chargeant.

Lubois, 3 fers de lance, accompt.

Massart, coupé au 2 : 1 dard,
la pointe en bas.

Mesnard, 1 arc tenu, accompé.

Moëlien, 3 fers de lance, accompt

Orain, 1 lance en pal, soutenue.

Picon, 1 pique tenue, accompée

Piquet, 3 fers de lance, accompt.

Pontméniac, 3 fers d'épieu.

Robin, 3 fers de pique, les
pointes en bas.

Saget, 3 flèches en pal, accompées

Sauvage, 1 carquois garni de
flèches accompagné de 2 arcs,
accompagnés.

Taillefer, 3 fers de lance (sceau).

Thirat, 1 arc d'or, accompagné.

Varin, 1 fer de pique, accompt.

Viart, 4 fers de flèche, cantonnant.

Villeorion, 10 fers de dard.

Gueules

Arbaleste, 4 arbalètes accompt.

Biffart, 2 arcs, l'un d'azur. l'autre de gueules. en sautoir, accompés

Brégel. 2 lances en sautoir, chargeant.

Crénan, 2 hallebardes en pal.

Glé, 1 flèche en barre chargeant, accompagnée.

Guyot, 2 flèches brisées, accompagnant et accompagnées.

O'Brien, écart. aux 2 et 3 : 3 pointes.

Azur

Biffart, 2 arcs, l'un d'azur, l'autre de gueules en sautoir, accompés

Clévéder, 1 lance en pal, tenue

Lamoureux, 1 lance brochant.

Rodelleo, 2 flèches en pal, les pointes en bas.

Toulgoët, 1 flèche en bande, chargeant.

Tréhuélin, 1 quintaine accompagnée.

Sable

Bidart, 2 dards, en sautoir, cantonnés.

Biffart, 4 fers de flèche, accompt.

Bonnesouelle, 1 lance en barre, chargeant.

Bouays, semé de pointes, accompagnant.

Forget, écart. aux 2 et 3 : 1 fer de pique en pal (sceau).

Pappe, 1 lance en barre, chargeant.

Parga, parti au 2 : 2 flèches en sautoir (sceau).

Rogier, 1 fer de roquet, accompt.

Rossal, 1 épieu chargeant.

Stangier, 5 fers de lance chargeant, accompagnés.

Walsh, 3 phéons accompagnant.

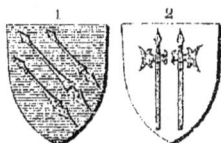

La *lance* est l'arme d'*hast* ou à long bois dont se servaient autrefois les chevaliers et les hommes de guerre aux joûtes, aux combats et aux tournois.

Le fût ou bois de lance est fort gros et façonné vers la poignée, ce qui le distingue du fût de la *pique* qui est tout uni. La lance est *fûtée* lorsque le manche est d'émail différent; *émoussée* lorsque le fer paraît coupé vers la pointe; *brisée* lorsque le fût est cassé en deux.

La *hallebarde* a le fer long, large et pointu, traversé d'un autre fer en forme de croissant.

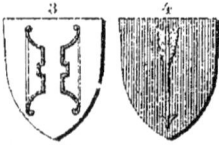

L'*arc* était autrefois un instrument de guerre ; on le représente ordinairement en pal et détendu, la corde à dextre ; on le dit *cordé* lorsque la corde est d'un émail différent.

La *flèche* représente une verge de bois armée d'un fer pointu en forme de *dard* avec deux ailerons ou rangs de plumes, un de chaque côté, au bout opposé au fer.

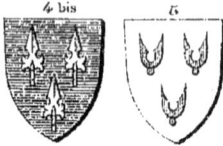

On la dit *empennée, fûtée*, etc., lorsque les plumes ou le bois sont d'un émail différent ; *émoussée* quand le fer n'a pas de pointe ; *encochée* lorsqu'elle est sur l'arc qui sert à la tirer ; *empoignée* quand il y en a 3 dont 2 en sautoir et nouées au milieu.

Le *dard* comme le *javelot* sont des armes offensives qui se lancent à la main. Le dard paraît en pal dans l'écu.

Les *fers de lance, de dard, de javelot, de hallebarde*, paraissent ordinairement en pal, la pointe en haut.

L'*angon* est une espèce de demi-pique dont le fer est accompagné de 2 crochets très acérés.

Le *phéon* est un gros fer de flèche dentelé à l'intérieur.

La *quintaine* ou *pal de la quintaine* était un poteau où était suspendu un écu mobile sur lequel on s'exerçait à frapper à cheval et armé d'une lance. Quand la lance était rompue, on se trouvait en défaut.

La *bouterolle* était la garniture qu'on mettait au bout du fourreau d'une épée ou d'un badelaire pour empêcher qu'ils ne le percent.

(Fig. 1), *d'azur à 3 lances d'or rangées en bande.*

(Fig. 2), *d'argent à 2 hallebardes rangées en pals de gueules.*

(Fig. 3), *d'argent à 2 arcs adossés de gueules.*

(Fig. 4), *de gueules à une flèche d'argent, la pointe en bas.*

(Fig. 4 bis), *d'azur à 3 fers de lance à l'antique d'argent.*

(Fig. 5), *d'argent à 3 bouterolles de gueules.*

(Fig. 5 bis), *d'azur à 3 fers de javelot d'argent.*

MAILS OU MAILLETS, — *voyez aux* INSTRUMENTS D'ARTS ET MÉTIERS

Masses d'Armes, Massues, Verges

Bedeau, 1 massue d'or, accompt

Cézé, 1 massue de sinople, accompagnant.

Gondy, 2 masses d'armes de sable en sautoir.

Haugoumar, 3 masses d'armes d'or en pal.

Macé, 3 masses d'armes d'or : 2 en sautoir, 1 en pal.

Morin, 2 masses d'armes de sable, accompt, accompées

Verge, 3 verges d'argent.

Vittu, 2 massues de sable en sautoir, accompagnées.

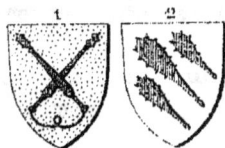

La *masse d'armes* est une ancienne arme de fer fort pesante d'un bout, ne pouvant ni percer ni trancher, mais avec laquelle on assommait.

La *massue* est une sorte de bâton noueux, beaucoup plus gros par un bout que par l'autre et dont on se servait à la guerre avant la connaissance des armes à feu.

La *verge* était une baguette de bois.

(Fig. 1), *d'or à 2 masses d'armes de sable posées en sautoir, liées de gueules.*

(Fig. 2), *d'argent à 3 massues garnies de pointes de gueules rangées en bandes.*

Molettes

Molettes d'Or

Agard, 1 accompagnée.
Armaillé, 3 molettes.
Aubry, 1 accompagnant.
Audouyn, 2 accompagnant.

Barde, coupé au 2 : 1 molette.
Baudran, 3 surmontant, accompagnées.
Bintin, 1 accompagnant.
Bœuf, 8 accompagnant.
Boisadam, 6 accompagnant.
Boisbilly, 5 molettes.
Bourg, 2 accompagnées.

Bragelongne 3 accompagnant ; *aliàs :* accompt et accompées.
Bretesohe, 3 accompagnant.
Breton, 1 chargeant.
Brilhao, écart. aux 2 et 3 : 3 accompagnant.

Caradeuc, 1 chargeant, accompagnée.
Cariou, 3 molettes.
Chalonge, 6 molettes.
Charpin, 1 chargeant un franc quartier.

Chevalerie, 3 molettes.
Collobel, 3 chargeant.
Cotignon, 1 accompagnant.

Deslin, 3 accompagnant.
Douart, 3 accompagnant.
Doussault, 2 accompt, accompagnées.
Du, 3 accompagnant.
Duo, 3 molettes.

Escrots, 3 accompagnant.
Espine, écart. aux 1 et 4 : 3 accompagnant.
Espivent, 1 accompagnée.

Febvre, 3 chargeant, accompées
Floc'h, 1 accompagnant.
Forest, 2; *alias* : 3 chargeant.
Forest, 6 accompagnées.
Fortin, 3 accompagnant.
Fournier, 2 accompagnant.
Frotté, 2 surmontant, accompées

Gain, 3 accompagnant.
Guermeur, 1 chargeant.
Guido, 1 molette à 8 rais.
Guillemot, 3 accompagnant.

Hernothon, 3 molettes.
Kerguézay, 3 chargeant.
Kermasson, 3 accompagnant.

Laisné, 3 accompagnant.
Lanezart, 4 surmontant.
Langle, 3 chargeant.
Léau, 3 accompagnant.
Lesquen, 3 accompagnant.
Limon, 3 accompagnant.
Lobineau, 3 accompagnant.
Lorgeril, 3 accompagnant.
Loriot, 3 accompagnant.
Louvart, 3 accompagnant.

Maufras, 3 accompagnant.
Mirléau, 1 surmontant.
Monthulé, 3 accompagnant.
Morel, 3 chargeant.

Nepvouet, 3 accompagnant.
Normant, 4 cantonnant.

Oriot, 3 accompagnant.

Percin ou **Persein**, 3 surmontant.
Pommereul, 3 accompagnant.
Pont, 4 chargeant, accompée.

Quettier, 3 accompagnant.

Rémond, 2 accompagnant.
Roux, 2 accompagnées.

S. Méloir, 10 molettes.
Saludou, 3 accompagnant.
Sourdille, 3 accompagnant, accompagnées.

Tanouarn, 3 molettes; *alias* : accompagnées.
Téxier, 1 chargeant, accompée.
Tillet, 3 accompt; *alias* : écart. aux 1 et 4 : à l'écu d'or chargeant, brochant.
Touche, 1 surmontant.
Touzlin, 3 accompagnant.
Tremblay, 6 accompagnant.

Urvoit, 3 molettes.

Vaillant, 2 surmontant.
Vivet, écart. au 1 : 3 chargeant, à l'écu d'argent chargé, brochant.

Molettes d'Argent

Artur, 3 accompagnant.

Baudran, 3 surmontant accompagnées.

Bernard, 2 accompagnant.

Bernard, surmontant.

Bitaut, 1 accompagnant.

Boisgelin, écart. aux 1 et 4 :
1 molette.

Bot, 3 chargeant.

Bouverel, 3 molettes.

Brunet, 3 accompagnées.

Chomart, 2 chargeant, accompagnées.

Cilleur, 3 surmontant, accompées

Cognets, 4 cantonnant.

Cognieo, 4 cantonnant.

Colliou, 2 surmontant.

Coran, 1 accompagnée.

Couaisnon, écart. aux 1 et 4 .
3 molettes.

Couppé, 3 accompagnant.

Cour, 3 accompt, accompées.

Dreizeo, 3 accompagnant.

Febvre, 1 chargeant.

Fourché, 1 accompagnant.

Gardin, parti au 2 : une et demie

Gibanel, parti au 2 : une et
demie.

Guernisao, 3 chargeant,

Hector, écart, aux 2 et 3 : 3
chargeant.

Heuse, 3 chargeant.

Invrande, 3 molettes.

Jourdain, 3 accompagnant.

Kerbiriou, 3 molettes.

Kerfraval, 4 cantonnant.

Kermagoer, 3 molettes.

Laisné, 3 accompagnant.

Larchiver, 4 cantonnant.

Limon, 3 accompagnant.

Maoé, 1 accompagnée.

Maignan, 3 accompagnant.

Mancel, 3 accompagnées.

Marant, 3 accompt, accompées.

Marchand, 3 accompagnant.

Maro'hec, 3 chargeant.

Martin, 1 chargeant, accompée.

Mérault, 3 accompagnant.

Mézec, 1 chargeant.

Moisan, 3 accompagnant.

Montfort, écart. aux 2 et 3 ;
1 molette.

Périssel, 1 accompagnée.

Plouays, 3 molettes.

Portzamparc, 3 accompagnant

Quintric, 3 accompagnant.

Régal, 3 molettes

Rocher, 2 accompagnant.

Rosmar, 3 accompagnant.

Roux, 1 chargeant.

Rouxel, 3 molettes.

S. Offange, 3 accompagnant.

Scliozon, 3 accompagnant.

Téxier, 3 chargeant et accompt.

Timadeuc, 3 molettes.

Toullier, 1 surmontant.

Trémaudan, 1 accompagnant.

Troussart, 3 accompagnées.

Urvoit, 3 molettes.

Varin, 2 accompt, accompées.

Molettes de Gueules

Bardoul, 3 accompagnant.
Bézit, 1 accompagnant.
Bourseul, 6 accompagnant.

Cadier, 1 soutenant.
Canloup, 3 accompagnant.
Cardé, 3 surmontant.
Carre, 3 chargeant, accompées.

Dureau, parti au 1 : 3 molettes

Gauthier, 3 accompagnant.
Goislard, 1 chargeant, accompagnée
Gouvello, 3 accompagnant.
Grand, 1 surmontant, accompagnée.

Heureau, 2 accompagnant.

Jeune, 3 accompagnant.

Jouan, 5 chargeant, accompées.

Kermagoer, 3 molettes.
Kermelleo, 3 accompagnant.
Kerminihy, 3 molettes.
Kervenozaël, 4 surmontant.

Laisné, 4 accompagnant.
Languet, 3 chargeant.
Lanros, 4 molette.
Lavau, 2 surmontant, accompées
Levroux, 3 chargeant.

Martin, 1 surmontant.
Mayenne, 6 chargeant.
Morice, 3 accompagnant.

Pantin, 4 cantonnant.
Penlaèz, 3 accompagnant.
Piron, 10 accompagnant.
Plessis, 1 cantonnant.
Ploësquelleo, 1 cantonnant.
Poullain, 1 chargeant.
Prévost, 4 surmontant.

Reste. 3 chargeant.
Rochay, 1 accompagnée.
Rolland, 3 accompagnant.
Rouillé, 3 chargeant, accompt.

Taillepied, 3 chargeant.

Villeguérin, 6 accompagnant.

Molettes d'Azur

Bascher 3 accompagnant.
Billouart, 2 surmontant.

Ferré, 3 accompagnant.

Goubin, écart. aux 1 et 4 : 3 accompagnées.

Isnard, 4 cantonnant.

Molettes de Sable

Bernard, 3 chargeant.
Berthou, 3 accompagnant.
Blain, 3 chargeant
Bléhéban, 4 cantonnant
Boudoul, 6 accompagnant.
Breton, 4 cantonnant.
Busquet. 2 accompt, accompées.

Carheil, 4 accompagnant.
Chamillart, 3 chargeant, accompagnant.
Collaneau, 3 accompagnant.
Collot, 1 chargeant.
Couaisnon, 3 molettes
Crouézé, 3 accompagnant.

Daniel, 3 chargeant, accompées,
Dieuzic, 3 accompagnant.
Dollier, 3 molettes.

Erbrée, 3 molettes.
Esperonnière, 3 molettes.
Estival, 2 surmontant, accompées
Expilly, 3 chargeant.

Faucheur, tiercé au 2 : 3 molettes.
Fauchet, 3 surmontant.
Filleul, 3 accompagnant.

Gaillard, 2 accompagnant.
Goazre, 4 cantonnant.

Hindreuf, 3 accompagnant.

Jallier, 1 accompagnant.
Jehannin, 7 molettes.

Karuel, 3 accompagnées.
Kermarquer, 3 chargeant.
Kerpezdron, 3 accompagnant.

Lambert, 1 chargeant un échiqueté.

Lucas, 3 accompagnant.

Mauduit, 3 accompagnant.
Mayneaud, écart. aux 1 et 4 :
3 molettes.
Mignard, 2 surmontant, accompagnées.
Moreau, 2 accompagnées.

Noir, 3 accompagnant.

Pelletier, 2 chargeant, accompagnant, accompagnées.
Perrault, 3 chargeant, accompées
Pigeaud, 4 cantonnant.
Portes, 3 accompagnant.

Quettier, 3 accompagnant.
Quintin, 3 accompagnant.

Ravilly, 2 surmontant, accompagnées.
Rocher, 1 accompagnant.

Trogoff, 10 molettes.
Vars, 4 cantonnant.

Volance, 7 molettes.

Sceaux

Boulomer, 3 chargeant une fasce
Brun, 1 surmontant 1 pin accompagné d'une rose et d'un oiseau

Corlay, 1 molette, cantonnant
aux 2 et 3 : 1 croix.

Huet, sans nombre, chargeant
2 bandes.

Kergueulénen, parti au 2 :
1 molette accompt un sautoir.
Kermen, écart. aux 1 et 4 :
1 molette.

Lézardrieux, 3 molettes surmontant un fascé.

Marie, 3 channes accompagnées
d'une molette.

Melburne, 3 chargeant une
fasce.

Penbulzo, 4 cantonnant un
un sautoir.

Quilbignon, 1 surmontant un
croissant.

Roche, 2 molettes accompagnant un chien.

Volance, 1 molette.

La *molette d'éperon* est en forme d'étoile à 6 rais avec une ouverture ronde au centre ; lorsqu'il y en a moins ou plus on l'exprime. Elle est *colletée* lorsqu'elle est accompagnée de la branche de l'éperon. Cette branche s'appelle *collet*.

(Fig. 1), *d'or à une molette de gueules.*

NAVIRES ET VAISSEAUX

Allemad, 3 navires d'or équipés d'argent.

Baudin, écart. aux 2 et 3 : 1 proue d'or surmontée.

Bertrand, écart. aux 2 et 3 : 1 navire flottant d'argent.

Bigarré, écart. au 4 : 1 flottant d'argent, accompagné.

Cosmao, écart. au 4 : 1 flottant d'argent, accompagné.

Flotte, 1 flottant d'argent, accompagné.

Geslin, 1 flottant d'argent.

Gros, 1 flottant d'or, accompé.

Hennebont, 1 d'or, équipé d'hermines.

Landerneau, 1 d'or, équipé de Léon, Bretagne et Rohan.

Meslé, 1 flottant d'or, accompé.

Morlaix, 1 flottant d'or, équipé d'hermines.

Nantes, 1 flottant d'or équipé d'hermines, accompagné.

Nielly, 1 au naturel, équipé de gueules, flottant de sinople.

Orient, 1 équipé d'argent, flottant de sinople, accompagné.

Paimbœuf, 1 équipé d'or, flottant d'argent.

Redon, 1 flottant d'argent, accompagné.

Rosooff, 1 flottant d'argent, équipé d'hermines, accompé.

Tréguier, 1 équipé d'argent.

Willaumez, 1 équipé d'or, accompagnant un cercle de réflexion d'or.

Navire ou *vaisseau* est le nom qu'on donne à un bâtiment de mer dont on ne peut désigner l'espèce. *Équipé* se dit d'un vaisseau dont les agrès sont d'un émail différent ; *girouetté* lorsque la girouette des mâts est aussi d'un autre émail ; *flottant*, lorsqu'il paraît sur mer et sans voiles ; *voguant*, lorsqu'il parait marcher à pleines voiles.

(Fig. 1), *d'azur au vaisseau d'argent voguant sur une mer de même.*

POIGNARDS, — *voyez* ÉPÉES

§ 4. — OUVRAGES D'ARCHITECTURE

OUVRAGES DIVERS

Abyven, 1 fontaine de gueules

Bonafous, 3 colonnes d'ordre toscan, accompagnées.

Brioquir, 1 maison de gueules, soutenue.

Chapelle, 1 chapelle d'or.

Darrioau, écart. au 1 : 1 pyramide d'or.

Duff, 1 maison de sinople.

Fond, 1 fontaine jaillissante d'argent, accompagnée

Fouohé, 1 colonne d'or, accompée

Fournier, église de S. Nicolas de Nantes d'argent, surmontée et accompagnée.

Gaudé, 1 hermitage de gueules, accompagné.

Lars, coupé au 1 : 1 pierre bornale d'argent et ses 2 témoins, surmontée.

Lemot, parti au 1 : 1 colonne d'argent sommée et soutenue.

Lionne, 1 colonne d'argent accompagnée.

Marillao, maçonné de sable. chargé

Marion, 1 mur crénelé d'argent, maçonné de sable, sommé et accompagné.

Mazurié, 1 masure d'argent.

Micault, 1 fontaine d'argent, accompagnant, accompagnée.

Michel, autel d'argent soutenant et soutenu.

Muret, 1 mur d'argent sommé et accompagné.

Peyron, 1 colonne cantonnée de 4 roses (*sceau*).

Porte, 1 portail d'or.

Poyet, écart. aux 1 et 4 : 3 colonnes d'or.

Puyferré, puits de sable, soutenu et chargé.

Séjourné, 1 colonne de sable soutenue.

Termelier, 1 colonne d'argent, accompagnée.

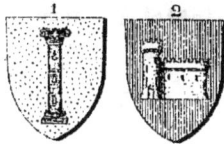

La *colonne* a dans l'écu 7 diamètres de hauteur ; elle est posée sur un socle d'un diamètre, ce qui lui donne en tout 8 diamètres de haut. Lorsqu'il y a un chef dans l'écu la colonne n'a en tout que 7 diamètres. Quand il y a plusieurs colonnes, si elles sont rangées, elles conservent leur hauteur ; lorsqu'il y a 3 colonnes par exemple qui ne soient pas rangées elles n'ont chacune que 5 diamètres de haut.

Le *mur* se distingue de la fasce en ce qu'il a 3 parties de hauteur des 7 de la largeur de l'écu. Il est *crénelé* quand il a des créneaux à sa partie supérieure ; *maçonné* se dit des joints d'un autre émail. *Avant-mur* est un pan de muraille jointe à une tour.

La *fontaine* se représente avec son jet d'eau. Elle est *jaillissante* quand la chûte d'eau est d'un émail différent.

(Fig. 1), *d'or à une colonne d'azur semée de larmes d'argent.*

Fig. 2), *de gueules à une tour sénestrée d'un avant-mur d'or.*

(Fig. 3), *d'argent à la fontaine de gueules.*

CHATEAUX

Or

Baloré, 1 château sommé.
Bourblanc, 1 château.
Bourgues, 1 accompagné
Buet, 3 chargés.

Chasteaugal, 3 châteaux.
Chastel, 1 soutenue.
Chastel, 1 sommé.
Coëtquénan, 1 sommé.

Dinan, 1 accompagné.

Ellen, 1 château.
Esnoul, coupé au 1 : 2 châteaux.

Garlouët, 3 châteaux.
Grivel, 1 accompagné

Josselin, parti au 2 : 1 accompé

Jouière, 1 accompagné.

Niel, 1 accompagné.

Pochoët, 1 accompagné.
Porzou, 1 château ; *aliàs* chargeant.

Rosmadec, 1 chargeant un écu en abyme, chargeant sur un écartelé.

S. Martin, 1 château.

Thoinnet, 1 château.
Tivarlen, 1 château.

Vieux-Châtel, 1 château.
Vilaines, 1 chargeant un franc canton au 1er parti.

Argent

Bernard, 1 château.
Brun, 1 château.

Castel, 1 château.
Castelnau, écart. aux 1 et 4 : 1 château.
Chasseraux, écart. aux 1 et 4 : 1 château.

Chastel, 1 accompagné.
Châteaufur, 1 château.
Chateaulin, 1 château.
Chateaumen, 1 château.

Glaz, 1 château, *aliàs :* chargé.

Meur, 1 château.

Mur, 1 château.

Pontéven. 1 château, *aliàs :* écart. aux 1 et 4.

S. André, 1 surmonté.

Trolong, écart. aux 2 et 3 1 château.

Vieux-Chatel, 1 château.

Gueules

Dulong, écart. au 4 : 1 château accompagné.

Guillou, 1 château.

Motte, 1 château.

Préchastel, 1 château.

Rouge, 3 châteaux.

Tugdual, 1 château.

Azur

Buzic, 1 château.

Frotter, 1 château.

Sable

Baillif, 1 château chargé.

Férey, écart. au 1 : 1 château.

Goff, 1 château.

Guenneo, 1 chargé.

Place, tiercé au 3 : 1 place forte.

Sceaux

Chateaumerlet, 1 château donjonné.

Le *château* est un meuble qui représente une forteresse flanquée de deux tours rondes, couvertes et crénelées, terminées chacune par une girouette ; lorsqu'il y a plus de deux tours et qu'elles ne sont pas couvertes, on l'exprime. Il est *ouvert* de la porte, *ajouré* de ses fenêtres, *maçonné* des joints des pierres, *girouetté* des girouettes, lorsqu'ils sont d'un émail différent. On le dit *masuré* quand il parait tomber en ruines, et *découvert* quand il n'a point de toit.

(Fig. 1), *d'azur au château couvert et girouetté d'argent*.

(Fig 2), *d'azur au château de 3 tours d'argent*.

PONTS

Breil, écart. aux 2 et 3 : 1 d'argent.

Darricau, écart. au 4 : 1 d'or accompagné.

Dulong, écart. au 2 : 1 rompu d'or.

Joubin, écart. aux 1 et 4 : 1 de gueules.

Poëze, 1 de gueules.

Pontavice, 1 de gueules.

Pontbriand, 1 d'argent.

Pontevès, 1 d'or.

Pontivy, 1 d'argent accompagné

Pontual, 1 d'argent soutenant.

Le *pont* occupe toute la largeur de l'écu ; on nomme le nombre d'arches en blasonnant. *Maçonné* se dit des rayons, des pierres d'un pont, lorsqu'ils sont d'émail différent.

(Fig 1), *de gueules au pont de 2 arches d'argent maçonné de sable.*

TOURS

Or

Artault, 3 tours.

Audren, 3 tours.

Bernard, 3 surmontant.

Bobony, 1 accompée, soutenue.

Burgault, parti au 1 : 1 surmontant, adextrée de 3 autres

Caze, 1 accompt, accompagnée.

Coëtromaro'h, 1 tour.

Danet, 1 tour.

Dessòn, 1 accompagnée.

Dubreton, 1 hersée, accompée.

Fortia, 1 soutenue.

Gassion, écart. aux 1 et 4 : 1 tour.

Guillerm, 1 tour.

Hector, écart. aux 1 et 4 : 3 tours.

Jaillard, 3 tours.

Jourand, 1 chargeant, accompt.

Kersalou, 3 sommées.

Maupetit, 1 tour.

Mayneaud, écart. aux 2 et 3 : 1 tour.

Ménage, 1 accompaguant.

Nouail, 3 chargées.

Ozanne, parti au 1 : 1 tour.

Penhoët, 1 soutenue.

Rochehuon, 3 tours.

Sesmaisons, 3 tours.

Thomas, 1 tour.

Tour, 1 tour.

Turmel, 1 surmontée.

Vivet, écart. au 3 : 1 tour à l'écu d'argent chargé, brochant.

Argent

Alègre 1 cantonnée.
Aymonet, coupé au 1 : 1 tour.

Boismellet, 1 tour.

Camus, 1 accompagnant.
Castras 1 tour.
Collin, parti au 1 : 1 tour.
Corret, écart. aux 1 et 4 :
1 chargeant.

David, 1 soutenue et surmontée
Doubiérer, 1 accompagnée.

Emeriau, écart. au 2 : 1 tour.

Ferret, 1 accompagnée, soutenue

Gestas, 1 tour.
Girard, 1 accompagnée.
Guillaume, 1 tour.

Isle en Gal, 1 accompagnée.

Kergariou, 1 chargeant un
franc canton.
Kermavan, écart aux 1 et 4 :
1 soutenue.

Lesquélen, 1 soutenue.
Liégeard, parti au 2 1 tour.

Martin, 1 donjonnée d'1 tou-
relle maçonnée de sable.
Mazures, 1 accompagnée.
Michaël, écart. aux 1 et 4 :
1 tour.
Moine, parti au 1 : 1 accompa-
gnant, accompagnée.
Mothe, écart. aux 1 et 4 : 1 tour

Quentrio, 1 accompagnée.

Rabel, 1 tour.
Redon, écart. au 3 : 1 tour.
Rodais, 1 tour accompagnant.

Thomas, 1 tour.
Tirot, 1 accompagnée.
Touraine, 3 accompagnées.
Tour d'Auvergne, 1 chargeant
Tour-du-Pin, 1 accompagnée:
aliàs : écart. aux 1 et 4.
Tréganvez, écart. aux 2 et 3 :
1 tour.

Vauborel, 1 tour.

Gueules

Bozeo, 1 tour.
Brancas, 2 crénelées chargeant,
accompagnées.

Coëtnempren, 3 tours, *aliàs* :
écart. aux 1 et 4.
Creo'hquérault, 3 tours.

Fescan, 1 accompagnée.

Guilbaud, 1 accompagnée.

Hamon, 1 chargeant un franc
canton.

Landin, 1 écartelée d'azur et de
gueules.

Prévost, 1 surmontée.

Rouge, 1 chargeant un franc
canton.

S. Pol de Léon, 1 accompt.

Azur

Baptiste, 3 tours.

Coustard, 1 accompagnée.

Kerliviry, écart. aux 1 et 4 : 1 chargeant, soutenue.

Landin, écartelé d'azur et de gueules.

Tour, 3 tours.

Sable

Adam, 1 tour crénelée, sommée d'un tourillon.

Bareau, écart. au 2 : 1 tour, à l'écu d'or chargé, brochant.

Bernard, 1 soutenue, accompée

Kerjean, 1 tour.

Roslogot, 1 accompagnée.

Val, 1 tour.

Vieux-Chatel, écart. aux 2 et 3 : 3 surmontant.

Ville-Thébaud, écart. aux 1 et 4 : 1 tour.

Sceaux

Couffon, 1 tour donjonnée.

La *tour* représente une tour d'un ancien château. Elle est ordinairement ronde ; lorsqu'elle est carrée, on l'exprime. La porte a des bossages ou pierres de refend ; au-dessus est une ouverture circulaire et plus haut deux fenêtres carrées, longues ou en parallélogrammes ; son sommet a 3 créneaux, ce qu'on ne dit pas. Il y a des tours donjonnées d'un, de deux ou de 3 donjons, l'un à côté de l'autre. Quand ils sont l'un sur l'autre, on doit le spécifier. On la dit *ouverte* de la porte, *ajourée* des croisées, *maçonnée* des joints des pierres, quand ils sont d'un émail différent. La tour est *couverte* quand elle a un toit ; *essorée* si ce toit est d'un autre émail ; *hersée* quand elle a une herse ; *girouettée* s'il y a une girouette.

(Fig. 1), *d'azur à une tour d'or.*

(Fig. 2), *de gueules à une tour couverte d'or.*

§ 5. — INSTRUMENTS D'ARTS ET MÉTIERS

ANNELETS, — *voyez aux* INSTRUMENTS DE GUERRE

ANILLES

Calleo, 1 fer de moulin de sable

Malterre, 3 anilles ou fers de moulin, accompés (*sceau*).

Moulinet, 3 anilles de sable.

Schönendall, écart. aux 1 et 4 : 1 anille d'argent accompée.

L'*anille* est formée de deux demi-cercles tournés l'un à dextre, l'autre à sénestre et liés par deux listels qui laissent un vide carré au centre. L'anille est ainsi nommée d'un fer dont on se servait autrefois au moyeu des roues de moulins pour les fortifier.
(Fig. 1), *d'azur à une anille d'argent.*

BALANCES

Boullé, écart. aux 2 et 3 : 1 d'or

Lanjuinais, écart. aux 1 et 4 1 d'argent tenue.

Thirat, 1 d'argent soutenant, accompagnée.

La *balance* est un instrument composé de deux bassins attachés au bout d'un fléan, suspendus à une languette.
(Fig. 1), *d'argent à une balance de sable*

BÊCHES OU PELLES, RATEAUX, BÉQUILLES, GRILS, FAUCILLES

Aubier, 3 grils de sable.

Beschard, 3 bêches d'argent.

Courtepie, 3 bêches d'argent.

Fournet, 3 pelles de four de gueules.

Guetex, 3 fers de pelles d'argent

Menguen, 1 râteau de gueules en pal.

Mestivier, 2 faucilles d'argent en sautoir, accompagnées.

Régnier, 2 béquilles d'or en sautoir, accompagnées.

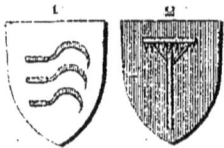

Les *bêches, pelles, rateaux, faucilles*, sont des instruments d'agriculture et de jardinage très connus. Les rateaux et les pelles sont garnis d'un manche, si non ils sont *démanchés*. Quand le manche est d'un émail différent on les dit *emmanchés*.

(Fig. 1), *d'argent à 3 faucilles de gueules rangées en fasces, les pointes en bas.*

(Fig. 2), *de gueules au rateau emmanché d'or*

BESANTS ET TOURTEAUX, — *voyez aux* FIGURES HÉRALDIQUES

CAMPANES, — *voyez* CLOCHES

CLEFS

Chevalier, 3 d'or accompagnées

Cholet, 4 de gueules, cantonnant.

Clavier. 2 d'argent en sautoir.

Clerigo, écart. aux 2 et 3 : 3 d'azur accompagnant

Clermont, 2 d'argent en sautoir

Coënte, 1 clef (*sceau*).

Drouet, 1 clef en pal accostée d'une étoile et d'une coquille (*sceau*).

Gilart, 2 d'argent en sautoir, les pannetons en bas.

Gluydic, 3 de gueules en pal.

Jacquemet, 1 d'argent en bande, surmontée.

Lory. 1 de sable en pal.

Marion, écart. au 2 : 2 de sable en sautoir.

Oritel, 2 d'argent en pal, surmontées.

Porte, 2 de sable en pal.

Thiercelin, 2 chargeant et accompagnant.

Trégastel, 1 de gueules en pal.

La *clef* est ordinairement en pal, le panneton en haut et tourné à dextre, quand elle est autrement on l'exprime.

(Fig. 1), *d'or à une clef de gueules.*

CLOCHES, GRILLETS, GRELOTS

Barral, 3 cloches d'argent bataillées d'or.

Botmiliau, 3 cloches d'argent.

Bouëstel, campanes d'argent, sans nombre

Breton, 1 grelot d'or tenu.

Febvre ou **Feuvre**, 3 grelots d'argent accompagnant.

Graslin, 2 cloches d'or, chargeant, accompagnées.

Jeune, 3 grillets ou sonnettes d'or

Kergongar, 3 cloches d'or.

Kerlec'h, 10 sonnettes d'argent

Kermathéman, 3 grelots d'or.

Mercier, 1 cloche d'or accompt.

Porter, 3 cloches d'or accompt.

Prigent, 3 grelots d'or accompt.

S. Cast, 1 cloche (*sceau*).

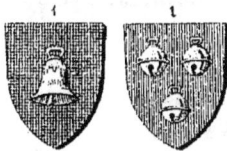

La *cloche*, en forme de cloche d'église, est *bataillée* lorsque le battant est d'un autre émail.

Le *grelot* est une sorte de petite sonnette formée d'une boule de métal creuse, percée de trous renfermant un morceau de métal.

Le *grillet* est un petit grelot que l'on mettait autrefois aux jambes de faucons.

(Fig. 1), *de sable à une cloche d'argent.*

(Fig. 2), *de gueules à 3 grillets d'or.*

HARPES, LUTHS, LYRES

David, 2 harpes de gueules accompagnant.

David, 1 harpe d'argent accompagnant.

Fouchart, 2 harpes de gueules accompagnant.

Hiroé, 3 harpes de sable, accompagnant.

Luette, 1 luth d'or, accompt.

Miollis, 1 lyre antique d'or, accompagnant, accompagnée.

La *harpe* est un instrument de musique de forme triangulaire monté de cordes qu'on pince verticalement avec les deux mains.

(Fig. 1), *de gueules à la harpe d'or.*

HERSES ET CHAUSSE-TRAPES, — *voyez aux* INSTRUMENTS DE GUERRE

HUCHETS, — *voyez aux* INSTRUMENTS DE GUERRE

LIVRES, LETTRES

Baron, 3 livres d'or ouverts.

Bois, parti au 1 : 1 livre d'or.

Gravoil, lettres D. I. E. V. de sable, cantonnant.

S. Marzault, écart. aux 2 et 3 : M. couronné.

(Fig. 1), *d'argent au cœur de gueules cantonné de 4 lettres D. I. E. V. de sable.*

MAILLETS, MARTEAUX, COMPAS ET FORCES, ENCLUMES

Aubert, 3 maillets d'or.

Bécart, 3 maillets de gueules, chargeant.

Bois, parti au 2 : 1 marteau d'argent, chargeant, accompé.

Briffe, écart. au 4 : 3 maillets de gueules, accompagnant.

Chefdemaille, 3 maillets de gueules.

Couaridouo, 4 maillets de sable ; *aliàs* : cantonnant.

Damet, 1 marteau d'or surmontant.

Fabre, 2 marteaux d'or surmontant, accompagn s.

Fabroni, 3 marteaux de sable, chargeant, surmontés.

Forget, 1 enclume de sable, accompagnée.

Gellée, 1 compas d'argent.

Maillard, 3 maillets d'or, *aliàs :* cantonnant ; *aliàs :* 5 maillets d'argent.

Martel, 3 marteaux de sable.

Meilleur, 3 maillets de gueules, accompagnant.

Menouvrier, 3 marteaux d'or.

Montfort, 1 paire de forces (*sceau*).

Pellineuo, 3 maillets d'or.

Pinardière, 1 marteau d'or surmontant, accompagné

Porte 1 maillet de gueules, accompagné.

Tao, 3 marteaux d'argent, accompagnant.

Thévenard, 1 compas d'azur, surmontant.

Le *compas* est un instrument de menuiserie composé de 2 branches qui se ferment l'une sur l'autre.

La *force* est un meuble qui représente un instrument en forme de ciseaux dont on se sert pour couper les cuirs et pour tondre les draps.

Le *maillet* est un marteau qui sert aux menuisiers et qui se compose d'une masse carrée avec un manche assez court.

Le *marteau* diffère du maillet en ce que la masse est plus forte d'un côté que de l'autre.

(Fig. 1), *d'azur à 3 compas ouverts d'or.*

(Fig. 2), *d'argent à une force de gueules.*

(Fig. 3), *d'argent à 3 maillets de gueules.*

(Fig. 4), *d'azur à 3 marteaux d'or.*

MOLETTES, — *voyez aux* INSTRUMENTS DE GUERRE

RATEAUX, — *voyez* BÊCHES

ROCS, ROQUETS, ROCS D'ÉCHIQUIER

Aux, coupé au 1 : 3 d'argent.

Belloteau, 2 d'argent, accompt.

Bernard, 3 cavaliers d'échiquier d'or, chargeant, accompagnant

Bonnefous, 3 d'argent.

Dusson, écart. aux 2 et 3 : 3 de sinople.

Guenroc, 3 rocs d'échiquier et une bordure (*sceau*).

Hamon, 3 rocs d'échiquier(*sceau*)

Launay, 3 d'azur.

Méléen, 3 d'or.

Morisson, 3 d'or.

Rabuan, 3 de gueules accompagnés.

Raoappé, 6 d'argent.

Roche, 3 d'or.

Rogon, 3 d'or.

Roque, 3 d'argent.

Roquette, écart. aux 1 et 4 : 1 d'or.

S. Gondrand, 5 d'argent.

Tribouille, 3 d'argent.

Le *roc d'échiquier* représente le roc ou la tour du jeu d'échecs seulement la partie supérieure de l'écu est en forme de croix ancrée.

(Fig. 1), *d'argent à 3 rocs de gueules.*

ROUES ET CHARRETTES

Auffret, de Sainte Catherine d'or, accompagnant.

Bécheu, 3 d'argent accompt.

Bois, 1 de gueules, chargeant.

Bois, 1 de charrette de sable, chargeant.

Briant, 3 de Sainte Catherine, d'argent.

Brigant, 1 d'or, accompagnée.

Bruo, 1 demi-roue cantonnant à sénestre (*sceau*).

Carlier, parti au 2 : 1 d'or.

Charon, 1 d'or, accompagnant.

Charrier, 1 d'or surmontée.

Febvre, 1 d'azur accompagnant

Fosse, 1 de gueules.

Guillouzou, 3 de Sainte Catherine d'or, accompagnant.

Kerliviry, écart. aux 1 et 4 : 1 d'argent, soutenant.

Kermavan, écart. aux 1 et 4 : 1 d'argent soutenant.

Kerosven, 1 de gueules, accompagnée

Kerouartz, 1 de sable, accompagnée.

Lesquélen, 1 d'argent, soutenant.

Pen, 3 de gueules, chargeant.

Potier, 3 de gueules, chargeant, accompagnées.

Rodalvez, 1 de gueules, chargeant.

Rostaing, 1 d'or, accompagnée.

Roue, 1 d'or.

Royer, 3 d'or.

Treffily, 1 de gueules, accompée.

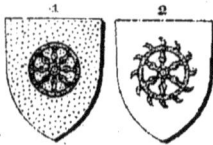

La *roue* est un meuble qui représente une roue semblable à celle des chars de triomphe des anciens, elle est ordinairement à 8 rais ; lorsqu'elle en a plus ou moins on l'exprime en blasonnant.

(Fig. 1) *d'or à la roue de gueules.*

(Fig. 2), *d'argent à la roue de sainte Catherine de gueules.*

TOMBEAUX

1º Les rois et les princes étaient représentés sur leurs tombeaux de quelle que façon qu'ils mourussent, revêtus de leur cotte d'armes, leur écu, timbre, bourrelet, couronne, cimier, supports, lambrequins, ordres et devises au-dessus de leur effigie et tout à l'entour de leurs tombeaux ; mais les simples gentilshommes et chevaliers ne pouvaient être représentés avec leur cotte d'armes s'ils n'avaient perdu la vie dans un combat, bataille on rencontre avec la personne ou au service de leur prince, ou s'ils étaient morts et enterrés dans leurs seigneuries ; et, dans ce cas, s'ils étaient morts dans leur lit en pleine paix, ils étaient représentés avec leur cotte d'armes flottante, la tête découverte, sans casque, les yeux fermés et leurs pieds appuyés contre le dos d'un lévrier et sans aucune épée.

2º Ceux qui mouraient en combattant du côté des victorieux étaient figurés l'épée nue levée au point dextre et leur écu à sénestre, le heaume en tête, généralement fermé avec la visière abattue, leur cotte d'armes ceinte sur leurs armes et les pieds appuyés sur un lion vivant.

3º Ceux qui mouraient en prison ou avant d'avoir payé leur rançon étaient figurés sur leur tombe sans éperons, sans heaume, sans cotte d'armes et sans épée, le fourreau de celle ci seulement ceint et pendant à leur côté.

4º Ceux qui mouraient en combattant, mais du côté des vaincus, devaient être figurés sans cotte d'armes, l'épée ceinte au côté dans le fourreau, la visière levée et ouverte, les mains jointes devant la poitrine et les pieds appuyés contre le dos d'un lion mort et terrassé.

5º Lorsque l'enfant d'un gouverneur de place ou d'un général d'armée mourait, s'il était né dans une ville assiégée ou bien dans l'armée, on le représentait sur sa tombe, si jeune qu'il fût, armé de toutes pièces, la tête appuyée sur le heaume comme sur un oreiller, et vêtu d'une cotte d'armes à sa taille.

6° Le gentilhomme qui avait été toute sa vie à l'armée et qui sur ses vieux jours était entré en religion et y était mort était représenté armé de toutes pièces, l'épée au côté, mais passant sous lui. Au-dessus de cette statue de chevalier, ce même gentilhomme était représenté vêtu d'un habit de religieux de l'ordre dont il avait fait partie, ayant dessous les pieds, en forme de planchette, l'écu de ses armes.

7° Le gentilhomme qui avait été vaincu et tué en champ clos, en combat d'honneur, devait être figuré armé de toutes pièces, sa hache hors des bras, couchée auprès de lui, le bras sénestre croisé sur le dextre.

8° Le gentilhomme, qui au contraire, avait été vainqueur dans ces mêmes conditions était figuré sur sa tombe, après sa mort, armé de toutes pièces, sa hache entre les bras et le bras dextre croisé sur le sénestre.

9° Les ecclésiastiques étaient représentés vêtus de leurs habits sacerdotaux, les chanoines en surplis avec leur bonnet carré et leur aumusse ; les abbés avec leur mitre et leur crosse tournée en dedans ; les évêques avec leurs grandes chappes, les gants aux mains, tenant leur crosse tournée en dehors dans la main gauche et semblant donner la bénédiction avec la droite, ayant leur mitre sur la tête et leurs armes autour de leur tombeau et tenues par des anges ; les archevêques, cardinaux, patriarches et papes étaient aussi représentés avec leurs principaux habits et ornements pontificaux.

Les simples religieux n'étaient pas représentés sur leurs tombes ; on y gravaient seulement leurs noms et leurs éloges, en forme d'épitaphe.

FIN

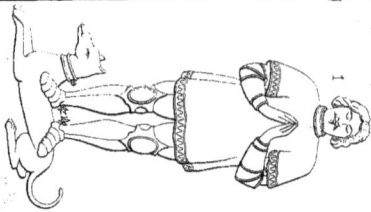

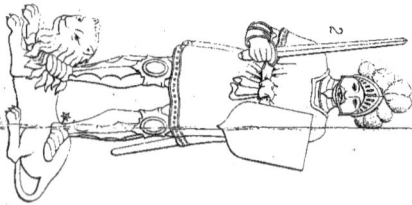

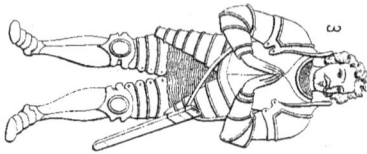

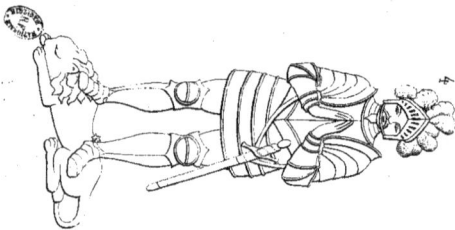

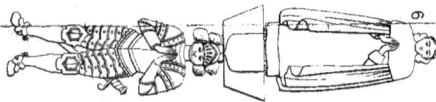

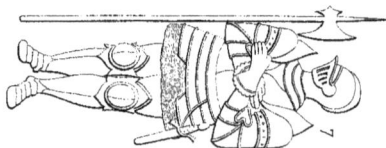

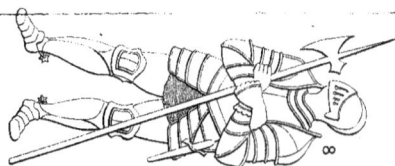

15ᵉ Siècle — N°15

13ᵉ Siècle — N°14 — SIGILL

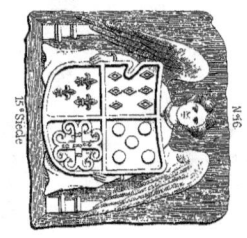

15ᵉ Siècle — N°16

13ᵉ Siècle — N°2

13ᵉ Siècle — N°3 — SPIRIC ENTIIVIDE DOMITIS DE NEWMOVE

15ᵉ Siècle — N°17

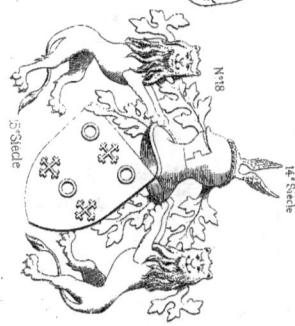

15ᵉ Siècle — N°18

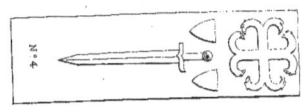

N°4

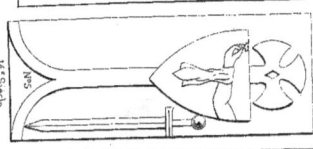

14ᵉ Siècle — N°5

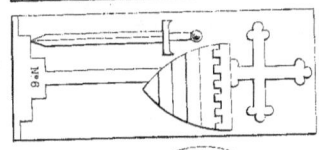

N°8

18ᵉ Siècle — N°19

15 Siècle — N°12

14ᵉ Siècle — N°7 — RES GOERNOV S. HERVE

18ᵉ Siècle — N°20

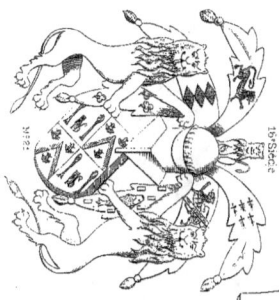

16ᵉ Siècle — N°22

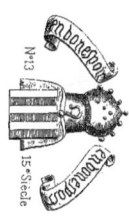

15ᵉ Siècle — N°13

14ᵉ Siècle — N°6

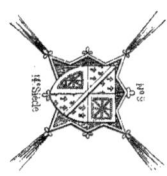

14ᵉ Siècle — N°9

16ᵉ Siècle — N°23

15ᵉ Siècle — N°24

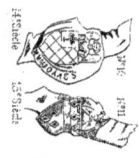

14ᵉ Siècle — N°10 / 15ᵉ Siècle — N°11

N° 23
16° Siècle

N° 24
16° Siècle

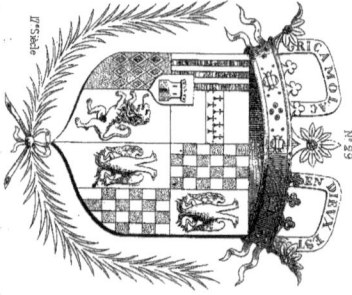

N° 29
17° Siècle

N° 25
16° Siècle

N° 30
17° Siècle

N° 26
16° Siècle

N° 31
17° Siècle

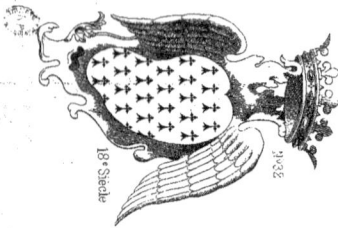

N° 27
16° Siècle

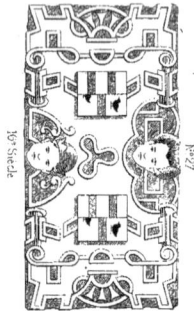

N° 32
18° Siècle

N° 33
18° Siècle

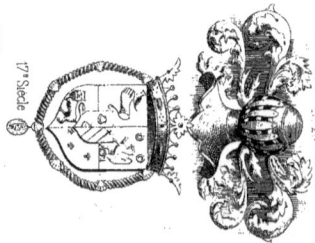

17° Siècle

TABLE ALPHABÉTIQUE DES MATIÈRES

A

B

C

L

M

N

O

P

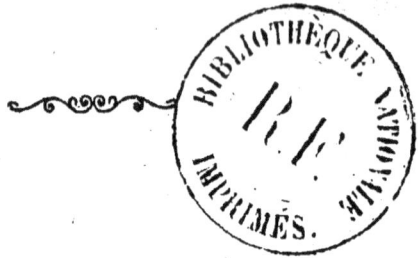

Imp. Edoneur, 3, quai Lamartine, Rennes.

www.ingramcontent.com/pod-product-compliance
Lightning Source LLC
Chambersburg PA
CBHW072005270326

41928CB00009B/1545